人力资源管理系列丛书

招聘与人员测评

邵 芳 编著

西安电子科技大学出版社

内 容 简 介

招聘与人员选拔是一项实务性很强的工作。本书重点阐述了招聘与选拔在人力资源管理系统中的地位、作用及主要流程，并在此基础上把具体工作分解到了招聘与选拔的各个阶段，详细阐述了其理论基础——工作分析、人力资源规划与胜任力素质，招聘的主要工作——招募、选拔、录用与评估，常用的选拔方法——心理测量、面试与笔试、评价中心情景模拟，并在最后一章采用招聘与选拔全过程案例为读者带来全景感受。

本书既有理论支持，又有案例、常见问题分析以及招聘与人员测评游戏，体现了很强的实用性和工具性。本书适宜于为组织招聘员工的管理者阅读，亦可为被招聘者提供参考。

图书在版编目(CIP)数据

招聘与人员测评/邵芳编著. —西安：西安电子科技大学出版社，2016.6(2021.7 重印)
ISBN 978 - 7 - 5606 - 4080 - 8

Ⅰ. ①招…　Ⅱ. ①邵…　Ⅲ. ①招聘　②人员测评　Ⅳ. ①C962

中国版本图书馆 CIP 数据核字(2016)第 102216 号

策划编辑　戚文艳
责任编辑　许青青　杨天使
出版发行　西安电子科技大学出版社(西安市太白南路 2 号)
电　　话　(029)88202421　88201467　　　　邮　　编　710071
网　　址　www.xduph.com　　　　　　电子邮箱　xdupfxb001@163.com
经　　销　新华书店
印刷单位　陕西天意印务有限责任公司
版　　次　2016 年 6 月第 1 版　　2021 年 7 月第 3 次印刷
开　　本　787 毫米×1092 毫米　1/16　印 张 20.5
字　　数　484 千字
印　　数　5001～7000 册
定　　价　47.00 元
ISBN 978 - 7 - 5606 - 4080 - 8/C

XDUP 4372001-3

如有印装问题可调换

序

　　人力资源管理引入我国已有二十多年的历程，对我国的改革开放、经济社会发展起到了推动作用。我国正在从人口大国向人力资源大国、人力资源强国迈进，以人为中心的管理理念已成为实施人力资源管理的基础，合理地配置、利用、开发人力资源，科学地激发人力资源的贡献，是人力资源管理的核心，也是最终的目标。我国改革开放三十多年，经济增长方式的转变、人口结构的变化、社会的发展、农村劳动力的转移、知识型员工队伍的扩大、国际上人才竞争的加剧等，迫使企业管理和社会管理在创新中不得不面对人力资源管理提出的新的问题。尤其是我国人口结构面临老龄化趋势，无论是国家宏观层面上的人力资源管理政策，还是企业、政府、事业单位微观层面上的人力资源管理策略都面临新的挑战。

　　面对新的问题与挑战，对人力资源管理的重视从关注个体到关注群体，从关注企业到关注政府、事业单位，从关注效率到关注公平，如何更好地实现人力资源与组织战略、组织成长的适应、匹配和一致，是值得我们关注与研究的。彭罗斯曲线的基本原理告诉我们："企业现存的人力资源既刺激了扩张，也限制了扩张的速度。即使通过收购和兼并获得的成长也无法逃脱利用现有的管理资源的投入维持组织的一致性所带来的约束。"可见，无论组织如何变化，人力资源管理始终处于关键地位。

　　人力资源管理学科兴起和发展于西方发达国家，是改革开放以来引入我国的一门新兴管理学科。如何在引进、借鉴的基础上，紧密结合中国经济发展、企业管理和社会文化背景，实现集成创新和引进消化吸收再创新，是我国人力资源管理领域所面临的一项重大课题。我们在长期的研究、教学和管理实践的基础上，通过大量的调查研究，为了适应人力资源管理教育和培训的新需要，组织相关人员编写了这套人力资源管理专业系列教材。该系列教材由人力资源管理六大模块、五门核心内容构成，即由五个分册组成，分别是《新编人力资源管理概论》、《工作分析与职位评价》、《招聘与人员测评》、《培训开发与职业生涯管理》、《绩效与薪酬管理》。该系列教材的作者都是来自高等院校长期从事人力资源管理教学和研究的专业教师，在人力资源管理理论与方法上有一定的研究和积累，在人力资源管理的咨询、教学和企业培训方面有着丰富的经验，从而为编写这套富有特色的丛书提供了有利的条件和基础。这套丛书具有以下几方面的特色：

一是体系的系统性和重点性相结合。本套丛书的整体策划和分册的设计基本涵盖了这门学科的整个框架，具有系统性；同时，各分册的选题和体例设计中，注重突出人力资源管理学科的核心内容，进行合理选择，力求使人力资源管理各个核心模块内容系统，原理准确，重点突出，方法和技术实用，技能性和可操作性强。

二是原理的一般性与本土实践经验的提炼原创性相结合。人力资源管理作为一门国内外公认的管理学科，它自身基本原理的一般性、共同认可性在编写中必须准确地反映。同时，在案例编写中选择我国背景下的人资源管理案例，能够体现本国社会和企业的人力资源管理实际，更具有现实感。

三是知识性与实践感、趣味性相结合。本套教材运用统计学知识、测量学知识、数理工具进行人力资源管理的量化分析，注重量化工具的运用和分析能力的培养。同时，在教材中穿插人力资源模拟实训内容和管理游戏内容，提升了学习的实践感和趣味性。

四是体例设计上体现了新的风格。在编写中，我们在各章中按照问题引导、材料阅读思考、原理与方法工具介绍、思考题和案例讨论的顺序进行体例设计。在案例选择上尽可能新颖、典型，使读者在阅读中循着提出问题、分析问题、解决问题、案例讨论、总结反思的逻辑过程做到理论和实际相结合，原理与案例相结合，传授知识和培养技能相结合，讲授与讨论相结合，以此达到学习目标与实践效果的统一。

本套丛书是西安电子科技大学教材立项项目，西安电子科技大学经济与管理学院教授王林雪任总主编，杜跃平教授任顾问，他们对丛书的选题和体例安排提出总体要求与设想，在经过编辑委员会成员讨论通过后，由分册主编负责组织编写。初稿完成后，由总主编对各分册书稿进行审查、修改、定稿。

人力资源管理学科是一门逐渐走向成熟的学科，许多方面还处于研究和不断完善之中，尤其如何结合我国的实际创造性地应用和发展，是值得深入研究的问题。作者在对某些问题的长期思考和研究中已经形成了自己的看法和成果积累，在写作中也有选择性地在内容中有所体现，愿意也希望与读者共同分享和思考，共同促进人力资源管理的发展。

王林雪

2016 年 2 月

人力资源管理系列丛书

丛书编写委员会

顾　问　杜跃平

总主编　王林雪

编　委　杜跃平　宁艳丽　张卫莉

　　　　邵　芳　方　雯　张　霞

目　录

第一章　绪论 1
　第一节　招聘与选拔概述 2
　　一、招聘与选拔的含义和目的 2
　　二、招聘与选拔的意义 3
　　三、招聘与人力资源管理 4
　　四、招聘与选拔的内容和工作程序 5
　　五、招聘的原则 7
　第二节　影响招聘与选拔的因素 8
　　一、影响招聘与选拔的外部因素 9
　　二、影响招聘与选拔的内部因素 11
　　三、应聘者因素 14
　第三节　企业在招聘与选拔中的误区、挑战及
　　　　　新趋势 15
　　一、招聘与选拔中的误区 15
　　二、当前招聘与选拔面临的挑战 18
　　三、招聘与选拔的新趋势 21

第二章　胜任力素质模型 25
　第一节　素质 25
　第二节　胜任力素质模型 26
　　一、胜任力的优点 26
　　二、胜任力的内容 26
　　三、如何了解胜任力 27
　第三节　胜任力素质模型建立的流程、
　　　　　技术与方法 29
　　一、建立流程 29
　　二、技术与方法 29

第三章　招聘策略与流程 36
　第一节　招聘的要求与原则 36
　　一、招聘要求 36

　　二、招聘原则 38
　第二节　招聘策略 41
　　一、相关的基本概念 41
　　二、具体实施内容 42
　第三节　招聘工作的基本流程 50
　　一、招聘的基本流程 51
　　二、招募 53
　　三、选拔 53
　　四、录用 54
　　五、评估 54

第四章　人员招募 58
　第一节　招募计划的制订 59
　　一、识别空缺 60
　　二、招聘需求的确认 60
　　三、决定如何填补 62
　　四、员工申请表 63
　　五、补充渠道 64
　　六、招募信息的发布 70
　　七、待聘员工的类型和数量 71
　　八、通知目标总体 71
　　九、会见并挑选求职者 71
　第二节　招募渠道的选择 72
　　一、外部渠道 72
　　二、内部渠道 74
　　三、第三方 76
　第三节　招募方式的选择 76
　　一、广告 76
　　二、职业中介 80
　　三、行政搜寻公司(猎头公司) 81
　　四、校园招聘 83

五、直接申请 …………………… 85
六、员工引荐 …………………… 86
七、特殊事件招聘 ……………… 86
八、暑期实习 …………………… 87
九、网络招聘 …………………… 87
十、模拟实战 …………………… 88
十一、人力资源租赁 …………… 88
第四节　申请的形式 ……………… 89
一、申请的形式 ………………… 89
二、申请表的编制 ……………… 91
三、相关材料的整理 …………… 91
第五节　决策框架与模板 ………… 92
一、决策框架与模板概述 ……… 92
二、招聘评价指标体系 ………… 95
第六节　筛选方法 ………………… 95
一、筛选方法 …………………… 95
二、背景调查 …………………… 97
三、个人资料 …………………… 98
四、笔迹学 ……………………… 99
五、筛选简历的技巧 …………… 100

第五章　人员选拔与评价 …… 111
第一节　人员选拔与评价的含义和作用 …… 111
一、相关的基本概念 …………… 114
二、人员选拔与评价的作用 …… 115
三、人员选拔评价中应该注意的问题 …… 116
第二节　人员选拔与评价的主要内容 …… 118
一、人员测评的内容 …………… 119
二、人员测评的类型 …………… 119
第三节　人员选拔与评价的一般工具和
　　　　方法 ……………………… 119
一、人员选拔与评价的一般方法和
　　工具的内容 ………………… 120
二、人员选拔与测评的一般方法和
　　工具的比较 ………………… 125

第六章　人员选拔评价方法：
　　　　心理测量 ……………… 134
第一节　心理测量的含义与作用 …… 135

一、相关的基本概念 …………… 135
二、心理测量的作用 …………… 137
第二节　心理测量的分类 ………… 141
一、按不同的测量对象分类 …… 142
二、按刺激呈现的不同形式分类 …… 142
三、按不同的目的和用途分类 …… 144
四、按被测者人数分类 ………… 146
五、按不同测验材料分类 ……… 146
第三节　能力测量 ………………… 146
一、智力测量 …………………… 147
二、一般能力测量 ……………… 149
三、特殊能力测量 ……………… 154
四、其他能力测量 ……………… 155
第四节　个性测量 ………………… 156
一、相关的基本概念 …………… 157
二、个性测量的内容 …………… 158
三、个性测量的方法与技术 …… 170
四、常用的个性测验介绍 ……… 171
第五节　使用心理测量的注意事项 …… 171
一、存在的法律问题 …………… 171
二、可能产生的误差 …………… 172
三、对于心理测量可能产生的偏见 …… 173

第七章　人员选拔评价方法：面试与
　　　　笔试 …………………… 177
第一节　面试概述 ………………… 178
一、面试分类 …………………… 178
二、结构性面试 ………………… 179
三、非结构性面试 ……………… 179
四、压力面试 …………………… 180
五、面试中的提问技巧 ………… 180
六、主考官应具备的素质 ……… 181
第二节　面试的基本流程 ………… 181
一、面试的准备阶段 …………… 182
二、面试的实施阶段 …………… 189
三、面试的总结阶段 …………… 190
第三节　面试前的准备 …………… 191
一、工作流程设计 ……………… 191
二、时间与地点选择 …………… 195

第四节　面试提问 195
　　一、提问方式 195
　　二、提问技巧 196
　　三、面试提问时应避免的问题 197
　　四、设计面试提问类型 197
　　五、设计面试提问提纲 198
　　六、不同岗位面试试题的编制 200
第五节　如何提高面试效果 202
　　一、影响面试效果的因素 202
　　二、提高面试效果的对策 204
　　三、提高面试质量的方法 211
第六节　笔试 212
　　一、笔试的概念与特点 213
　　二、笔试题目的编制 213
　　三、笔试的内容 216
　　四、笔试题型 216
　　五、笔试的组织管理 217

第八章　人员选拔评价方法：
　　　　　评价中心 220
第一节　评价中心概述 221
　　一、相关的基本概念 221
　　二、评价中心的内容 221
　　三、评价中心的常用技术方法 223
　　四、评价中心的实施 224
第二节　无领导小组讨论 227
　　一、源起与定义 228
　　二、讨论方法 229
　　三、讨论形式 230
　　四、步骤过程 232
　　五、无领导小组讨论的题目类型 234
　　六、讨论考察的要素 240
　　七、技巧 241
　　八、优点与局限 244
第三节　文件筐测验 248
　　一、源起与定义 248
　　二、文件筐测验的特点 249
　　三、文件筐测验的设计 250
　　四、文件筐测验的考查内容 251

　　五、文件筐测验的适用范围 252
　　六、文件筐测验实施程序 253
第四节　角色扮演模拟 259
　　一、角色扮演模拟的基本内容 260
　　二、角色扮演法的优缺点 263
　　三、角色扮演的衍生 264
　　四、角色扮演的运用 264
第五节　其他方法 266
　　一、管理游戏 267
　　二、即席演讲 272
　　三、案例分析 273
　　四、搜寻事实 275
　　五、模拟面谈 275

第九章　人员录用与评估 280
第一节　人员录用概述 281
　　一、人员录用的含义及意义 281
　　二、人员录用的原则 283
　　三、影响录用的因素 284
第二节　人员录用的程序 286
　　一、录用决策 287
　　二、录用后的商谈 294
　　三、签订劳动合同 294
第三节　人员招聘选拔评估概述 296
　　一、招聘评估的含义和作用 297
　　二、结果评估 298
　　三、招聘方法的成效评估 299
　　四、技术方法的评估 300
第四节　正确对待未被录用的应聘者 301
　　一、书面回应未被录用者 301
　　二、保存应聘者材料 302
　　三、回答应聘者的疑问 302

第十章　招聘与选拔全过程案例 305
第一节　招聘阶段 306
　　一、确定招聘标准 306
　　二、确定招聘渠道 308
　　三、确定招聘人员 308
　　四、制订招聘计划 308

五、编制招聘广告 310

第二节　选拔阶段 311

一、结构化面试 311

二、素质测评 311

第三节　员工录用 314

一、做出录用决策 314

二、背景调查 315

三、通知应聘者 315

参考文献 317

后记 318

第一章 绪 论

本章要点 ✍

(1) 掌握招聘与选拔的含义和原则；
(2) 掌握招聘与选拔的影响因素；
(3) 掌握企业在招聘与选拔中的误区、挑战与新趋势。

本章导读 📄

在招聘专家中流传着这样一句话："虽然你可以教会一只火鸡爬上树，但更简单的是找来一只松鼠。"意思是说虽然经过培训能够得到所需的人才，但最快捷的方式是选择最合适的人。人员招聘与选拔是一项实务性很强的工作。仅有人力资源战略，缺少实施战略的合适人选和具体方法是无法达到预期效果的。如何实现人员招聘与选拔的目标，把招聘与选拔的工作落到实处？如何从实际出发，设计出行之有效的方案和工具？如何把招聘与选拔的各项工作加以细化？如何避免人员选拔中可能出现的个人偏好？诸如此类的问题一直困扰着众多的人力资源管理工作者。

下面，我们将带领大家走进招聘与选拔，了解它的艺术与魅力。

📇 **导读资料**

百度——有甄别地引进人才

百度也如同其他高速发展的知识型公司一样，正在经历着爆发式的增长期都要经历的人才问题。

百度将自己的"选人"经验总结为：那些通用类的技能岗位可以大胆挖人，例如，市场、公关、会计等岗位每个公司都通用；但是那些技术人员就需要靠内部生成，从内部培养、提拔，就像从自家后院拔出来的萝卜一样，熟悉可靠。

对于如何发现这些顶尖人才，百度的董事长兼首席执行官(CEO)李彦宏有自己的秘密武器，即百度发现人才的五大法则。

第一，多角度面试。百度引进任何人才，都会安排多位员工对候选人进行多次面试，然后根据汇总结果进行最终决策。一般情况下，对于中层以上的岗位，百度会安排 8 人左右进行面试；对于高管岗位，则至少安排 4 人进行面试。

第二，背景调查。这是管理规范的企业普遍使用的——通过候选人的直接上级或同事，多方面了解其德与才是否符合百度的要求。

第三，降级录用。这是百度与很多企业不同的地方，一般情况下，其他企业的副总到百度只能担任总监的职位，其他企业的总监到百度只能担任高级经理的职位。

第四，证明自己。任何人来到百度，只有在用实践结果证明能力以后才能获得晋升。很多公司为了让员工出去谈业务时有个好身份，随便给员工一个很好听的职位名称；而百度对于给予某人什么样的职位头衔，是十分苛刻和慎重的。

第五，循序渐进。职位不但代表着权力，更代表着责任。百度在实践中锻炼和培养人才，不断赋予新的职责，根据其履行的情况检验其能力，职位由低到高，职责由小到大，循序渐进地培养人才。

李彦宏说："百度能够发展到今天，找对了人是一大重要保证。"

资料来源：李彦宏. 有机管理. 北大商业评论，2010.7.

第一节　招聘与选拔概述

一个人在组织中，总会遇到招聘与被招聘的问题。作为管理者，要为组织招聘员工；作为成员，总是处在被招聘和选拔的过程中。

一、招聘与选拔的含义和目的

(一) 招聘与选拔的含义

招聘是指围绕企业战略目标的实现，以企业人力资源规划和工作岗位分析为基础，借助各种信息发布，通过一定的渠道吸引具备任职资格和条件的求职者，并采取科学的方法从中甄选和确定合适的候选者予以聘用，并对各项活动加以评估的管理过程。招聘过程包括：① 招募(通过宣传来扩大影响，树立企业形象，达到吸引人应征的目的)；② 选拔聘用(即使用各种技术测评与选拔方法，挑选合格员工)。

准确理解招聘的含义，需要把握以下几点：

(1) 招聘的目的是吸引人员；

(2) 招聘活动所吸引的人员应当是本企业所需要的；

(3) 招聘活动所吸引的人员的数量应当是适当的。

人力资源管理中的"招聘"包含两层意思：招聘是企业获取人力资源的过程；招聘即选择合适的员工。招聘是指组织为了生存和发展的需要，根据人力资源规划和职位分析的数量和质量要求，通过信息发布和科学甄选获得所需的合格人才，并安排他们到所需岗位上工作的过程。招聘的过程实质上就是从应聘者中选择最适合特定工作岗位要求的人员的过程，选择的目的是挑选出最合格的员工。

广义的招聘包括招聘、选拔、录用、评估等一系列活动。根据我们对招聘概念的考察和分析，可以发现，招聘活动包括诸多内容，且内容之间呈现出一定的先后顺序，表现为一个工作流程，详细内容在后面会讲到。

狭义的员工招聘主要是指人才吸引与选拔，它是人才聘用或聘任的前提性工作环节。

(二) 招聘与选拔的目的

招聘的目的是为企业寻找合适的员工。在恰当的时候以最小的代价招聘组织最需要、最合适的员工，并将其安排在合适的岗位上使其发挥作用，这是任何组织进行员工招聘的根本目的。

(1) 满足现实需要——为职位空缺寻找符合资格要求的申请人。

(2) 满足未来需求——为企业未来的人才需要，超前性地选择潜在的任职者，建立企业与潜在求职者之间的联系，建立人才库，尝试人才开发计划。例如，花旗银行认为，只要是真正的人才，就是聘用人数超过实际需求的1倍也值。

(3) 满足效率的需要——要以最低成本招聘到高质量人才，招聘不同层次人员的工资比率应低于他们的贡献率。例如：同一岗位有本科生和专科生两个合格的备选人，可依据以往资料估算，若本科生和专科生的工资之比小于本科生和专科生的业绩之比，就招聘本科生，以尽可能低的成本获取尽可能大的回报。

二、招聘与选拔的意义

各个组织所面临的外部环境、内部环境和人力资源自身因素变化会产生各种各样的人员招聘需求。例如，空缺岗位需要人员补充；组织因业务扩张会引起人员需求；为确保新业务正常运营补充新员工；等等。招聘工作的有效实施不仅仅对人力资源本身，而且对整个企业都有非常重要的意义，有效的人力资源招聘能给企业带来无穷的活力。

(1) 确保录用人员的质量，提高企业核心竞争力。现代企业竞争的实质是人力资源的竞争，人力资源已经成为企业核心竞争力。招聘作为企业人力资源管理开发的基础，一方面直接关系到企业人力资源的形成，另一方面直接关系到企业人力资源开发管理其他环节的工作发展。有了高素质的一线员工才能保证高质量的产品和服务；有了高素质的技术人才才能保证企业研制开发计划的高效有序运作。

(2) 降低招聘成本，提高招聘工作的效率。招聘应同时考虑三方面的成本：一是招聘直接成本，包括招聘过程中的广告费、招聘人员的工资和差旅费、考核费、办公费用及聘请专家的费用等；二是重置成本，指因招聘不慎导致重新再招聘时所花费的费用；三是机会成本，指因员工离职和新员工尚未完全胜任工作造成的费用。招聘的职位越高，招聘的成本就越大。既要将招聘成本降到最低程度，又要能保证录用人员的素质要求，这是招聘成功的最终目标。

(3) 为企业注入新的活力，增强企业创新力。企业根据人力资源规划和工作分析要求，通过招聘，给岗位配置新的人员。新的人员在工作中注入新的管理思想、新的工作模式，可能给企业带来制度创新、管理创新和技术创新。特别是从外部吸收人力资源，为企业输入新生力量，可以弥补企业内人力资源不足，带来更多新思维、新观念和新技术。

(4) 扩大企业知名度，树立企业良好形象。招聘工作涉及面广，企业利用各种形式发布招聘信息，如电视、报刊、广播、网络媒体等，扩大了企业的知名度，让外界更多地了解本企业。有的企业以震撼人心的高薪、颇具规模和档次的招聘过程来表明企业对人才的渴求和企业的实力。企业对人才的招聘，在招收到所需的各种人才的同时，也通过招聘工作的运作和招聘人员的素质向外界展示了企业的良好形象。

(5) 减少离职，增强企业内部的凝聚力。有效的人力资源招聘，可以让企业更多地了解应聘者到本企业工作的目的和动机，企业可以从诸多候选人中挑选出个人发展目标与企业目标趋于一致、并愿意与企业共同发展的员工；另一方面可以使应聘者更多地了解企业及应聘岗位，让他们根据自己的能力、兴趣与发展目标来决定是否加盟该企业。有效的双向选择可使员工愉快地胜任所从事的工作，并可减少人员离职，减少因员工离职所带来的损失，增强企业内部凝聚力。

(6) 有利于人力资源的合理流动，提高人力资源潜能发挥的水平。一个有效的招聘系统，能促进员工通过合理流动，找到合适的岗位，能职匹配，调动员工的积极性、主动性和创造性，使员工的潜能得以充分发挥，人员得以优化配置。同时，调查表明，员工在同一岗位上工作长达八年以上，容易出现疲惫停顿现象，而合理流动会使员工感受到新岗位的压力与挑战，刺激员工内在潜能的发挥。

三、招聘与人力资源管理

招聘作为人力资源管理的基本职能，与人力资源管理活动有密切的关系，招聘的地位与作用也体现在这种相互关系中。

人力资源计划规定了招聘的数量和类型，而职位分析又决定了对招聘人员的具体要求，同时也向招聘人员提供了在招聘中要用到的职位描述和工作说明的信息。而招聘则是实施招聘计划、执行应聘要求、聘用合适人员的基本形式和途径。

报酬与福利管理以及工作条件等内容在一定程度上决定了招聘工作的难易程度。招聘岗位的工作性质、岗位规范、职责要求、技术水平等，必须与相应的报酬与福利待遇基本相符，否则难以招聘到合适的人员。

一方面，人力资源的培训与开发要求招聘到的人员具有相应的基本素质；另一方面对招聘到的人员进行分析也可以确定他们需要什么样的培训。

对员工表现的评价可以决定员工的晋升、降职、解雇等问题，因而可以部分地决定是否需要招聘新成员。

由以上几点可以看出，人力资源管理活动的各方面——计划和控制、职位分析和设计、培训和开发、评价与激励、薪酬与福利等，都与人力资源的招聘或多或少存在着联系。

🛠 **小故事**

一张白纸好画画，宝洁青睐毕业生

在美国《财富》(中文版)杂志评出的中国最受人力资源经理青睐的、排名前20的企业中，广州宝洁榜上有名。广州宝洁有限公司公共事务部的许燕辉告诉记者，宝洁公司　165

年来成功的关键在于，对人才的重视和承诺，这也是企业文化的核心。许燕辉简要地介绍了宝洁公司人力资源管理体系的内容。

(1) 完善的招聘系统。确保招聘到最适合、最优秀的人员。

(2) 系统的培训体系。在员工的培训和发展方面投入了大量的人力、物力。尤其值得一提的是上级经理对下属在工作过程中进行的指导，在其内部称为"在职培训"，这是他们人才培训中非常重要的一部分。

(3) "内部提升"的用人哲学。从基层岗位招聘人才，尽量在内部员工中提拔高级管理人员，使员工与公司一起成长，对公司充满主人翁的责任感和自豪感。

(4) "早期责任"。对新员工委以重任，为他们设计充满挑战的工作项目，这点被称为早期责任。早期责任会让新人获得宝贵的实践经验，更快地成长。

(5) "尊重每一位员工"。营造一种互相尊重的工作环境。

(6) 海外学习和工作机会。作为一个跨国公司，宝洁为员工提供海外学习和工作机会，使员工能够更快地成长。

宝洁公司招聘员工时重视的是人员本身的素质。他们所需具备的素质包括诚实正直、领导能力、勇于承担风险、积极创新、发现问题和解决问题的能力、团结合作、不断进取等。有些部门，如产品供应部、研究开发部、信息技术部和财务部，也要求有一些基本的专业背景。

在用人方面，宝洁公司在权衡学历和工作经验上可谓经验独到。他们大部分的需求岗位都招聘应届生。宝洁公司从 1989 年起，就开始优先在大学里招聘应届毕业生。20 多年来，宝洁绝大多数的需求岗位都是由大学应届毕业生来补充的。这基于公司"内部提升"的理念。在广州宝洁和全球其他地方的宝洁公司，几乎所有的高层、中层管理人员都是毕业后就直接进入宝洁公司的。他们和公司一起成长，对公司有家一般的亲切感和自豪感。当然另一方面，宝洁也有少部分职位面向社会招聘有经验的人才。

四、招聘与选拔的内容和工作程序

(一) 招聘与选拔的内容

根据我们对招聘概念的考察和分析，可以发现，招聘活动包括诸多内容，且内容之间呈现出一定的先后顺序，表现为一个工作流程。具体而言，招聘活动主要包括招募、甄选、录用与评估四项内容。

(1) 招募(Recruiting)，主要包括招聘计划的制订与审批、招聘渠道的选取、招聘信息的设计与发布，以及组织应聘者。其主要目的就是吸引足够的应聘者。

(2) 甄选(Selection)，包括资格审查、初选、笔试、面试、心理测试以及其他测试、个人资料核实、背景调查、体检等。其主要目的就是从应聘者中选出组织需要的最合适的人选。

(3) 录用(Employment)，包括试用和正式录用，主要包括新员工培训、上岗引导以及签订相关劳动合同等。其主要目的就是确定雇佣关系。

(4) 评估(Assessment)，主要包括招聘成本与效益评估，录用员工数量、质量与结构评估，招聘方法的成效评估等。其主要目的就是了解有关招聘的成本、效益状况以及存在的问题，为未来的招聘行为提供经验参考和可吸取的教训。

(二) 招聘与选拔的工作程序

1. 招聘准备阶段

1) 确定招聘需求

确定招聘需求就是要准确把握有关组织对各类人员的需求信息，确定人员的招聘种类和数量。首先，由企业统一进行人力资源规划或由各业务部门根据实际的业务需要提出对人员的要求。然后，由人力资源管理部门填写人员需求表并进行审核，对人员需求及资料进行审定和综合平衡，对费用进行评估，提出具体意见，交予主管部门受理。

2) 明确要招聘岗位的特点和要求

只有明确要招聘岗位的特点和要求，才能制定有针对性的招聘计划，采用有效的招聘策略。招聘岗位的工作特点和招聘标准，可以通过职位说明书及其用人部门主管的报告等途径获得。

明确要招聘岗位的特点和要求就决定了需要什么样的人，包括对应聘者的年龄、学历、工作经验、工作能力、个性品质等方面的要求。

3) 制定招募计划

招募计划是企业根据已经确定的人力资源规划，在职位分析的基础上，通过分析与预测组织岗位空缺及合格员工获得的可能性，所制定的关于实现员工补充的一系列工作安排。一个企业所做的是否需要招聘新员工的决定，是一项十分谨慎而重要的决策。必须由人力资源管理人员及有关专家依照企业现状、需求信息等，制定人力资源招聘计划并指导招聘活动。

4) 招聘策略

招聘策略是招聘计划的具体表现，是为实现招聘计划而采取的具体策略。

(1) 地点策略，选择在哪个地方进行招聘，一般要考虑潜在的应聘者寻找工作的行为、企业的位置、人力资源市场状况等因素。客观上为了节省开支，企业通常在既有条件又有招聘经历的地方招聘，通常在企业所在地的市场招聘办事员和工人，在跨地区的市场上招聘专业技术人员，而在全国甚至世界范围内招聘高级管理人才。

(2) 时间策略，有效的招聘策略不仅要明确招聘地点，还要确定恰当的招聘时间，招聘时间一般应比有关职位空缺可能出现的时间要早一些。

(3) 渠道策略，应聘者来源渠道主要有组织内部来源和组织外部来源两种。前者又有内部提升、职位轮换、工作调换和返聘或重新聘用等渠道，外部来源有熟人介绍、求职者主动上门、失业人员再就业、职业中介机构、猎头公司招聘、大学院校招聘等。如果企业进行大规模的招聘，往往只使用一种招聘渠道是不够的，它需要采用不同招聘渠道的组合方式，才能保证在限定时间内招到足够的合适的员工。

2. 招聘的实施阶段

招聘的实施阶段也就是筛选应聘者的阶段，是整个招聘活动的核心阶段，见图1-1。

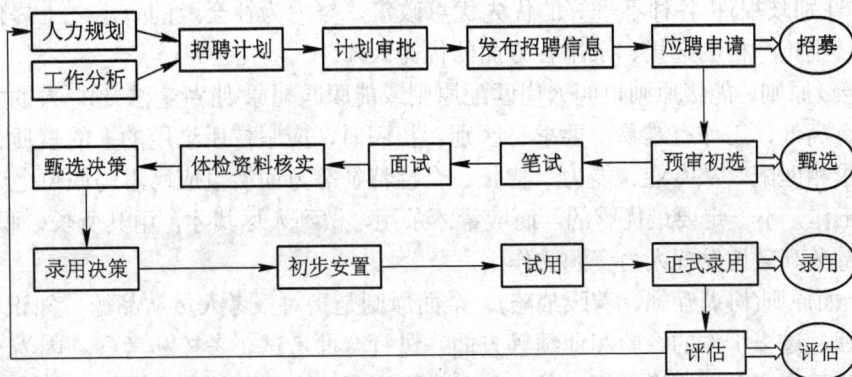

图 1-1 招聘四阶段关系图

3. 招聘的评估阶段

招聘工作结束后，工作人员往往会忽视对招聘工作的及时总结，有时甚至只是找到合适的人员并将其安置在合适的岗位上，招聘工作就结束了。一个完整的招聘过程应该包括招聘的评估与反馈阶段。首先应该及时总结招聘的经验和教训，通过不断改进招聘的方法，提高招聘工作的质量，降低招聘的成本。另外，对招聘工作的评估有助于从战略角度分析企业内部的深层次原因，如企业提供的薪酬、企业的人力资源战略、激励机制、企业竞争力、企业文化与企业形象等方面存在的不足。企业应通过招聘工作的评估，深究其原因并适时调整企业人力资源战略和其他有关的管理政策。

招聘工作能否达到预期的目标，受到企业内部和企业外部环境的诸多的因素影响，因此，对招聘工作的评估应该从内外两方面进行总结。内部因素主要包括企业招聘策略是否得当，招聘流程是否适合，招聘方法是否有效，招聘的效果如何，招聘计划完成与否及其原因分析，以及相关管理环节对招聘的影响等；外部因素主要包括劳动力市场目前的基本状况及其发展趋势、竞争对手的相关政策与策略等。

五、招聘的原则

员工招聘是一项经济活动，也是一项社会性、政策性较强的活动，因此，需要招聘者站在比招聘本身更高的角度来看待招聘，并努力掌握指导整个招聘过程和活动的八大原则。

(1) 三公原则(公平、公正、公开)。三公原则指把招聘岗位、种类、数量，报考的资格、条件，考试的方法、科目和时间，均面向社会公告周知，公开进行。一方面给予社会上的人才以公平竞争的机会，达到广招人才的目的；另一方面使招聘工作置于社会的公开监督之下，防止不正之风。

(2) 竞争原则。竞争原则指通过考试竞争和考核，鉴别确定人员的优劣和人选的取舍。为了达到竞争的目的，一要动员、吸引较多的人报考，二要严格考核程序和手段，科学地录取人选，防止"拉关系"、"走后门"、贪污受贿和徇私舞弊等现象的发生，通过激烈而公平的竞争选择优秀人才。

(3) 平等原则。平等原则指对所有报考者一视同仁，不得人为地制造各种不平等的限制或条件(性别歧视)和各种不平等的优先优惠政策，努力为社会上的有志之士提供平等竞争的机会，不拘一格的选拔、录用各方面的优秀人才。

(4) 能级原则。能级原则也叫人岗匹配原则或能职匹配原则(黄金法则)。人的能量有大小，本领有高低，工作有难易，要求有区别。招聘时，应坚持所录用的人的素质、能力与职位的要求相匹配。从专业、能力、特长、个性特征等方面衡量应聘者与职位之间是否匹配。招聘工作，不一定要最优秀的，而应量才录用，做到人尽其才，用其所长，职得其人，这样才能持久高效地发挥人力资源的作用。

(5) 全面原则(协调互补、着眼战略)。全面原则是指对报考人员从品德、知识、能力、智力、心理、过去工作的经验和业绩等方面，进行全面考试、考核和考察。因为一个人能否胜任某项工作或发展前途如何，是由其多方面因素决定的，特别是非智力因素对其将来的作为起决定性作用。

(6) 择优原则。择优原则是招聘的根本目的和要求。只有坚持这个原则才能广揽人才，选贤举能，为单位引进或为各个岗位选择最合适的人员。为此，应采取科学的考试考核办法，精心比较，谨慎筛选。

(7) 效率原则。效率原则是指尽可能以最低的招聘费用，录用到高素质、适合企业需要的员工。在招聘工作中，要根据不同的招聘要求，灵活地选用不同的招聘形式，在保证所聘员工质量的前提下尽可能降低成本。例如，某公司部门经理职位空缺，而公司内部又无合适人选，经熟人推荐，并通过人力资源部的考核，寻觅到了合适的人选。在这种情况下，企业就无需去组织耗费一定人力和财力的招聘活动，从而节省了招聘费用。

(8) 遵守国家法律的原则。企业招用员工，要按照国务院的规定，贯彻先培训后就业的原则，面向社会、公开招收、全面考核、择优录取。在招聘过程中，企业应严格遵守《劳动法》及相关的劳动法规。坚持平等就业，反对种族歧视、性别歧视、年龄歧视、信仰歧视；严格控制未成年人就业。

第二节　影响招聘与选拔的因素

组织招聘的目的是发现和吸引符合组织要求的潜在人力资源，保证在组织需要时能够雇佣到新员工。在很多情况下，吸引并招聘到满足组织要求的人员并不是一件十分容易的事情。有效的招聘活动取决于：第一，申请空缺职位的因素；第二，申请人的资格条件；第三，申请人实际获得该职位的可能性。在招聘过程中，无论是吸引人员，还是最终招聘到合适的员工，都会受到有很多因素的影响。这就需要人力资源管理者从招聘过程中发现哪些是组织在招聘中的优势，哪些是组织在吸引应聘者方面的劣势。

作为一个开放的组织系统，企业的管理活动必然要受到外部环境的影响，招聘工作也不例外。外部的政治、经济、文化、技术、市场、法律等环境会影响到企业招聘政策的制定、企业招聘人员的来源渠道、应聘者的数量与质量等。

招聘是人力资源管理的一项重要职责。企业的使命与宗旨、企业的战略目标与发展计划、企业的人力资源管理政策、企业经营者的用人理念与领导方式等内部因素也都会影响到招聘工作。此外，应聘者的数量、质量等因素也都会影响招聘工作的效果。

一、影响招聘与选拔的外部因素

1. 经济制度与经济状况

经济制度对招聘工作的影响主要表现在对劳动力供求的调节机制上。市场经济体制下，企业的人力资源调配主要通过市场机制来调节，企业在人力资源调配中具有主动性。经济状况对招聘活动的影响主要表现在以下三个方面：

首先，当宏观经济形势处于高速增长的繁荣期时，市场的繁荣会带来对企业的产品(服务)需求的急剧增长，企业的发展机会必然增多，而企业的规模扩张往往需要招聘更多的员工，此时，失业率较低，劳动力市场的供给量较少。经济形势处于萧条期时则刚好相反，企业需求量减少，而劳动力市场供给量却大增。

其次，通货膨胀率的高低对企业生产的经营成本(如员工工资报酬)会产生重要的影响，进而影响到招聘成本。高通货膨胀对招聘的直接影响体现在招聘过程所涉及的各项开支上，包括广告费用、交通费用、招聘人员的工资、面试费用等都会增加。

最后，经济政策也会影响到招聘工作。如果政府采取积极的促进经济增长的政策，为某地区的经济增长给予一系列的优惠政策，必然会创造更多的发展机遇，为了发展的需要就会增加对人才的需求，企业的招聘工作量将会增加。当然，当地人才的竞争也必然会加剧。如我国实施的西部大开发战略增加了西部地区对人才的需求，因此，当地政府及企业制定了一系列吸引优秀人才到西部创业的政策，这也是当地人才供求矛盾的一种反映。

2. 劳动力市场和产品(服务)市场

这里讲的劳动力市场主要是指外部劳动力市场，它本身也是经济状况的一个方面，同时又受经济状况的影响。劳动力市场是招聘工作的直接影响因素。

首先，从供给总量的角度讲，供不应求的劳动力市场会使招聘活动变得既困难又昂贵，因为不易招募到适当适量的求职者，因此要完成招聘任务，企业必须提高招聘条件。与此相反，供过于求的劳动力市场将使招聘活动变得比较容易，因为可以识别并吸引到足够数量的求职者。并且可以以较低的成本达到招聘的目标。

其次，从劳动力供给的质量的角度来讲，劳动力需求方——企业会对求职者的素质提出具体要求，对求职者的需求的满足也有一个范围。而劳动力供给一方的素质结构、工作动力等因素在一定时期内是相对稳定的，具有一定的"刚性"。因此，劳动力市场供给总量只是使企业招聘任务的完成具有可能性，而劳动力市场劳动力供给的质量与结构则决定其招聘任务完成的必然性。因此，劳动力市场能否满足特定组织招聘的要求，取决于劳动力市场上的劳动力资源的数量、质量与结构。

再次，劳动力市场劳动力需求竞争程度会影响到招聘活动的效果。即使在劳动力供给很充分的时期，也可能出现这样的情况：某类职位劳动力供给量不足，而需求量很大。这样，为了完成招聘任务，需求方必然会展开人才争夺战，从而会提高招聘的成本。因此，企业在招聘时不仅要应对劳动力市场进行总量分析，更重要的是要对其进行深入细致的结构分析，并据此制定有针对性的招聘策略与计划。

最后，劳动力市场的发育程度、服务水平等也是影响招聘工作的重要因素。在劳动力市场上最关键的是招聘方和应聘者之间进行的双向选择。选择是否成功取决于信息沟通的充分程度。包括招聘方提供的有关职位机会的信息，求职者提供的关于技能和资格的信息等。如果劳动力市场发育很成熟，供求双方信息充分，中介机构提供职业指导与就业咨询，专业机构提供各种心理测试、人事代理等服务等，这样，招聘方与求职者就可以充分地进行信息交流和评估。

3. 国家法律法规与政府管理

除了政府的有关人事政策外，国家的有关法律、法规，也是约束企业招聘和录用行为的重要因素。我国在劳动就业方面的法律总则是 1995 年 1 月 1 日开始实施的《中华人民共和国劳动法》(1994 年 7 月 5 日通过)，该法规规定了企业在招聘员工时必须遵循平等就业、相互选择、公开竞争、照顾特殊群体(如妇女、残疾人等)、禁止未成年人就业、先培训后就业等原则。此外，我国已经颁发了一系列与招聘和录用有关的法律、法规、条例和规定，如《人才市场管理规定》(2001 年 9 月 11 日通过)、《女职工禁忌劳动范围的规定》(1990 年 3 月 16 日通过)、《招用技术工种从业人员的规定》(2000 年 1 月 18 日通过)、《集体合同规定》(1994 年 12 月 5 日通过)、《未成年工特殊保护规定》(1994 年 2 月 9 日通过)、《禁止使用童工规定》(2002 年 10 月 1 日通过)、《中华人民共和国企业劳动争议处理条例》(1993 年 7 月 6 日通过)等。因此，企业在制定招聘计划和实施招聘录用决策过程中，必须充分考虑现行法律、法规和政策的有关规定，防止出现违背政策法规的行为，避免产生法律纠纷，以免企业人力、物力、财力及企业形象遭受不必要的损失。

政府对经济的宏观调控和干预在许多方面影响企业的招聘活动。例如，政府的支持资本、市场形成的政策、政府的税收政策与货币政策等会影响到企业的资金周转，从而影响企业生产规模的扩张，必然会影响到企业的招聘需求。政府对劳动力市场发展的引导与调控影响着招聘环境与条件。此外，政府的自身开支已经越来越成为国家经济的重要部分。大量的政府投资及政府购买的产品和服务，已经在很大程度上影响着该类产品与服务的需求，决定着劳动力市场工作岗位的数量和种类及劳动力的供求状况。

政府管理对招聘活动的影响更直接体现在对劳动者就业保障的宏观管理方面，如国家对于各地区最低工资的规定、对于工资支付方式的规定、企业职工各种保险缴纳的相关规定等，规定了企业在有关员工基本保障方面的义务。这些规定在保障员工合法权益的同时，必然会影响企业的招聘成本与人力成本。

4. 社会文化与教育状况

社会文化背景及企业所在地的教育状况也会对企业的招聘活动产生影响。长期受社会文化的影响，人们会形成一定的择业观念，这些观念直接影响人们的职业选择甚至对教育的选择。例如，受长期的"官本位"意识、"学而优则仕"等观念的影响，很多家长希望孩子以后成为"劳心"的白领，而不愿成为"劳力"的蓝领，这就导致了技工学校生源的匮乏。反映到企业的招聘活动中，则表现为高级技工的招聘难度很大，使得有些企业不得不打出年薪十几万的招牌吸引高级技工，上海市有些企业甚至为高薪引进的高级技工提供了与博士生入沪同样的优惠政策。同样是由于受"不愿伺候人"、"伺候人低人一等"等传统文化观念的影响，导致很多大城市的下岗职工宁肯从政府领取失业救济金，也不愿意从事清洁、家政服务等工作，这就产生了矛盾：一方面大量下岗职工需要重新安置工作；另一方面大量空缺的服务性岗位却难以补充。

国家整体的教育水平，尤其是企业所在地的教育水平直接影响到当地劳动力的素质，必然会影响到企业招聘高素质人才的难易程度。

5．技术进步与社会发展

企业的生产技术水平、管理手段的现代化程度等，影响着企业对人力资源素质与结构的需求，技术的进步必然会对招聘活动产生深刻的影响，主要表现在以下三个方面：

首先，技术进步对员工素质提出了更高的要求。现代技术的不断运用改变了传统的生产模式，工作岗位对人们脑力劳动付出的要求越来越高，对工作技能的要求越来越高，对工作沟通与协调的要求提高，因此，现代企业对既具备熟练的操作技能，又具备一定的管理技能的"灰领"复合型人才的需求量越来越大。对于传统的只是具备体力劳动技能或是只具备某方面操作技能员工的需求量在大幅减少。

其次，技术进步对企业人力资源招聘数量的影响。随着新技术的应用，企业的劳动生产率提高，在生产经营规模不变的情况下，企业人力资源需求总量必然会减少，但是质量会提高，并且人力资源的结构也会发生变化。

最后，技术进步会对劳动力市场产生深刻的影响。技术进步会影响到行业人力资源的需求、人力资源的需求、行业人才招聘的竞争程度与难易程度。如北京市规定，2004年计算机、机械、市场营销、数学、英语、临床医学、建筑、会计、企业管理、护理等10类非北京生源毕业生可优先进京的政策，实际上也反映了技术进步对劳动力市场供求的影响。如随着"自助银行"业务的迅猛增长，银行传统处理业务方式的锐减，职位需求数量必然大幅度减少。

由此可见，技术进步与社会发展对企业与应聘者双方都将产生很大的影响，企业在进行招聘时应该考虑这些影响因素并预测这些因素的发展变化趋势。在此基础上制定合适的招聘策略。

二、影响招聘与选拔的内部因素

除了上述外部环境对企业招聘的影响以外，企业的内部因素也将对招聘活动产生影响，如企业所处行业及企业的性质、企业的地理位置、企业所提供职位的性质与特点、企业的发展战略与规划、企业的用人政策与薪酬待遇、企业的发展前景、企业管理队伍的素质等因素。

1．企业所处行业的性质及发展前景

企业所处行业的性质与发展前景将影响企业的未来发展，一般来讲，朝阳产业内的企业会有更多的发展机遇，扩大业务的需要会增加对招聘新员工的需求。该行业的人才竞争也将比较激烈，例如保险业的精算师。同时，良好的行业发展前景对应聘者也具有强大的吸引力，吸引应聘者的难度较小。

2．企业的性质

即使在同一行业，不同企业的招聘工作差异也很大，这主要取决于企业自身的特点。首先，是企业的性质，从目前的现状来看，应聘者比较青睐外资企业、中外合资企业、民营企业，这主要是因为它们灵活的用人政策以及相对较高的薪酬待遇。

3．企业的地理位置

企业所处的地理位置在很大程度上影响着求职者的意向。中央电视台曾对在京高校的毕业生做过调查，硕士生、本科生首选的就业城市依次是北京、上海、广州、深圳、厦门。而经济落后的地区，如新(新疆)、藏(西藏)、甘(甘肃)即使有好岗位，他们也不愿去。这就形成了"马太效应"。经济越发达地区越容易吸引与招聘到优秀的人才，经济会进一步发展；经济不发达的地区人才严重匮乏，而人才又不愿意到那里工作，招聘工作很困难，从而更加制约了这些地区的发展。正是因为地理位置对招聘工作的不利影响，很多地处偏僻地区的企业将公司总部迁往北京、上海、深圳等人才供给比较充裕、招聘较容易的大城市。

4．企业的发展战略

一个企业发展战略的选择会对企业人力资源招聘工作产生很大的影响。反过来，招聘工作质量也会影响企业发展战略的实现。首先，企业的发展战略会影响企业招聘的数量，不同的发展战略对人员的需求量差异很大，例如，扩张型战略需要加大招聘力度，而紧缩型战略就需要裁减人员。其次，企业发展战略的选择决定了企业招聘人员的素质与类型，如选择多元化发展战略的企业需要招聘员工背景的多样化。选择国际化发展战略的跨国企业决定了其招聘来源的国际化。最后，企业的战略选择决定了选择录用新员工的工作作风与风格。如探索型战略的企业希望招聘的员工具有开拓性与创新意识。

5．企业文化

每个企业都有自己的企业文化。企业文化影响着招聘人员的态度、行为方式和招聘方式的选用；企业文化也影响着录用新员工所应具备的价值观与行为方式，因为企业总是根据应聘者价值观念和行为方式是否与自己的企业文化相吻合来决定是否聘用。如松下公司对应聘者考察时很注意其忠诚性，华为公司注重应聘者的团队合作精神等。

6．企业的声誉与社会形象

企业的社会声誉与其在求职者心中的形象决定着求职者的择业倾向，因为，每个人都希望自己成为优秀组织中的一员。因此，业绩突出的或名牌的大公司在公众中有良好的声望就能很容易地吸引大量的求职者，企业录用到优秀员工的概率就比较高。

7．企业的人才观与用人政策

企业高层决策人员的人才观与用人政策不同，对员工的素质要求也就不同。如联想集团前总裁柳传志挑选人才有两大标准：第一个标准是要有上进心，第二个标准是悟性要强。

此外，企业高层决策人员对容纳人才的心胸大小也决定了招聘的渠道选择。有的决策者认为自己人好用、风险低，因此企业主要采取内部选拔方式，在这样的企业外来人才很难有用武之地；有的决策者认同"不拘一格降人才"的观点，具有"海纳百川"的胸怀，则企业内员工的来源就比较广泛，并且不论来源如何，大家都有一个施展才能的广阔平台。

8．企业管理队伍的素质

企业管理队伍的素质及其管理水平的高低对招聘工作的影响主要体现在：

首先，企业高层领导水平和能力是许多求职者尤其是高素质的求职者择业时考虑的重要因素。求职者若认为领导者事业心强，有魄力，有远见，有能力，即使目前企业规模并不大，业绩并不是很突出，他(她)也愿意加盟，甚至愿意放弃部分物质待遇。

其次，招聘过程实际上也是体现企业管理水平的过程。一般来说，企业的管理水平越高，对招聘工作就会越重视，招聘工作的组织就越规范，越容易吸引大量的求职者来应聘，招聘的效率也就会越高。管理水平能够在一定程度上预示着企业未来的发展趋势。

最后，招聘过程中招聘人员的言行举止与外在形象也会影响招聘效果。如果招聘人员仪表端庄，行为大方得体，待人热情，工作耐心细致，不仅能提高招聘效率，也能给应聘者留下良好的印象，有利于吸引高素质的应聘者。求职者往往都是通过招聘人员的行为举止来推断企业的管理素质、企业的实力以及企业对人才是否重视等。

9．招聘职位的性质

企业人力资源招聘的主要目的，一是为未来发展储备人才，二是填补职位空缺，后者较为常见。空缺职位的性质由两方面决定：一是人力资源规划决定的空缺职位的数量和种类；二是工作分析决定的空缺职位的工作职责、岗位工作人员的任职资格要求等。因此，空缺职位的性质就成为整个招聘过程的核心。它决定了企业需要招聘什么样的人以及到哪个相关劳动力市场上进行招聘。另一方面，它可以让应聘者了解该职位的基本概况和任职资格条件，便于进行求职决策。

由此可见，职位性质信息的准确、全面、及时，是招聘工作最重要、最为基础的要求。它一方面决定了企业录用人员的素质，另一方面影响着职位对应聘者的吸引力。

10．企业的报酬及福利待遇

为了吸引优秀的人才来应聘，很多企业都提出了诱人的政策，其中就包括较高的工资福利等物质待遇条件。在企业的实践中，用高薪揽才仍然是一种有效的手段。

首先，劳动是人们谋生的手段，在人们的物质生活水平还未达到非常富裕的条件的情况下，工资福利待遇仍然是人们基本的物质需求。

其次，报酬是对人们付出劳动的补偿，在一定程度上体现了一个人的自我价值，是对一个人劳动的认可，因此，高薪实际上也是个人能力的一种体现。

最后，在市场经济条件下，随着劳动力市场的完善，工资待遇也是在竞争中逐渐达到均衡的结果。优秀的人才供不应求，价格自然要高，因此，企业要吸引优秀的人才，就应该支付高薪。

由此可见，企业的报酬及福利待遇水平高低是影响企业招聘工作的一个重要因素，不能忽视。如果企业某岗位空缺很长时间多次招聘都找不到合适的人选，企业就要检查一下自己的薪酬制度，是不是提供的薪酬低于同行业平均水平？

11．招聘成本

在随后的内容中我们可以了解到，不同的招募渠道、不同的招聘信息发布方式、不同的选拔方法所需要的时间周期不同，花费的成本差异也很大。因此企业可用于投入招聘的资金是否充裕将影响到上述工作的效果，并最终影响到招聘的效率与效果。招聘资金充足的企业在发布招聘信息时，可以花较大的费用做广告，所选择的传播媒体可以是全国范围内发行的报纸、杂志，也可以参加大型现场招聘活动；在对应聘者进行选拔时，可以选择更多或更准确的选拔方法，也可以更广泛地调查求职者的背景等。这样就可以在更大范围内更准确地选择所需要的人员，提高招聘的准确率。

除了上述因素以外，招聘新员工的时间紧迫性、企业所处的发展阶段、企业现有员工对企业的满意度、企业招聘人员的专业素质等因素都会对招聘工作产生一定的影响。

三、应聘者因素

招聘是企业与应聘者双向选择的互动过程。企业自身的因素会对应聘者的选择产生影响，同样，应聘者的特点对招聘工作也起着至关重要的作用。从应聘者角度来看，影响企业招聘的因素主要有：应聘者的求职动机强度、应聘者个人的职业生涯设计、职业锚、应聘者的择业偏好、招聘者个人因素等。

1. 应聘者的求职动机强度

顾名思义，求职动机强度是指应聘者在寻找职位过程中的努力程度，反映其得到应聘职位的迫切程度。一般来讲，家庭经济条件、受教育程度、以往求职成败的经历、求职时是否有工作、个性特点、个人的工作技能与经验等因素都会影响求职动机强度。如家庭经济条件很差、教育程度不高并且没有其他生活来源的大龄下岗女工在求职时，求职动机强，对应聘的工作岗位性质及企业的条件等就不会太挑剔。相反，一个接受过高等教育、有一定经济基础的未婚年轻人在择业时求职动机会相对较弱，他(她)往往会经过反复比较后再进行选择。

2. 应聘者个人的职业生涯设计

一个人从开始参加工作到最终退出工作所经历的工作历程就构成其职业生涯。随着个体对职业发展的重视，越来越多的年轻人借助于心理测试等手段确定自己未来适合从事的职业。当然，职业生涯设计伴随着工作经历的丰富会不断调整甚至重新设计。而职业生涯设计对个体的职业选择、职位追求都会产生很大的影响。例如，确立未来的职业目标是成为一名高级财务管理专家的会计专业毕业生，他(她)在择业时往往会倾向于选择会计、出纳、预算等与其职业生涯规划有关的职位。

3. 职业锚

不同的职业兴趣和职业定位对招聘工作的影响是明显的，因为职业兴趣对个人职业生涯的发展具有重要影响，企业招聘显然应当招聘那些具有职业能力，同时具备职业兴趣的应聘者。

4. 应聘者的择业偏好

个体择业偏好决定着其择业倾向以及最终的择业决策。对于这个问题，美国的心理学教授霍兰德于1959年提出的"人业互择理论"(职业—个性匹配理论)对此进行了阐述。

霍兰德认为，根据心理素质与择业倾向，可以将劳动者分为六种基本类型：实际型(R)、学者型(I)、艺术型(A)、社会型(S)、事业型(E)及常规型(C)。

根据职业本身的内容(工作中一般涉及：人—People、物—Thing、资料—Data、观念—Idea 等因素)和它对劳动者素质的要求，也可以将职业分成六种类型：主要与物打交道的实际型(R)；既要与物又要与观念打交道的调研型(I)；既要与人又要与观念打交道的艺术型(A)；主要与人打交道的社会型(S)；既要与人又要与资料打交道的企业型(E)；既要与物又要与资料打交道的常规型(C)。

5. 招聘者个人因素

招聘人员的个人因素也将给招聘工作带来影响，尤其是招聘过程各环节的主要负责人以及相关专家，其胜任力的高低直接影响招聘工作能否得以顺利、有效的开展。因此，招聘工作必须重视招聘工作人员尤其是负责人的选拔工作。要避免以下情况的发生：第一印象(首因效应，仓促结论)、对比效应、晕轮效应、负面效应、面试者缺乏工作的相关知识、雇佣的压力、非言语行为的影响。

第三节　企业在招聘与选拔中的误区、挑战及新趋势

案例引入

"录用条件"为何成了摆设

　　某纺织机械修理公司欲招聘两名车工，在报纸上刊登了招聘广告，明确提出公司所需车工的具体录用条件：男性，30 岁以下；有本市城镇户口；具备三级及以上车工的技术水平；身体健康；无刑事犯罪记录。

　　小雨(7 年车工经验)和小童(2 年车工经验)刚刚被一家企业裁员出来，看到此招聘广告后便去应聘，结果顺利通过面试。

　　2 月 12 日，小雨和小童同某纺织机械修理公司签订了劳动合同，约定合同期限三年，岗位是车工。小雨与小童唯一不同的是：企业看到小雨有 7 年的同行业工作经验，且面试中表现出色，就未与其约定试用期；而与小童约定了三个月的试用期。

　　此后，两人干活非常认真、仔细，只是由于当初他们从事的工作技术含量较低，面对新的环境及新的工作要求均感到有点力不从心。两个月后，车间主任对二人的技术水平也开始感到不满。

　　5 月 11 日，就在小童试用期的最后一天，车间主任召集小雨和小童进行三级工考核。方式是根据专门考三级车工用的图纸，加工出合格的零件；同时挑选了几名工程师、技师和检验员组成了公司技术考核组。

　　5 月 12 日，技术考核组对两人加工的零件进行了考评，认为均不合格，两人技术水平都不够三级。

　　5 月 13 日，公司作出决定：由于小雨、小童不具备三级车工的技术水平，不符合公司的录用条件，从而与之解除劳动合同。

　　二人对此不服，向劳动争议仲裁委员会提起申诉，要求恢复劳动关系。

　　令公司意想不到的是：小雨和小童均获得了仲裁支持。理由是公司错误地解读了《劳动法》第二十五条第一款的规定"劳动者有下列情形之一的，用人单位可以解除劳动合同：(一) 在试用期间被证明不符合录用条件的……"。因此，公司精心设计的"录用条件"最终却只能成为无用的摆设。

一、招聘与选拔中的误区

　　索尼公司创始人盛田昭夫，在 20 世纪 60 年代写过题为《让学历见鬼去吧》的畅销书。

如今，在中国人才市场上，"是骡子是马牵出来遛遛"的口号也正是"能力本位"的一种形象表述。但中国还有很多企业在招聘人才过程中存在着很多误区，如以文凭取人、以专业取人、以经验取人、以大企业工作经历取人、以穿着甚至以貌取人等。在所谓"科学人力资源测评体系"背后的是刻板、缺乏创意和傲慢无知。刻板的人才规范已经使中国企业陷入迂腐，越是大企业越是迂腐。

（一）误区 1："海归"一定胜过"土鳖"

不管什么样的文凭，都是对过去的评价，在知识爆炸的时代，它不能代表一个人对现实问题的解决能力。文凭仅仅是评价一个人的参考标准之一，但今天的中国企业已将它作为一个最重要的标准。没有相应的文凭，连进门的资格都没有。而在现实中，一个人的综合能力往往与他是什么学历，以及毕业于哪个学校并无必然的联系。许多企业喜欢炫耀自己的公司里有多少 MBA，有多少"海归"等。而现实中，"海归"的能力未必就比"土鳖"强。特别是洋文凭满天飞的今天，"海归"的质量也早已经大大缩水。至于有些公司动辄就要求某些岗位非 MBA 莫取的做法，更是迂腐至极。且不说今天中国形形色色速成的 MBA 质量如何，就算是货真价实的 MBA，其综合能力也不可能单纯以文凭论定。商场如战场，商业人才不仅需不断学习新知识，更需身经百战。一张"黄埔军校"的文凭既不能保证你所向披靡，也吓不倒草莽出身的"红军"。

从后现代管理的高度来看，我们必须突破此种藩篱。否则，正如德鲁克所说的："戈特利布·戴姆勒也好，亨利·福特也好，没有工程技术文凭或 MBA 文凭，都没有机会坐上第一把交椅。而且，也没有哪家有名的金融公司会在今天聘用摩根这位从大学退学的家伙了。于是，企业将会把它最紧缺的人才拒之门外：创作家、革新家和冒险家。"

近年来，随着外企在中国业务的拓展，越来越多的外企深刻认识到中国市场经济不再是 20 世纪 90 年代时的粗放型经济，不再是以廉价的人力资本和无知识含量的流水作业作为经济发展手段。如今想要扎根中国，必须在产品质量、知识内涵、文化尊重等方面跟中国的消费者、客户打交道。因此，"人才本地化"成为外企发展的当务之急。摩托罗拉中国公司认为，人才本土化是摩托罗拉中国公司取得辉煌业绩的根基，公司拒绝接受那些手拿各式各样的英语证书，但中文表达能力不强的毕业生。同样，很多海归被拒，其中的重要原因是他们对本土市场与文化不甚了解。相对于外语而言，本土语言有所偏废，无法更好地融入本土顾客群中，更无法完美诠释出外企在中国本土发展的文化内涵。以此审视，越来越多的母语能力出众的人才被外企委以重任也就在情理之中了。

（二）误区 2："科班"出身决定胜任力

过于强调专业，考虑技能太少，这是大多数企业招人时的通病。特别是一些国有企业，要求专业必须对口，招营销策划人员一定要营销策划专业的，招管理人员一定要管理专业的，比较少地考虑应聘者的技能和兴趣，这都是无知的做法。以营销策划人员招聘为例，现今中国真正营销系出来的人，大都不谙营销的真谛。一个优秀的策划人员，首先需要的是实战，然后是跨学科的知识架构以及深厚的文字功底。目前，中国真正的策划高手大都是精通文史哲，又身经百战的人物。就策划高手的文化功底而言，很多人在哲学社会科学的素养方面不逊于优秀的学者，在文学素养方面不逊于一流的作家。而我们大多数营销系出身的"科班"队伍，除了一点半生不熟的营销原理之外，其他就一无所有了。

对于一些技术性比较强的工作，是应该考虑专业要求。但由于种种原因，一些人是迫不得已才学了自己不喜欢的专业，有可能其最佳的技能并不在其专业上，如果过分强调专业对口，有可能失去一些人才。所以，在招聘时专业是需要考虑的，但不能太死板，要根据应聘者的实际情况决定是否录用。

后现代社会，企业需要的是跨学科的复合型人才，而现今中国的商业教育还离此甚远。即使有一天大学真正实行复合型人才教育了，那张文凭仍然仅仅是参考。因为几年的学校教育穷尽不了浩如烟海的人类知识，要想适应实践仍需不断自学。可以说，一个人的自学能力和领悟能力，甚至是天赋才是决定他最终造诣的根本因素。

（三）误区3：太过重视经历，忽视应聘人员的潜力

一些企业总是希望员工入职后马上就可以投入工作，所以要求应聘者要有工作经验，从而把一些有潜力的刚走出校门的应聘人员拒之门外。其实，长远来说，人的潜力比经验更重要，经历只代表过去，潜力体现将来。能找到有潜力的人比找到有经历但没潜力的人，对企业更重要。

（四）误区4：大企业经验一定信得过

一个人在某个行业有过多长时间的工作经验，这固然重要，但绝不能叫经验挡住了我们的眼睛。经验对不同的人具有不同的意义。有些人在一个行业工作了十年，等于他一年的经验重复了十次，也就是说他还是一年的经验。特别是某些需要创造性的岗位。在现实中，我们经常会发现具有多年经验，而仍业绩平平之人。而那些经验虽然不够丰富，但富有创造力的人，往往能在进入一个行业不长的时间内一鸣惊人！

多数企业还迷信大企业工作经历。我们不是说这种经历不重要，但是要认真、辩证地看待这个问题。大企业有良才，也有庸才。企业真正需要的是一个人的素质，因此，不应让任何外在的因素影响我们对人才的正确判断。

企业找人才的各种条条框框和偏见，是现代企业长期积累起来的人才评估"规范"，这些"规范"使企业具有了"偷懒"的条件，助长了企业不动脑筋的恶习。

（五）误区5：过于重视学历，而轻视应聘人员的能力

几乎所有的招聘广告里都有学历要求，有的拼命追求高学历，动辄要求研究生以上的学历，甚至普通操作工都要求中专以上学历。这可以说是一种资源浪费，也可以说是一种歧视。人力资源管理中应做到选择能力和职位的匹配，并不是学历越高越好，否则不仅对企业是一种浪费，对应聘者也是一种浪费，大材小用不行，小材大用也不行，要知道"战车能攻坚，渡水不如舟；骏马能历险，耕田不如牛"。

（六）误区6：企业对招聘人员的选择不重视

招聘虽然看上去是一件简单的工作，其实不然，招聘工作涉及的范围比较广，招聘人员必须有能力去识别应聘人员的潜力、能力、兴趣、个性特征等，所以对他们的素质要求应该是比较高的，除了上述能力之外，还应具备一定的人格魅力，如亲和力、礼仪、口才、判断力等，所有企业的招聘人员也很重要，必须具有相关能力，必要时可以请企业外的招聘专家参与。

二、当前招聘与选拔面临的挑战

(一) 招聘工作缺乏计划性，临时性安排使招聘工作被动和忙乱

企业的用人需求分计划性需求与临时性需求两种，企业招聘工作的有序性受到企业管理规范性的影响，而企业管理的规范性又与企业的发展阶段、发展速度、企业管理者群体的素质、企业所处的经济环境有很大关系。一方面，当前我国处在经济高速发展与社会快速转型时期，民营企业国有化、国有企业民营化趋势明显，全国劳动力统一大市场正在形成，户籍制度改革、社会保障的进一步规范管理都使人员流动变得更加方便。另一方面，动荡的国际、国内金融及经济环境削弱了企业的计划性安排，使得企业在人力资源管理特别是人员的管理上临时性更强。人力资源的低水平管理、对企业文化作用力的忽视、企业的激励机制不能适应员工的要求、企业的人才理念不能做到人性关怀、企业的信用与领导人的决策行为等多种因素，导致员工离职率不断上升。企业因此产生的人员招聘需求不断增大，临时性工作、突发性人员招聘需求不断增多，这些都成为众多企业不得不面对的现实。经济发达区域如北京、上海的企业，特别是管理不太规范的民营企业，经常是人员成群结队地流失，有时甚至是整个部门的员工集体辞职，这给招聘工作带来了很大的压力。这样的企业要么是没有良好的企业文化，要么是没有建立起激励与约束机制。高离职率一方面使招聘工作陷入被动，另一方面使人员的管理成本进一步上升，各项工作很难做到计划性管理，表现出人员管理的无序状态，使整个企业的管理都变成了临时性任务管理，工作计划性不强，很难形成系统合力，很多工作效率低下或根本无效率。这在中小企业中比较多见。经济欠发达地区的企业又受到来自发达地区优势企业的人才吸引的压力，人才流失严重，导致招聘计划性被打破，也或多或少地产生了人招了走、走了再招的局面。

招聘工作的无序性与临时性是目前我国企业面临的较普遍的人力资源管理现实问题，招聘工作的无计划性又会像多米诺骨牌一样影响到后续生产计划安排、产品销售、产品质量等一系列企业运营与管理工作。

(二) 面试技术手段初级，筛选的效率与效果不尽如人意

目前我国大多数企业也同我国社会转型一样，处在一个不断发展与变化的时期。大多数企业的面试工作还远没有西方企业那么细致，现代化的心理测评手段或面试技术在企业中应用较少。人员的面试还停留在简单地询问一些基本情况，填写一些基本的信息资料上，人员背景调查往往很难在实际工作中开展。人员的笔试与能力测试已经在部分企业中使用，但也仅局限于管理较规范的大企业或外资企业，很多中小企业基本上没有这方面的测试。其他的面试手段如小组面试、压力面试、公文筐测验等也很少在企业面试中使用。计算机或信息化技术在面试中的应用更是少之又少。虽然粗放的面试手段提高了面试的经济性，降低了面试的成本，但是人员招聘工作的有效性大打折扣。于是，人岗匹配成为企业人力资源管理面临的较难的问题。由于前期人员选择的简单草率使后期人员的管理工作量加大，

增加了人员管理的难度。

（三）招聘或面试工作缺乏基础性支持

不管是企业的招聘还是面试工作，要做到科学管理与精益化要求，就需要大量的基础性工作来支持。不管是哪个岗位的招聘，职位说明书是最基本的支持性文本。职位说明书规范了本岗位的工作职责、任职的基本条件及对知识、工作经验、工作技能的基本要求，它是招聘工作的重要参考性文件。但很多企业往往忽视这方面的基础性工作，认为职位说明书对企业的管理作用与意义不大。持这种观点的企业领导往往是不太注重管理的企业领导，由于经营压力比较大，他们往往把管理的重心放在对业务的经营上，而忽视掉企业内部的运营管理与人员管理工作，但由于内部管理与人员管理的基础薄弱，又致使业务发展不能适应企业发展的需要。说到底，这与企业管理者短视、不能用战略的眼光来看待管理中的问题有很大关系。但产生这些问题的根源又是很复杂的，受到企业的体制、决策层的管理水平的约束。

胜任素质模型是招聘与面试工作的又一基础性工具。众多的企业由于缺乏对胜任素质模型作用的足够认识，往往不愿意投入足够的人力与物力进行关键岗位胜任素质模型的开发与研究工作，甚至有的企业还没有听说过胜任素质模型这种工具。胜任素质模型从价值取向、态度理念、知识技能标准、性格特质等多方面对岗位从业人员进行了梳理，可以说是人员招聘和面试以及绩效沟通与辅导、绩效反馈等工作开展的一个很好的基础性管理工具。如果没有建立胜任素质模型，招聘与面试工作就会粗糙，人员的筛选工作就会没有依据。

其他的基础性工作如面试官的培训、面试的流程设计、面试题库的建立、人员测评与性格测试工具的开发与准备工作等，都是做好招聘与面试的基础性工作。完善的招聘体系、高效的面试工作都需要这些基础性工作的支持。

（四）招聘制度不完备，流程不规范

规范的人力资源管理应该有规范的人才招聘制度来规范企业的招聘行为，如果缺乏明确的招聘制度，企业的招聘行为就会显得忙乱且无据可依，企业也很难达到预定的招聘效果，企业的招聘制度又需要企业的薪酬制度、员工评级制度、员工绩效考核制度相配合。如果仅有招聘制度，其他的制度不能做到有机结合，招聘工作也很难发挥其应有的效用。从这个角度来看，招聘工作应该是整个人力资源管理的有机组成部分。招聘工作应该不仅仅是招聘人员的工作。只有整体人力资源管理体系发挥整体性作用，才能有效规范企业的招聘行为。企业的招聘管理混乱通常表现为：

(1) 无招聘制度。企业知道要招用什么样的人员，但标准经常在实际执行中走样，企业招到的人员往往以关系型人员为主，并不一定符合企业的实际需求。

(2) 招聘无严格的程序。对谁能初步面试、谁能复试、依据什么样的结果来录取，往往没有明确的规定。有时，老板或总经理的一句话就打破了一切规定与标准。

(3) 人员的招聘无分层分类管理。招用普通的员工往往要总经理亲自来面试，公司或企业的特殊人才往往又是某个领导拍一下脑袋就决定的事情，完全没有程序来进行检测与考查。这样就使人才的招聘变得随意与不科学，给日后的管理增加了很多难度。

(五) 招聘工作缺乏事后的评估与成本分析

一般招聘工作的评估与分析工作是企业很少认真做的一项工作，这说明了很多企业的招聘工作有头无尾。招聘工作做了，但往往没有检查，不知道做得怎么样，更谈不上改进与如何改进。也就是说，把招聘工作当成了一项任务对待，而不是一项事业来做。这二者的区别就是做过与做好的区别，就是表现普通与绩效卓越的区别。只有做了评估，只有对招聘进来的人员进行持续的观测或做好持续的绩效表现记录，才能对前期招聘工作开展情况的结果有一个客观的衡量，才能找到不足并提出改进的措施，使未来的招聘工作得到改善与提高。

(六) 忽视应聘者与组织的适应性

在选拔面试中，招聘人员往往只注重应聘者与空缺职位任职资格的符合程度，而很少考虑应聘人员与组织文化、部门现有员工的适应性，从而导致在录用后发现新员工并不符合该职位的要求，或者与企业的文化很难融合。职位的要求主要规定了从事某一个职位工作的任职者应该具备的知识、技能和能力，但是仅仅具备这些素质还远远不够。因为工作的完成离不开与他人的合作。因此合格的员工还应该具备所在团队所要求的人格特点、企业文化所要求的价值观念以及对企业使命的认同。这就要求招聘人员以特定组织、特定岗位对人员的要求为依据，来选择合适的员工。

由于招聘工作本身的复杂性，也由于不同企业所面临行业背景的不同，管理模式和管理水平也都存在差异，招聘工作中存在的问题及其原因也各不相同。首先，企业外部影响招聘工作开展的因素很多，有历史方面的原因，也有制度方面的限制。例如，我国虽然人口基数大，但高端人才供给相对不足，这使得企业高端人才的招聘工作难度较大。同时招聘环境很复杂，在当前我国社会人情泛滥的情况下，托关系、走后门的风气仍然难以杜绝，一些组织或个人可能会要求企业承担过多的社会义务，或安排不符合企业需求的人员进入企业就业，这就可能使招聘工作难以坚持任人唯贤、公平竞争等原则，直接或间接地影响着企业招聘工作的顺利进行。招聘工作的复杂性还表现在国家法律、法规和各级政府规定的制约方面，如现行的户籍管理制度，就可能在一定程度上制约着人才的自由择业和企业的自由择人，还有如子女入学、入托问题，配偶调动安置问题等，也是制约人才流动的重要因素。

其次，企业内部也有许多因素影响着招聘工作的正常开展。有些企业还没有专业的招聘人员，招聘缺乏技能，招聘工作组织不力；还有些企业没有建立完整的招聘工作流程，缺少录用决策的客观依据，聘任与否全凭个人好恶与感觉。这些不利的因素，一般都与企业的管理水平有直接联系，直接影响着企业招聘工作的效率和效果。

最后，从招聘工作本身来看，招聘工作和其他管理工作一样，需要将科学与艺术相结合。① 招聘计划的制订现在还很难做到完全科学和客观。由于市场形势瞬息万变，如何根据市场形势的变化来制订和刷新招聘计划，一个员工的产能究竟多大，如何合理判断用人部门的招聘申请，都是很难靠数学公式就能解决的。② 录用标准的确定很难做到科学公正。无论是进行笔试还是面试，如何确定合格标准，在实际工作中有时很难进行抉择；在确定录用标准时，如何把握原则性和灵活性的度，现阶段只能靠个人经验进行判断。③ 招聘的方法和手段现在还很难做到完全科学化和系统化，尤其是在人员面试筛选过程中，由于诸多因素的影响，要想达到完全科学公正、可靠可信的程度是很难的。要了解一个专业技术人员的真实水平可能需要几天的时间，而要了解一名高层管理人员则要几个月甚至更长的时间。因此，通过短短几小时的面试过程，要想完全了解一个人，并对其将来的绩效作出正确的预测是很困难的。

三、招聘与选拔的新趋势

随着我国市场经济改革的深入发展，我国社会经济生活的各个方面也发生了深刻的变化。新技术的进步、新市场的出现大大影响了人力资源管理的各项实践。人力资源管理人员在面对未来招聘工作的发展趋势时，必须要面对以下新趋势。

(一) 招聘媒介进一步多元化和网络化

随着互联网技术的发展和普及，网络招聘已成为一种越来越普遍的招聘模式。网络招聘的全天候、即时性大大提高了招聘工作的速度和效率，使招聘企业可以在短时间内找到所需的人才。

随着招聘渠道的多元化，要求人力资源管理人员对当地的劳务市场有更加深入和透彻的认识与了解，熟悉各种招聘渠道的特性，从而制定更有效的招聘策略，使招聘资源投放更加准确和有效。

阅读资料

网络"视频招聘会"诞生

某日，广州市首届台资企业综合人才视频招聘会，其火爆的视讯现场、清晰的语音图像、招聘双方良性的互动以及招聘会结束后良好的效果，都让业内人士大吃一惊，也让企业和个人看到了视频招聘会的发展前景。

此次广州首届台资企业综合人才视频招聘会的成功，现场的视讯平台功不可没，其引入的视讯平台是目前全球唯一一个宽带视讯互动平台——视讯梦网运营平台，不仅在技术上运用视讯领域12项关键创新技术建造，而且语音、视频、数据、流媒体功能强大，图像清晰、流畅，具有屏幕广播、电子白板、文档共享、协同浏览、文件传输和远程控制等强大数据功能，是集视频、音频、数据、流媒体为一体的一流视讯通信平台和视讯增值服务平台。求职招聘双方在平台中可进行面对面的即时交流及影像的在线审视，短时间内便可完成整个面试过程，达到预定的招聘效果。视频招聘过程中，可以传输大量包括图片、声音和文字等数据，实现"一对单"或"一对多"的面对面媒体交流。

(二) 中小城市对中高端人才吸引力的进一步弱化

曾几何时，"孔雀东南飞"成为一种时尚，大多数中高端人才更愿意到北京、上海、广州、深圳等中心城市发展，因为那里机会比一般中西部城市更多。相比之下，属于二三线的中小城市对中高端人才的吸引力进一步弱化。有一些企业因远离中心城市，很多应聘者甚至连企业发出的面试邀请都不会接受。所以，对于远离中心城市的企业，人力资源管理人员在招聘工作中如何吸引中高端人才及做好本地化工作，是一个必须面对的挑战。

对于位于中小城市的企业，人力资源管理人员必须从求职者的角度出发，在吸引人才、留住人才的各个环节上真正为求职者着想。人力资源管理人员应在制度设计上，考虑如何方便求职者到企业面试，降低其面试的时间成本和经济成本。例如，人力资源管理人员可考虑为求职者报销面试来回车船费用、住宿费用，或安排专车接送求职者等手段来吸引求职者到本企业面试。

（三）异地招聘

随着企业业务的不断发展，越来越多的企业走出原来的创始地，到其他城市拓展业务。如何在一个陌生的城市中迅速招聘到恰当的人才以配合企业业务发展的需要，是人力资源管理人员要面对的问题。

（四）全球化招聘

同样，随着企业业务发展走出国门，企业也会对跨国人才产生相应的需求。企业要在全球化竞争中取得优势，就必须拥有具有全球化的视野和经验的人才。这要求人力资源管理人员必须具有放眼全球的视野，掌握全球化的招聘手段和方式，如此才能进行全球化人才的招聘。

（五）新职位不断涌现

随着市场的进一步发展，新经济的繁荣也带来了新的职位。据统计，当前劳动力市场每年涌现的新职位有40~50个。对于新职位的涌现，也要求人力资源管理人员关注新经济的发展动态，了解和熟知新职位的个性特点，明晰其职责和要求，如此才能进行有效的招聘。

阅读资料

2011 年最"潮"的新职业

网络的持续发展，衍生出不少全新的职业。2011 年，网络插画师、微博专员、网络模特、网游体验师等职业由于计件薪酬高或工作时间自由等原因，成为年度最"潮"职业。

插画师——插画师在这几年中渗透进网络行业的方方面面。无论是网络游戏的角色设定、网络广告的设计，还是网络视频的后期处理、媒体插图，到处遍布着插画师的作品。现阶段，大多数插画师都是 SOHO(自由职业者)。由于绘制插画属于个体技巧型劳动，无法在短期内形成产业化，因此插画的售卖价值要高于一般群体劳动。业内人士透露，插画师在入行时，一般收入都不太固定，常常过着饥一顿饱一顿的生活，平均月薪在 3000 元左右。但只要与广告公司、网游企业等合作方建立起长期的合作关系就能够获得可观的收入，因为目前插画师人才比较紧缺，插画所采取的计件薪酬制使每一件作品都可以获得几百元、上千元，甚至过万元的收入。一旦保证稳定的合作渠道，插画师就是一个"金饭碗"。但并非所有美术人才都能够成为插画师。这份职业不仅要求就职者具备绘画基础和专业技能，更对其敏锐的商业嗅觉有着很高的要求，需要根据客户的要求，设计出符合营销理念的插画。因此，它要求从业者必须是能将浪漫主义的艺术转化为商业价值的复合型人才。

微博专员——在大多数职场人士苦于上班无法刷微博时，有一群人幸福地表示："我们的工作内容就是不停地在微博上发布最新的消息。"他们就是负责微博内容更新的运营专员。

网络模特——随着网络购物模式的迅速发展，网店之间的竞争也变得越来越激烈。不少大的网店为了提高竞争力，纷纷请来"网络模特"助阵。网络模特是近年来随着网店的风靡流行的新兴职业，也被网友称为"网络麻豆"。摄影师将她们穿戴不同服饰的样子拍成照片后，提供给某个网店作宣传画。

网游体验师——网游体验师的主要职责就是通过试玩不同类型的游戏，找出游戏的亮点和不足之处，描述玩游戏的体验与心得，对游戏中的细节进行分析，并针对漏洞出具详细的报告，以供游戏设计者进一步改进游戏体验，同时也给予广大的游戏玩家作为意见参考。

（六）人员流动进一步加剧

随着信息时代的到来，人们获取信息的成本越来越低，更加容易了解劳动力市场的情况；另一方面，随着交通条件的改善，人们的出行成本越来越低，迁移到其他地方或城市去工作和生活的成本大大降低，这些都大大降低了人们转换工作的成本，也促成了劳动力市场中的高流动率。同时，对企业来讲，企业的人员流失率也随之增高。人力资源管理人员在制定相应的招聘计划时，必须充分考虑到未来人员的高流失率。

小结

(1) 招聘的目的是为企业寻找合适的员工。在恰当的时候以最小的代价招聘组织最需要、最合适的员工，并将其安排在合适的岗位上使其发挥作用，这是任何组织员工招聘的根本目的。

(2) 招聘的意义在于能够确保录用人员的质量，提高企业核心竞争力，为企业注入新的活力，增强企业创新力，扩大企业知名度，树立企业良好形象，减少离职，增强企业内部的凝聚力，有利于人力资源的合理流动，提高人力资源潜能发挥的水平。

(3) 招聘活动主要包括招募、甄选、录用与评估四项内容。

(4) 招聘与选拔的工作程序分为招聘准备阶段，招聘的实施阶段，招聘的评估阶段。

(5) 工作生活质量，质量圈(quality circles)，匿名工作小组，以及工作扩大化、工作丰富化和轮换项目都是最初工作设计的表现形式。

(6) 工作描述通常概括了该工作对于组织目标的关键贡献，它还说明了汇报关系和工作关系。在此之后就会简要概括主要任务或关键目标。任务或目标使用主动语态表达出来，将用于评估绩效并且分配责任。它们还能表明不同工作领域的相对重要性。

(7) 现代企业在招聘与选拔中的挑战有：招聘工作缺乏计划性，面试技术手段初级，招聘或面试工作缺乏基础性支持，制度不完备，流程不规范，招聘工作缺乏事后的评估与成本分析，忽视应聘者与组织的适应性。

思考题

(1) 简述招聘活动的四项内容和八大原则。

(2) 简述招聘准备阶段的步骤。

(3) 影响招聘与选拔的因素有哪些？

(4) 男女成员中普遍存在并且通常会影响绩效水平的工作偏好有哪些？

(5) 企业在招聘与选拔中的误区有哪些？

(6) 简述现代企业招聘与选拔的新趋势，并谈谈您的个人看法。

第二章　胜任力素质模型

本章要点 ✍

(1) 掌握素质的内涵与外延；

(2) 掌握胜任力素质模型；

(3) 掌握如何进行胜任力要素分析。

本章导读 📃

　　胜任力是领导者的基本素质，是衡量领导者的领导水平、领导绩效的主要指标体系。胜任力这一概念是由美国心理学家戴维·麦克莱伦首先提出的。他将胜任力模型划分为六个层次，其特征通常用漂浮在水面上的一座冰山来描述。知识、技能属于表面的胜任特征，漂浮在水面上，很容易被发现；社会角色、自我概念、人格特质和动机、需要，则属于深层次的胜任特征，隐藏在水面下，且越往水下，越难发现。然而正是这部分隐藏在水下的深层次的胜任特征才是决定其行为及表现的关键因素，并且这也是考察和选拔优秀者更为重要的内容。

第一节　素　质

　　素质是指驱动员工产生优秀工作绩效的各种个性特征的集合，反映的是可以通过不同方式表现出来的知识、技能、个性与内驱力等。素质是判断一个人能否胜任某项工作的起点，是决定并区分绩效好坏差异原因的个人特征总和。素质的构成要素可用洋葱模型来表示，即技能、知识、自我形象、态度、价值观、个性、动机分别由外向内以洋葱的形态层层包裹。越外层的越易于培养与评价，相反，越内层的越难以评价并且不易通过后天学习来获得。

　　(1) 显性职业素质可分为通用素质与专业技能素质。通用素质是建立在企业战略或行业发展的基础上，企业各类组织核心能力在领导素质、企业价值观等方面的要求和体现；专业技能素质是企业各职类、职种、职层依据企业战略及行业发展要求，对从业人员知识、技能、经验和行为标准的总和。

　　(2) 显性职业素质的分级是通过行为事件访谈法，在以本职类、职种优秀人员与较差人员的行为为标杆，在业务流程各个环节上对产生绩效的知识、技能与经验及行为方式进行分级(由级别角色定义完成)。显性职业素质分级与岗位分级最大的不同是岗位分级建立在企业以战略为基础的核心能力上，企业需要首先明确不同层级不同类别的岗位任职者应具有的能力和素质要求，并以此进行能力素质的提升和开发，来聚焦企业的核心能力，从而使得战略的实现。而显性职业素质的分级是直接以本职类、职种优秀人员与较差人员的行为为标杆进行分级。

(3) 潜在职业素质分级是指在显性职业素质分级的基础上对影响绩效、从业所需知识、技能与行为规范的潜在职业素质进行分级。潜在职业素质是指影响绩效的个人动机、价值观、态度及行为特征等。

第二节　胜任力素质模型

一、胜任力的优点

胜任力素质模型就是为了完成某项工作，达成某一绩效目标，要求任职者具备一系列不同素质的组合，其中包括不同的动机表现、个性与品质要求、自我形象与社会特征以及知识与技能水平等。

胜任力具有以下几个方面的优点：

(1) 了解绩效的最好途径是观察人们实际上做了什么而取得成功(即胜任力)，而不是依靠基于智力之类的潜在特质和特性的假设。

(2) 测量和预测绩效最好的办法是让人们表现出你想要测量的胜任力的关键方面，而不是实施一个测验来评估潜在的特质和特性。

(3) 胜任力是可以学习和发展的，与此相反，特质和特性是遗传获得的，并且很难改变。

(4) 胜任力是可见的、可理解的，人们可以理解并发展出达到绩效所必需的胜任力水平。

(5) 胜任力和有意义的生活结果联系在一起，这些有意义的生活结果描述了人们在现实世界里一定会表现的方式，而绝非是只有心理学家才能理解的深奥的心理特质或构造。

二、胜任力的内容

胜任力包括什么？

胜任力包括了胜任力模型理论和胜任力核心要素分类学说。

前面，我们提到了胜任力素质模型是一座漂浮在水面上的冰山，如图 2-1 所示。

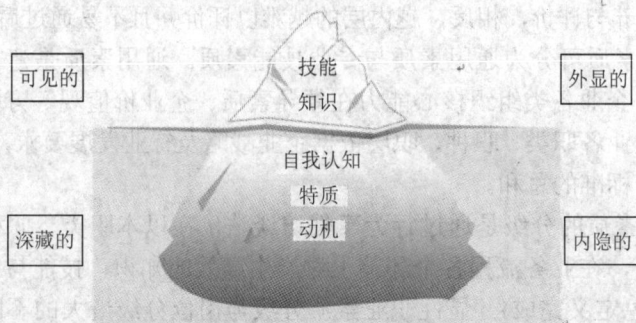

图 2-1　胜任力素质模型

胜任力核心要素分类学说是指许多研究者将管理者的工作划分为关键性的技能，这些技能是获得高绩效所必须掌握的。雅克将管理者工作划分为三类技能或胜任力：技术、人际和概念。技术技能(Technical Skills)构成的知识包括：方法、程序、使用工具和操纵设备的能力；人际技能(Interpersonal Skills)知识包括：人类行为和人际交往过程、同情和社会敏感性、交流能力和合作能力；概念能力(Conceptual Skills)包括：分析能力、创造能力、解决问题的有效性、认识机遇和潜在问题的能力。诺华德提出的胜任力分类学说认为，对胜任力的划分应从三个维度进行，这三个维度分别是任务具体性、行业具体性和公司具体性。任务具体性(Task-specificity)是指胜任力与需要完成的一个具体工作任务的相关程度。低任务具体性是指胜任力不与某一个(或某些)具体任务有特殊的关系，而是同时与更大范围内的许多种任务密切相关，如分析能力、与他人协作的胜任力、问题解决能力、沟通技能、委派工作的能力等。当任务具体性高时，胜任力就与某个单一工作任务或少数几种工作任务密切相关，并且它与其他任务的完成就毫不相干。如果一种能力仅仅只能应用于一家公司，那么这就是公司具体性(Firm-specificity)。从字面上看，该能力对其他雇主而言，没有潜在的价值。所有非公司具体性的胜任力是一种一般的或者非具体性的、并且能够在外部劳动力市场上进行买卖的胜任力。米切尔认为，公司具体胜任力导致了雇主与雇员因双方利益上的因素而产生一种长期的契约性商定。非公司具体胜任力也许有或多或少的行业具体性。

三、如何了解胜任力

国内研究领导胜任力的方法技术主要有：直接观察法、工作分析访谈(包括面对面访谈、电话访谈、一对一访谈或焦点小组访谈法)、焦点小组(专家小组讨论法)、行为事件访谈法(BEI)、问卷法(工作问卷及清单调查、职位分析问卷)、职能性工作分析、工作说明书分析、借鉴现成的胜任特征模式或专家系统数据库等方法。这些方法各有其优点又各有其缺点，研究者和实践者都是根据具体的职位要求，考察这个职位所处的环境，包括有形的和无形的背景环境，同时考虑组织的行业类型、组织战略和目标、组织气氛、企业文化和价值观、高层管理风格和价值观以及目前所具备的条件等方面，从而决定选用什么方法来分析胜任特征。

1. 职位分析

基于胜任力的职位分析是以胜任力为基本框架，通过鉴别高绩效者的关键特征和对组织环境与组织变量两方面的分析来确定岗位胜任要求和组织的核心胜任力。通过这种方法确定的职位要求一方面能够满足组织当前对岗位的要求，另一方面也适应了组织发展的需要。随着组织寻求在人力资源上获取竞争优势已实现可持续发展，基于胜任力的职位分析越来越趋向于未来导向和战略导向，即按照组织未来发展的要求来重构岗位职责和工作任务，确认职位要求。

基于胜任力的职位分析一般包含五个步骤：
① 确定目标岗位的绩效评价指标；
② 确定行为事件访谈的样本；
③ 鉴别高绩效者相对一般绩效者的关键行为；

④ 确定工作任务和胜任特征；

⑤ 对建立的胜任力模型进行验证。

所有的职位分析均使用多目标工作系统分析调查法(Multipurpose Occupational Systems Analysis Inventory Closed-ended，MOSAIC)，这是一种搜集职群中多种工作信息的职位分析方法，可以服务于多种人力资源管理职能。MOSAIC 以一种统一的口径来描述一个职业群内各种工作所需要的胜任力和普通的工作任务。以前各部门在选拔人员前要进行信息搜集，在开展培训前也要搜集信息，其中包含了大量重复劳动。而这种整合的 MOSAIC 方法不再单独对每个职务进行分析，而是一次性搜集完职群内各种服务与人力资源管理功能的工作信息，节省了大量的人力和财力。

MOSAIC 方法的步骤：

① 对文献和工作文件进行回顾；

② 开发出胜任力模型和确定工作任务；

③ 制定调查用等级量表；

④ 把胜任力与工作任务连接起来；

⑤ 开发胜任力基准和基于胜任力的问题。

表 2-1 显示了两种职位分析方法的比较。

表 2-1　两种职位分析方法的比较

MOSAIC 方法	传统职位分析
一次可以调查很多种工作	一次只能调查一种工作，时间和金钱花销巨大
任务描述比较宽泛，使一般性工作任务定义经久耐用	任务描述太过确切，以至于极其容易过时
可以对各种工作所需的胜任力和工作任务进行比较	对知识、技能、能力和任务描述得太具体以致不能在不同工作间比较
促进了人力资源管理的整合，为诸如人员选拔和提升、培训需求评估、绩效管理标准、人力资源规划提供了一个通用平台	是非整合手段，针对不同团队和不同人物需分别搜集数据

2．胜任特征识别——确定效标样本的绩效标准

效标样本要以绩效标准来区分高绩效组和普通组。在领导人才能力测评中的绩效样本要在考察、考核的绩效标准的基础上，结合有关专家的意见，形成具有可操作性的绩效标准。

专家组应该由优秀的现职领导者、人事管理员以及专家学者组成。专家小组的任务主要是提名进行行为时间访谈的领导者。如果在客观绩效指标不容易获得或经费不允许的情况下，还有一个简单的方法就是采用"上级题名"的办法。另外，如果应用目的是为了确立合格水平的基本胜任特征标准，也可以抽取第三个样本：绩效差的样本。

行为事件访谈法采用开放式的行为回顾侦查技术，通过让被访谈者找出和描述他们在工作中成功和不成功的事例，并且详细地报告当时发生了什么。然后，对访谈内容进行分析，来确定访谈者所表现出来的胜任特征。通过对比担任某一任务角色的卓越成就者和表现平平者所体现出的胜任特征差异，确定该人物角色的胜任特征模型。

在实施行为事件访谈时需注意四点：

① 访谈采用双盲设计。即访谈者不知道访谈的对象属于高绩效组还是一般绩效组；而被访谈者只知道自己是被派来接受访谈的而不知道还有高绩效组和一般绩效组的差别。

② 访谈时间一般需要 1～3 小时。

③ 需引导被访谈者说出他们在这些经历中具体的言行、想法、感受及方法，访谈者需要具备高超的访谈技巧。

④ 对访谈内容进行录音，并用统一格式整理出来。

第三节　胜任力素质模型建立的流程、技术与方法

胜任力素质模型就是为了完成某项工作，达成某一绩效目标，要求任职者具备一系列不同素质的组合，其中包括不同的动机表现、个性与品质要求、自我形象与社会特征以及知识与技能水平等。胜任力素质模型有两个纬度构成：素质要素和素质级别。

一、建立流程

胜任力素质模型的建立流程如下：

(1) 对胜任力素质进行研究，即对胜任力素质进行研究分析，提炼素质项目，描述素质特征。主要包括以下几个环节：确定专业技能素质或领导能力；选择业绩优秀人员作为标杆；采用行为事件访谈或小组访谈方法进行信息收集；收集数据、信息归类与编码、提炼素质项目；描述素质特征；建立素质模型。

(2) 验证胜任力素质模型的有效性。主要是选择标杆进行比较，利用数据库和专家进行验证。

(3) 胜任力素质模型的应用。主要使用在战略性人力资源规划、人员甄选、绩效管理、评价技术、培训与开发、核心人才管理、薪酬管理、并购中的人员重组等方面。

二、技术与方法

胜任力素质模型建立的技术与方法包括：

(1) 采用行为事件访谈法(BEI)，如表 2-2 所示。

表 2-2　行为事件访谈法示例

情景(S)	行动问题(A)	结果问题(R)
● 描述一种情景，当……你为何要…… ● 周围的情况如何？ ● 当这种情况发生以后，最紧要时机是什么？	你当时对情况有何反应？你又是怎么做的？叙述你在这件事情中的具体角色。 你当时首先做了什么？在处理整个事件时采取了怎样的具体步骤	事件的结果如何？ 结果是怎样产生的？ 这件事是否引发了什么问题？ 你得到了什么样的反馈

(2) 从行为事件访谈记录中提炼不同职类从业者成功的关键素质要项，如表 2-3 所示。

表2-3 行为事件访谈记录中提炼关键素质要项示例

行 为	素 质
• 能够很有逻辑性的用别人可理解的方式表达自己的想法	沟通技能
• 能有效地与不同文化和背景的人打交道	适应性
• 对自己的行为和错误勇于承担责任	诚信
• 先聆听然后总结对方的谈话要点，才发表自己的独立见解	聆听
• 当制订计划、解决问题时，听取不同意见和鼓励不同观点	团队合作
• 定期向员工反馈他们在工作表现上的情况，使员工了解自己的长处、短处、问题所在，并不断地激励、鼓舞他们完成最好业绩	辅导

实例的 BEI 访谈胜任力素质提炼举例如表 2-4 所示。

表2-4 实例的BEI访谈胜任力素质提炼示例

工作行为事件(分析和编码)	行为提炼	关键行为
在日常工作中，能够有效的理解上级意图以及一些国家政策方针的取向及内涵，积极主动，富有责任心，能创造性地完成工作目标，不仅能完成更能够做好工作。	在工作中应积极思考，有一定的悟性。对国家方针政策的敏感性及内涵的正确把握。对待工作要有良好的态度。	理解力 政策敏感性 工作态度
岗位工作所需的基础知识是非常重要的，员工应能熟练完成岗位的日常工作并很好地处理工作中的突发情况。	熟练处理基本的日常工作。具有一定的应急处理能力，能够适应环境的突然变化。	业务能力 适应性
以业务知识为基础，员工还应眼界宽广，具有一定的思维宽度与广度	思维具有一定的综合性，思路开拓	思维开阔

(3) 收集信息。采用的技术有：重点群体关键行为访谈、重点群体关键事件访谈、调查、面谈等。

案例讨论

将 帅 有 别

案例背景：RW 控股有限公司成立已经快一年了。一年以来，公司稳步发展，取得了可喜的成绩。同时，部分高管试用期已满。通过一年的试用和考察，公司对这批高管的能力和素质都有了相当程度的了解。但仍需要采用科学、客观的人才评价方法对他们进行评价和鉴定，并对他们的岗位适应性、优势互补、团队人员配备、发展方向等进行评价，从而做出正确的人事决策。

案例1 帅才者，可以将将也。
个人资料：

姓名	性别	岗 位	毕业学校
YZ	男	RW 控股公司执行官、CQ 保险董事长兼总裁	西北工业大学

综合评定结果：

综合评价	他具有丰富的保险行业的工作经验，精力充沛；具有强烈的责任感和事业心，踏实肯干。 他具有极强的沟通协调能力和领导驾驭能力；具有很强的计划和策划能力，商业嗅觉灵敏，善于猎寻、把握机会。 他具有较强的危机处理能力和系统思维能力；敢于挑战权威、敢于创新、敢于尝试；办事果敢、不优柔寡断。 (笔者点评：帅才，需要有全局观，会系统思考，更需要临机取决，优柔寡断不叫帅才，帅才就要有高屋建瓴的洞察力) 他有客户意识，善于换位思考；学习力强，能以学习的心态面对周边的事物，并能学以致用。 他注重细节管理与目标导向，标准化、规范化意识强，动手能力强；善于思考和创新，市场组织策划能力强，善于走差异化路线，有较强的成本意识。 他个性张扬不羁，有霸气，敢冒尖，具有独特的人格魅力和领袖的特质风范。 (笔者点评：这与很多军事统帅的特质非常相似，巴顿将军式的人物。) 他坦诚直率，崇尚权威，尊重秩序；建班子、带队伍的能力强。 (笔者点评：帅才不是凭一人之勇，而是驾驭别人的才能，柳传志先生认为基础管理就是"搭班子、定战略、带队伍"，真是英雄所见略同。) 他情商较高，有同情心，但在与不同意见者或水平低于自己的人交流时缺乏耐心，容易急躁或轻视对方；比较强势，易给人盛气凌人之感。 (笔者点评：强势，不一定是一个帅才的弱势，在具备了准确的判断、果敢的决策之后，要的就是强势的推行。)

个人胜任素质：

优异素质：★★★

沟通协调、系统思维、领导和驾驭、果敢决策、商业嗅觉、挑战权威、敢于创新

胜任素质：★★

行动力、团队合作、分析判断、善于学习。

待发展素质：★

倾听、平等沟通。

优点与不足：

优 点	不 足
思路清晰，逻辑性强，关注细节 具有强烈的责任感和事业心 做事不拖拉、干练 学习力强，并能学以致用 沟通协调能力极强 以身作则，纪律严明 领导和将与能力极强 责任心强、坦诚	对不同意见者或水平低于自己的人缺乏耐心，容易轻视对方。 略显急躁。 比较强势，易给人盛气凌人之感

决策果敢	
商业嗅觉很灵敏	
分析问题的能力强	
危机处理的能力强	

岗位适应性评价：

我们认为 YZ 先生目前的能力素质水平能够胜任负责 RW 控股公司以及 CQ 保险运营管理的高层管理职位。

建议培训课程：

企业管理(工商管理类)高级课程

高效能人士的七个习惯

行业态势与新的技术标准

第五项修炼

结果解读：

YZ 先生思路清晰，逻辑性强。在分析和处理问题时，能够根据全局需要，系统分析各环节中的因果关系，进行系统策划，并制定出操作性强的方案计划。他具有极强的沟通表达和人际协调能力，能有效地在沟通中推断出话语潜在的意思，能更清晰地得到复杂的意见，并且能找到方法来维持清晰的交流。

建议他需要进行严格和相对有效的自我评估。同时，利用分析工具把注意力放到自己弱势方面(积极倾听)去。

在 BEI 深度访谈中，他也谈到了许多他之前的工作经历，这些经历也都证实了他之前的那些优缺点。

发展性建议：

综合分析 YZ 先生的测评结果，我们认为 YZ 先生具有较好的在董事长兼总裁管理岗位工作的潜力。YZ 先生在解决问题时思路是清晰缜密的，有丰富的保险行业的工作经验，精通业务，领导力强。由于管理风格区域硬朗，一定程度上造成指挥和控制比较强势。YZ 先生直爽坦率，崇尚权威，尊重秩序。但在倾听下属方面略显不足，容易掺杂自己的偏见。

建议：

① 培养高效能人士的各种习惯；

② 学习企业管理(工商管理类)高级课程，提高计划组织能力；

③ 突破个性限制，充分掌握与运用激励员工技巧，掌握与注重培养下属各方面的能力，加强自我认知管理，客服沟通时首因效应的心理障碍，提升与水平低于自己的人的共事能力。

案例2 将才者，可以领兵也。

个人资料：

姓名	性别	岗位	毕业学校
LZ	男	副总经理	自考本科

综合评定结果：

综合评价	他具备比较丰富的电缆行业管理经验，喜欢独立思考，自主性较强；思维敏捷，在面对突发事件和两难情景时能够较好地应对。 他具有丰富的从事营销工作的经验，对于市场走势的分析判断能力较强，对市场反应速度较快。在执行控制方面，他注重对结果的控制和细节的把握，对经营过程中的价格、销量和资金的控制能力较强，对于价格走势的预测能力比较突出，思维非常开阔，具有前沿意识。(笔者点评：作为将才，LZ 在营销方面可独当一面。) 在管理上，他能够调动团队力量共同完成任务，激情满怀，用于任事，但其强势的工作方式要有所调整，须估计别人的感受，需要加强横向沟通。另外，在企业家精神与社会责任、大局观以及处事圆润等方面还需要更多修炼。 (笔者点评：虽然可以在销售上独当一面，但是在大局观、企业家精神、社会责任感、处事圆润等方面相对不足，制约了 LZ 承担更大的责任和任务。)

个人胜任素质：

优异素质：★★★

市场前沿意识、行业态势、经营思想、驱动力及热情、分析与决策、目标导向、创业精神

胜任素质：★★

计划与组织能力、激励部署、战略思维、成本意识

待发展素质：★

自我认知、企业家精神、人际沟通协调、大局观

优点和不足：

优　点	不　足
思维清晰，表达能力较强； 有一定的亲和力； 对电缆行业熟悉，有较好的专业背景； 分析决策能力强； 社会资源丰富	沟通不足，协调能力应进一步提高； 自我认知能力不足； 对于企业在正常经营过程中的事情，不分主次； 圆而不润的行事风格欠佳

岗位适应性评价：

我们认为 LZ 先生目前的能力素质水平较适合担任力缆子公司总经理职位。但应该根据其不足，需要配备一个技术经验丰富的总工与其互补。

(笔者点评：之所以建议 LZ 担任力揽子公司的总经理，一方面作为力缆子公司总经理，LZ 主要负责力缆产品的营销工作，这是发挥了他的长处，而且在专业技术方面，有一总工与其互补；另一方面，考虑到 LZ 的潜质，可以让其在力缆子公司总经理的位置上进行历练，日后可委以重任。)

建议培训课程：

自我认知类课程

企业家精神类课程

人际沟通协调类课程

战略发展、大局观培养课程

社会责任类课程

工商管理类课程

综合评价：

LZ 先生喜欢独立思考，思维敏捷，在面对突发事件和两难情境时能够较好的应对。它具有丰富的销售工作经验，注重社会资源和社会关系的积累，对于市场走势的分析判断能力较强，对市场的反应速度较快。强烈的目标导向和任务导向，使 LZ 在一些重大项目中能够获得突破性的进展。在市场前沿意识以及对整个行业态势的把握上，LZ 先生具有一定的胆略，拥有长远的眼光，在把握市场方面得心应手。LZ 的经营思想突出表现在变革管理上，在老 ZZDL 走下坡路时仍然能够保持足够的冷静和热情，其业绩处于领先水平。

发展性建议：

我们认为 LZ 先生具有较好的在中高层管理岗位工作的潜力，适合经营管理、独立担任力缆子公司总经理职位。但从 BEI 访谈所获得的相关信息来看，从某种程度上也反映出 LZ 先生在自我意识管理、企业家精神以及社会责任方面有所欠缺。

建议：

① 增强发展他人的意识，积极为下属创造成长的机会和空间，授权的同时给予必要的指导和建议，并且要善于使用高级工程师指导企业的运作和发展，提升团队的知识结构；

② 增强利用沟通解决问题、建设团队、获取资源的意识，进一步提高自己的沟通技巧；

③ 全面提升自己的大局观，系统全面的考虑问题解决的各方面因素，增强决策的果断性；

④ 充分加强自身的自我认知管理，在更深层次上加强了解，学会清晰思考和分析，能够做到处事圆润；

⑤ 培养自身的企业家精神，树立良好的社会责任感，增强社会使命感，以更博大的胸怀面对企业发展大局；

⑥ 增强自己的全局观念，学会从战略的高度运作企业，将整个企业看成一个有机的整体。

招聘测试

如何进行资源规划

现在企业中，越来越多的人采用测试的形式来选择适合自己企业或符合组织目标的人来留在企业中，为企业工作。那么究竟有哪些测试常被用在企业中呢？这些测试又是在考察应聘者的哪些胜任能力呢？在这里，简单地给大家举出了一些例子。

● 管理测试

汇丰在去年给出了一个关于人才管理方面的小测试，在很短时间内看一叠材料，把事情按轻重缓急排个顺序。这是个难度颇高的测试，测验的结果也的确不尽如人意，游戏内容如下：

让你组织一次展览会，有安排展馆、接运货品等十几件琐碎的事情。像接运货物，汇丰不是直接告诉你细节，而是在材料中夹了几份传真：某家公司询问你要不要运货物；对方提出建议，如果由你派人到码头运货，可以省一笔运费开支等。

做这个测试时，不要犯方向性错误：试图按日期整理材料，那样你只会越来越糊涂。只需像排扑克牌一样，按不同事件把材料归成一堆一堆，再作权衡即可。

● 乐观测试

一楼到十楼的每层电梯门口都放着一颗钻石，钻石大小不一。你乘坐电梯从一楼到十楼，每层楼电梯门都会打开一次，只能拿一次钻石，问怎样才能拿到最大的一颗？

去年应聘到微创的 S 小姐面试遇到的就是这道智力题。她的回答是：选择前五层楼都不拿，观察各层钻石的大小，做到心中有数。后五层楼再选择，选择大小接近前五层楼出现过最大钻石大小的钻石。她至今也不知道这道题的准确答案，"也许就没有准确答案，就是考一下你的思路。"她如是说。

📝 小结

这些游戏都从侧面反映出了企业对员工各个方面才能的重视。因此，胜任能力在我们今后的工作生活中都会是越来越重要的一部分。在经过了这部分的研究后，也希望大家的各方面素质都能够符合企业所需的胜任力要求，将来找到更加适合自己的岗位。

第三章　招聘策略与流程

本章要点 ✍

(1) 掌握招聘的要求与原则；

(2) 掌握招聘策略；

(3) 掌握招聘流程。

本章导读 📄

很多从事招聘工作的人都会有这样的感受，那就是越来越不容易获得那些优秀的人才，而且人员的流失也很快。尽管花掉了庞大的招聘预算，但招聘效果仍然不能令人满意。当今时代的招聘工作面临着越来越大的挑战，它不再是传统意义上的事务性工作，而是已经被人们看做是一项具有挑战意义的市场性工作。在开始招聘行动之前，我们必须清楚地思考以下这些问题：

(1) 我们需要招聘什么样的人？

(2) 我们如何能够招聘到这些人？

(3) 我们将以什么样的代价招聘到这些人？

对这些问题的回答其实就是招聘的策略。招聘策略包括了对目标人才进行界定，对企业吸引人才的核心优势进行挖掘和推广宣传，以及对招聘渠道和方法的选择等。

企业创办后，第一件事就是要进行员工招聘，否则就会影响企业的正常运行。创业者在招聘员工前，可以预先编制好招聘工作流程图，然后按照招聘工作的逻辑顺序和时间顺序，仔细确定每一个招聘步骤所需投入的资源和占用的时间，一步一步地实施招聘工作。招聘就是为企业挑选具有符合空缺职位所需才能的人员的过程，为企业选择最适宜、最优秀的人才。招聘的程序是指从出现职位空缺到候选人正式进入公司工作的整个过程，这个过程中通常包括识别职位空缺、确定招聘渠道和方法、获得候选人、候选人选拔测评、候选人正式进入公司工作等一系列环节。

第一节　招聘的要求与原则

一、招聘要求

1. 确保被录用人员的质量

确保被录用人员的质量要根据企业人力资源规划工作需要和职务说明书中有关任职人

员资格的要求，运用科学的方法和程序开展招聘活动，以保证被录用人员的质量。

2．努力降低招聘成本，提高招聘的工作效率

努力降低招聘成本，提高招聘的工作效率即力争在尽可能短的时间内，用尽可能少的费用，录取到高素质、适应组织需要的人员；或者，以尽可能低的成本录用到同样素质的人员。

招聘成本包括：招聘时所花的费用，即招聘费用；因招聘不慎、重新再招聘时所花费的费用，即重置费用；因人员离职给企业带来的损失，又称为机会成本。

3．考核竞争与择优录取

考核竞争指通过考试竞争和考核鉴别，以成绩鉴别优劣。静止地选拔人才，靠"伯乐识马"，靠领导直觉、印象选人，往往带有很大的主观片面性。因此，在选择员工时，应进行科学、规范、统一、严格的考试，根据成绩并参考其他因素客观地进行选择。

竞争还有另一层含义，即动员和吸引招考的人越多，竞争越激烈，越容易选择优秀人才。择优是广揽人才，选贤任能，为各个岗位选择第一流的工作人员。因此，在员工选择录用过程中，应深入了解、全面考核、认真比较、谨慎选择，只有这样，才能真正做到"择优"录用。

4．录用公正与内部优先并重

对来自不同渠道的人员应采取一视同仁的态度，不应对不合格的人员给予照顾，招聘部门应该保持廉洁的工作作风，使应聘人员有平等的竞争机会。否则，不仅会影响到录用人员素质及日后绩效，而且严重损害组织形象，助长腐败风气。此外，还应把招聘岗位、数量、时间、资格条件、考试办法公开。这样做，一是便于监督，防止不正之风；二是有利于给予所有应聘者以公平竞争的机会，达到广招贤才的目的。其实，内部优先与录用公正并不矛盾。当企业中出现职位空缺时，应该首先考虑提拔或者调动原有的内部员工。从内部招聘员工，有许多优点，比如：招聘风险小、成本低等，不仅有利于调动企业内部员工的积极性和增强组织的凝聚力，还便于原有职工利用已有经验迅速适应工作，开拓新局面。但如果大部分主要岗位都内部优先招聘的话，不利于吸引社会上的优秀人才，逐渐导致经营思想保守，墨守成规。而外部招聘的优点则是人员选择的范围大，但可能会因对所招致人员的情况了解不深，导致招聘风险大，成本高，而且从外部招聘员工填补空缺，会使许多人的升迁希望破灭，导致辞职率的上升，或者在工作中宣泄不满，人为制造矛盾。据此，大多数企业在招聘时，采用内部选拔为主兼顾外部招聘的策略。

5．符合国家的有关法律、政策

在招聘中贯彻国家的法律法规和政策，应该坚持平等就业、双向选择、公平竞争、禁止未成年人就业、照顾特殊人群、先培训后就业、不得歧视妇女等原则。由于组织的原因订立无效合同或者违反劳动合同时，组织应承担责任。

总的来说，良好的招聘活动必须要达到的 6R 基本目标：恰当的时间(right time)、恰当的成本(right cost)、恰当的来源(right resource)、恰当的人选(right people)、恰当的范围(right area)、恰当的信息 (right information)。

二、招聘原则

1. 公开原则

企业在招聘工作开始时，应把招考单位、种类、数量，报考的资格、条件，考试的方法、科目和时间，均面向社会公告周知，公开进行。

2. 竞争原则

竞争原则是指通过考试竞争和考核鉴别确定人员的优劣和人选的取舍。为了获取优秀人才，达到竞争的目的，一要动员、吸引较多的人报考，二要严格考核程序和手段，科学地录取人选。

3. 平等原则

平等原则是指按公平、公正的招聘程序，遵守法律规定并承担应有的社会义务。不得人为地制造各种不平等的限制条件和各种不平等的优先优惠政策，应不拘一格地选拔、录用优秀人才，对所有报考者一视同仁。

4. 能级原则

人的能力有大小，本领有高低，工作有难易，要求有区别。招聘工作，不一定要最优秀的，而应量才录用，做到人尽其才、用其所长、职得其人，这样才能持久、高效地发挥人力资源的作用。

5. 全面原则

指对报考人员从品德、能力、智力、知识、心理、以往的工作经验和业绩进行全面考试、考核和考察。

6. 择优原则

择优是招聘的根本目的和要求。通过制定科学的考核程序、录用标准，选择合适的测试方法来筛选和鉴别人才，广揽人才，选贤任能，为单位引进各个岗位最合适的人员。

7. 双向选择原则

招聘是员工和组织之间相互选择的过程。双向选择一方面促使单位不断提高效益、改善形象，增强吸引力；另一方面使劳动者努力提高素质，在竞争中取胜。传统上认为招聘是以组织为中心的单向过程，是员工找工作，组织向员工提供工作，组织在人员选择上占有绝对的优势。组织在招聘中占主动地位，应聘人员只能被动等待组织的挑选。现代的观点是招聘是组织与应聘人员双向选择的过程，人们对组织也有选择权，在组织挑选员工的同时，未来的员工也在选择组织。

招聘工作实际上是组织向应聘者推销岗位或职务的过程，招聘的成功必须考虑组织和申请者双方对申请的职务达成共识。

8. 效率原则

效率原则是指依据不同的招聘要求，灵活选用适当的招聘形式，以最少的成本获得适合职位的最优人选。一些组织通过证书筛选、内部晋升来降低成本。

9. 守法原则

人员招聘与选拔必须遵守国家法令、法规、政策。在聘用过程中不能有歧视行为。

阅读资料

华为招聘七原则

在企业中，由于高层管理者之间存在着教育文化背景的差异，并因此影响了他们用人的理念，经常是人事主任推荐的候选人被用人经理否决，而用人经理看重的人又得不到人事经理的赞同。因此，要想提高招聘效率，必须建立一个大家公认的招聘原则。

华为认为，看一个企业的招聘是否有效，主要体现在以下四方面：

一是能否及时招到所需人员以满足企业需要；

二是能否以最少的投入招到合适人才；

三是把所录用的人员放在真正的岗位上是否与预想的一致、适合公司和岗位的要求；

四是"危险期"(一般指进公司后的六个月)内的离职率是否为最低。

根据以上四个要点，结合公司的具体实际，华为制定了一套详细的招聘原则，力求实现招聘效益的最大化。

原则1：最合适的，就是最好的

标准要求是具体的、可衡量的，以作为招聘部门考察人、面试人、选择人、录用人的标杆。因为在华为人才不是越优秀越好，只有合适的才是最好的。所谓"合适"，其标准如下：

(1) 企业目前需要什么样的人？这是"软"的素质，由企业文化决定。即选人是德才兼备、以德为先还是以才为先？是强调个性突出还是团队合作？是开拓型还是稳健型？这主要侧重于考察应聘者的兴趣、态度、个性等。

(2) 岗位需要什么样的人？这就是"硬"的条件，人力资源部门通过职务分析明确该岗位的人需要具备的学历、年龄、技能、体能等。这侧重于考察应聘者的能力、素质等。

只有掌握了标准，招聘人员才能做到心中有数，才能用心中的这把"尺"去衡量每一位应聘者。否则稀里糊涂，根本没有办法从众多的应聘者中挑出企业所需要的人，更严重的是若是经过"层层筛选"出来的优秀的人才在试用一段时间后发现原来并不适合本企业，那么将造成企业财力和精力的极大浪费。

原则2：强调"双向选择"

即树立"双向选择"的现代人才流动观念，与应聘者特别是重点应聘者(潜在的未来雇员)平等地、客观地交流，双向考察，看彼此是否真正适合。华为在进行招聘时，会特别向招聘人员强调"双向选择"这一条，绝不能像一些企业一样，为吸引应聘者，故意美化、夸大企业，对企业存在的问题避而不谈，以致应聘者过分相信招聘企业的宣传而对企业满怀期望。一旦人才进入企业，发现企业实际上并没有原先设想的那样好，就会产生失落、上当受骗的感觉，挫伤工作积极性。因此，无论是在最初的招聘现场，还是最后一轮面试的双方交流，华为始终把彼此满意作为获取人才的基础。特别是在最后安排应聘者和相关负责人谈话和吃饭的时候，负责人会把发展前景、发展现状、普遍存在的问题等实事求是地向应聘者做客观的介绍。

原则 3：坚持条条都要有针对性的招聘策略

企业选人是讲求"实用性"还是为后期发展储备人才？不同的目的有不同的招聘策略。华为这几年的招聘主要都是针对高校应届毕业生展开的，因此它更注重应聘者的发展潜力和可塑性，希望经过几年的培养，可以在将来用人的时候发挥作用。

原则 4：招聘人员的职责 = 对企业负责 + 对应聘者负责

招聘人员既要对企业负责，也应对应聘者负责，要树立"优秀不等于合适，招进一名不合适的人才是对资源的极大浪费"的观念。

在华为，招聘部门会在每年年初就主动地参与企业和部门的人力资源规划、深入一线了解企业内部人员流动去向，随时掌握企业在各阶段的用人需求，以采取合适的招聘策略，及时为企业输送所需人才。

原则 5：用人部门要现身考场

在传统观念中，招聘是人事部门的事，用人部门只管提出用人需求。实际上，只有用人部门对自己需要什么样的人最清楚，而且招进来的人的素质和能力直接关系到部门的工作成效。宝洁前任首席执行官说："在公司内部，我看不到比招聘更重要的事了。"由此可见招聘不只是人力资源部的工作，而是上至 CEO，下至部门主管所有人的工作。在招聘的过程中，华为会要求具体的用人部门和招聘部门一起完成招聘工作，华为甚至认为用人部门对招聘的配合、支持程度如何，直接决定了招聘的成败。

只有掌握了标准，招聘人员才能做到心中有数，才能用心中的这把"尺"去衡量每一位应聘者。否则稀里糊涂，根本没有办法从众多的应聘者中挑出企业所需要的人，更严重的是若是经过"层层筛选"出来的优秀的人才在试用一段时间后发现原来并不适合本企业，那么将造成企业财力和精力的极大浪费。

原则 6：设计科学合理的应聘登记表

有的企业会事先设计一张科学合理的应聘登记表，让应聘者填写企业需要特别关注的项目，通过面试前审查应聘者填写的资料，招聘企业可以淘汰一大部分明显不符合企业要求的人员，筛选出意向对象邀请其参加面试。

华为的招聘表格经过科学的设计，一张小小的表格就基本能反映出一个人的所有情况，如在华为的登记表格上把软件细分为系统软件和应用软件，大大降低了面试的时间。

原则 7：人才信息储备就是给企业备足粮草

招聘实践中，常会发现一些条件不错且适合企业需要的人才，因为岗位编制、企业阶段发展计划等因素限制无法现时录用，但企业很可能在将来某个时期需要这方面的人才。华为绝不会轻易就与这些人才擦肩而过，华为的人力资源中心会将这类人才的信息纳入企业的人才信息库(包括个人资料、面试小组意见、评价等)，不定期地与之保持联系，一旦将来出现岗位空缺或企业发展需要，即可招入库下，既提高了招聘速度也降低了招聘成本。

华为公司每年都会从高校和社会上招聘大量的人才，在招聘和录用时，招聘人员最注重应聘者的素质、潜能、品格、学历，其次才是经验。按照双向选择的原则，在人才使用、培养与发展上，提供客观且对等的承诺。华为有严格的面试流程，一般来说，一个应聘者必须经过人力资源部、业务部门的主管等环节的面试，以及公司人力资源部总裁审批才能正式加盟华为。

为了保障人员招聘的实际效果，华为公司会在正式招聘之前建立一个面试资格人管理制度，对所有的面试考官进行培训，合格者才能获得面试资格。而且公司每年对面试考官进行资格年审，考核把关不严者将取消面试资格。华为认为，招聘人员是公司招聘人才的第一道门槛，如果这些人自身素质都很一般，那么是不可能指望他们能独具慧眼地选拔出公司需要的优秀的人才的。

第二节 招聘策略

案例引入

如何设计招聘

1999 年 12 月，弗朗哥贝尔纳韦受聘负责经营意大利电信公司(Telecom Italia)，这是一家最近刚完成私有化的大型集团，其在股市上表现不佳并且长期以来管理混乱。当时，贝尔纳韦似乎是这个职位的最佳人选：在 1992—1998 年，他成功地将世界上最大的能源企业之一 ENI 变革成为一家受人尊重、盈利极佳的公众贸易企业。由于人们都认为贝尔纳韦的能力非常适合他的新职位，在宣布对他任命的当天，意大利电信公司的股价上涨了 5%。但是仅仅在 2 个月后，贝尔纳韦的工作就发生了巨变，因为意大利电信公司成为好利获得公司恶意收购的项目。于是，贝尔纳韦在领导文化变革方面的高超能力就显得无足轻重。为了避免被恶意收购，他需要马上提高公司的短期财务表现；迅速评估核心和非核心业务组合的价值和协同效果，但是这些并没有奏效。好利获得公司成功完成了收购，贝尔纳韦也在工作了 6 个月后离开了意大利电信公司。

所以在开始招聘之前，我们必须清楚地思考一下这些问题：
我们需要招聘什么样的人？
我们如何能够招聘到这些人？
我们将以什么样的代价招聘到这些人？
对以上问题的回答其实就是招聘的策略。

一、相关的基本概念

所谓策略一般，是指为了达到企业的总目标而利用资源采取行动的总计划。

招聘策略就是为了解决企业对人力资源的需求而进行招聘活动的总计划，是制定具体招聘工作计划的指南和依据。具体包括了招聘地点的选择、招聘渠道和方法、招聘时间的确定、招聘预算、招聘的宣传策略等。

二、具体实施内容

(一) 招聘时间和地点的选择

招聘成本的高低是决定招聘在何时何地进行以及如何进行的主要因素，招聘在何时何地以及如何进行，对招聘成本的高低有着很大的影响。因此企业在招聘面试工作开始前必须对招聘的时间和地点做出策略选择，以便为进一步制定招聘面试计划提供基本思路。

招聘地点：为了节省费用，企业应将其招聘的地点限制在最能产生效果的劳动力市场上。一般来说，高级管理人员倾向于在全国范围内招聘；中级管理人员和专业技术人员通常在跨地区和劳动力市场上招聘。

不同招聘方法对应的原则如表 3-1 所示。

表 3-1　不同招聘方法对应的原则

采用去校园招聘的方法	可选择高等院校比较集中的地区，也可以去专业对口的院校。一般应考虑以下 3 个因素：高等院校的专业设置及名声；高等院校与企业的空间距离；企业过去在该院校招聘的成功率
采用人才市场的招募方法	需要根据所要招聘的人员类型来确定选择何种、何地的人才市场。人才市场按其调节范围可分为人才市场和劳动力市场，按区域可以分为全国性人才市场、省市级人才市场和县区级人才市场。如果要招聘高级管理人员就要扩大范围，应选择去全国性或省市级的人才市场招募，如果要招聘普通工人，则在县区级的劳动力市场招募就可以了

招聘时间：这是指为保证新聘人员准时上岗，在什么时间开始招聘工作最合适。一般招聘日期的具体计算公式为：

招聘日期 = 用人日期 − 准备日期 = 用人日期 − 培训周期 − 招聘周期

式中，培训周期是指新招的员工进行上岗培训的时间；招聘周期指从开始报名、确定候选人名单、面试直到最后录用的全部时间。

招募时间的选择一般采用时间流逝数据法，具体如表 3-2 所示。

表 3-2　时间流逝数据法

内　　容	天　　数
收到个人简历到发出面试通知	5
发出面试通知到面试	6
面试到提供工作	4
提供工作到接受提供的工作	7
接受工作到实际开始工作	21
总时间	43

选择招聘的开始时点应该考虑几个因素，如表 3-3 所示。

表 3-3　招聘开始时点应考虑的因素

对人力资源需求的缓急程度	如果企业对人力资源的需求非常迫切，尤其是当企业出现职位空缺且已影响工作的正常开展时，招聘工作就应该立即开始，可能还要缩短前期准备和招聘过程的时限。如果企业根据人员规划在半年或更长的时期才需要补充的员工，则不必急于立即投入招聘准备工作，以免造成人力、物力、财力不必要的浪费，引起招聘成本的上升
招聘过程所需要的时间	这段时间主要用于招聘准备工作的组织与实施。企业如果需要招聘的人数很多，招聘过程时间很长，就应将招聘开始的时间安排得尽量早一点，以保证招募、筛选和培训的时限
人才市场供给的季节性变化	每年高等院校学生毕业，都会使人才市场供给情况发生季节性变化。一般来说人才市场有两个旺季，一个是每年的 1～2 月，一个是每年的 7～8 月。第一个旺季是因为一个财经年度刚刚结束，各企业都会有新的年度规划，这必然涉及人力资源需求的变化，可能要大举招聘，也可能要压缩人员

（二）招聘的渠道和方法

任何一种确定的招聘方案，对应聘者的来源渠道，以及企业采取的招聘方法都应做出选择。根据求职者来源渠道不同，企业招募方法可以分为内部招募和外部招募两种。

1．内部招聘的渠道和方法

内部招聘是指企业采用职位公告、岗位竞聘或部门推荐等方式在企业内部为某一岗位招聘新员工。企业一般通过职位公告在内部发布某部门的人员需求信息，让具备相应任职资格的员工前来应聘或者竞争上岗。企业也可以直接与相关部门联系和沟通，通过内部调配来解决人力需求。

内部征召候选人的来源主要有：公开招聘、晋升、平级调动、岗位轮换、重新雇佣或召回以前的员工等。其中，公开招聘是面向企业全体员工，晋升、平级调动和岗位轮换则局限于部分员工，重新雇佣或召回以前的员工就是吸引那些因企业不景气等原因被企业裁撤的人或者在竞争中被暂时淘汰的人。

内部征召的方法主要有职业生涯开发系统和公开征召两种。

1) 职业生涯开发系统

职业生涯开发系统是针对特定的工作岗位，在企业内挑选出最合适的候选人，将他们置于职业生涯路径上接受培养或训练。这种方法的优点是能够帮助企业留住企业的核心人才，而核心人才对于企业来说，是一种不可替代的竞争力资源，所以这一点对企业就显得格外重要。而且它还有助于确保在某个重要职位出现空缺时，及时填补上合格的人员，而这可以使企业避免由于重要职位上的人员突然离职而带来的损失。目前，企业借助计算机化的技能清单资料提供的信息来完善对员工的挑选。这样，既保证了企业时刻能找到合适的人才，又可以避免未选上的员工丧失工作积极性。

技能清单可以用于规划未来培训员工甚至招聘工作，技能清单示例如表 3-4 所示。

表3-4 技能清单示例

姓 名		出生年月		婚姻状况	
部 门		职 位		到职日期	
教育背景	类 别	学 校	学位种类	毕业日期	
	高 中				
	大 学				
	硕 士				
	博 士				
训练背景	训练主题		训练机构		
技 能	技能种类				
个人志向					
主管评价					
需要何种培训					
可流动至何岗位					

2) 公开征召

公开征召是一种向员工通告现在企业内部职位空缺以进行内部招聘的方法。公告中应该描述工作职位责任和义务、工资水平、工作日程和必要的资格条件，并告知与这次公告相关的信息。公开征召给员工提供了一个平等竞争的机会，让员工看到了可能的晋升机会，这样他们就会更加努力提高自己的工作绩效了。

实践启迪

TCL 的内部培训之道

从内部成长、培养人才是我一直倡导和坚持的用人原则，现在我们大部分的部门经理，包括总部、本部的总经理都是跟随公司一路打拼，一起成长的。我们有意识地选拔一批了解企业文化的优秀员工进行专门培训，实施人才储备，使之成为我们事业发展的第二梯队。我们还专门成立了 TCL 移动信息实战学院，为员工的学习、发展提供机会。

但是，注重内部培养并不是说我们就闭关自守、完全封闭了，我们也从外部引进一些行业的高精尖人才或是急需的技术人才，我们要做国际化的移动通讯企业，未来还需要大批有国际化眼光、懂得国际化运作、有国际化工作经验的人才，而这光凭内部培养是远远不够的。

2．外部招聘的渠道和方法

案例引入

招 聘 渠 道

在 WellCare 公司的大家庭中，我们已经建成了将近 20 件为客户提供完美的服务，这一直是我们骄傲的源泉，也是能够为员工提供妇幼竞争力的工资、领先于同行业的福利以及宝贵的职业竞争机会的基础。当前，我们正在寻找一位称职的福利顾问。

我们所需要的求职者应具备高中文凭、医疗保险销售证书、再认证证书、240 健康保险执照、有效的驾驶执照，以及进行活动规划的专门经验。其他的要求还包括良好的远程销售能力，公共演讲、公共关系、组织与交往能力，能够灵活安排时间并熟悉多种软件的应用。

WellCare 公司提供全面的福利包，包括医疗福利、牙科治疗、401(k)计划、带薪节假日、带薪休假等。

扎根于 WellCare，便是投身于卓越。

请将简历寄至：WellCare，Inc., 6800 N.Dale Mabry

Hwy., Suite116，Tampa，FL33614

根据招聘的对象不同，外部招聘方法可以分为社会招聘和应届生招聘两种。应届生招聘一般是通过到学校举办专场招聘会，或者到人才市场获取信息。

企业进行外部招聘，方法主要有以下几种：

1) 广告招聘

广告招聘是招聘的一种重要方式，是行之有效的招聘渠道之一。它是指通过报刊、网络、电视、广播等大众媒体向求职者发布人才需求信息，以吸引符合企业用人要求的人员的一种外部招聘方法。与其他几种招聘方式相比，广告招聘成本低、效率高，有助于树立企业形象，扩大企业知名度，因而被大多数企业广泛应用。

2) 人才市场招聘

我国人才市场包括各级人才市场、劳动力市场和职业介绍中心等。这些机构是各级政府人事部门和劳动部门为指导服务就业而开设的管理服务机构，既帮助企业招聘员工，同时又能帮助求职者寻找合适工作，在指导和服务就业方面发挥着巨大的作用。人才市场招聘可以使企业在短时间内掌握众多求职者的情况，因而也是企业常用的招募方法。近年来，许多地方出现了一些专业性人才市场和人才集市，企业招聘有关专业人员省时又省力，取得了较好的效果。

3) 校园招聘

校园招聘是直接到高等院校招聘应届毕业生。高等院校作为人才的教育和培训基地，是各类人才较为集中的地方，也是大多数企业初级管理人员和专业技术人员的主要来源。每个高等院校都有指导毕业生就业的职能部门，负责毕业生的就业分配和指导工作，只要企业有招聘需求，学校就会积极配合。

实践启迪

欧莱雅(中国)公司的校园招聘

欧莱雅(中国)公司非常喜欢招聘应届毕业生,该公司开始将校园竞赛作为战略招聘的一种方式始于1993年创办的"欧莱雅校园"。这项比赛主要的参赛对象是经济和商业类的高年级本科生,比赛规则要求由三个学生组成一个团队,为某一品牌的未来发展设计一套营销策略。实践证明,这种形式的人才选拔卓有成效。开展校园竞赛,欧莱雅一方面在高校学生中建立了良好的企业形象,一方面则招聘到了大量优秀人才。正如欧莱雅集团主管人力资源的执行副总裁所言:"校园竞赛已经成为欧莱雅在全球范围内招募人才的有效工具,我们的目标是与全世界范围内优秀的年轻人才进行沟通和接触,从中发现和招募人才。"

4) 员工推荐

员工推荐(或雇员推荐)是指鼓励现有员工向企业介绍新的工作候选人的一种招聘方法。员工推荐对招聘专业人才比较有效。员工推荐的优点是招聘成本小、应聘人员素质高、可靠性高。据了解,美国微软公司40%的员工都是通过员工推荐方式获得的。为了鼓励员工积极推荐,企业可以设立一些奖金,用来奖励那些为公司推荐优秀人才的员工。但员工推荐又有可能给那些搞不正之风或裙带关系的人打开方便之门,这就需要在招聘筛选过程中坚持择优录用和任人唯贤的原则。

案例引入

思科的员工推荐

思科有很多的应聘者都是通过员工相互介绍来的,思科有一项特别的鼓励机制,鼓励员工介绍亲朋好友加入思科,方式有点像航空公司累计旅程。思科的规定是:介绍一个人来面试就给你一个点数,每过一道面试关又有一个点数。如果被介绍的员工最后被思科雇佣,则有奖金。

5) 就业服务机构

社会上有各种就业服务机构,其中有人事部门开办的人才交流中心、劳动部门开办的职业介绍机构,还有一些私营的职业介绍机构。这些机构都是用人单位和求职者之间的桥梁,为用人单位推荐用人,为求职者推荐工作,同时也举办各种形式的人才交流会、洽谈会。

6) 猎头公司

猎头公司是专门为企业招聘中级或高级管理人员或重要的专门人员的私人就业机构。猎头公司拥有自己的人才数据库并经常去主动发现和寻找人才,还能够在整个搜寻和筛选过程中为企业保守秘密。

案例引入

猎头公司案例

客户：香港上市集团公司

职位：人力资源总经理

年薪：税前 70 万

要求：

房地产上市公司(开发项目超过 15 个)；

总部或者区域薪资管理 5 年以上工作经验；

直接负责房地产企业薪酬架构体系设计；

房地产项目和总部各个部门 KPI 等考核体系设计；

有股权激励架构设计经验。男性，本科学历及以上，年龄 35～40 岁。

内部招聘与外部招聘的比较如表 3-5 所示。

表 3-5　内部招聘与外部招聘的优缺点

	内 部 招 聘	外 部 招 聘
优点	• 了解全面，准确性高； • 可鼓舞士气，激励员工进取； • 应聘者可更快适应工作； • 选择费用低； • 使组织培训投资得到回报	• 人员来源广，选择余地大，有利于招到一流人才； • 新员工能带来新技能、新思想、新方法； • 当内部有多人竞争而难做出决策时，向外招聘可在一定程度上平息或缓和内部竞争者之间的矛盾； • 人才现成，节省培训投资费
缺点	• 来源局限于企业内，水平有限； • 容易造成"近亲繁殖"出现思维和行动定式； • 了能会因操作不公或员工心理原因造成内部矛盾	• 不了解企业情况，选择余地大，较难融入企业文化； • 对应聘者了解少，可能招错人； • 内部员工得不到机会，积极性可能受到影响

(三) 招聘的预算

"天下没有免费的午餐"。任何招聘工作都是有成本的，招聘成本的高低是招聘工作好坏的衡量标准之一。如何能降低成本又能提高招聘效果，即提高招聘工作的经济效益，就是进行招聘成本策略选择的目的。招聘预算费用包括招聘广告费或者中介机构费用、招聘测试费、体格检验费和其他费用，一般来说按 4∶3∶2∶1 比例分配预算较为合理。在招聘工作结束之后，要对实际的招聘费用进行度量、审核和计算，并与预算经费进行对比，就可以知道是否符合预算以及主要差异出现在哪些环节上。

(四) 招聘的公关策略

招聘的公关策略如表 3-6 所示。

表 3-6　招聘的公关策略

网络	随着网络的发展，一般企业都会有自己的网站和主页，网站尤其是招聘网站对于吸引应聘者来说具有非常重要的作用
高校企业奖学金	不少知名企业都在著名高校内设立专项奖学金，而且是"专款专用"，获得奖学金的学生可以优先得到进入企业工作的机会
企业组织竞赛活动	可以提高知名度，筛选出人才。例如微软亚洲研究院通过在全国范围内举办微软"创新杯"软件开发大赛，既推广了 Windows 平台，还培养了一批有潜力的软件人才

局限性：这些方法选拔出的人才可能没有与企业签约，企业没有独占的权利，获奖者会成为其他企业的竞争对象，所以结果很有可能是"为他人做嫁衣"。

采用外部招聘方法必须考虑两件事：一是选取何种媒体；二是如何构思广告。

现在常用的广告媒体主要有以下几种：一是网络媒体，如各种专业招聘网站和门户网站等；二是印刷品媒体，如报纸、杂志等；三是电波媒体，如电视、广播等；四是户外媒体，如广告牌、海报等。在这些广告媒体中，招聘工作最常用的媒体就是网络和报纸。网络广告具有收费低、受众广、速度快等特点。例如，南京地区举办一次大型招聘会，参加人数估计在 3 万人左右，而招聘信息通过网络可以实现不受时间、空间限制而即时传播。另外招聘网站还可以为企业提供多种个人化的服务，如招聘信息自助发布、简历搜寻、简历筛选、发送面试通知等，都使网络招募具有其他招募方法不具有的优势。

（五）招聘的人才吸引策略

案例引入

盖洛普 Q12 测评法

盖洛普的 Q12，是测评一个工作场所的优势最简单和最精确的方法，也是测量一个企业管理优势的 12 个维度。它包括 12 个问题：

(1) 我知道对我的工作要求吗？

(2) 我有做好我的工作所需要的材料和设备吗？

(3) 在工作中，我每天都有机会做我最擅长做的事吗？

(4) 在过去的七天里，我因工作出色而受到表扬吗？

(5) 我觉得我的主管或同事关心我的个人情况吗？

(6) 工作单位有人鼓励我的发展吗？

(7) 在工作中，我觉得我的意见受到重视吗？

(8) 公司的使命目标使我觉得我的工作重要吗？

(9) 我的同事们致力于高质量的工作吗？

(10) 我在工作单位有一个最要好的朋友吗？

(11) 在过去的六个月内，工作单位有人和我谈及我的进步吗？

(12) 过去一年里，我在工作中有机会学习和成长吗？

这 12 个问题被证明与客户忠诚、利润率、生产效率等业绩指标有着密切的关系。

1. 令人满意的工作特点

美国《财富》杂志曾经对 2.7 万名雇员进行了调查，从中评选出最适合工作的 100 家最佳公司。从中，人们不仅可以看出这些公司的吸引力何在，也可以了解到一家优秀的公司是如何留住优秀人才的。这些适合工作的最佳公司一般具有如下特点：

(1) 向员工提供有竞争力的报酬。既然是工作上班，收入情况当然是就业者最为关心的。这 100 家最佳公司中许多公司都以向员工提供认股权的形式来吸引人才，这是一个流行的作法。这种做法固然有吸引力，但是，一家公司想要跻身于最受欢迎公司的行列单靠股票升值是远远不够的，这些最适合工作的最佳公司往往提供优越的现金报酬和各种福利，这样可以解决员工在生活当中的各种后顾之忧，并使他们拥有尽可能好的生活质量，以保证员工愉快的工作。

(2) 为员工提供了良好的培训机会。知识更新的加快，就业压力的增大，员工都希望自己在工作中能够不断地学习和提高，以提高能力，适应社会竞争的需要。因此，对员工进行全面训练和不定期培训正在变得日益重要，而且它使雇主和员工双方都能获得好处。

(3) 员工有受到尊重和重视的感觉。所谓"士为知己者死"，好的公司千方百计吸引人才，而好的人才也会通过长期努力回报公司的"知遇之恩"。

2. 如何吸引你想要的人才

招聘工作的确有些像市场营销，有必要清楚自己的优势和不足，也需要清楚竞争对手的优势和不足，然后把自己推销出去；而且，还需要知道自己的目标顾客是哪些人，如何才能使自己的"产品"吸引他们。这些"产品"就是公司本身和所提供的职位，而所要吸引的顾客就是职位的候选人。

那么怎么才能找到自己公司吸引人的优势呢？通常情况下一些容易被忽略的公司优势有：

(1) 公司的职位的稳定性和安全性；

(2) 公司身为行业的龙头；

(3) 公司有相对灵活的工作时间；

(4) 该工作的成就感很迅速很明显；

(5) 工作和生活之间的平衡；

(6) 有其他公司所不具备的挑战或机遇；

(7) 出色的上司和同事；

(8) 公司有宽敞舒适的办公环境；

(9) 更大的责任或权力。

为了了解公司有哪些吸引应聘者的因素，不妨做一些调查。首先可以分析一下目前已经在公司里工作的人，他们最初是出于什么目的来到这家公司的，在他们看来公司有哪些吸引力，还有哪些地方让他们担忧和犹豫。另外还要分析一下哪些人有可能被本公司所吸引，了解这些人基本情况中可能有的共性。

小故事

网络一流人才的秘诀——高层主管亲自参与招聘过程

比尔盖茨亲自打电话给微软看中的大学毕业生，问对方有无兴趣来工作。苹果计算机公司老板乔布斯大约把四分之一的时间用于招募人才。

启示：

(1) 公司不能只是在口头上说引进人才有多么重要，却又不采取行动。公司的高级主管应当参与人才招聘活动。领导亲自出马，势必使求职者从心理上感到一种满足和欣慰。

(2) 选择更优秀的人才。老板亲自出马，能在招聘会上引起更多人的关注，当然也能吸引更多的应聘者。

(3) 人力资源部门的人员总是在寻找能填补这些职位空缺的人员。而老板和高级管理人员不同，他们总是先搜罗人才，然后为他们安排合适的岗位。

(4) 使员工感到亲和力。老板亲自参加人员招聘，等于向求职者发出了这样的信息：一旦加盟本公司，就更容易接触到公司高级管理人员。

(5) 提高招聘效率。老板亲临招聘现场，与求职者面对面的直接交流，能从心理素质、专业知识等方面对他们进行全面系统的考核。

第三节　招聘工作的基本流程

案例引入

A 化学有限公司是一家跨国企业，主要以研制、生产、销售医药、农药为主，耐顿公司是这家化学有限公司在中国的子公司，主要生产、销售医疗药品。随着生产业务的扩大，为了对生产部门的人力资源进行更为有效的管理开发，2000 年初始，分公司总经理把生产部门的经理——于欣和人力资源部门经理——建华叫到办公室，商量在生产部门设立一个处理人事事务的职位，工作主要是生产部与人力资源部的协调工作。最后，总经理说希望通过外部招聘的方式寻找人才。

在走出总经理的办公室后，人力资源部经理建华开始一系列工作，在招聘渠道的选择上，人力资源部经理建华设计了两个方案：在本行业专业媒体中做专业人员招聘，费用为3500 元，好处是：对口的人才比例会高些，招聘成本低；不利条件：企业宣传力度小。另一个方案为在大众媒体上做招聘，费用为 8500 元，好处是：企业影响力度很大；不利条件：非专业人才的比例很高，前期筛选工作量大，招聘成本高。初步选用第一种方案。总经理看过招聘计划后，认为公司在大陆地区处于初期发展阶段不应放过任何一个宣传企业的机会，于是选择了第二种方案。

其招聘广告刊登的内容如下：

您的就业机会在 A 化学有限公司下属的耐顿公司

1个职位：对于希望发展迅速的新行业的生产部人力资源主管

主管生产部和人力资源部两部门协调性工作

抓住机会！充满信心！

请把简历寄到：耐顿公司 人力资源部 收

在一周内的时间里，人力资源部收到了800多封简历。建华和人力资源部的人员在800份简历中筛出70封有效简历，经筛选后，留下5人。于是他来到生产部门经理于欣的办公室，将此5人的简历交给了于欣，并让于欣直接约见面试。部门经理于欣经过筛选后认为可从两人中做选择——李楚和王智勇。他们将所了解的两人资料对比如下：

姓名/性别/学历/年龄/工作时间/以前的工作表现/结果

李楚，男，企业管理学士学位，32，有8年一般人事管理及生产经验，在此之前的两份工作均有良好的表现，可录用。

王智勇，男，企业管理学士学位，32，有7年人事管理和生产经验，以前曾在两个单位工作过，第一位主管评价很好，没有第二位主管的评价资料，可录用。

从以上的资料可以看出，李楚和王智勇的基本资料相当。但值得注意的是：王智勇在招聘过程中，没有上一个公司主管的评价。公司通知俩人，一周后等待通知，在此期间，李楚在静待佳音；而王智勇打过几次电话给人力资源部经理建华，第一次表示感谢，第二次表示非常想得到这份工作。

在生产部门经理于欣在反复考虑后，来到人力资源部经理室，与建华商谈何人可录用，建华说："两位候选人看来似乎都不错，你认为哪一位更合适呢？"于欣："两位候选人的资格审查都合格了，唯一存在的问题是王智勇的第二家公司主管给的资料太少，但是虽然如此，我也看不出他有何不好的背景，你的意见呢？"

建华说："很好，于经理，显然你我对王智勇的面谈表现都有很好的印象，人嘛，有点圆滑，但我想我会很容易与他共事，相信在以后的工作中不会出现大的问题。"

于欣："既然他将与你共事，当然由你做出最后的决定"。于是，最后决定录用王智勇。

王智勇来到公司工作了六个月，在工作期间，经观察：发现王智勇的工作不如期望得好，指定的工作他经常不能按时完成，有时甚至表现出不胜任其工作的行为，所以引起了管理层的抱怨，显然他对此职位不适合，必须加以处理。

然而，王智勇也很委屈：来公司工作了一段时间，招聘所描述的公司环境和各方面情况与实际情况并不一样。原来谈好的薪酬待遇在进入公司后又有所减少。工作的性质和面试时所描述的也有所不同，也没有正规的工作说明书作为岗位工作的基础依据。

一、招聘的基本流程

员工招聘包括以下步骤。

1. 制订招聘计划

应在人力资源计划基础上产生。具体内容包括：确定本次招聘目的、描述应聘职务和人员的标准和条件、明确招聘对象的来源、确定传播招聘信息的方式、确定招聘组织人员、确定参与面试人员、确定招聘的时间和新员工进入组织的时间、确定招聘经费预算等。

2. 发布招聘信息

是指利用各种传播工具发布岗位信息，鼓励和吸引人员参加应聘。在发布招聘信息时应注意以下几点：

(1) 信息发布的范围。信息发布的范围取决于招聘对象的范围。发布信息的面越广，接受到该信息的人就越多，应聘者就越多，组织招聘到合适人选的概率就大；但费用支出相应也会增加。

(2) 信息发布的时间。在条件允许、时间允许的情况下，招聘信息应尽早发布，以缩短招聘进程，同时也有利于使更多的人获取信息，从而增加应聘者。

(3) 招聘对象的层次性。组织要招聘的特定对象往往集中于社会的某个层次，因而要根据应聘职务的要求和特点，向特定层次的人员发布招聘信息，比如招聘计算机方面的专业人才，则可以在有关计算机专业杂志上发布招聘信息。

3. 应聘者提出申请

此阶段是从应聘者角度来谈的。应聘者在获取招聘信息后，向招聘单位提出应聘申请。应聘申请常有两种方式：一是通过信函向招聘单位提出申请；二是直接填写招聘单位应聘申请表。

4. 接待和甄别应聘人员(也叫员工选拔过程)

此阶段实质是在招聘当中对职务申请人的选拔过程，具体又包括如下环节：审查申请表——初筛——与初筛者面谈、测验——第二次筛选——选中者与主管经理或高级行政管理人员面谈——确定最后合格人选——通知合格入选者作健康检查。

此阶段一定要客观与公正，尽量减少面谈中各种主观因素的干扰。

5. 发出录用通知书

这是招聘单位与入选者正式签订劳动合同并向其发出上班试工通知的过程。通知中通常应写明入选者开始上班的时间、地点与向谁报到。

6. 对招聘活动的评估

这是招聘活动的最后阶段。对本次招聘活动作总结和评价，并将有关资料整理归档。评价指标包括招聘成本的核算和对录用人员评估。这两类指标分别从招聘的成本和质量来衡量，若在招聘费用支出低的情况下，能招聘到高质量的人才，则表明本次招聘效果好。

以上是一般的员工招聘程序，组织宜根据实际情况对其中的某些环节简化，以提高招聘效率和效果。

以下便是更为通俗的招聘管理过程，不妨为之一览！

(1) 与公司人力资源部门协调，以了解人力供需，做好招聘规划。要本着符合工作需要的原则，根据企业的长远目标、规模等来确定选聘什么样的人才。很多企业因为未从长远规划入手，在经济萧条时，人员过多，企业背上沉重的包袱；而在经济繁荣时，又招不到企业急需的人才，阻碍了企业发展。

(2) 设计巧妙的招聘广告，以吸引应聘者。如果广告内容、设计等能别出心裁，就会吸引更多的招聘广告。譬如美国头号服务公司诺氏公司在开发南加州市场时的招聘广告，题头是"招聘：人力"，题头两边是公司要求："充满爱心；乐于助人；工作勤奋；有敬业精神。"这则广告吸引了约 1500 人前往公司应聘。

（3）从公司中选出经验丰富的员工作为招聘人员。在招聘主管的安排下，这些人再分头去招募所需的各种人才。这些富有工作经验的公司职员，可以向应聘者介绍公司的运作、自己在公司中的工作经历和所取得的成就，以激励应聘者，能获得很好的效果。

（4）拟订招聘标准——智商和情商标准。一定的智商是做好工作及有效沟通的前提，可以通过智力测验、考试等手段测定。测定情商是为了了解应聘者情绪的稳定性，这也是顺利、有效工作的必要条件，可以通过性向测试、面谈等测定。此外，还要了解应聘者的道德记录，以防范于未然，招聘者可以通过个案模拟或角色扮演法，让应聘者身临其境，以观察其道德感如何。

（5）招聘结束后的管理。主管或公司员工应给那些没有被录用的应聘者回一个电话，对他们抽出时间去公司应聘表示感谢，这样可以使他们今后能够成为公司的顾客。经过选聘合格的应聘者在进行体格检查后就可以参加新员工培训、等待任用了。

二、招募

招聘计划是人力资源部门根据用人部门的增员申请，结合企业的人力资源规划和职务描述书，明确一定时期内需招聘的职位、人员数量、资质要求等因素，并制定具体的招聘活动的执行方案。招聘计划一般包括以下内容：

（1）人员需求清单，包括招聘的职务名称、人数、任职资格要求等内容；
（2）招聘信息发布的时间和渠道；
（3）招聘小组人选，包括小组人员姓名、职务、各自的职责；
（4）应聘者的考核方案，包括考核的场所、大体时间、题目设计者姓名等；
（5）招聘的截止日期；
（6）新员工的上岗时间；
（7）费用招聘预算，包括资料费、广告费、人才交流会费用等；
（8）招聘工作时间表，尽可能详细，以便于他人配合；
（9）招聘广告样稿。

三、选拔

（一）准备阶段
（1）明确甄选目的和对象。
（2）选择合理的甄选方法和甄选工具。
（3）选择甄选人员。
（4）甄选人员的培训。

（二）实施阶段
（1）甄选前的组织动员。

(2) 甄选时间和环境的选择。

(3) 甄选操作程序。

甄选操作程序主要包括以下几个步骤。

① 宣传并训练被测人员。

② 指导甄选方法的操作。

③ 控制协调甄选活动。

④ 搜集并纪录甄选信息。

四、录用

招聘工作的最终目的是录用企业所需人才，因此，使用正确的录用策略至关重要。目前，应用较广的录用策略主要有以下几种：

层层淘汰策略：这种方法给应聘者安排多轮考试，每轮都淘汰一批低分者，进入到最后一轮考试的高分者入选。这种方法应用最广，也最简单直接。

总分式录用策略：这种方法同样给应聘者安排多轮考试，但不是每轮淘汰，而是依据应聘者每轮考试得分和不同考试所占权重计算最后总得分，然后依据总分高低录取高分者。

多岗位录取策略：前面总分式录用法比较适合众多应聘者应聘同一职位的情况，如果是多人同时应聘多个岗位，企业为了让每一岗位上都录用到适当人选，可采取以下多岗位录用策略。这种方法可通过举例加以说明：某公司欲在六位应聘者中录用三个职位的适合者。这六位应聘者在三个职位上的综合得分如表 3-7 所示。

表3-7　六位聘者的综合得分

	应聘者1	应聘者2	应聘者3	应聘者4	应聘者5	应聘者6	最低要求分
职位 A	390	370	320	325	300	380	360
职位 B	385	360	355	330	325	360	350
职位 C	386	345	370	360	160	350	340

于是，要从上述六位应聘者中挑选三人来担当三个不同职位有多种方法，但以下列方法较为现实：以每一职位上得分最高者(各应聘者之间进行比较——横向比较)，以及在各职位考试上得分最高者(应聘者个人在不同职位考试上的得分比较——纵向比较)综合考虑录取。六位应聘者中在职位 A 上的综合得分以应聘者 1 得分(390 分)最高，而且应聘者 1 在三个职位考试中也是职位 A 的考试得分最高，所以职位 A 选应聘者 1 最合适；职位 B 上综合得分最高的仍然是应聘者 1，但他已经安排在职位 A 上，所以以应聘者 2 或应聘者 6 为合适人选。职位 C 上综合得分最高者除去应聘者 1 是应聘者 3，因此职位 C 录取应聘者 3 最合适。

五、评估

招聘评估是招聘中最重要的组成部分。尤其是通过对流程的效益和成本进行核算可以了解在招聘过程中相应的费用支出。并且可以有针对性地确定应支出项目和不应支出项目。

通过这种方式的审核，可以相应的控制支出的成本。但前提必须是保证质量和效率，之后尽可能减少不必要的支出，并为以后的招聘提供丰富的参考资料以及经验。招聘评估是需要进行录用员工的绩效审核，分析其能力以及工作潜力，并在此基础上分析招聘工作和方法的时效性，进而可以改变招聘的策略和方法，或者对其招聘资源进行优势重组。

招聘评估的作用，具体体现在以下几方面：

(1) 有利于组织节省开支。招聘评估包括招聘结果的成效评估(具体又包括招聘成本与效益评估、录用员工数量与质量评估)和招聘方法的成效评估(具体又包括招聘的信度与效度评估)，因而通过招聘评估中的成本与效益核算，就能够使招聘人员清楚费用支出情况，对于其中非应支项目，在今后招聘中加以去除，因而有利于节约将来招聘支出。

(2) 检验招聘工作的有效性。通过招聘评估中录用员工数量评估，可以分析招聘数量是否满足原定的招聘要求，及时总结经验(当能满足时)和找出原因(当不能满足时)，从而有利于改进今后的招聘工作和为人力资源规划修订提供依据。

(3) 检验招聘工作成果与方法的有效性程度。通过对录用员工质量评估，可以了解员工的工作绩效、行为、实际能力、工作潜力与招聘岗位要求之符合程度，从而为改进招聘方法、实施员工培训和为绩效评估提供必要的、有用的信息。

(4) 有利于提高招聘工作质量。通过招聘评估中招聘信度和效度的评估，可以了解招聘过程中所使用的方法的正确性与有效性，从而不断积累招聘工作的经验与修正不足，提高招聘工作的质量。

而录用人员评估是指根据招聘计划对录用人员的质量和数量进行评价的过程。

录用人员的数量：录用人员的数量可用以下几个数据来表示。

(1) 录用比公式：录用比 = (录用人数 / 应聘人数) × 100%。

如果录用比越小，相对来说，录用者的素质越高，反之，则可能录用者的素质较低。

(2) 招聘完成比公式：招聘完成比 = (录用人数 / 计划招聘人数) × 100%。

如果招聘完成比等于或大于100%，则说明在数量上全面或超额完成招聘计划。

(3) 应聘比公式：应聘比 = 应聘人数 / 计划招聘人数。

如果应聘比越大，说明发布招聘信息效果越好，同时说明录用人员可能素质较高。

录用人员的质量：除了运用录用比和应聘比这两个数据来反映录用人员的质量外，也可以根据招聘的要求或工作分析中的要求对录用人员进行等级排列来确定其质量。

招聘工作评估主要包括以下几个方面。

1. 平均职位空缺时间

平均职位空缺时间计算公式为

$$平均职位空缺时间 = 职位空缺总时间 / 补充职位数 × 100\%$$

该指标反映平均每个职位空缺时间多长时间能够有新员工补缺到位，能够反映招聘人员的工作效率。该指标越小，说明招聘效率越高。

2. 招聘合格率

该指标反映招聘工作的质量，这里的合格招聘人数是指顺利通过岗位适应性培训、试用期考核最终转正的员工。

3. 新员工对招聘人员工作满意度

良好的建议可提高招聘人员的工作水平。

4. 新员工对企业的满意度

该项评估一定程度上反映了新员工对企业的认可程度。

案例讨论一

东方科技有限公司成立于2000年，是一家生产高新科技产品的制造型企业，其前身是东方电子器件厂。在公司成立的6年当中，公司上下团结一致，努力工作，再加上良好的外部市场环境和正确的内部决策，公司取得了一些令人瞩目的成绩。随着公司规模的不断扩大，员工的人数从2000年初的106人增加到现在的300人。董事长丁志刚毕业于成都电子科技大学。毕业后，他回到家乡创办了东方电子器件厂，专门生产各种小型的电子器件。跟许多其他白手起家的创业者一样，丁志刚经历了很多磨难和挫折，但他最终坚持下来，并将工厂一步一步地带大，成为今天的东方科技有限公司。公司的日常经营由总经理负责。总经理下面并列着六个部门，人力资源部是其中之一，其经理丁天宇是老董事长的独子，但其自身能力是大家有目共睹的，在公司里属于响当当的人物，行事雷厉风行，敢说敢做。因此，他在公司中相对于其他部门的经理有着更高的威信。然而近期，丁经理的日子却不怎么好过。原来由于公司的快速发展，人力资源部的各项工作都面临着严峻的考验，特别是招聘，被动招聘的局面日趋严重。在刚刚举行过的年终会议上，又有几个部门的经理提出由于人员配备不足而影响到了其部门的绩效。总经理也询问为什么招聘速度那么慢，以至于不能及时补充人员。丁经理为此很苦恼，也感到责任重大。会后，丁经理马上开始调查本部门的招聘工作进展情况，并打算要尽快找时间跟招聘组负责人小王谈谈。

讨论与思考：

(1) 人员招聘在人力资源管理中处于何种地位，对于公司发展有何影响？

(2) 东方科技有限公司的组织结构有何优缺点？

(3) 董事长丁志刚任命其儿子为人力资源部门的经理，请谈谈你对此的看法。任命亲属为公司的重要领导人对公司、对任命者本身会产生什么样的影响？

(4) 当发现公司出现被动招聘的局面时，作为人力资源部门的负责人应当采取什么行动？你对丁经理的反应满意吗？如果是你，你会怎么做？

案例讨论二

星期六，丁经理乔装打扮，去公司设在人才市场的摊点应聘。这家人才市场规模不小，每周末前来参加求职的人日均50000以上，据说是全国最大的人才市场。丁经理使出吃奶的力气，终于来到自己公司的摊位前。为了避免被人认出，他低着头，戴着帽子，站在公司招聘摊位前的人群中仔细观察招聘流程。

公司今天招聘的职位很多。上至副总经理，下至普通员工，累计有二十几个职位。丁经理瞄了一下其中一则招聘广告，上面的内容如下：

您的就业机会东方科技有限公司！

招聘职位：市场推广人员

人数：10 人

人员要求：不限

工作内容：产品推广

希望大家抓住机会，不要错过。

丁经理皱了皱眉头，不过再仔细一看，其他招聘普通员工的广告似乎都差不多。然而招聘高层管理者的广告却字数很多。丁经理正想仔细看一下，这时，一位年纪较大的人坐到了招聘人员面前，递上了自己的简历说："我想应聘你们公司的副总经理。"

招聘小姐瞄了一眼简历，带着介意说："难道你不看招聘要求吗？"

"什么招聘要求？"那人问道。

"年龄 35 以上，40 以下，这是第一条，你不符合要求。""硕士及以上学历，你有吗？""要求精通两门以上外语，你知道什么叫 ABC 吗？"

招聘小姐一连问了十几个"吗"，让那位头发有些花白的人连连摇头。

丁经理听到这里，心里很不是滋味。

又有一个人坐下来，应聘人事主管。招聘小姐又发问了。"你有本科或以上学历吗？""你从事过人力资源管理工作 5 年以上吗？""你有人力资源管理师资格证吗？""你接受过陈安之，林伟贤等大师培训吗？"

……

丁经理心里凉了半截，思索到"这些岗位应当不存在岗位描述不清的问题，何止是不清，而是太清了，已经到了苛求的地步了。"

晚上，丁经理在工作日志上写出了白天的感受："优秀还是作秀？办企业需要找的是能做事的人，而不是找花瓶作秀。如果把各个岗位的招聘要求定得太死，是人才也被扼杀了。人才未必什么都优秀，把握其身上的一两个闪光点，他的价值就表现出来了，其实质就是优秀的。"

讨论与思考：

(1) 招聘小姐在招聘过程中的表现存在哪些不足？对招聘会造成哪些影响？对于这样的员工公司应当如何处理？

(2) 从以上的内容得出，公司的招聘存在哪些问题，如何解决？

(3) 你对丁经理在日志中关于招聘的看法是怎样的？赞同还是反对？为什么？

第四章　　人员招募

本章要点 ✍

(1) 掌握编制招募计划的方法；

(2) 了解内部招募和外部招募渠道优缺点和方式；

(3) 了解如何做好新员工的录用；

(4) 掌握如何进行招聘效果评价。

本章导读 📑

　　人员招募是员工招聘选拔的首要环节，对于整个招聘工作的成败具有重要的意义。一个操作有序的招募过程不仅能够较大范围地吸引合适的人员来应聘，使得有足够的人员选择空间，避免出现因应聘人数太少而降低录用标准或随意、盲目挑选的现象，而且也可以使应聘者更好地了解组织，减少因盲目加入组织而出现的高离职率的现象。同时，人员招募也是企业扩大知名度，表达企业人才观念，树立企业形象的大好时机，但凡优秀的企业都会非常重视这一阶段的每一项工作，以提高企业招聘的质量，减少组织和个人的损失。

　　人员招募是根据组织人力资源规划和工作分析的要求，把具有一定知识、能力和相关特性的人吸引到空缺的岗位上，为下一步的人员挑选工作奠定坚实的基础工作。人力资源的招募一方面能促进企业内部人员的合理流动；另一方面能够帮助企业扩大外部知名度，是补充新鲜血液的重要途径。人员招募阶段主要包括：招募计划的制订、招聘信息的设计、招聘渠道的选择以及应聘者提出申请的具体程序、发布招聘信息并回收应聘者资料等工作。

📖 导读资料

网罗一流人才的秘诀——高层主管亲自参与招聘过程

　　比尔·盖茨会亲自打电话给微软看中的大学毕业生，问对方有无兴趣来工作。苹果计算机公司老板史蒂夫·乔布斯大约四分之一的时间用于招募人才！普力爵强调，高层主管如果不参与招聘流程，其他人就会认为高层不在乎人才。如果高层主管都不在乎人才，还有谁会在乎？

　　(1) 公司不能只在口头上说引进人才有多么的重要，却不采取实际行动。公司的高级主管应当参与人才招募。领导亲自出马，势必使求职者从心理上感到一种满足。纵使未能招募到人才，也在一定程度上宣传了企业。

(2) 选择更优秀的人才。老板亲自出马，能在招聘会上引起更多人的关注，当然也能吸引更多的应聘者。因此，选择余地大大增加，有利于选到更优秀的人才。

(3) 人力资源部门的人员总是在寻找能填补某些职位空缺的人员，而老板和高级管理人员则不同，他们总是先搜罗人才，然后再为他们安排合适的岗位。

(4) 使员工感到亲和力。老板亲自参加人才招聘，等于向求职者发出了这样的信息：一旦加盟本公司，就更容易接触到公司高层管理人员。如果求职者在被招聘以前就有机会和高层管理人员交谈，那么他们就会认为，当自己成为公司职员后，更容易受到关注。

(5) 高级管理人员往往能更有效地向人才介绍本公司的远景目标。对于新成立的富有活力的企业来说，其创建者通常在挑选员工时十分仔细，老板亲临招聘现场，则可使求职者以最快速度了解与适应公司的文化气氛和环境。

(6) 提高招聘效率。老板亲临招聘现场，与求职者面对面地直接交谈，能从心理素质、外语水平、专业知识等方面对他们进行全面系统的考核。这不仅避免了过去招聘过程中的某些失误，同时也简化了筛选过程，节省了人力物力，特别是节省了宝贵的时间。

第一节　招募计划的制订

案例引入

宏达模具公司的人员招募

宏达模具公司是一个乡镇企业，公司刚成立时，正赶上市场上模具供不应求的时机，因此公司发展很快。但随着经营规模的扩大，公司员工文化素质和技术水平不高的弊端日益显露。由于缺乏关键专业技术人员和高级管理人员，企业日益陷入困境，经理李宝财为此非常苦恼。一天公司召开青工大会，经理在台上号召青年工人刻苦学习技术知识，大家都认真地听，唯有一个青年趴在桌子上写写画画。经理有点生气，想在大会上点名批评他，可是走到他身边一看，发现他在一张香烟盒纸上画了一辆十分逼真的汽车。此时，经理不仅没有批评他，反而问起他的姓名、年龄、文化程度和工种。他回答说叫张大海，25岁，高中毕业，车工。经理听后暗暗高兴，决心培养他。从此经理只要外出走访专家，就一定带上这个小青年，同时，厂里将绘制产品图样的任务也大胆地交给他。当时，厂里设备简陋，经理就把自己的办公桌腾出来，让他学绘图，自己却是打游击办公。10年后，张大海当上了助理工程师和副经理，但企业却仍旧步履艰难。

问题：

(1) 该公司采用的是一种什么样的人员招募方法？这种招募方法有何优缺点？

(2) 根据该公司的实际情况，你认为采用这种人员招募方式合适吗？为什么？

资料来源：2006年10月全国自考人力资源管理(一)试题

　　招募计划是指将可能出现或已经出现的空缺的工作岗位纳入企业招聘工作的考虑。一个好的招募计划是整个招募过程的规范化文件，是招募过程科学有序的重要依据，包括两方面工作：一是确定职位空缺，二是编制招募计划。在招募计划中确定招募的规模、招募的范围、招募的时间、招募的预算。在制定招募计划时，除了详细、科学、规范以外，将招募计划建立在对劳动力市场和人才市场充分了解的基础上是至关重要的。因此，招募者应该对招募市场上的信息非常了解。这主要涉及三个方面：

　　(1) 招募者应该了解劳动力市场上各种劳动力的供需情况，包括劳动力的数量、质量、分布等情况。

　　(2) 招募者要非常了解求职者的需求和动机。

　　(3) 要对竞争对手在招募以及人力资源管理方面的策略和现状充分了解。

一、识别空缺

　　一般由用人部门提出申请，需要增加人员的部门负责人向人力资源部门提出需要人员的人数、岗位、要求并解释理由。明确什么岗位需要招募，招募多少人员，每个岗位的具体要求是什么。

　　招聘的需求源于企业生产经营活动的用人需求，以一线部门的意见为基础。但企业产生了用人需求并不意味着需要招聘，还必须考虑以下几个方面：

　　首先，企业内部能不能补充？这是考虑人员招聘的替代方式。很多情况下，企业的人员缺口是暂时的，通过一段时间的加班就可以解决。另外，通过雇佣临时工或员工租借也可以解决问题。

　　其次，劳动市场能否招聘？在加班加点等方式不能解决用人缺口的方式下，企业需要考虑从劳动市场上寻找合适的人员。但有些劳动力的供给，尤其是高技能劳动者的供给不是常年的。例如，高校毕业生的供给往往是秋季开学后，集中供给的时间在 11 月份至次年 3 月份。

　　再次，企业资源是否支持招聘？企业资源是人员招聘的约束因素。招聘工作需要专门的招聘经费。如果经费不足，或者抽不出合适的招聘人员，则招聘工作很难展开。

　　另外，招聘工作还有一定的周期，如果企业的用人需求特别紧迫，则需要重新考虑招聘工作的必要性。

二、招聘需求的确认

　　招聘需求的确认，是对于生产经营活动的用人需求进行分析，确定招聘的必要性和可能性。在实际操作过程中，通常先由用人部门提出招聘申请，然后由人力资源部门从企业整体情况出发，对招聘申请进行分析、审查和确认。当用人部门的招聘申请得到确认，招聘工作就将开始。一般地，人员招聘工作的起源是用人部门提出申请。申请表的内容包括申请部门、待聘人员的职位、人员招聘的原因和要求、聘用人员的工资待遇以及用人部门经理和上级部门主管批准的签字等。用人部门的招聘申请表如表 4-1 所示。用人需求申请表如表 4-2 所示。

表 4-1 用人部门的招聘申请表

申请部门			部门经理(签字)		
申请原因	■ 员工辞退 ■ 员工离职 ■ 业务增量 ■ 新增业务 ■ 新设部门				
	说明：				
需求计划	使用时间		职务名称与人数		上岗时间
	临时使用	职务	1	人数	
	短期使用		2		
	长期使用		3		
聘用标准	利用现有《职务说明书》		■ 可以利用 ■ 不能利用 ■ 局部更改 ■ 尚无《职务说明书》，需编写		
聘用标准	工作内容	1			
		2			
		3			
	工作经验	1			
		2			
		3			
	专业知识	1			
		2			
		3			
	语言表达		性格要求		
	开拓能力		写作能力		
	电脑操作		外语能力		
其他标准					
薪酬标准	基本工资		其他收入		其他津贴
中心总监批示	签字： 日期：				
行政中心批示	签字： 日期：				
总经理批示	签字： 日期：				

表 4-2　用人需求申请表

申请部门	部　门		申请时间		申请理由				
	部长	经办人							
申请内容	具体内容	工作内容	人数	分类	年龄	应聘资格	工作年限	能力	学历	技术水平
行政部门主管意见				总经理意见					
	年　月　日							年　月　日	

三、决定如何填补

企业管理者在制定招募计划时，必须明确两个问题：一是当出现空缺岗位时，是使用核心人员还是使用应急人员填补；二是如果使用核心人员，是从外部还是从内部招聘。

1. 核心人员与应急人员

所谓核心人员，即以"传统"方法聘用的员工，他们出现在组织的工资表上并被认为是"长期员工"。所谓应急人员，是指虽然为公司工作，但并不在公司的工资表上，相反，他们被代理人雇佣，再以固定费用临时性地"租借"给公司，工资与津贴由代理人支付。代理人分为三种：劳动力出租人、临时雇用代理人和独立承包商。通过劳动代理人获得的应急人员中，被租借的人员的雇佣合同期比临时性人员要长。通过独立承包商获得的人员不同于其他应急人员之处在于：他们被挑选完成部分职能。例如企业通过一个做技能贸易的承包商订立维修工作合同。有些专家预言：如果当前的趋势继续下去的话，未来典型的大公司中的人员也许会有相对少量的长期核心雇员组成，劳动力的剩余部分则由为具体的、暂时的任务而雇佣的个人组成。

使用应急人员有以下好处：一是应急人员的使用可以促成柔性的管理，从而降低固定的人工成本，应急人员的数目可根据业务条件的变化增加或减少。二是应急人员的使用减轻了企业人力资源管理者的负担。代理人从事了工资单、保险管理、福利津贴方面的行政工作，由代理人去筛选和录用人员。三是节约成本。应急人员的成本低于核心人员，因为代理人已经支付了某些一般的管理费，如工资和保险。

使用应急人员的不足之处：一是应急人员在开始工作之前，需要进行关于企业工作程序和政策方面的培训，增加了人员使用成本。二是应急人员与核心人员相比，表现出对企业较低的忠诚度或承诺感。三是在完成相同的工作的情况下，由于应急人员比核心人员取得更多的工资报酬，容易引起核心人员的不满，影响公司效率。

2. 核心人员与应急人员的使用情况

一般而言，企业在以下几种情况下，可以选择应急人员：

(1) 企业需要一些在劳动力市场很难找到的专门技术人员。

(2) 企业希望在远离公司总部的分(子)公司或地区补充新的办公室职员。

(3) 企业希望补充职位来实施项目，而在这些项目中，存在异常高的风险因素，且可能损害企业原有员工的报酬率。

如果企业决定使用核心人员，那么需要决定采取内部招聘还是外部招聘。

四、员工申请表

应聘者在获得企业的招聘信息后，可以向招聘企业提出应聘申请。一般有三种方式：一是应聘者通过信函向企业提出申请；二是直接填写招聘企业的应聘申请表；三是应聘者通过电子邮件的方式向招聘企业提出申请。

员工申请表是一种初始阶段的筛选工具。目的在于收集关于求职者背景和现在情况的信息，以评价求职者能否满足最起码的工作要求。其基本内容包括应聘者过去和现在的工作经历、受教育情况、培训情况、能力特长、职业兴趣等。设计申请表时要注意的问题是，只能要求申请人填写与工作有关的情况。

在实践中申请表主要有加权申请表和个人传记式申请表两种表格形式。

1. 加权申请表

如果有人质疑个体背景经历的某一方面(如受教育年限、工作经历)与其今后职业成功的关联程度,加权申请表(Weighted Application Blanks，WAB)技术就提供了一种整合的方法。利用加权申请表时，事先确定好履历中各项内容的权重(权重值取决于该项内容对未来绩效的预测力)，把申请人各项得分相加，并根据总分做出决策。因此，加权申请表是一种快速的筛选工具。

2. 个人传记式申请表

与加权申请表类似，个人传记式申请表(Biographical Information Blanks，BIB)也是一种自我报告的工具。不过，传记式申请表中的内容要比加权申请表中的广泛得多，几乎会涵盖申请人生活中的各个方面，如早期生活经历、业余爱好、健康状况、社会关系、价值观、态度、兴趣、偏好、观点等。

表 4-3 为传记式申请表的项目列举。

表 4-3　传记式申请表示例

获得第一份有薪工作的年龄	去年一整年共销售多少产品
是否被开除过	在大学时是否参加过网球队
为获得职业资格证书花了多少个小时	你认为 10 年后你会担任什么职位
获得驾照时的年龄	你会把自己描述为一个害羞的人吗
在工作时有多准时	你的老师会如何描述你的守时情况
在大学时的平均绩点是多少	每周花多少时间用于学习
用了几次通过注册会计师考试	是否担任过足球队长
是否曾担任过班长	你有多少兄弟姐妹

资料来源：W.F.Cascio,H. Aguinis. Applied Psychology in Human Resource Management.Pearson Prentice Hall,2004:283

五、补充渠道

人员招募的两个渠道——内部招聘和外部招聘。这两种渠道对企业人力资源的获取起着同等重要的作用，并且两种渠道相辅相成，但由于对招募渠道的选择取决于企业所处市场情况、自身人力资源政策和空缺岗位的要求，每个企业都有自己不同的填补职位空缺的方式。

(一) 内部招聘

1. 内部招聘人员的来源渠道

1) 员工晋升

员工晋升是指从组织内部提升员工来填补高一级职位空缺的方法。晋升促成组织的人力资源垂直流动，是内部招聘的重要来源。这种方法可以迅速地从员工中提拔合适的人员到空缺的职位上。内部晋升为员工提供了发展的机会，使员工感到在组织中是有发展机会的，个人职业生涯发展是有前途的。它有利于企业建立自己稳定的、核心的人员队伍，使企业拥有高绩效的员工；新上任的员工能很快适应新的工作环境；省时、省力、省费用。但是，存在由于人员选择范围小，可能聘不到最优秀的员工的问题。并且可能存在"近亲繁殖"的弊端。除此之外，也有可能使未得到晋升的优秀员工对组织产生不满而离开，导致企业人才流失。因此，当企业的关键职位和高层级职位出现空缺时，一般采用内、外同时招聘的方式。

2) 工作调换

工作调换是指在职务等级不发生变化的情况下，在企业内部调换员工的工作岗位，它是企业从内部获得人员的一种渠道。工作调换为员工提供了从事组织内部多种工作的机会，可以使内部员工了解单位内其他部门的工作，与本单位更多的人员相互接触、了解，并且为员工今后发展或提升做好准备。工作调换，一般多用于中层管理人员的招聘。

3) 工作轮换

工作轮换多用于一般员工的培养上，让有潜力的员工在各方面积累经验，为晋升做好准备。也可以减少员工因长期从事某项工作而带来的枯燥和无聊。工作轮换和工作调换类似，但又存在不同之处。从时间上来讲，工作调换往往是较长时间的；工作轮换通常是短期的。另外，工作调换往往是单独的、临时的，而工作轮换则是两个及以上员工有计划进行的。

4) 内部人员的重新聘用

有些企业由于一段时期内经营状况不佳，会暂时让部分员工下岗待聘，待企业状况好转时，再重新聘用这些员工。由于这些员工了解企业的情况，能够很快适应新的工作岗位，帮助企业节省大量新人培训时间和培训费用。同时，又以较小的代价获得有效的激励，使组织具有凝聚力，促使组织和员工个人共同发展。

2. 内部人员的招聘方法

1) 推荐法

推荐法是指本企业员工根据单位和职位的需要，推荐其熟悉的合适人员，供用人部门或人力资源部门选择和考核。它既可以用于内部招聘，也可以用于外部招聘。因推荐人对用人部门和被推荐人双方都比较了解，也使组织很容易了解被推荐者，并且被推荐人水平相对有所保证，所以这种推荐的方法成功概率很大。在拥有许多员工的企业中，这种方法可以创建一个很大的潜在雇佣群。一些研究表明，通过现有员工推荐雇佣的新工人为组织工作的年限，比通过其他途径雇佣的工人相对要长一些。

2) 档案法

企业人力资源部门都有员工的档案，从中可以了解到员工的各种信息，帮助用人部门与人力资源部门寻找合适的人员补充空缺的职位。尤其是在建立了人力资源管理信息系统的企业，则更为便捷迅速，并且可以在更大范围内进行挑选。但是，档案法只限于员工的客观信息，如员工所在职位、教育程度、技能、教育培训经历、绩效等信息，对于主观的信息，如人际交往能力、判断能力等等则难以确认，对于很多非技术性工作而言，这些能力信息是非常重要的。

3) 布告法

布告法，也称张榜法，它是内部招聘的常用方法，尤其是对于非管理层的职位而言。在企业确定空缺职位的性质、职责及所要求的条件等情况后，将这些信息以布告的形式公布于企业中，使所有员工都能获得信息。所有拥有这些资格的员工都可以申请该职位。人力资源部门或用人部门筛选这些申请，最合格的申请人被选中进行面试。这种方法的优点在于：一是提高了企业最合格员工将被考虑从事该工作的可能性；二是给员工一个对自己职业生涯开发更负责任的机会，许多员工会因为有这种晋升的机会而更加努力提高其工作技能和绩效；三是使员工有机会离开现有的工作环境，承担更有挑战性的工作。这种方法也有不足之处：因为需要花费较长时间来甄选人员，致使某些职位长期空缺。某些员工由于缺乏明确的方向而不断更换工作。申请被拒员工可能会疏远组织。企业在内部进行职位公告应注意的有关事项：一是资格问题。即是在企业经过了试用期而长期雇佣的员工。二是职位公告的内容，即职位资料应该全面、准确，人力资源部门还应该负责回答雇员提出的疑难问题。三是公告范围，即应保证企业内部每一员工都能获得内部招聘的信息。四是减少内部招聘可能对原来的人员产生的冲击。五是职位公告应具有公开性。六是职位公告的时间安排也应适当，即根据不同的具体情况来确定到底留出多少时间给员工做出反应。

4) 职业生涯开发系统

职业生涯开发系统是企业内部填补空缺职位的可选方法。在这种方法下，企业并不鼓励所有合格的员工都来竞争一项空缺的职位，而是将高潜能的员工置于特定的职业生涯路径上，接受专门培养以适应特定目标的工作。这种人员开发的优点在于：降低了企业中高绩效人员外流的可能性，有助于确保在某个职位出现空缺时总有候选者随时来填补，并能有效激发候选者的工作热情。同时这种方法也存在不足之处：未被选中进行培养的员工可能会对企业产生不满而离开，容易造成组织内的不公平。如果目标职位长时间没有出现空缺，被选中的候选者可能由于期望的晋升没能兑现而感到灰心，降低工作积极性。

以上四种内部人员的招聘方法的优缺点比较如表4-4所示。

表 4-4　四种内部人员招聘方法比较

项　目	优　点	缺　点
推荐法	(1) 可以降低成本获得大量有资格的候选人； (2) 简化了招募工作，成功概率较大； (3) 候选人对企业比较了解，避免了因不切实际的期望而产生的潜在问题	(1) 限制了企业接触到更多新观点的可能性； (2) 可能会使招募活动变得不公平
档案法	(1) 可以迅速在全企业范围内找到候选人； (2) 能够全面、动态、及时地反映所有员工的最新情况； (3) 可以及时发现具备资格但未申请的员工	档案中只能涵盖硬性指标，而诸如人际关系技能、判断力等软性指标信息则被排除在外
布告法	(1) 给员工一个对自己职业生涯开发更负责任的机会； (2) 增强了人事匹配的合理性，提高人力资源使用效率； (3) 使员工有机会离开现有的工作环境，承担更有挑战性的工作	(1) 需要花费较长时间填补空职，造成职位长期空缺； (2) 某些缺乏方向性的员工不断更换工作； (3) 申请被拒的员工可能会疏远组织
职业生涯开发系统	(1) 降低了企业中高绩效者外流的可能性； (2) 有助于确保在某个职位出现空缺时总有候选者来随时填补； (3) 能有效激发候选者的工作热情	(1) 未被选中进行培养的员工可能对组织造成不满而离开； (2) 容易在组织内造成不公平的影响； (3) 被选中的候选者可能由于期望的晋升未兑现而降低工作积极性

（二）外部招聘

通过内部招聘获得的员工最大不足之处在于不能从根本上解决企业内部劳动力短缺的问题。尤其是企业处于创业时期、快速发展时期或需要特殊人才时期，仅有内部招聘是不够的，必须借助外部劳动力市场。

1．求职者自荐

求职者自荐是求职者的主动行为，即指在没有得到公司内部人员推荐的情况下，应聘者直接向招聘单位提出求职申请。求职者在某种程度上已经做好了到企业工作的充分准备，并且确信自己与空缺岗位之间已经存在足够的匹配程度，然后才会提交求职申请。

求职者自荐的优点是：费用低廉，可以直接进行双向交流，而且求职者已经花费了很长时间去了解企业，也容易受到激励。而不足之处是随机性较大，时间较长，合适人员比例较低。因此，用这种方式招聘合格人员，需要专人负责接待，需要有详细的登记表格，并且尽可能鼓励员工表现自己的才能。

2．内部员工推荐

内部员工推荐是当企业出现职位空缺时，鼓励现有员工向企业介绍新的工作候选人的一种招聘方法。为了鼓励员工积极推荐，企业可以设立专项奖金，用来奖励那些为企业推荐优秀人才的员工。

3．广告招聘

尽管通过广告所招募来的人往往比直接来公司求职的人和被推荐的人要稍差，并且通常来讲成本会略高，但是它仍然是目前最为普遍的招募方法之一。企业在设计招聘广告的时候，首先要回答两个非常重要的问题：我们需要说些什么？我们需要对谁说？就第一个问题来说，许多公司由于没有回答好这个问题，导致职位空缺的细节内容没能有效地传递出去。在理想的情况下，看到招聘广告的人应该能够获得足够的信息来对工作以及要求作出评价，从而使他们能够判断自己是否具有招聘广告中的资格要求。而这可能意味着广告的篇幅要长一些，成本会高一些。在谁会看这些招聘广告的问题上，准备刊登广告的企业必须根据岗位和人员的特点，来决定采用何种媒体发布招聘广告。

通过发布招聘广告的方式，速度快信息面大，可以吸引较多的应聘者；招聘广告留存时间较长；可以帮助企业宣传其形象和产品；能够加强应聘者对企业的了解，降低应聘的盲目性。但是，这种方法费用较高，费时费力；招聘来源具有一定的不确定性；招聘过程中的双方没有直接见面，信息传递容易失真；成功概率比较低。

根据就业服务机构的性质和服务业务的不同，可以分为：公共就业服务机构、私营就业服务机构和猎头公司。

(1) 公共就业服务机构。目前，我国存在的人才交流中心、职业介绍所、劳动力就业中心多属于公共就业服务机构，能够为企业提供比较全面的人力资源管理代理服务。相当多的企业也通过它招聘所需要的人员。在劳动力市场发达的国家，公共就业服务机构的服务比较全面，例如美国，雇主可以将自己的职位空缺登记到当地的州政府就业办公室，该机构会从当地失业者的资料库中检索出合适的人选。这些公共就业服务机构免费向企业提供适合空缺职位需要的候选人，然后由雇主对他们进行面试或测试。公共就业服务机构的优点是：应聘者众多；很难形成裙带关系；时间较短。缺点是：需要一定的费用；企业对应聘者的情况不够了解；不一定有所需岗位的候选人；应聘者素质较低。所以企业要选择信誉较高的机构，同时对应聘者要进行一次测试。为了保障测试的可靠性和有效性，企业还应该让执业机构提供较为详细的应聘者资料。

(2) 私营就业服务机构。一般地，公共就业服务机构主要是为"蓝领"劳动力市场服务的。私营就业服务机构则有其不同之处：一是它填补了更广泛类型的工作资源，除提供文员和蓝领工人外，也提供技术和底层管理人员的工作；二是求职者更愿意在私人代理机构登记，同时他们比公共代理机构的求职者更愿意接受耕作；三是其代理服务需要收费，因此受契约的约束。当较高层次的管理职位被填补时通常是公司付费给私营代理机构，而文员和蓝领求职者要自己付费。私营就业服务机构减轻了企业寻找、联系、预先筛选求职者的行政负担。

(3) 猎头公司。猎头公司是私营就业服务机构的一种具体形式，定位于在别的企业工作成功的职业经理，并未主动寻找新工作的人。猎头公司在供需匹配上较为慎重，其成功率也比较高，而且其收费比较高，一般标准为录用后的经理人年薪的1/3左右。对于高级管理人员而言，与猎头公司打交道是一件非常敏感的事情，这是因为他们可能不愿意将其准备离开就职企业的想法公开，以免引起当前雇主作出某些反应。因此，猎头公司往往充当了这些高级经理人员的当前雇主和未来新雇主的秘密缓冲地带，这也是猎头公司存在的重要基础。

4. 校园招聘

在大学进行招聘，正在逐步成为企业喜欢运用的招聘渠道。在我国，校园面试是招募初级专业人员及管理人员的一个重要来源。许多企业认为，要想有效竞争到最优秀的学生，除了通知这些在不久的将来会毕业的学生来参加面试外，给学生们留下强烈印象的最好方式就是实行大学生实习计划。校园招聘的显著好处就是企业能够找到相当数量的具有较高素质的合格申请者，并且因其集中、快捷、高效、针对性强等特点使其成为知名企业的首选招聘渠道。不足之处是：应届毕业生缺乏实际工作经历，对工作和职位的期望值高，一旦录用后，容易产生较高的流失率。为了保证校园招聘的效果，这就要求企业精心选择学校，对招聘者进行培训，和高等院校建立良好的关系，实施大学生实习计划。如 IBM 公司正用实习生计划取代传统的校园招聘。

5．网络招聘

网络招聘，是指企业通过网络渠道来获得应聘人员的资料，从而选拔合格员工的方式。企业有两种方式进行网络招聘。一种方式是在企业网站上建立一个招聘专栏，由企业自己对求职者资料进行获取和筛选；另一种方式是委托专业的招聘网站进行招聘，最后再进行验证测试即可。招聘网站就是网上职业中介机构，它通过计算机技术，在求职者和企业之间建立一种方便沟通的桥梁。首先，它通过数据库技术，实现对庞大的求职者资料和企业职位空缺资料进行管理，可以方便地增加、修改和删除这些资料；第二，它通过互联网实现异地用户之间的信息传递；第三，它通过搜索技术，使得资料的查询，求职者与职位空缺之间的匹配更加迅速准确。这种新型招募方式可以接触到范围更大的求职者，且成本较低。

6．人才招聘会

企业通过定期或不定期地举办人才招聘会来选择所需人员。在人才招聘会上双方直接面谈，招募可信度较高，费用较多，但由于应聘者较多，现场环境混乱，挑选的有效性受到一定限制，仅适用于招聘初、中级人才或急需人才。

7．其他招募渠道

除以上传统招募渠道外，还存在一些新的来源，如兼职、假期临时雇用学生、返聘退休人员等。

比较以上七种外部招聘的渠道的优缺点如表 4-5 所示。

表 4-5　外部招聘渠道的优缺点

招聘方式	优　　　点	缺　　　点	适合范围
求职者自荐	(1) 费用低廉，可以直接进行双向交流； (2) 求职者已花费很长时间了解企业，更容易受到激励	(1) 随机性大； (2) 时间较长； (3) 合适人选不多	所有
内部员工推荐	(1) 员工举荐比通过其他方式招聘到的员工表现更好； (2) 节省招聘的时间和费用； (3) 降低离职率	(1) 任人唯亲，形成亲脉的工作关系； (2) 员工往往举荐那些与他们性格、籍贯等相同或相似的人，而不是根据能力和素质来举荐； (3) 当被推荐人被领导拒绝时，员工可能产生不满，影响工作积极性	招聘初级员工和核心人员
广告招聘	(1) 广告制作效果好，视听冲击力强； (2) 传播范围广，速度快； (3) 挑选余地大，留存时间长； (4) 宣传企业形象、产品	(1) 没有直接见面，信息容易失真； (2) 广告费用较大，费时费力； (3) 录取成功率普遍不高； (4) 招聘来源具有一定的不确定性； (5) 成功率较低	所有

续表

招聘方式	优 点	缺 点	适合范围
就业服务机构	(1) 丰富的人力资源资料，选择面大； (2) 选拔方法比较科学，效率较高； (3) 速度快，减少企业的工作量和不必要的开支； (4) 服务机构作为第三方，比较客观公正	(1) 企业可能过度信任，可能雇佣一些不合格的人； (2) 支付中介费用，增加招聘费用	蓝领工人、管理人员
校园招聘	(1) 针对性强； (2) 选择面大； (3) 选择层次多； (4) 学生可塑性强，接受能力较强，可以很快胜任工作	(1) 投入的培训成本较高； (2) 离职率较高； (3) 可能影响整个企业的团队建设	初级管理人员和专业技术人员
网络招聘	(1) 接触的人才面广、量大、选择余地大； (2) 招聘成本低，方便、快捷、省时； (3) 有利于建立多功能的招聘信息系统	(1) 应聘信息可靠性较低； (2) 对招聘企业的技术能力要求较高	所有
人才招聘会	(1) 双方直接面谈，招募可信度较高； (2) 费用较低	由于应聘者较多，现场环境混乱，挑选的有效性受到一定限制	初、中级人才或急需人员

上述各种外部招聘方式各有其优劣势，企业应该充分考虑其空缺职位的类型、紧迫程度、地理区域以及招聘成本，经综合权衡后选择出最合适的招聘方式。

内部招聘和外部招聘各有利弊，两者基本上是互补的。研究表明：内外部招聘结合会产生最佳效果。具体的结合力度取决于组织的战略规划、招聘的岗位、上岗速度以及对组织经营环境的考虑等因素。需要强调的是，无论是内部招聘还是外部招聘，对于高层管理人员选择何种招聘方式尤其重要。一般来说，高层管理人员更需要保持连续性，但因此导致的因循守旧、降低组织创新能力和适应能力的风险也高。至于到底从内部招聘还是从外部招聘，也不存在标准的答案。通用电气公司数十年来一致都是从内部招聘选拔 CEO，日本组织管理的特色之一就是内部招聘，而 IBM、HP 等公司的 CEO 则是从外部招聘的。一个不变的原则就是，人员招聘的最终目的是要提高组织的竞争能力和适应能力。

阅读资料

美国和日本的招募渠道比较

美国主要依赖外部劳动力市场。美国企业具有组织上的开放性，市场机制在人力资源配置中发挥着基础作用。企业任何时候所需任何人才，都可以在劳动力市场上，通过规范的程序招聘，或通过有目标的市场竞争，从其他企业"移植"；劳动者也会根据自身条件选择职业，从容迁移。日本企业的员工，有70%在本企业工作时间超过10年，而相应的数字，美国是37%。日本主要依靠内部培训。日本企业具有用人上的相对封闭性，内部培训是满足企业对人力资源需求的主要方式。他们认为，只要经过培训，高素质的员工就能胜任所有工作。故在聘用时，特别强调基本素质，不看重个人的具体技能。由于重素质轻技能，在培训员工上要花费很大工夫，日本企业在员工培训上的投入是美国企业的25倍。这种方式的好处在于，就业稳定性强，员工不愿意离开熟悉的企业，企业也不愿意放弃自己培养的员工，这样有利于特殊人力资本的形成和积累；缺点是增加了培训费用，阻滞了员工的流动，难以实现社会范围内人力资源的最佳配置。

六、招募信息的发布

招募信息的发布，是向目标对象传播招聘意图的过程。有效的信息发布能够加强对于合适劳动力的吸引力，大大提高招聘效率。由于招聘渠道有内部渠道和外部渠道，因此招聘信息的发布也有内部信息发布和外部信息发布。

（一）内部信息发布

内部信息发布是针对内部招聘而言的。企业可以通过内部布告栏公布招聘信息，也可以通过内部网络或者内部发行的刊物等载体发布招聘信息，还可以在公司或部门大会上公布招聘信息。

内部招聘，是指公布缺员的岗位，由合适的员工竞争上岗。因此发布内部招聘的信息，一定要把待聘职位的情况介绍清楚，并具体说明任职资格条件，在吸引合适员工应聘的同时，不至于干扰正常工作。尤其是一些较高层次的职位聘任，更要注意信息发布的科学性与合理性。

（二）外部信息发布

外部招聘信息发布是向社会公开招聘员工，也是招聘信息发布的主要渠道。通常把企业招聘的外部招聘信息发布称为招聘广告。招聘广告的发布形式有多种选择，与广告载体的类型有关，需要结合广告载体的特点进行招聘广告设计。

招聘广告的种类。招聘广告的种类主要有：报纸广告、杂志广告、广播电视广告、网站广告以及散发的印刷品广告。

在选择广告载体时，企业要考虑下列因素：首先，广告载体的信息传载能力。各种媒体的信息传载能力是不同的。电视广告的时间一般比较短，因而传播的信息要求高度浓缩，而互联网和报纸等则可以传递更多的信息。其次，受众不同。各种媒体都有其特定的受众群体，如专业杂志的读者是专业人员，而报纸的读者可能会很杂；不同的网站，不同的电视频道，其受众也不同。大量非目标受众的求职简历，会增加甄选的难度和成本。再次，考虑企业的招聘预算和招聘职位的紧迫程度。电视广告的费用高昂，尤其是黄金时段的广告，报纸的不同版面收费也是不同的。因此，发布广告要考虑招聘预算。对专业性质的职位最好选择专业性媒体打广告。而招聘工作紧迫时应该选择报纸等息息传播周期短的媒体。总之，在选择媒体时要考虑媒体本身的性质、媒体受众以及招聘预算等各方面情况，综合权衡后选择合适的媒体。

七、待聘员工的类型和数量

员工招募吸引的人员数量不能太多也不能太少，而应当控制在一个合适的规模。一般来说，企业是通过招聘录用的金字塔模型来确定招聘规模的，也就是说将整个招聘录用的过程分为若干个阶段，以每个阶段参加的人数和通过的人数比例来确定招聘的规模。

在使用金字塔模型确定招聘规模时，一般是按照从上到下的顺序来进行的。例如，企业的职位空缺为 50 个时，发出录用通知与实际录用的比例为 2∶1，那么就需要发出 100份录用通知；而被面试的申请者与发出录用通知的比例为 3∶2，因此就需要 150 人来参加面试；被邀请的申请者与参加面试的比例为 4∶3，所以被邀请的申请者应该为 200 人；被吸引的申请者与被邀请参加面试的申请者比例为 6∶1，那么企业就需要吸引 1200 名应聘者，招聘的规模也相应就是 1200 人。

使用这一模型确定的招聘规模取决于两个因素：一是企业招聘录用的阶段，阶段越多，招聘的规模相应地就越大；二是各个阶段通过的比例，这一比例的确定需要参考企业以往的历史数据和同类企业的经验，每一阶段的比例越高，招聘的规模就越大。

八、通知目标总体

面试通知单如表 4-6 所示。

表 4-6　面 试 通 知 单

先生/女士： 欢迎您应聘本公司　　　　职位，您的学识、经历给我们留下了良好的印象，为了彼此进一步的了解，请您于　　月　　日　　时　　分前来本公司参加： （一）面试(初、复) （二）专业笔试 如您时间上不方便，请事先以电话与　　　　先生/女士联系。电话： 此致 　　　　　　　　　　　　　　　　　　　　　　　人力资源部敬启 地址： 　　　　　　　　　　　　　　　　　　　　　　　　　年　　月　　日

九、会见并挑选求职者

求职者登记表如表 4-7 所示。

表 4-7　××公司求职登记表

姓名		性别		出生年月		照片
学历		毕业院校		专业		
职称		现从事工作				
现工作单位				联系电话		
通信地址				邮编		
家庭地址				技能等级		
掌握外语						
技能特长						
个人兴趣						
个人简历						
欲离开原单位原因						
欲加入本单位原因						
收入期望						
晋升期望						
培训期望						
其他期望						
可开始工作日期						
申请人签名：　　　　日期：						

第二节　招募渠道的选择

一、外部渠道

1. 内部人员介绍推荐

是指组织内部人员推荐和介绍职位申请人到组织中来。它实际上是内部员工以口头方式传播招聘信息，将组织外部人员引进组织适当的岗位。

内部介绍推荐的操作重点：一是组织公布招聘信息，通知员工拟招聘的职位、招聘数量及各类人员的应聘条件；二是鼓励他们推荐和介绍所了解的外部人员来申请职位；三是设立能调动内部员工有效地介绍外部员工的积极性的鼓励措施。

此方法的优点：引进的员工相对较可靠、稳定，因为内部介绍人对职位申请者较了解，因而能结合组织拟聘职位所需要的知识、能力进行推荐；录用者能较快地适应组织环境和应聘的岗位，因为受聘者与介绍人联系较密切，受聘者能从介绍人那儿得到更多有关组织概述的信息。

2. 上门求职者(毛遂自荐)

指从主动上门求职者中寻找所需的员工,它通常适用于招聘营业员、职员和保管员等技能和知识要求都比较低的工作人员,而对招聘管理人员或监督人员,此种方法不适合。例如一家著名外企,欲招聘高层管理人员,其丰厚的薪水、优越的待遇吸引了众多高素质人才,但在最后胜出的确是一个只有大专学历、没有任何外企工作经历的一个主动上门求职者。他成功的秘诀就是先在市场上对该公司的所有产品进行了细致的市场调研,从市场份额、产品到竞争对手等各方面都进行了认真的分析,然后在上门求职时,他没有过多的吹嘘自己的能力,而是拿出了一整套细致的市场拓展方案,并针对该公司的销售方面存在的问题提出了许多切实可行的方法,并最终取得 Offer。

由于组织与上门求职者对彼此不了解,因而较难融洽地合作,但这种方法招聘成本最低,因而组织应很好地保留上门申请者的申请记录及联系方式,以便在需要时能及时取得联系。

3. 劳务中介机构

劳务中介机构是那些专门向组织提供人力资源的机构。我国劳务中介机构的形式有临时劳务市场、固定劳动介绍机构、各类各级人才交流中心和专门从事提供高级管理人员的猎头公司等。这些机构有些由国家和政府设立,有些由企业、集团和集体开办,有些则纯属商业性的劳务中介公司;这些机构对人员的提供亦有侧重,有些主要向社会提供熟练工人和技术工人,有些向社会提供管理人员、高级专家和留学回国人员,有些则专门帮助组织发掘高级行政主管。

组织利用劳务中介机构获取所需人员,可以实现以较低的费用快速地找到所需的人员,是组织从外部获取员工的重要途径。

目前我国劳务中介机构正迅速发展,对我国人力资源优化配置,促进经济发展有重要作用。劳务中介机构将人员配置纳入市场配置的范围,为组织提供了物色人才的场所,为求职者提供了选择工作的广泛机会,提高了全社会的人员配置效率;劳务机构向招聘单位和应聘者发布信息,组织劳务供需双方见面,并提供一系列的招聘服务,提高招聘应聘的成功率。

4. 教育机构

这是组织从外部获取人力资源,尤其是新生人力资源的主要来源。

不同学校培养的毕业生在技术、能力和知识水平方面均有差异,因而组织应根据不同职务选择不同教育机构的毕业生;通常毕业生没有实践经验,因而使用前往往需要岗前培训,但他们年轻,富有朝气和活力,能给组织带来"新鲜人气"。

一些知名企业还通过设立奖学金或助学金的方式,与学校建立长期稳定的关系,使学校为其培养未来优秀的员工。在我国,美的集团、P&G 公司、佐丹奴公司等在很多高校学府设立了奖学金,并派当地的人力资源部负责人参与高校每年一度的奖学金颁奖典礼,以期物色到优秀人才。另外,在大学校园中实行大学生见习计划也是吸引大学生的最好方式之一。当然,到大学校园举行人才招聘会是校园招募的最直接方式,也是见效最快的方式。

5. 竞争者与其他公司

对工作经验要求严格的职位来说,竞争者及同一行业或同一地区的其他公司可能是其重要的外部招募渠道之一。根据调查,约有5%的员工随时积极地寻求或接受岗位的变化,这一事实突出了这一渠道的重要性。

实际上，即便是实行内部招募为主的企业，也会选择从外部寻找能补充重要管理职位的人员。如沃尔克瓦根公司就曾成功地聘用了通用汽车的高层管理人员洛佩斯作为该公司的采购部业务经理，当时沃尔克瓦根的招聘对象是包括奥佩尔在内的通用汽车公司的40多位经理。尽管按照诚信原则，招募来的高级管理人员不能泄露原公司的商业机密，但招募企业还是可以减少大量的培训费用，而且招募到对公司最有价值的，有竞争力的高级人才。

6. 外聘的优点与缺点

优点：一是给组织带来新观念、新思想、新技术和新方法；二是因外来者与组织成员间无裙带关系，因而能较客观地评价组织工作，洞察存在的问题；三是能聘用到已经受过训练的员工，及时满足组织对人才的需要，因而在组织没有合适人才时，外聘费用通常比培训一个内部员工要便宜；四是使用较灵活。组织可根据组织活动情况与外聘者签订短期或临时的工作合同。

缺点：一是挫伤内部员工的工作积极性。因为外聘就意味着内部员工内聘机会的减少；二是外聘者需要较长时间来调整对组织环境和工作的适应；三是管理职务上的外聘者可能搬老经验来管理组织，而忽视了调整自身来适应组织，忽视了经验与组织发展的有机结合。

外部渠道招聘的特点如表 4-8 所示。

表 4-8　外部渠道招聘的特点

渠道类别	岗位性质	时间长短	地理区域	招募成本	公平程度	优　点	缺　点
亲属或朋友推荐	各种	短	大	低	低	成功率较高，就职后较稳定	可能导致小集团主义和任人唯亲
同业公会和劳工组织	各种	短	小	低	低	方便，成功率相对较高	有一定的行业限制和时间限制
广告招募	各种	适中	大	高	适中	针对性较强，范围广	成本较高
校园招募	技术和管理层	长	大	适中或高	高	针对性强，选择面大，具有层次性，同时可塑性强	缺乏经验，同时期望值过高
中介机构	普通层	适中	小	适中	高	方便、快捷	信息的真实性较差
猎头公司	技术和管理层	长	大	高	高	快捷、质量高、效果显著	成本高，且适用于中高层技术和管理人员
网络招募	各种	短	大	适中或高	高	方便、快捷且成本低	要求应聘者具有一定的素质，同时信息的真实性较差

注：转引自赵耀：《组织中的招聘管理》，中国劳动出版社2005年版，第78页，表4-2。

二、内部渠道

即所招聘员工来自组织内部。前面新时代员工招聘新特点中提到：注重从组织内部发现和挖掘人才是新时代员工招聘区别于传统员工招聘的特点之一，它能提高组织招聘的效益，因而大多数组织在需要人力资源时通常先在内部进行人员的调配，如增加或减少某些部门的人员数量。内部招聘主要有员工晋升、平级调动、工作轮换和招回原职工等几种形式。

1. 职工晋升

也叫内部晋升，是指将组织内部的职工调配到较高的职位上。

(1) 优点：一是组织与应聘者更易相互适应。组织对这些员工比较了解，能较正确地评价他们胜任新职务的能力和资格；内部应聘者也较熟悉组织的管理方式、政策和组织文化，因而上岗后更易适应新岗位。二是起到激励作用。内部晋升使员工感到组织的安全感，感到自己在本组织内只要努力工作，就会有更好的发展前途，从而对组织产生长期兴趣和较高忠诚度；同时也为了使自己能在内部晋升中成功，应聘者会及早做好准备，平时积极工作，不断开发自己的潜能。三是提高经济效益。内部晋升可以节省组织的招聘费用，节约支付的薪水(外部招聘的人员与从事同样工作的内部人员常常需要支付较高的薪水)，以及其他的费用支出(如引进外部人员时还要支出费用安排其家属)。

(2) 缺点：一是可能觅不到最佳的合适人选。内部晋升被选择的人员有限，即使被选出的是最佳人选，但从职务来看，可能并未是最合适的；另外，被发现的最佳人选，也可能因不喜欢离开熟悉的工作环境和其他的顾虑而不愿被晋升。二是容易引发组织内部的明争暗斗和近亲繁殖。

(3) 适用背景：上述优点和缺点，组织在内部晋升时也考虑从外部获得人员。一般地组织根据所招聘员工的类型决定从何处去招聘：如需要高级的、受过专业训练的员工或高级经理时，则常从外部招聘；需要涉及技术和管理人员时，则运用内部晋升的招聘方式。

(4) 实施的关键点：内部晋升的关键是保证晋升活动的公平、公开和公正。目前许多组织的晋升标准是以个人判断为基础，而个人判断常常引发标准的公平性问题，所以组织在运用内部晋升方式时，应用客观的方法评价员工(如某些主观内容量化)，提出一个令人可信的晋升标准。

2. 平级调动

内部员工在同级水平职务间的调动，是较常见的内部招聘方式。平调作用主要体现为激励，如果职工被调任到一些重要的同级岗位，被平调员工就有受领导重用之感，从而激发其工作积极性。

平调的关键是确定平调对象，确定时可依据资历和业绩两个标准：一般组织希望根据员工的能力大小安排平调，而员工更愿意依据资历深浅调动工作。

3. 工作轮换

工作轮换是指在不同的时间阶段，企业安排员工在不同的岗位上进行工作，以减少工作的枯燥单调感。目前，许多公司已经从长期培养员工的角度出发，在录用新员工后的一至两年内会让员工在公司主要的部门工作一段时间。这种方法既能使企业对员工能力的侧重有所了解，同时也使员工对企业活动的整个流程有个全面的了解和把握。例如在人力资源部门内，"招聘专员"和"薪酬专员"，可以每年进行一次工作轮换。

定期的工作轮换对员工的职业发展具有重要意义：可以使员工在一次次新的尝试中了解自己的职业倾向和职业锚，更准确的评价自己的长处和短处；可以使员工经受多方面的锻炼，拓宽视野，增长各方面的技能，从而为将来担任更重要的工作打下基础；可以防止员工技能过时，刺激员工的职业发展。

4. 重新招回原有员工

指将那些暂离开工作岗位的人员招回到原有工作岗位。

这种方法支出的费用较少，较适用于商业周期明显的行业；由于重新聘用的员工较新职务申请人熟悉组织的工作程序，了解组织文化特点，有丰富的工作经验，因而更易适应工作环境及新的工作；同时组织对这些员工有记录、较了解，因而更安全、稳定，流动性小。

有些员工可能被其他组织聘走或不愿重新加入原组织，因而为了给组织重新招回员工留有较大余地，组织在暂时解聘员工时，应与这些员工保持较好的人际关系。

有时组织内部不一定有合格的人选，尤其在组织快速发展需要大量专业和高能力人员时，内部人员在数量和质量上都不能满足招聘的要求，此时，就需要从组织外部招聘。

三、第三方

近年来随着信息社会的到来，信息的重要作用凸显，提供人才供需信息的人才中介公司蓬勃发展起来。目前，我国普通的职业中介机构是人才交流中心和职业介绍机构，这些职业中介机构公司倾向于为企业物色中、初级职位的人员。而高级经营、管理和技术人才往往通过另一种职业中介机构——猎头公司来完成。

猎头公司是高级经理人员搜寻公司，与其他招募来源不同的是，猎头公司几乎专门以已经工作的人为目标，它往往充当了高级管理人员的当前雇主与准备招募他们的新雇主之间的秘密缓冲地带。通过猎头公司招募高级经理人员的成本较高，但质量基本可以保证。一些企业的人力资源经理承认，通过猎头公司往往能招募到素质比较高的人员。

第三节　招募方式的选择

案例引入

小王是长盛建筑公司的招募专员，去年，长盛公司通过网络、现场招聘和熟人推荐等方式共招聘了 40 多名员工。年底，小王通过对招聘工作总结发现，网络招聘中，每 100 份简历才可以找到一两个合适的候选人，并且很多还不是真正的想找工作，只是看看，并且大多是文秘，管理类的求职者；现场招聘收到的简历中具有较强的土木工程经验，求职意愿也较强烈的求职者比较多；熟人推荐的求职者则两极分化比较明显。

问题：

(1) 企业招聘的多种渠道分别是什么？

(2) 根据实际情况如何选定具体的招募方式？

一、广告

在媒体上刊登广告是一个被企业广泛使用的获取职位候选人的渠道。通常的做法是在一些大众媒体上刊登出企业职位空缺的信息，吸引对这些空缺职位感兴趣的潜在人选应聘。

在媒体上做招聘广告时重点要考虑的两个问题是选择什么样的媒体和如何设计广告。

必须考虑的两件事：一是选取何种媒体；二是如何构思广告。

（一）媒体广告的种类

媒体广告的种类包括报纸广告、杂志广告、电视广播广告、网站广告、散发印刷品广告。其各自特点如表4-9所示。

表4-9 媒体广告

中介种类	优势	缺陷	适用条件
广播、电视	(1) 招募信息让人难以忽略； (2) 可传达到一些并不很想找工作的人； (3) 创造的余地大，有利于增强吸引力； (4) 自我形象宣传； (5) 能够比报纸和杂志更好地让那些不是很积极的求职者了解到招募信息； (6) 可以将求职者来源限定在某一特定地域	(1) 商业设计和制作(尤其是电视)不仅耗时而且成本很高； (2) 缺乏特定的兴趣选择； (3) 只能传送简短的、不是很复杂的信息； (4) 缺乏永久性，求职者不能回头再了解(需要不断地重复播出才能给人留下印象)； (5) 为无用的传播付钱	当处于竞争的情况下，没有足够的求职者看你的印刷广告时；当职位空缺有许多种，而在某一特定地区又有足够求职者的时候；当需要迅速扩大影响的时候；当在两周或更短的时间内足以对某一地区展开"闪电式轰炸"的时候；当用于引起求职者对印刷广告注意的时候
报纸	(1) 广告大小弹性可变； (2) 传播周期短； (3) 可以限定特定的招募区域； (4) 分类广告为求职者与供职者提供方便； (5) 有专门的人才市场报	(1) 集中的招募广告容易导致招募竞争的出现； (2) 容易被人忽略； (3) 没有特定的读者群，企业不得不为大量无用的读者付费； (4) 印刷质量不理想	当你想将招募限定于某一地区时；当可能的求职者集中于某一地区时；当有大量的求职者在翻看报纸，并且希望被雇佣时
杂志	(1) 印刷质量好； (2) 保存期长，可不断重读； (3) 广告大小弹性可变； (4) 有许多专业杂志，可将信息传递到特定的职业领域； (5) 有较高的编辑声誉	(1) 传播周期较长； (2) 难以在短时间里达到招募效果； (3) 地域传播较广； (4) 广告的预约期较长	当所招募的工作承担者较为专业时；当时间和地区限制不是最重要的时候；当与正在进行的其他招募计划有关联时
互联网络	(1) 广告制作效果好； (2) 信息容量大，传递速度快； (3) 可统计浏览人数； (4) 可单独发布招募信息，也可以集中发布； (5) 地域传播较广	(1) 信息过多容易被忽略； (2) 有一些人不具备上网条件，或没有计算机使用能力	适用于有机会使用电脑和网络的人群；不论急需招聘的职位还是长期招聘的职位都合适
印刷品	容易引起其他招聘者的兴趣，并引发他们的行动	(1) 宣传力度比较有限； (2) 有些印刷品可能被人抛弃	在特殊场合比较合适，例如展示会、招聘会等，或者在校园等特殊地点；适合于其他形式的招聘活动配合使用

（二）招聘广告设计原则

招聘广告的设计应该根据 AIDA 的原则设计，即注意、兴趣、愿望和行动(Attention, Interest, Desire and Action)。

A：要能够引起公众对广告的注意。在各类广告充斥的时代，能够吸引受众的注意非常重要。广告设计可以从字体大小、颜色等形式入手。此外，重要的职位要做单独的广告。在报纸上你会看到许多的招聘广告，那么哪些广告引起了你的在意呢？一定是那些新颖独特的广告，比如在众多小字体里一个字体较大的广告，或者使用了吸引人的标题的广告，或者使用不同色彩的广告，再有那些被放置在显著位置的广告也非常吸引人。

I：要能够引起受众对广告的兴趣。招聘广告要突出职位吸引人的地方，例如高薪、挑战性等。此外，对职位描述和介绍的文字不能枯燥、平铺直叙，表达形式上要能够引起读者兴趣。平铺直叙的、枯燥的广告词很难引起人们的兴趣，而撰写的生动、煽情、能引起人的共鸣的语言加上巧妙、新颖的呈现方式则很容易令人感兴趣。例如"你愿意与充满活力的企业共同成长么？你愿意让自己辛劳的付出有丰厚的回报吗""加入 XX，你将拥有崭新的明天。"等等这样的广告常常是令人感兴趣的。

D：要能引起受众的愿望。在吸引受众的基础上，要突出招聘职位的优点。因此，要在分析受众需求的基础上有针对性地设计广告。在设计广告时，要真实地描述职位，不能夸大其辞，更不能违反法律。求职者申请工作的欲望是和他们的需求紧紧联系在一起的。通过强调公司或职位中吸引人的因素例如成就感、培训与发展机会、挑战性的项目、优越的薪酬福利等等，激发求职者对工作的渴望。由于在发广告之前就已经对公司或职位想要吸引哪些人做了调查，因此在激发求职者申请工作的愿望时就要特别注意所要吸引的对象群体的特点。

A：要能引起求职者的行动。"请马上联系我们"等字眼的出现，会促使求职者行动。为此，广告中应加上企业的联系方式或进一步咨询的内容。在招聘广告中，应该包含让求职者马上申请职位或与公司联系的内容。例如，"如果您具备以上任职资格，并且愿意接受挑战性的任务，那么请在一周之内将简历和其他应聘材料寄往如下地址：……"这样的语言可以使对公司感兴趣的职位候选人看了之后立刻采取行动。

（三）撰写招聘广告

1．招聘广告注意事项

在撰写招聘广告时，除了时刻牢记 AIDA 原则之外，还要注意以下几点：

(1) 真实。这是编写招聘广告的首要原则。招聘的企业必须保证招聘广告的内容客观、真实，并且要对虚假广告承担法律责任。广告中涉及的对留用人员的劳动合同、薪酬、福利等政策必须兑现。

(2) 合法。广告中出现的内容要符合国家和地方的法律法规和政策，不能违法。

(3) 简洁。广告编写要简单明了，重点突出岗位的名称、任职资格等内容以及联系方式。对公司介绍适可而止，不能太多，以免影响广告效果。

2．招聘广告的内容

一般来说，招聘广告内容有以下几部分：

(1) 关于公司情况的介绍。招聘广告中的公司介绍应该以最简洁的语言介绍公司最有特色和吸引力的特点，千万不可长篇大论，词不达意。在广告里最好使用公司的标志，提供公司的网址，一般看到广告的人感兴趣的话可以浏览公司的网页以获取更进一步的信息。

(2) 关于职位情况的介绍。招聘广告中对职位的介绍通常包括职位名称、所属部门、主要工作职责、任职资格要求等。起草招聘广告参考一下职位说明书比较有帮助。但要注意的是招聘广告中的职位情况介绍应该从读者的角度出发考虑，以读者能理解和感兴趣为主，不可照搬职位说明书。

(3) 关于应聘者应该做哪些准备。在广告中应该注明应聘者应该准备哪些材料，例如中英文简历、学位证书复印件、资格证书复印件、身份证复印件等。

(4) 关于应聘的方式和联系方式。应聘方式多采用将简历和应聘材料通过电子邮件、传真、信件等方式发送到公司，因此需要提供公司的通信地址、电子邮件地址，一般情况下不必提供电话号码。另外应标明应聘的时间范围或截止日期。

3. 撰写广告词的技巧

设计广告使其能抓住读者的注意力，促使他们深入阅读；不要做出你无法遵守的承诺来误导候选人，对于晋升、挑战、责任要诚实列出；工作要求和所需资格要详细描述；描述为该公司工作的好处；经济地使用广告空间，广告的规模应与职位的重要性及所寻求的候选人的数量相匹配；确保广告易于阅读且语法正确，印刷字体应清晰明了并有吸引力；为读者提供一个获取更多信息的来源(即地址或电话号码)。

广告招募的几点建议：① 仔细选择媒体，考虑的主要因素：组织的成本限制；媒体的影响能力；空缺岗位的特点；潜在应聘者的选择偏好；② 仔细考虑使用不具名广告，因为不具名广告难以得到目前有工作的人员的响应，最好的经验：除非有充分的理由，否则各公司最好说明自己的身份。

阅读资料

百家食品公司招聘广告

百家食品有限公司系外资独资企业，生产世界知名的"百家"品牌系列的巧克力及糖果产品。公司总部位于北京，现已在全国 20 个大中城市设立了分支办事机构。因公司业务不断扩大，现诚聘：

客户经理(北京)

职责：

(1) 负责与大型客户的谈判和沟通。

(2) 协调各城市销售部与大型零售客户的合作。

(3) 负责区域性协调计划的制订和实施。

要求：

(1) 大学本科及以上学历。

(2) 五年以上消费品销售经验，有与大型零售客户谈判的经历。

(3) 熟练使用 MS-Office 软件。

(4) 良好的英语沟通技能。

有意者请将简历(中、英文简历,并注明希望薪金以及应聘岗位)、身份证复印件、相关学历、资历证明、近照一张寄至:

北京市××路××号　百家食品有限公司

人力资源部　收

邮政编码:1000××

来信注明"应聘"字样。

E-Mail:ChinaHR@BAIJIA.com。

(1) 恕不接待电话垂询及来访,相关材料概不退还。

(2) 请注明你想要申请的职位。

(3) 请注明你的户口所在地。

(4) 请在应聘材料上表明此职位信息来源。

二、职业中介

社会上有各种就业服务机构,如人事部门开办的人才交流中心、劳动部门开办的职业介绍机构等,以及一些民营的职业介绍机构。这些中介机构都是用人单位和求职者之间的桥梁,为用人单位推荐人才,为求职者介绍工作,同时也举办各种形式的人才交流会、洽谈会等。

人才中介机构的具体形式有两种:其一,各级劳务市场。职业介绍所这些机构提供的一般是非技术性或技术性不强的劳动力服务,所涉及的职业如保姆、钟点工、营业员和服务员等,还可以为企业提供临时雇用的员工。使用劳务市场进行招聘的特点是:职业介绍机构的应聘者范围较广,易形成裙带关系;招聘的过程较短;招聘的针对性较强;能为选拔工作提供多种多样的人才资源。其二,各级各类人才市场。随着现代人才需求量的增加,各种人才市场越来越成为供职者和求职者满足各自需要不可缺少的中间环节。就我国目前情况来看,人才和劳动力市场一般是由政府人事、劳动部门主办的事业性服务机构;人才市场还定期或不定期地举办招聘会,或举办专门人才专场。其中,人才招聘会是一种比较传统的招聘方式,也是目前企业采用比较多的一种方式。

利用招聘会获取满意的人才,需要注意以下问题:

第一,要选择合适的招聘会。首先明确本企业需要招聘的是什么类型的人才,然后据此来决定是否参加某种类型的招聘会。在决定之前必须了解某次招聘会的档次如何,要选择与自己企业身份相符、与所要招聘人才的档次相符的招聘会。同时,在参加招聘会之前要了解主办单位的情况,看其是否在媒体上进行了广泛的宣传,是否有其他同类招聘会同时进行。

第二,在参加招聘会前要做好相应的准备:设置一个有吸引力的展位,准备好相关的宣传品和登记表并做好和有关协作方的沟通联系。

第三,要选派合适的招聘人员。招聘人员代表着企业形象,他们有可能直接决定企业能否吸引到高层次人才，因此，企业一定要高度重视，最好选派有经验或经过培训的人员进行这项工作。

由于中介机构所服务的对象范围广泛，并且缩短了招聘与应聘的时间，因而是一种简便省时的招聘方法。其突出的优点是：应聘者人数众多，供企业选择的余地增大；中介机构作为第三方，使选择人才的公正性大为提高。而其缺点在于：应聘者的真实情况常常不好把握，可能出现鱼龙混杂的现象。因此，在采用这种方法时选择信誉良好的中介机构，要准确详细地掌握应聘者的信息，并对应聘者进行再次测试。

什么时候采用职业中介？一般分成三种情况：

① 企业没有自己的人力资源部门，不能较快的进行人员招聘活动；

② 某些特定职位需要立刻有人填补；

③ 企业发现自己直接招聘有困难，如目标人物仍在职，不方便直接接触，可以通过中介来解决。

通过职业介绍所和人才交流中心招聘有如下优点：

① 它们作为专门机构，具有先进的技术和庞大的人才信息库；

② 专门机构作为第三方介入，可以保证雇佣方排除私人纠葛，可公事公办，依标准招聘；

③ 从这些机构可以直接获取应聘人的有关资料，如学历、经历、意愿等，可节省招聘时间。

但是，这种渠道也存在一些不足，例如，有些职业介绍所或人才交流中心可能存在管理不够规范，人才库不全面等缺陷。并且，通过这些机构招聘往往成功率较低，难以招到优秀的人才。此外，企业还需要付给这些机构一定的费用。

三、行政搜寻公司(猎头公司)

猎头公司是指专门为企业招聘中高级管理人员或重要的专门人员的私人就业机构。猎头公司一方面为企业搜寻高级管理人才；另一方面也为各类高级管理人才寻找合适的工作。猎头公司拥有自己的人才库，他们掌握着大量的求职和招聘信息，它们熟悉各类企业对特殊人才的需求，因此利用猎头公司进行招聘一般成功率较高，但相应的费用较高。

1. 运作方式

猎头公司的运作方式包括以下几种：

(1) 接受委托。企业需填写由猎头公司统一提供的"招聘委托书"及"职位说明书"，并提供企业相关背景资料及企业营业执照复印件并予以签署确认。

(2) 职位分析及公司背景了解。猎头公司根据企业的需要分析每一职位的人才分布情况及寻访猎取的难易程度。根据了解到的企业背景、企业文化、薪资福利及该企业的组织架构等，面见委托方经理人，分析该职务人选应具备的业务素质、个性特征、行为风格、专业技能、工作履历以及形象气质等方面的要求，通过有效的沟通来寻求一种有效的匹配。

(3) 签约委托。双方根据对所招聘职位的分析结果，共同协商并签订"委托招聘协议书"署明委托方在约定期限内向本中心支付约定的保证金。

(4) 寻猎行动。从我们的人才库中筛选并启动特定区域或行业的兼职猎手和信息采集顾问，有针对性地进行广泛的人才访寻，必要时保持与企业的沟通和讨论，进行认真仔细的甄选、测评、调查，确保为客户提供最合适的候选人员名单。

(5) 初试及综合测评。对通过寻访采集到的入围者，本中心将安排初试，对初试合格者进行多层面、多手段及有针对性的综合评估，包括专业素质、心理、性格、领导力、应变能力、适应能力及职业倾向等专业测试，以保证让被推荐人能够适应客户需求并长期稳定地工作。

(6) 推荐与复试。依据测试结果出具相应人选的报告资料，对适合的人选以保密报告的方式提交给客户，企业根据本中心推荐的人选资料，进行面试、复试。

(7) 录用。由本中心推荐的候选者，经用人单位复试并通过、双方达成协议并在候选者与原工作单位办妥各项手续的基础上办理正式录用手续。

(8) 结算余款及后续跟踪服务。猎头公司推荐的人才至委托客户单位报到后，在约定期限内，委托单位付清余款。其后定期开展供需双方合作情况的跟踪回访服务，及时对人才在委托单价的上作情况进行跟踪评估。

2. 服务优点

费用较低。对于年薪 10 万的高级人才，猎头的服务费才 3 万元左右。而企业如果用一个人力资源部职员，平均一年也需要 3 万元左右。但他们能否在较短的时间内找到企业所需要的高级人才呢？而人力资源部一年的办公费用和招聘费用要在几万或几十万元以上，而招聘的人员也未必都能让企业满意。因此猎头的费用远远低于企业自身聘用专人的薪酬及招聘费用，所以也就有许多国际公司将人力资源的招聘业务外包给猎头。

时间较短。猎头大多都要在 2～3 个月就完成订单，而对于某些高级职位，企业自身却用一两年也找不到合适的人才。由此许多项目就因为关键人才的不能及时到位而迟迟不能运作或流产，这种损失与猎头的费用相比到底孰重孰轻。

人才质量有所保障。对于用人单位来说，人才市场(招聘会、应征报刊广告)上的人才多为流动人才，极少高级、特殊人才。猎头对一个人才的选拔要通过素质考核、业绩核定、专家鉴定、电脑测评等多种手段来进行。更何况他又是在众多猎手推荐的精英人才中挑选出最为适合客户要求的。

人才背景比较清楚。猎头对候选人的背景要做非常彻底的调查，甚至有些人才都是猎头顾问跟踪了一两年以上，几乎掌握了他的全部资料及发展动向。

后备力量。猎头除提供客户所需要的人选外，还要继续搜寻符合条件的人选，以备不时之需。

留人方案。猎头希望推荐的每一位人才都能长久的和客户合作，因此他们会结合每一位人才的实际情况和企业的需求，为客户做好留人和用人方案。

定向挖角与自退。别的企业的人才你相中后，自己又不适合直接出面去联系，可用猎头出面去解决；对企业内部的某个人自己不想继续留用，而又不能直接面辞，何不请猎头将其挖走。于己于人两全其美。

人力资源顾问。一个专业的猎头顾问，必在人力资源管理方面有着丰富的工作经验，及吸取众家之长而总结的用人理念精华，完全可以胜任你在人力资源方面的顾问。

了解行业动态。当你和猎头成为合作伙伴后，你可以随时向猎头咨询本行业的薪酬趋势及行业发展动态。

人才保护。任何一家专业猎头都有在一定时间(几年)内不许在客户内部挖人的承诺，因此你一旦成为猎头的客户，猎头就不会在你企业内部来挖人，从而使你的人才得到了保护。

3. 与猎头公司合作注意事项

目前，我国的猎头市场还存在许多不规范的地方，如果与猎头公司合作时有所疏忽，会有上当受骗的可能性。因此一定要注意一些问题：

(1) 选择猎头公司时要对其资质进行考察。一般应该选择有比较好的背景和声望，并且有较强的能力在市场上寻找人才和将委托方的职位进行推销的猎头公司。优秀的猎头公司在操作上严谨、规范，对委托方所处的行业有深刻的理解，猎头公司的人员也有很高的素质，他们在猎头工作的各个环节上都表现出相当的专业水准、服务意识和专业技能优秀，并且能够自觉遵守法律法规和政策规定，将猎头工作置于法律法规和政策允许的范围内。这样的猎头公司所能接触到的候选人层次也比较高。

(2) 在与猎头公司合作时，一定要在开始时约定好双方的责任和义务，并就易发生争议的问题事先达成共识，如费用、时限、候选人的标准、保证期的承诺责任等问题。

(3) 如果与一家信誉较好、服务质量满意的猎头公司合作得较为愉快，应该在以后类似的招聘工作方面继续与之合作，避免与过多的猎头公司合作，因为比较熟悉的猎头公司会比较能理解你的需求。另外，应该试图选择这家猎头公司中最好的猎头顾问为你服务。

四、校园招聘

校园招聘是许多企业采用的一种招聘渠道，企业到学校张贴海报、进行宣讲会，吸引即将毕业的学生前来应聘，对于部分优秀的学生，可以由学校推荐，对于一些较为特殊的职位也可通过学校委托培养后，企业直接录用。

1. 选择学校的标准

选择学校要考虑几个因素：首先要明确补充人员的工作岗位的类型。如果一个企业需要控制水污染专家，那么招聘人员必须去那些设有环境保护专业的学校。其次，要考虑企业或组织的规模。大的公司可能到全国各地的大学去招聘，而小的组织则主要在本地的大学招聘。最后，要考虑过去的招聘经历和结果。例如，如果一个企业或组织在某大学从未招聘到满意人员，那就应该停止继续在该大学招聘。当然，在作这种决策时，应该考虑劳动力市场的条件是否发生了较大的变化，如对该大学毕业生的社会需求是否已经明显减少等。

2. 实施校园招聘的关键环节

作为毕业生求职的主渠道，参加招聘会是大学生获取工作机会的较好途径。但是，对于许多毕业生来说，通过招聘会特别是社会招聘会求职的成功率并不如当初想象的那么高，或者说至少与当初设定的目标有较大距离。据调查分析，大学生普遍认为校园招聘会存在着以下问题：聘用反馈不及时(20%)，职位描述不详细(19%)，用人标准不明确(17%)等，这在一定程度上影响了招聘会的效果。因此，实施校园招聘时需要注意以下关键环节：

1) 广告张贴

这是招聘会前的准备工作。公司招聘人员在校园内张贴招聘海报，发布招聘会的时间、地点、招聘职位、应聘要求等信息。另外，需要注意的是，最好在招聘会前大约3~6天张贴广告，以确保广告信息能够传递给所有的潜在应聘者，同时也留给应聘者充分的准备时间。

2) 公司介绍

通常是公司的一名高层经理向与会学生介绍公司的历史、现状以及发展情况等。为了更为生动地传达这些信息，可以利用幻灯片放映、录像播放等多种形式。这个环节还包含一个内容，即说明公司的薪酬、福利政策，这是毕业生非常关心的问题。毫无疑问，公司提供的薪酬、福利是吸引应聘者的最重要的条件之一。一些外资公司在招聘过程中还比较详细地说明本企业员工的职业生涯发展规划，这类说明，可以帮助缺乏工作经验的应届毕业生树立良好的职业发展意识。但是，我们国内的企业通常忽视这一点。

3) 经验分享

公司的一两名员工(常常是校友)在招聘会上讲述自己的工作体会，通常是一些鼓舞士气或者有幽默感的故事。通过这项活动，树立公司的良好形象，增强公司的亲和力。这是欧美企业招聘的一项内容，也值得国内企业借鉴。

4) 招聘说明

这是招聘会不可缺少的一个环节。公司招聘人员向与会学生说明整个校园招聘活动的安排，包括招聘活动的时间、地点安排，招聘职位说明，人员选拔程序，协议达成方式，等等。这部分内容虽然不多，但需要细致说明，以确保整个招聘活动按照计划、有条不紊地进行。

5) 疑难解答

由公司招聘人员回答学生提出的问题，需要招聘人员具备丰富的招聘经验和很强的应变能力。为了做好疑难解答，招聘人员对毕业生的心理应有深入的了解。例如：学生最关心的问题是公司名声、工作地点以及薪酬、福利，学生提出的问题大多是关于应聘要求和应聘者选拔程序等。

3. 获取校园人才的途径

在校园招聘的过程中，大型企业可以通过举办大型专场招聘会的方式进行招聘，而一般企业会选择校园广播、校园网络、公告栏或学院推荐等渠道进行招聘。这些局部的、小规模的、低成本的信息传播渠道不仅满足了企业的需要，而且也为广大学生的就业提供了方便。企业为了获取校园人才，会提前通过多种途径进行铺垫。

(1) 开展各种校园活动。企业的高层管理人员到学校演讲或以研讨会的形式与学生进行交流，让学生有了解企业的机会，同时也增加了企业接触优秀学生的机会。

(2) 让学生到企业中实践。使学生有机会到企业中实习或参观访问。

(3) 为优秀人才设"奖学金"。通常，获得奖学金的优秀学生将得到优先进入企业工作的机会。为此，设立奖学金时要注意奖学金的范围和获奖人的条件与企业所要获得的目标人才群体保持一致。

(4) 让企业形象经常出现在学校里。企业可以通过向学校、学生赠送带有企业标识的公共设施、纪念品的方式，使企业形象深入人心。

4．校园招聘的优缺点

校园招聘活动与其他各类人才市场相比：

(1) 形式灵活，运作方便。大型人才市场，一般都必须由政府出面，需要花费大量的人力、财力，而且次数不可能很多。一般的，省、市人才市场每年只举办一次大型的招聘会。这种大型的招聘会，信息量自然比较大，但由于其规模较大，组织起来自然比较费时费力，不可能做到经常化。而校园招聘活动的组织则无须大动干戈，有时只需要一个电话就能确定具体的时间、地点以及举办的形式，其规模可以是几十个人，也可以是几百人；时间可以放在周末，也可以是其他时段的下午或者晚上，形式灵活、运作方便。

(2) 深度沟通，取舍有据。校园招聘活动可以做到深度沟通。比如，用人单位可以采取学术讲座或者招聘介绍会等形式，向毕业生充分介绍单位的经营理念、企业精神、奋斗目标、工作环境、发展机遇，可以为毕业生播放专门制作的录像，可以为毕业生现场答疑，还可以专门与有关院系的辅导员或专业教师座谈。从毕业生角度来看，校园招聘活动可以使学生比较从容地与具体招聘人员讨论自己关心的所有问题。这样的效果在任何一个大型人才市场中都是难以实现的。无论是用人单位挑选毕业生，还是毕业生挑选用人单位，都能做到取舍有据，可以避免选择的盲目性。

(3) 接触虽然短暂，但成功率高。在大型的人才市场上，由于人流量大，喧闹异常，因而，毕业生与用人单位双方细谈的可能性基本上没有。最终的结果往往是：毕业生大量投递求职材料，用人单位不管是谁的材料，出于礼貌往往只好收下，结果，既增加了毕业生的制作成本，又浪费了用人单位的筛选时间。而校园招聘会由于双方可以做到短暂接触，因此，双方的成功率明显提高。另外，一般来说，用人单位到校招聘前，对院校的专业、毕业生的素质都有比较深入的了解，是有备而来的。因此，与院校合办一次招聘活动，一般不会空手而归。一些很有实力的用人单位，由于宣传不够，平时很少有人问津，但由于他们来校为毕业生做了宣传，使毕业生真正了解企业，因而也可以招到一些高质量的毕业生。

但是，校园招聘也存在它自身的缺陷，主要表现在：

(1) 受到招聘时间的限制。对于企业来说，随时都有补充新员工的需要受到时间的限制。企业如果需要可以对人才进行储备，以免出现人才浪费。

(2) 实际工作经验缺乏。应届毕业生每年只能招聘一次，并且必须编制人才储备预算，在预算控制下一般来说，校园招聘大多都招收应届毕业生，而学生在校园里以书本知识为主，他们缺乏实际工作经验，需要企业对他们进行一定程度的培训才能真正发挥作用。

因此，校园招聘相对于某些招聘方法来说，成本比较高，花费的时间也比较长，企业必须提前进行准备，而对于那些急于用人的企业来说，这种方法则很难达成目的。

五、直接申请

"自我推荐"——应聘者直接找上门求职。这一渠道在实际中应用还较少。但随着市场的发展，这种渠道也会渐渐成为公司的招聘方法之一，由于"走进来"的应聘者一般对公司有较深的了解及对应聘职位的系统准备，这类人员在入职后的工作中也会有较好的表现。在西方，这是成功率较高的方式之一，考虑到文化、就业环境等因素的差异，此点在国内的效果并不太好，同时，企业方面往往不太鼓励此种方式。

六、员工引荐

员工举荐是一种组织内部员工举荐新员工的招聘方法。这种方法建立在组织员工对空缺职位说明以及对被推荐人均有深入了解的基础之上。由于员工对本组织的情况较为熟悉，因而他就会了解组织需要什么样的人才，什么样的人才更适合在组织担任该职位，同时，员工对被推荐人情况掌握得也比较全面．在推荐时就比较有把握。需要指出的是，向组织举荐新员工并不局限于组织现有的内部人员。组织的关系单位、上级部门、所在社区或同行业协会都可作为举荐人。对于员工的成功引荐，一些组织还会给雇员一定的奖励。位于美国马里兰州洛克维尔市的联合微机系统公司拥有 2 千万美元资产和 400 名员工，其中60%的员工都是通过内部员工举荐而受聘的。该企业规定，如果被举荐者受到雇用、并在该公司的工作时间达 4 个月以上时，举荐者将得到 300～1000 美元的奖金；如果被举荐者是一位优秀的高级管理人员或技术骨干，举荐者除得到 1000 美元奖金之外还将得到一台电脑的奖励；台湾一些企业近年来也鼓励内部员工举荐合适人才，规定凡举荐成功者，企业将对举荐者予以奖励。还有的企业为了保证内部员工举荐人才的质量，增强举荐人才的责任心，实行了举荐人才酬金分期付款的方式，即被举荐者到企业上班，即付给举荐者全额举荐奖金的 30%～60%，其余 40%～70%到试用期满、按期转正之后才付给。

员工举荐的优点：这种做法有利于节约人才招聘成本，有利于保证举荐人才的质量。这是因为，举荐者出于维护企业利益、对企业负责以及个人利益方面的考虑，会根据组织的要求和候选人的条件，在自己心目中进行一次筛选。俄亥俄州立大学的一项研究显示，经由员工介绍雇用的员工，比通过其他方式雇用的员工离职率低 25%。

员工举荐的缺点：若某个员工引荐人数过多，容易在组织内形成"小团体"，从而不利于管理；而且会使招聘工作过于依赖主管人的个人态度，而不是根据能力和工作绩效进行选择，从而影响招聘水平。所以，在员工举荐制度下，完善选聘制度，制定一套行之有效的选聘办法是非常有必要的。

七、特殊事件招聘

当雇员的有效供给不足，组织是新成立的或者没有名气时，一些组织成功利用了特殊事件来吸引潜在雇员。演讲、职业交流会、开放考察活动、参观总部、宣传资料、赞助专业会议等。他们可能筹备招待会，安排参观总部的行程，提供宣传资料，并在适当的媒体上报道这些事件。为了吸引专业人员，组织可能赞助专业会议。经理人也可以在学校或者团体会议发表演讲，使其了解组织形象。例如福特汽车公司曾在大学校园举办座谈会并赞助文化事件，吸引拥有优秀雇员资质者的注意。

其中以职业交流会为例，对于小型的或者没有名气的公司尤其有用；降低 80%的招聘成本；吸引那些希望在某个特定工作领域工作或者期望寻找旅程和面试时间最小化的求职者；交流会可以安排在假日或周末，以方便大学生或在职人员。

八、暑期实习

随着优秀大学生的资源竞争日趋激烈，校园招聘的战火已经提前点燃。近年来一些知名的跨国公司纷纷推出一系列各具特色的实习生计划，每年都吸引了大批学生的注意力。比如，IBM 的"蓝色之路"、西门子的"西门子学生圈"计划，微软的"领跑之旅"计划等，都取得了良好的效果。

1. 提前发现与储备人才

从大学生的角度看，企业实施实习生计划可以为他们提供实习的机会，让他们提前体验企业生活，接触企业文化，完成角色转变，同时还可以获得可观的收入。从企业角度来看，可以躲开校园招聘的高峰、提前出手选拔储备人才。在这个过程中企业可以更好的考察学生的素质和能力，通过相互了解后的选择，能使企业更好的选到想要的人才。

2. 提升雇主品牌

实习计划是企业对社会责任的履行。企业作为社会发展的重要主题之一，也担负着提升大学生实践经验的社会义务，这也是企业回报社会的方式之一。而企业对实习生计划的精心设计与落实，也给实习生留下深刻而美好的印象，为企业日后进校园招聘打下好的基础。

3. 满足对阶段性人才的需要

企业对人力资源的需求是不固定的，很难完全控制在人力资源计划之内，企业在开展某些临时性项目的时候，人手紧缺就成了制约项目完成的重要障碍。这时企业如果有完善的实习生制度可以立刻从储备的实习生中挑选合适的人员投入岗位之中。

4. 降低企业成本，提高经济效益

国家最新规定企业给实习生支付的报酬，可以在计算缴纳所得税时扣除，这在一定程度上降低了企业的成本。

九、网络招聘

网络招聘，也被称为电子招聘，是指通过技术手段，帮助企业人事经理完成招聘的过程。即企业通过公司自己的网站、第三方招聘网站等机构，使用简历数据库或搜索引擎等工具来完成招聘过程。

企业用信息科技来协助整合资源的概念已经逐渐落实在中国各企业，用计算机辅助生产、营销、财务、研发等方面的管理运作已行之多年，只有人力资源管理的电子化(eHR)，是近几年才开始的热门话题。根据国内外企业的实践，eHR 的主要形式有：电子化招聘、电子化培训、电子化学习、电子化沟通和电子化考评等，其中尤以电子化招聘(e-Recruiting)发展最为迅速。如何透过 e-Recruiting 的建立，让 HR 人员能更专注于企业的竞争核心——人才，以增加企业整体竞争力，同时也提升 HR 人员在企业内部的竞争力，是所有 HR 人员所关注的新课题。

网络招聘有两种主要方式：

(1) 加入商业性的职业招聘网站。营利性的职业招聘网站不仅建有职业数据库，而且存储了丰富的人才数据，能为组织提供方便、快捷的服务。如果将招聘或求职信息存入商业招聘网站的数据库，公司需要缴纳相应的费用。

(2) 利用自己公司的主页。如今许多公司都拥有自己的主页，并将本公司的职位空缺在自己的主页上公布。求职者如果希望到某个公司工作，就可以直接访问该公司的主页。公司也应该在主页上提供一份公司简介，这份文件应该言简意赅、通俗易懂，应包含所有求职者希望了解的基本情况。比如，公司的所在地、曾经取得的成就和未来的发展潜力，当前的营业额、利润、具体办公环境、公司的技术能力以及相对于同行业其他公司的薪酬标准等。

十、模拟实战

模拟招聘是指人为地创设企业招聘的仿真环境，使学生在比较接近真实的情形下进行应聘训练，亲身体验应聘的实际流程，从而在实践中巩固知识，提高应变能力。

作用：这是一种典型的体验式教学方法，学生可以在模拟的条件和环境中检验理论知识的水平，并进行运用，从而增强实际应聘能力。对于招聘方，可以在学生毫不知情的情况下了解学生，这更能检验一个人的态度。实践证明，模拟招聘对提高大学生的就业应聘能力，提高学校就业指导的效果都有极大的帮助。

一般流程：递交个人简历、接受面试、现场问答、笔试。

十一、人力资源租赁

随着人力资源开发与管理的发展，越来越多的单位采用人力资源租赁的方式解决用工问题，人力资源租赁的方式适用于以下情况：非核心的工作岗位，如生产一线的操作工、清洁工、后勤杂务人员等；灵活性高、变化快的工作用位，如某些工作/岗位的人员在未来工作中的连续性不好预测和控制，存在可能裁撤部门或人员分流等问题；季节性、周期性强的工作/岗位，如一些季节性用工需要在工作繁忙时招用足够人员，但季节/周期过后，这些人员就成为富余人员；工作/岗位人员的工作能力、安全性要求比较高，在短期内不能确定是否适合公司需要的情况下也可采用租赁方式，相当于试用期的安全措施。如果合适，就聘用为单位正式人员；如果不合适，就退回人力资源服务公司。还有一些新公司因人员较少，不需要设立专职的人事部门，也可采用人力资源租赁方式。

1. 流程

人力资源租赁的流程如下：

(1) 根据客户要求或项目需要派遣合格人员为客户服务；

(2) 上岗前根据客户情况提供必需的职业培训和道德教育；

(3) 与雇员签订劳动合同，办理各项保险、档案管理；

(4) 为雇员发放工资，代扣代缴个人所得税；

(5) 办理各种协调事宜；

(6) 办理劳动管理的相关事宜；

(7) 进行雇员服务质量控制、雇员教育训练等。

2．人力资源租贷的益处

对用人单位来讲，采用人力资源租赁方式就是充分利用其灵活性，具有减少管理工作、降低成本、回避风险等多种好处，专业的人力资源租赁公司能提供相应的服务和利益。

(1) 降低成本。人力成本不仅包括显性的工资、奖金、保险福利等费用的直接成本，而且还包括招聘成本、选拔成本、录用成本、安置成本、培训成本、提升成本、调动成本、风险成本、管理成本、机会成本(管理人员将管理的时间充分用在自己的业务或重要管理工作上)、劳动效率降低引起的成本、员工发展机会减少引起的代理成本等。采用人力资源租赁的方式，用人单位可节省招聘、选拔、录用、安置、培训、提升、调动、风险、机会成本、管理成本、风险成本、代理成本等，还可以规避劳动事故保障成本、健康保障成本、退休养老保障成本、失业保障成本等，此外，还避免了发生离职费用补偿成本、离职费用管理成本、空职成本、离职前的效率损失等人力资源重置成本。采用人力资源租赁方式，可节省显性成本的 30%～50%，隐性成本的节省则无法估算。可见，对用人单位来说，采用人力资源租赁的方法收益较大。

(2) 用人单位灵活性增强。对于我们前面提到的各种工作/岗位，如能采用人力租赁方式提高其灵活性，将为用人单位在保证本单位核心业务、提高服务质量和竞争力方面提供很大帮助。

(3) 减少管理工作量。对一些工作单位采用人力租赁方式可减少领导班子在这些不重要工作方面花费大量的、繁杂的管理活动，使领导能集中精力在关键工作和重要工作上，对企业的发展有很大好处。

(4) 对用人单位来讲，采用人力租赁是风险控制的一种方式，人在工作中可能会处于健康、安全和环境等方面的潜在危险之中，工作事故、职业病、意外等都会给用人单位造成很大损失，要付出赔偿、赡养、谈判和安置等费用，而且处理善后非常麻烦，而采用人员租赁等方式可将相应风险和麻烦转移到专业的人力资源公司处理。

(5) 采用人力资源租赁方式，对用人单位来讲是引进竞争机制、提高组织活力的方法。

(6) 采用人力资源租赁方式是资源共享与互相学习的途径，这种互利互惠方式适应竞争合作的发展趋势。

第四节　申请的形式

一、申请的形式

广告和额外的信息会告诉那些对职位感兴趣的人如何提交他们的申请。常见方法如下：

从雇主那里获得的申请表——表中针对所需的细节设定了问题，并为补充信息预留了空白以支持申请。

简历——习惯上，这是对受教育程度、资格和以往职业的一份简单总结。

求职信——申请人要在心中以自己的方式描述他们与职业的匹配度。

电话——一些雇主和很多招聘代理都是用这种方法来进行初次选拔，他们会询问申请人一系列的问题来考察他们与职位的匹配度。

参与——参与一项最初的选拔活动，比如开放日，在活动中申请人会被要求完成一些初级测验或一项任务。这也让申请人有机会和现任雇主见面并询问一些问题。

在线申请——一些雇主会将在线的心理测试放在申请表之后。这种做法的主要困难在于雇主不能确定是谁完成了测验，而且只有那些能用上电脑和互联网的人才能申请。

1. 申请表

申请表的使用让雇主可以以统一的形式收集想要的信息。通常，标准的形式中都包含有筛选者和选拔者需要的背景资料数据。这就使他们可将独立的申请进行比较。表格对于申请者来说也有些好处。一旦在填写表格时掌握了技巧，在填写其他表格时就相对简单了。

Torrington和hall指出申请的最初用途是作为人事档案的基础，而不是作为选拔的手段。最初引用表格时，大多数任用都是在面试之后实现的。这种方式所依赖的基础是面试官对于个性特点都有着良好的判断。从那时开始，工人的流动性逐渐增加，劳动力市场从地区转变为全国，就业法规也开始变得更加具有时效性。

雇主需要更系统性的方法将申请人转变为候选人。接下来，申请表从一种行政记录发展成为一种辅助决策的信息传递方法。一份典型的申请表会索取下列信息：

个人详情：姓名、地址、详细的联系方式、兴趣、能够提供见证人员的姓名。

教育和培训：就读过的学校、时间及学历证明、接受过的培训、其他获得技能或职能的活动细节。

就业经历：现在和以前的雇主以及他们的业务、工作起止时间、工资、离职原因。

2. 简历

提交简历可能是申请职位的时候最常见的方式。对于雇主而言，他们很便宜，而且由于简历的应用很广泛，他们的形式也几乎是标准化的。在很多文字处理软件中都能找到模板，一些指导性书籍的培训课程也会就如何利用他们展示自己为求职者提供建议。

缺点：没有额外信息；呈现的模式和细节数量不同，让筛选者难以对申请做出比较；每一份提交的简历长度可能变化很大，短的话只有A4纸的一面，长得很可能是一篇鸿篇大论；其中可能未能提供筛选者需要的全部信息。

优点：雇主不会花费成本；没有申请表发出并返回所产生的延迟；有可能对申请人的沟通和表现技能做出推断。

3. 求职信

求职信往往与简历相反。简历表现的是个人以往经历中的实际情况，以说明他们与职位的匹配性。求职信往往叙述性的推销"销售个人"的能力和适应性。当然，信中可以简单介绍一下自己的条件和经历，但是它的内容一般是个体希望告诉雇主的事情，而不是雇主需要了解的事情。

4. 电话

一些建议是让感兴趣的个人给自己所期望的雇主打电话。这种方法被搜索机构和代理机构所采用，雇主有的时候也是这样做的。这种方法的主要优点就是它的速度。但是，它会将人群局限于那些能够在工作日打电话的人。如果提供夜间或周末致电的机会，该方法使用的人群范围就广了。

5. 在线申请

与使用纸质的表格一样，原则上要求候选人能使用在线表格提交他们的申请，不过它有一些独特的优点和缺陷。

二、申请表的编制

科学的设计申请表可以为选拔过程节省很多时间。正因为如此，申请表的编制变得非常的重要。

评价求职申请表：企业会让初试合格的求职者填写求职申请表，设计科学的申请表可以为选拔过程节省很多时间，正因为如此，求职申请表比个人简历使用起来更有效。

1. 填写求职申请表的目的

填写求职申请表的目的如下：

(1) 帮助招募人员通过了解求职者以前的发展及成长经历，推断该求职者今后的任职可能及发展潜力；

(2) 帮助招募人员根据求职者在申请表中列出的工作经历，分析求职者前几次的离职原因，以判断其工作偏好和稳定性；

(3) 帮助招募人员根据求职者在申请表中提供的资料，预测哪些求职者能胜任将来的工作，哪些不能，以此来决定参加下一阶段选拔的人选。

2. 本阶段工作的注意事项

在这一阶段的工作中，有两点需要引起招募人员的注意：其一，对不同类型的工作岗位需要准备不同的申请表，比如，对技术人员和管理者的招募与对一线雇员的招募，其申请表的侧重点应有所区别；其二，要审核申请表和简历中关键信息的真实性，如对学历证明、英语等级证、相关资格证和工作经历的真实性进行验证。

3. 申请表的项目设计

鉴于求职申请表在评定应聘者的能力、判断其资历等方面的重要作用，申请表的设计一定要科学、认真。一般来说，申请者应包括下列项目：① 所申请的职位、工作性质；② 个人资料，包括姓名、通信地址、联系电话、年龄、性别、婚姻状况、出生地、健康状况及病史、兴趣爱好、专长等；③ 教育状况，包括学校、专业、学位；④ 学术及专业活动情况，包括学术成果、参加何种学术团体；⑤ 技能，包括有何技能、证书；⑥ 进修培训经历；⑦ 工作经历，包括单位、职位、主要责任、收入、离职原因；⑧ 个人要求，包括如获聘之后何时可到位、班次要求、薪酬要求、休假要求及其他特殊要求。

三、相关材料的整理

企业在收到众多材料后要做的第一件事即是对这些求职申请书、简历进行筛选，以排除那些明显不符合企业要求的应聘者。

在整理筛选简历材料时应注意着重关注的问题包括：

求职者的就业历史，并确认是否有间断时间，面试者在被调查核实出现这一职业、学习间断的原因以及求职者在这一时间段的活动内容。

工作变化的频率及求职者离开工作的原因，常见的有因为表现不好而被公司解聘，薪水增加的幅度不够大，晋升机会有限，企业没有履行职责，个人家庭原因。这就需要筛选者结合求职者过去主管的业绩评价和应聘者的离职频率来综合判断。

审查求职者对自己的评价性描述内容，如自我评价，个人描述等。主要查看求职者的自我评价是否属实和适度。

初步判断简历中的个人描述是否符合岗位的职位要求，并初步判断求职者在空缺岗位上是否有发展潜力。

审核简历书写格式的规范性和逻辑性。如果简历存在错别字，书面表达的逻辑性很差，缺乏条理等，这就说明求职者在责任心和能力方面存在问题，应该被淘汰。

第五节　　决策框架与模板

一、决策框架与模板概述

决策框架是帮助个体选择行动、不行动或忽视当前情况的思维构念。我们经常要面对选择，这些选择要求我们对自己、他人做出判断时，还要判断自己是否在所处的环境中有效地发挥了作用。没有了这些决策能力，我们就会完全随机行动，而且不能掌握我们的世界。我们的个人构念必然会影响我们的判断，这意味着要做出完全理性的决策事实上并不可能。当这种理论与我们决策时的原则、偏见和错误相结合时，任何人对他人做出客观、公正决定的可能性都微乎其微，也就是说，我们都会主观地做出决定。

研究表明，通过培训改善面试官的决策质量收效甚微。实际结果是他们更加清醒地意识到了自己的偏见。尽管这个结果并不是人们想要的，但面试过程还是得到一些改善。其他研究表明，自我意识的增加是学习的一部分，并能引起行为的改变。下面是四种基本水平：

(1) 无意识的不胜任：我主持面试一直是这种方式。我善于提出尖锐的问题。

(2) 意识到的不胜任：我不应该以那种方式提出那个问题。

(3) 意识到的胜任：我已经充分准备并认真考虑了针对每一名候选者的问题。

(4) 无意识的胜任：现在是我主持面试的一种正常做法。我以前是怎么做的？

因此，培训人们增强对决策缺陷的意识能够减少错误、偏见和歧视产生的效应，并最终提高绩效。将决策缺陷的影响最小化的一种最实际和有效的方法，就是使用高质量的、预先决定的明确标准。这有助于建立并使用一种机制，强迫决策者将自己的判断建立在明确的基础上。

如果雇主希望确保最佳人选得到任用，他们必须清楚用于选拔的决策标准是正确的，并且反映了高绩效和角色实现所必需的实际因素。在最强的候选人决定为主要的竞争对手工作之后，我们知道了也于事无补，因为负责决策的经理可能难以投其所好。

决策模板或清单记录了申请人通过选拔程序或被拒绝的原因。它们还能用于对申请人进行比较，即使他们的条件、经验和特点各不相同。雇主可以搜集证据，或者将来进一步审核所需要的信息。使用这样的方法能够证明决策的有效性。效度的主要测量指标是：

(1) 表面和内容效度：采用的方法和内容在那些受评估者和该领域的"专家"看来似乎是有道理的；

(2) 结构效度：采用的方法测量的是有意义且相关联的标准；

(3) 效标效度：标准对于谁是最佳申请人的预测与其他相关类别的评估结果相同；

(4) 信度：经理可以检查过一段时间之后对于同一个候选人是否还会做出相同的决定；

(5) 一致性：其他经理可以参与进来，以检查他们是否也做出了相同的决定。

表 4-10 决策模板说明了如何利用在职条件标准得到一份小名单。以申请人提供的信息作为证据，这种模板提供了一个用于筛选的公平过程。

表 4-10　形成小名单所用的决策模板

职位：分公司经理标准		E/D+W	评估阶段	评估人 1 2 3
学识	英文和数学普通中等教育证书(或同等学力)	E2	申请	
	16 岁之后的培训证明	E4	申请	
	管理或监督培训	D	申请	
成就	客户服务(包括处理投诉)	E3	申请和面试	
	员工管理	D	申请和面试	
	保管财物和其他记录	E5	申请和面试	
	电脑系统的运用	E4	申请和面试	
能力	领导力	E6	申请、选拔活动和面试	
	独立决策	E7	申请、选拔活动和面试	
	计划和组织	E8	申请(内容和展示)、选拔活动和面试	
性向	增效技术	D	申请和面试	
	社交技能	E1	选拔活动和面试	
	财务敏感性	E5	选拔活动和面试	
	教练	D	面试	
	关心质量	E10	申请(内容和展示)、选拔活动和面试	
	果断	D	面试	
	与他人一起工作	E6	申请(表达出的兴趣)和面试	
	注意改进	D	面试	

注：E = 必要的，W = 权重，D = 期望的 (重要性 1～10)。

每一名申请人都会根据模板受到评估，并且会得到与标准匹配程度相对应的判断。任何人都应该能够负责处理一批申请，并根据事实审核这些申请，从而做出评估。丢失的信息可以在其他阶段找回来。但是，不能达到必要的标准意味着申请不能进入下一个环节。模板可以用来在候选者之间做出比较，并确保优先的要求得到满足。

清单包含了一系列有用的问题。这将确保每一份申请都会以同样的方式得到必要的考察。表 4-11 就是一个例子。

表 4-11　名单筛选清单

标准 申请是否包含下列证据：	证据来源	指　标
显而易见的社交技能		
对其他人感兴趣		
指导并帮助他人提高技能		
拥有英文和数学的中等教育证书(或同等学力)		
直接的客户服务经验，包括处理投诉		
果断性		
运用增效技术		
16 岁之后参加过培训		
保管财物和其他记录的经验		
财务敏感性		
使用电脑的经验		
领导技能		
管理或监督培训		
管理他人工作的经验		
独立做出决定		
关心质量		
有兴趣做出改进		

像使用这种决策模板或清单的结构化方法简化并改进了小名单的形成过程。它确保所有相关的因素都被检查到，而不相关的因素都被排除在外。如果不止一个人参与了名单筛选的过程，那么它还提供了一种协调各方观点的方法。它建立了持续性的记录，让决策有据可查。如果选拔过程之后却没有人得到任用，那么这种方法将会特别有价值，根据记录可以对申请人再加以考虑，或者如果一个相似的职位需要招聘人员，这种方法也能有所帮助。记录每一名申请人被选择或拒绝的理由也会有所帮助，因为在雇主不得不面对关于过程公正性的挑战时，这些证据能够提供支持。

决策模板和清单加速了名单筛选的过程，将其简化有助于保持一致性。通过让筛选者关注绝对必要的标准，不必完整阅读每一份申请，它们让过程得到了加快。阅读申请表可能很枯燥，但是不够专注并对吸引人的东西失去兴趣可能会导致对申请作出不准确、不一致的判断。因此，使用结构化方法能够让筛选者关注具体的标准。这有助于他们维持注意力，并且避免掺杂潜在的不相关的个人兴趣。集中注意力的搜索还意味着分心或错过重要信息的机会被降低了。

二、招聘评价指标体系

相当多的用人单位并不能根据目标或标准仔细评价招聘活动。比如招聘成本、招聘收益、应聘者素质、新员工绩效、留职率以及对招聘人员的评估等方面对于评价公司的招聘战略是非常重要的，而在现实工作中，只有少数的公司记录了留职率、不同来源的招聘费用、不同来源的应聘者资格、不同招聘者和来源绩效差异等。

第六节 筛 选 方 法

案例引入

宝洁的申请表

从 2002 年开始，宝洁将原来的填写邮寄申请表改为网上申请。毕业生通过访问宝洁中国的网站，点击"网上申请"来填写自传式申请表及回答相关问题。这实际上是宝洁的简历筛选测试。

宝洁的自传式申请表是由宝洁总部设计的，全球通用。宝洁在中国使用自传式申请表之前，先在中国宝洁的员工中及中国高校中分别调查取样，汇合其全球同类问卷调查的结果，从而确定了申请表选拔关的最低考核标准。同时也确保其申请表对不同文化背景的学生仍然能保持筛选工作的相对有效性。申请表还附加一些开放式问题，供面试的经理参考。

因为每年参加宝洁应聘的大学生很多，一般一个学校就有 1000 多人申请，宝洁不可能直接去和上千名应聘者面谈，而借助于自传式申请表可以帮助其完成高质高效的招聘工作。自传式申请表用电脑扫描来进行自动筛选，一天可以检查上千份申请表。

宝洁公司在中国曾作过这样一个测试，在公司的校园招聘过程中，公司让几十名并未通过履历申请表这一关的学生进入到了下一轮面试，面试经理也被告之"他们都已通过了申请表筛选这一关"。结果，这几十名学生无人通过之后的面试，没有一个被公司录用。

一、筛选方法

测评是需要成本的，为了提高甄选的效率，在测评之前进行初步筛选，选择合适的应聘者进入下一轮测评。宝洁使用了申请表作为他们甄选人才的第一关，申请表有什么优势，为什么宝洁会使用申请表进行筛选，这种筛选方式有效吗？有没有其他相似的筛选手段，能够提高人员甄选的成功率？

组织通过发布招聘信息，吸引前来应聘的求职者。组织需要面对的求职者可能很多，如果所有人都进入后续的人员测评、面试等阶段，无疑就增加了招聘工作的成本，甚至会影响招聘进度。由于组织的人力、财力有限，不可能对所有的求职者进行全面测试，故需通过初步筛选减少进入正式测试的求职者，以对合格的求职者进行测试。

初步筛选实际上是招聘者对求职者的一系列相关判断，其中包含相关的预测逻辑。人——职匹配是招聘与甄选工作的核心，强调通过个体特征与职位特征的双重匹配达到预期工作效果。在这个过程中，招聘者需要对求职者的 KSAO(知识、技能、能力、其他特征)进行判断，在初步筛选中选出合适的求职者，以进入下一阶段的正式测评。

在选拔决策中，分析求职者的过去背景是非常关键的。例如，在选拔企业的法律顾问时，求职者在以前工作经历中担任律师的成功背景可以考虑为相关指标，预测其在该职位成功的可能性。从求职者中初步甄选候选人的典型方法包括简历和自荐信核查、申请表核查、电话面试和初试面试等方法。这里主要分析电话约谈和初步面谈、背景核查两种方式，简历的筛选将在下面的部分单独分析。

1. 电话约谈的优势与作用

由于其通信的便捷性，电话被组织广泛用作最初的筛选工具。通过电话约谈可以使招聘者迅速获得所需信息，并能基本了解申请人员的沟通能力和语言表达能力。特别是组织主动搜索招聘网站人才库资料所获得的候选人资料，需要通过电话初步约谈，了解候选人目前的工作状况和求职意愿。

使用电话约谈时，招聘者应该清楚这不是正式的会谈，只是为决定哪一位候选人更具有竞争力的初步筛选，其目的是淘汰条件不符者，减少面试的失败率和降低成本。因而招聘者在使用电话约谈时要清楚地表明意图，为进一步筛选做准备，并可通过电话约谈决定正式面谈。

2. 电话约谈的策略与技巧

电话约谈中，招聘者可按照一定的程序与候选人进行初步沟通，核实希望了解的候选人信息，并简单介绍组织和相关职位信息。例如：

(1) 与招聘者联系，使用其私人电话取得联系；

(2) 介绍自己并解释打电话的意图与所需时间；

(3) 询问应聘者是否方便接受此次电话采访；

(4) 进行电话访谈；

(5) 感谢应聘者接受此次电话访谈，并说明结果。

电话约谈的内容可以参考如下要点：确认应聘者身份；简单介绍公司和求职者应聘的职位；了解求职者目前工作状况(在职或者失业)；询问求职者应聘原因及离职原因；了解求职者对未来工作的期望(包括薪酬期望)等；可核实简历中不清楚的信息或有疑问的信息，并作记录；了解求职者目前工作的主要内容以及主要技能；如果需进一步深入考查，可让求职者提出其所关心的问题；了解求职者语言表达及沟通能力(根据职位要求而定)；通过电话沟通情况，最终判定求职者的背景是否符合职位的要求。

电话筛选的技巧：招聘者应该为申请者的电话约谈作充足的准备，以便能够高效运用这种筛选方法。招聘者还应该准备一系列的问题，以便能在电话回答中获得足够的信息。例如，招聘者要寻求一名销售职员，可以使用以下语句：

(1) 你好，这里是 xx 单位，我们收到您的简历，您应聘的是销售员的职位，请问可以谈几分钟吗？

(2) 你现在从事什么工作?

(3) 你有相关的工作经验吗?

(4) 你以前在哪些公司从事过销售工作?

(5) 你以前销售工作的业绩如何? 薪酬大概是什么水平?

(6) 如果我们公司录用你, 你什么时候可以来上班?

我们的问题问完了, 我们将尽快通知你有关申请此职位的后续情况。

一旦发现申请者的条件符合应聘工作的要求和候选人的条件, 就可以邀请他来填写一份申请表。

通过电话访谈, 可初步筛选一批合格的、有求职意向的候选人, 并可与候选人约定下一步行动。通常情况下, 电话约谈只是甄选过程的第一步, 不能代替面试和其他测试。电话约谈中, 招聘者只能根据应聘者的声音及内容来对应聘者进行判断, 而应聘者的表情、肢体语言并不能察觉到。

通过电话约谈, 可放弃那些不符合招聘职位任职资格的求职者, 缩小进一步测试的范围, 节约时间成本。

二、背景调查

1. 背景调查的作用

背景调查是指应聘者申请职位时, 组织调查应聘者过往经历中相关的关键信息。背景调查的目的是获得拟录用人员全面的工作经历、过往工作业绩以及诚信程度等信息, 核实应聘者所提供资料的真伪, 进而预测应聘者在组织未来可能取得的工作业绩。大多用于调查中层以上的管理人员或关键职位的人员。

(1) 核实应聘者所提供资料的真伪并了解其他重要信息。应聘者为了扩大其被录用的机会, 提交给组织的信息并不一定准确, 如夸大在原单位取得的成绩等, 而实施背景调查就可以核实这方面的关键信息。通过背景调查还可了解应聘者在原单位的人际关系、合作精神等信息。

(2) 核查应聘者有无严重过失或违纪行为。应聘者在简历中或工作申请表中往往不会主动暴露犯过的严重错误、违纪或者被开除的经历。如果招聘的员工有这些经历而组织不知情, 则可能面临巨大的风险。通过背景调查, 组织了解到的信息可避免风险隐患。

(3) 预测应聘者在组织中未来可能取得的工作业绩。应聘者的申请表和简历是其自己描述的经历和业绩, 这对组织招聘来说只能起参考作用。组织要深入了解应聘者真实的工作能力, 进行背景调查是一种非常有效的方法。组织通过背景调查, 可以获得第三方对应聘者业绩和能力的评价, 据此推测应聘者将来在工作中的表现及其未来工作的成就。

2. 背景调查的主要内容

背景调查应根据应聘职位的任职资格要求, 及应聘者在简历和申请表中提供的相关重要信息, 撰写背景调查的重点内容, 其主要内容如下:

(1) 教育和专业训练背景。必要时, 组织可核查应聘者提供的学历学位信息的真伪, 例如, 招聘者可通过网络核实本国大学生毕业证书和学位证书信息。

(2) 职业资格和任职信息。核查应聘者相关的职业资格和认证证书是否真实，以核实应聘者是否切实参与过职业资格认证并达到要求。

(3) 工作职位、经验和成就。详细核实应聘者的工作起止时间、所在部门、任职职位，部分应聘者在简历和申请表中所填写的工作职责非常丰富，甚至把之前任职单位的工作成绩揽在自己身上，通过背景调查可了解实际情况。

(4) 重要奖惩核查。主要核实应聘者在简历和申请书中所列明的重大奖励和表彰是否属实，了解应聘者在原工作过程中是否有因严重的失职或违纪而导致的处分等。

3. 如何获取可靠信息

获取可靠信息的方法包括：

(1) 寻找合适的信息提供来源。国外有研究表明，当信息提供者具备下列条件时，背景调查材料才有意义：

① 背景调查信息提供者有适当的机会观察工作中的应聘者；

② 背景调查信息提供者有资格评价求职者的工作状况；

③ 能够用调查单位可以理解的方式陈述对申请人的评价。

(2) 采用合适的提问方法。在实践中，尤其是通过电话进行背景调查时，大部分管理者对于提供前员工的信息都犹豫不决。选用合适的提问方式有助于鼓励其提供信息：

① 请管理者评价前员工的能力，而非要求其对前员工的绩效进行判断；

② 询问对方怎样才能最大限度发挥该员工的能力；

③ 避免让对方觉得评定前员工的绩效表现是其义务。

例如：我们是一家快速发展的证券公司，工作比较繁忙，往来电话及文书不断。我们现在正考虑让李丽在客户服务部门任职。您觉得她能否胜任这个职位？

三、个人资料

个人资料技术是根据理想的任职者情况而设计的。它根据以往成功任职者的传记式情况建立。因而，这种情况突出了某些可识别的特征来帮助选拔未来的雇员。这些情况来自一个数据库，其中包括个人的具体信息和典型的职业路径。个人数据类型包括家庭背景(比如以往成功的任职者是最大还是最小的孩子)，所接受的教育类型(比如学校的类型、学习的课程、在校园活动中所扮演的角色)，社交活动和爱好(参加俱乐部或社会团体、观看戏剧、体育活动等等)。其中还可能包含态度问题和判断(比如候选者认为什么因素会对他们个人的成功产生影响)。Smith、Gregg 和 Andrews(1989)提出，个人资料是工作绩效最好的预测指标之一。但是 Cook(1988)报告称申请人比其他人更加不喜欢这种方法，但注释说在预测营销职位和保险行业的绩效时，它取得了成功。不过，这种技术在美国应用的比其他地方更为广泛。申请人可能会伪造自己的回答，在机会平等方面，该方法的公正性还存在问题。

在收集用于建立整体情况的数据时，可以采用几个步骤：

(1) 对职位和以往任职者的绩效进行分析，以便确定高绩效所需的技能和特征。这一步建立了所使用的维度。

(2) 建立一组与这些维度相关的条目(行为举例或因素背景)，并设计一种工具将申请人的特点和维度进行比较。使用多个问题。定期检查和一个计分系统。

(3) 通过现有的已经根据评价结果得知其绩效标准的任职者样本，可以对问题和计分系统进行检验。Smith、Gregg 和 Andrews(1989)建议该样本要包含至少 300 个人。

(4) 对结果进行统计分析，以检验哪一种问题组能够最好地预测任职者样本的绩效。这种检验必须确保系统内不存在性别或种族偏见，以及它的一致性和可靠性。

显然，在那些某一特定角色上拥有足够数目员工的大型组织中，这种方法更为常见，并且这些组织有充足的资源来支持这种方法。此外，需要用重复分析来保证维度是及时更新的。尽管 Smith 等人对此表示支持，但作为一种预测未来绩效的筛选工具，个人资料还是存在以下弱点：

(1) 建立和维持有效的理想任职者标准花费高昂。

(2) 它假设个人控制之外的某些因素(比如家庭规模)对绩效有着直接的影响。

(3) 使用现有和以往的员工作为样本人群会对标准有所限制，并且假设未来的要求与过去相同。历史并不总是预测未来。如果这样的话，那就不会出现成长、发展和革新了，我们也就仅仅是围着同一个没有尽头的固定圈子了。

(4) 偏见可能会无意识的进入系统中。如果不是受制于种族或性别的话，一些被认为会带来成功绩效的特征可能是文化。例如，让一名成长于诺森伯兰乡村的年轻人培养出观赏戏剧的兴趣可能比较困难。过去，团队运动被一些地方教育权威认为对培养具有社会责任感、协作性的成年人没有帮助，因此在校园中并不会得到鼓励。类似的是，团队运动在一些学校里被看作是男人们的事情。

个人资料的主要价值在于，它有助于为大量相似的职位筛选出大量的申请人。它能在申请与要求以及成功任职者所需特征之间进行真实的比较。筛选过程的这种加速与系统化允许它由相对资历较浅的员工去完成。这和个人资料的预测效度能够补偿一部分高昂的建立成本。

四、笔迹学

笔迹学作为一种预测工作成功或失败的方法，在人事专家和职业心理学家当中引发了激烈的争论。人们之所以重新燃起对这种方法的兴趣，一个原因是它在欧洲的广泛使用。一些招聘代理已经开发出笔迹学服务，并召开研讨会向雇主解释这种方法的优点和实用性。但是，很少有英国的雇主承认使用了笔迹。对文献的回顾表明，这种兴趣缺乏是有着坚实基础的，因为这种方法的预测效度很低。Smith、Gregg 和 Andrews(1989)提到：

很多系统尝试使用笔迹去预测人格。最简单和最科学的方法就是使用诸如纸张表明压力或书写速度等物理特征。第二种方法关注第一特征。比如倾斜程度、工整性和字母之间的连接。第三种即综合方法，被大多数笔迹专家所采用，将各种特征加以结合并以此做更复杂的分析。

不幸的是，很多笔迹学研究都存在着缺陷。检验发现人们能够根据意愿改变他们的笔迹，而且研究表明笔迹与个体的后续行为之间并不存在着联系。Cook(1988)提出，研究发现它"并不是一种可行的方法"，因为在各个分析之间一致性并不高。他报告称在法国 85% 的公司使用这种技术，但是只有 7%～8% 的英国雇主承认偶尔使用它。

我们倾向于根据由直接来源获得的证据去对人们提出假设，比如人们的笔迹。我们必须牢记：

(1) 笔迹风格是受学校教师影响的，经过很多年，他们已经形成了自己的样式，并且以不同的方式教给了不同年代的孩子。我们已经经历了从铜板雕刻到向前倾斜的字体，再从斜体到大的半印刷体字母的过程。

(2) 我们想当然的做出假设，比如相信工整、细小的笔迹是由一个整洁、内向的人所书写，而字体较大且潦草的笔迹来自一个外向的人。显然，事实并非如此，但是这说明了形成想当然的观念是多么容易。

(3) 像上面所提到的，筛选者有他们自己的个人偏好和偏见，这会影响他们的决定，如果其中之一涉及笔迹，并且偏见引发了假设，那么随后的决策也将相应的受到影响。

应对这种偏见的一种方法是对他们保持清醒，使用具有更高效度的技术，并且减少主观性对决策的影响。

如上所述，组织可以通过多种初步筛选的方法来淘汰应聘者，辨别出基本合格的应聘者以进入正式的测试阶段。在这些方法中，需要注意，这仅仅是"初步"的筛选，是组织为了把合格的应聘者和不合格的应聘者粗略分开的方法。通过初步筛选，组织能更有效的利用资源，控制招聘成本。

五、筛选简历的技巧

许多雇主对求职者的第一印象来自其递交的简历。求职简历通常先于申请表递交给未来的雇主。与申请表一样，简历也面临与求职申请表类似的信息歪曲问题。例如，在一项研究中，95%被调查的大学生说，他们求职时至少提供一条错误信息，只有 41%的大学生没有这种经历。因此，审查简历应该认真考虑下列可能的"简历欺骗"指标：

(1) 夸大的教育证件(学习成绩、学历、学位)；
(2) 遗漏、不一致的就业期间，或窜改的就业日期；
(3) 列出的时间存在中断(求职者在哪里)；
(4) 夸大的技能和经历；
(5) 自称自我雇用；
(6) 自称做过咨询员；
(7) 自称曾经在一家现已停业的公司工作；
(8) 工作历史有倒退迹象(如职责或薪酬等级下滑)；
(9) 使用限定词，如"参与"、"帮助"、"上大学"；
(10) 使用模糊回答，如列出过去雇主所在的城市，而不是公司完整的地址。

通过对简历信息进行背景核对，可以保证自答式信息的真实性。

从表面上看，关于雇主通过简历评估求职者技能和能力的效度研究不是很多。但是，有些研究涉及如何通过简历推断求职者的特征。巴巴拉·布朗和迈克尔·坎皮恩从 113 个招募者处获得关于简历中 20 个反映求职者以下 6 种能力和技能项目的评估：语言能力、数学能力、身体能力、人际技能、领导能力和动机。一般招募者从简历中与教育成就相关的项目推断语言能力和数学能力，从体育或参与的运动项目推断身体能力，从参与的社会活动和涉及权力职位的项目推断领导能力和人际技能。

1. 简历筛选原则

企业招聘工作人员要想在最短的时间内，挑选出与招聘岗位相匹配的应聘者，在筛选简历的过程中应严格遵循以下原则。

(1) 以职位需求为导向原则。企业招聘工作人员在筛选简历时，一定要以职位需求为导向，根据岗位的学历、技能要求进行筛选，不可盲目挑选学历水平高或者工作经验丰富的简历。如最终录用者的学历、工作经历与职位要求相差较大，不仅会浪费招聘时间，而且其工作的稳定性也较差。

(2) 以硬性指标作为第一标准原则。在实践过程中，大多数企业会使用一些级别较低的助理人员来挑选简历，这些人员挑选简历会有一些硬性的指标，如工作经验、学校情况、专业背景、英语水平、资格证书等，以提高简历挑选的效率。

(3) 重点注重简历细节的原则。简历的细节主要是与其他简历不同的地方，如简历设计细节、简历中某项技能培训经历、某种资格证书、某次社会活动经历等，这些细节可以从侧面反映出一个人的性格特点或者技能特长等信息。

(4) 避免简历中的光环效应原则。光环效应是指因应聘者某一方面的优秀表现，导致招聘人员对应聘者其他方面的评价过高的现象。简历筛选有诸多标准，企业招聘工作人员需要全面考察后作出选择，而非根据某一方面的优秀表现而做出筛选决策。

(5) 不迷信知名公司实习或工作背景原则。在知名公司实习或工作背景可提高应聘者的个人见识度和素质，对应聘者的职业发展固然重要，但同时很多应聘者也会因这一工作或实习经历而产生优越感，出现不能脚踏实地和背离工作要求的情况。因此，企业招聘人员在挑选简历的过程中，应本着不迷信知名公司实习或者工作背景的原则，坚持合适的才是最好的，为企业挑选到真正适合的人才。

阅读资料

乐百氏挑选简历的三道程序

乐百氏有自己独特而鲜明的选才理念——求同存异。所谓求同，就是要求与乐百氏的企业文化相融，即开放的心态，热忱向上，亲和信赖，渴望与乐百氏共同发展。招聘官初次浏览一份简历的时间为1分钟左右，主要针对一些硬性指标进行审查。因此，招聘官不会对长篇大论的简历感兴趣，最好是简洁、条理清晰、有实在内容的简历。

第一道程序：对硬性指标(如年龄、工作年限、学历、专业、相关职业背景、期望待遇水平、选择工作地域等信息)进行快速审查，同时根据不同的岗位进行分类。

第二道程序：将初选的资料传送到相关的用人部门，由用人部门对候选者的工作经历、工作内容、业绩进行审查，以确定候选人，并将名单交人力资源部。

第三道程序：由人力资源部向面试者发出邀约，进行笔试、面试和实际操作，并确定最终候选人。人力资源部将会同用人部门对候选人进行评价，人力资源部拥有建议权，最终录用权归属用人部门。

仅仅对自己过往的学习和工作经历以流水账形式书写的简历，乐百氏一般不予考虑，乐百氏看重应聘者过去学习什么、做过什么，但更看重他现在实际掌握了什么，在过去做过什么成绩。乐百氏希望简历中有具体的事迹来证明应聘者具备该岗位所需要的特质、能力或经验，应聘者写简历时应该有针对性的重点推销自己的优势，最好还能提到期望加入本企业的原因。

乐百氏不迷信名牌大学，但认为有技术要求的岗位人选需要从正规院校毕业生中挑选。另外，乐百氏也看重应聘者毕业后的在职进修、培训经历，是否获得相关职业资格证书或更高的学历。乐百氏需要具备较强学习能力、吸收能力和持续学习热情的人才。

2. 筛选简历的方法

1) 人工筛选法

人工筛选简历是招聘工作人员的重要工作之一，也是执行招聘活动的重要前提。对那些硬性条件不符合要求但综合能力素质较好的面试者来说，其简历经机器筛选时很容易被过滤掉，而经过人工筛选时却很有可能获得面试机会。因此，人工筛选法仍是目前大多数企业采取的主要筛选方法。

如何从大量的简历中筛选出企业所需人才是招聘工作人员必备的技能之一。招聘工作人员要做到即使未与应聘者谋面，也会通过简历"窥一斑而知全貌"。

(1) 看简历外观。简历是否清晰、排版是否美观、语言是否简明。

(2) 匹配硬件指标。针对岗位设定必备的硬件指标，并据此作为筛选简历的硬性标准。

(3) 寻找关键字。抓住简历中的关键字，尤其是与岗位内容相关的工作业绩、工作结果等信息。

(4) 看起止时间。注意简历中各项经历的起止时间有无重叠、空白或矛盾之处，从而辨别信息真伪。

(5) 看岗位匹配度。关注简历中展现的应聘者的综合素质和能力，辨别其与岗位的匹配度。

中介和猎头公司筛选简历的步骤方法和企业自己筛选大致相当，但中介主要靠网络收集应聘者简历，即使收到纸质简历，也会扫描一份电子版，输入简历数据库，根据手头的职位情况，设置关键词，用搜索引擎进行第一轮筛选，然后打印出纸质简历，按照下面的步骤筛选。

为了保证企业人才供应，招聘人员在筛选简历的同时，还应建立储备人才库，做好人才的储备工作。企业可将求职人员信息分为三类，即愿聘人员(应聘者不一定会接受聘用)、可聘人员(应聘者能力不是特别强但基本能胜任岗位)和拒聘人员(应聘者完全不符合企业岗位要求)。

2) 机器筛选法

机器筛选是简历筛选的重要方式之一。当企业面对大量简历信息，诸如每天上百份的简历时，就可以用机器筛选的方式选择符合条件的简历。这种操作方式通过某种软件或网站操作后台预先设置简历过滤系统，通过设定相应的硬件标准，如重要的个人信息(如性别、年龄等)、学历、工作经验、证书等为接收简历的先决条件，事先将明显不符合公司用人要求的简历剔除出去，大大减少了招聘人员的工作量。机器筛选也存在自身的缺点，由于以检索条件为客观标准，没有人工筛选智能化，导致无法辨认虚假简历。总体上讲，机器筛选简历能够大大节约人力和时间，是知名外企招聘时常用的简历筛选方式。

案例引入

简历机器筛选标准示例

简历机器筛选标准如表 4-12 与表 4-13 所示。

表 4-12 生产岗位筛选标准

项 目	权重(%)	得 分		
		6	8	10
性别	10		女	男
年龄	20	16 岁以下，40 岁以上	16~20 岁或 30~40 岁	20~30 岁
健康情况	15	有过往病史	一般	健康
受教育水平	15	初中或中专	高中或大专	大学以上
上岗资格证	15	无		有
工龄	10	1 年以下	1~3 年	3 年以上
薪资要求	15	4000 元以上	2000~4000 元	2000 元以内

表 4-13 行政岗位筛选标准

项 目	权重(%)	得 分		
		6	8	10
性别	10		男	女
健康情况	10	有过往病史	一般	健康
学历	20	初中或中专	高中或大专	大学以上
专业	15	理工类	管理类	文职类
相关工作时间	30	1 年以下	1~3 年	3 年以上
薪资要求	15	4000 元以上	2000~4000 元	2000 元以内

小结

本节讨论了申请人如何被邀请去表达他们对于空缺职位的兴趣，以及每一种方法的优点和难处，这在决定对申请提出何种要求时需要加以考虑。不同的方法还会对申请的筛选方式以及小名单的形成有着不同的影响。

筛选出小名单是招聘和选拔过程的第一个环节，这时要对人们和他们的能力做出判断。这些判断应该根据角色或职位要求来做出，因为没有明确的标准雇主就很容易出现不公正的歧视，而且会在不经意中将自己暴露在抱怨和批评声中。如果不小心，就有可能失去最佳的候选人并且选中较差的申请人。雇主不仅需要确保他们所考察的是最好的申请，而且需要维持公正并且证明他们招聘过程的质量。如果感到自己遭受了非法的歧视，受到侵害的个人有权对歧视性的待遇进行索赔。雇主有义务保留足够的系统和记录来证明这种事情并没有发生。

很多技术，特别是清单和模板的使用，提供了结构化决策的方法并且记录了一份申请优于另一份申请的原因。人们发现这些方法对于人事员工和一线经理都非常有用，作为一种决策工具，它们可以根据标准将筛选者的观点加以综合。无论使用哪种方法，重要的是参与其中的人要了解如何进行决策，他们在整个过程中的作用，以及所使用的标准。同样，申请人需要了解他们的申请遇到了什么情况以及他们可能在何时得到答复。

案例讨论

知名公司简历挑选实务

微软公司挑选简历

微软公司在简历格式上要求符合专业、规范的原则，即使标新立异也应该在这前提下进行。有经验的求职者通常都是在具体的专业用词上下工夫，而不会脱离简历格式的规范，微软中国有限公司人力资源经理王瑾女士介绍说：很多学生拿着哈佛商学院的英文简历当模板，依葫芦画瓢改写自己的简历，可是还是改得走了样，不是上下不对齐就是行距不统一，自己却还看不出来，关键就是因为缺乏专业素养，这在求职之中非常不利，她认为：写简历的目的就是让简历带你脱颖而出，千万别断章取义地理解为了让招聘经理把他的简历挑出来可以在形式上哗众取宠。一些学生为此挖空心思，无所不用其极，有的竟然寄希望于红色纸张能一下子吸引招聘经理的眼光，尽管这样的简历一定能够如其所料被挑选出来，不过不是作为面试通行证，而是作为"红牌"被罚下，还有的同学借用自传的形式，先自我陶醉的写一首抒情诗，意图博得好感，然后才开始干瘪的正文，这样越发显得不够专业。

建议及启示：

(1) 用人单位：透过简历的现象看本质。设计的出彩的简历内容未必充实，而平淡的简历或许隐藏着很优秀的人才。所以可以多花几秒钟去浏览简历中的个人经历等内容，以免错过适合企业的人才。

(2) 求职者：简历不要花哨要实际，特别是要突出个人的特质以及胜任应聘岗位的能力。以基本的模板为原则，注重最基本的礼貌问题，言辞要正式。

宝马公司的简历筛选

简历筛选是指根据宝马中国的甄选标准筛选申请者简历的过程，合格的申请者将有资格进入下一轮评价——专业知识测验筛选标准。宝马公司甄选标准：

教育背景：大专以上；

工作经历：汽车行业经验 5 年以上；

服务领域内的管理经验 3 年以上；

筛选工具为工作成就记录，它是对教育背景和工作经历进行的结构化概述，共四部分构成：个人背景信息、工作经历、教育背景和工作成就，候选人需要在线填写。调查候选人过去的工作成就，这些成就是候选人过去工作绩效的重要组成部分。包括书面成就描述、成就发生的地点、任何相关奖励和证明。强调行为而非成就事件本身。

分析：宝马公司的简历筛选是建立在在线填写的简历的基础上的，因此版式一致。宝马注重应聘者曾经的成就，认为过去的经验能够对宝马本身有着很大的益处。并且对行为进行审查筛选的时候，强调应聘者在完成成就时所做过的工作以及对组织的贡献，而非该成就如何厉害。因此，求职者在应聘宝马公司的职位时应该注重自己曾经的成绩对于组织的贡献，重点突出该点。

招募实务——怎样练就"万人迷"的招募广告

招募广告怎么写？人才是企业的一大竞争战略，寻找人才，招募广告最直接有效。不过，招募广告怎么写倒是难倒了不少人，那么招聘广告到底怎么写，如何设计招聘广告语，怎样写招聘广告更吸引人呢？

一、步骤/方法——总体上了解

首先，从了解招聘广告的定义开始，指企业招聘人才时在相关的招聘媒体(含网络招聘、报纸招聘、现场招聘、店面招聘)发布企业的招聘信息，也是对招聘方的一种宣传。

其次，明白招聘广告的主要组成部分：一般来讲，招聘广告主要是写给求职者看的，主要有：公司名称、企业简介、岗位名称、招聘名额、职位描述、职位要求、联系方式等几个环节组成。

最后，是一些小细节：

(1) 先要弄明白招聘广告是写给谁看的及对方看后是否能心动。

(2) 要弄明白招聘广告发布的媒体是什么，这点也很关键。具体的来说，现场招聘应海报岗位突出，要求及待遇明了，企业优势简洁，切忌繁文缛节没完没了，既占篇幅又没说到重点，避免求职人群走马观花遗漏招聘岗位。对于网络招聘这个媒体来说，因为不受字数限制，可以做个详细的介绍和描述。报纸招聘和现场招聘因为受到版面和海报大小的限制，字数不能大多，这两个媒体的原则是简单明了，把主要的说清楚就可以。

(3) 招聘广告也可以加上企业对人才如何重视、对人才如何培训、对人才如何晋升等关键点。

(4) 避免不必要的争议，广告招聘的内容不能有对种族、性别、年龄的偏见。

注意事项：一份招聘广告对企业很重要，招聘广告怎么写，除了要做到以上所说的内容外，还应在整体上把关招聘广告语的设计效果。注意，一个优秀的招聘广告一定要做到如下要求：使人过目不忘的广告词；应突出企业徽志；应使用鼓励性、刺激性用语；应说明招聘的岗位、人数、所需的资格条件，并注明待遇。

二、影响广告设计的因素

影响广告设计的因素有：

(1) 组织形象：广告应该反映并强化组织的公众形象。例如，一家传统的律师公司并不会采用前卫的、画幅的彩色图案去宣传自己的公正性，它也不会聘用那种轻易就适应其文化的员工。

(2) 工作性质：对一则招聘首席执行官的广告采用的处理方式显然要与招聘领班大相径庭，如果刊登了一则不恰当的广告，申请人回应的方式会对此产生影响。

(3) 选择的媒体：不同的媒体具有不同的风格，这会影响一则广告的"适应性"。如果倾向于某个报纸或杂志，非常值得去看几份它的过刊，以便了解在它上面刊登什么效果比较好，什么不好。在一份严肃的报纸上刊登一则形式活泼的广告，效果可能不如放在一个更合适的媒介上好。

(4) 目标市场的偏好：一家大型、历史悠久的传统组织招聘一名特许会计师的广告如果采用这样的标题——"你在数学上具有创造性吗"，可能难以吸引到正确的候选者。有时候值得去藐视一下通常的惯例，但是这需要谨慎。

广告的设计和排版比内容更影响最初的视觉吸引。因此页面上整体的"画面"更为重要，更具备吸引力、平衡感和可读性。字体大小、各行长度以及字体清晰度都会影响可读性。粗体风格、色彩运用以及图表的使用也能让一则广告鹤立鸡群。这些因素的运用经常取决于雇主准备投入的资金，以及对合适候选者的竞争程度。在失业率水平不同时，对比广告的性质和风格是件很有趣味的事。假如雇主希望将广告成本控制在最低水平，研究表明一个因素决定着有吸引力广告和无吸引力广告之间的差异，那就是黑白比例。思考下面针对同一种职位的两种排版，两种排版在页面上占据了相同的空间，有吸引力的广告却显而易见。

系统开发经理

　　ABC，一家领先的整合图形制作和设计队伍，专门从事平面和多媒体杂志产品，寻找一位系统开发经理。他(她)将运用各种 Mac、PC 和 Scitex 设备负责员工的开发。成功的候选者需要能够在系统上制作出全彩色的设计和多媒体作品，并需要在员工开发和客户交往上具备丰富的经验。发送简历到 Mickie Smith, ABC, 3rd Floor, Lucker House, 3/5 Baker Street, Luton

---

系统开发经理

招聘，工作中运用 Mac、PC 和 Scitex 设备并负责：

- 培训和开发；
- 客户交往；
- 全彩色的设计；
- 多媒体作品。

你需要在这些领域具备丰富的经验。我们是一家领先的整合图形制作和设计队伍，专门从事多媒体杂志和平面产品。请发送简历到 Mickie Smith, ABC, 3rd Floor, Lucker House, 3/5 Baker Street, Luton

---

阅读资料

关于招募广告的一则案例

××商贸公司

公司规模：500~999 人

公司性质：中外合营(合资、合作)

公司行业：交通、运输、物流，娱乐、运动、休闲，贸易、进出口

职位信息

职位名称：咨询顾问

职位性质：全职
招聘人数：若干
工作经验：不限
学历要求：不限
语言能力：不限
简历语言：中文
职位月薪：3000～3999
工作地点：北京
发布时间：2008/4/22
截止时间：2008/11/26

职位描述：① 在项目经理的带领下，参与撰写咨询报告；② 支持市场营销工作，同客户沟通，回答客户对部门和产品方面的咨询，面访关键客户；③ 参与咨询项目，进行项目实施和项目汇报；④ 为项目经理提供项目方面的支持；⑤ 必要时独立完成项目。

公司介绍：我公司成立多年，是一家有实力的多元化贸易公司，主要从事商业批零业务，已形成相对固定的产品体系并取得区域代理权，拥有固定的批发客户群。五年内周转资金突破 200 万元，经营方式由批零兼营转变为以批发为主，公司有强大的销售网络及物流配送能力，区域销售渠道建设完善，目前已与国内数百家大中型酒店、超市、娱乐场所和特殊经销渠道建立了长期稳定的供货关系，并拥有成熟的分销渠道和批发流通渠道，具有较强的终端操作能力和市场控制能力。据此可以为新客户提供最便捷的销售市场。以最快的速度，最低的费用帮助客户的产品进入终端销售网络。同时将配合客户进行市场调研、市场策划、市场促销，以全面提升品牌形象，不断提高对终端的控制力、迅速增强品牌产品的的市场综合竞争力。坚持与国际接轨的规范化运作模式，与国内外知名企业、知名品牌进行强强联手，在改革开放的浪潮中共同发展，能为您提供良好的培训和广阔的发展平台。

联系方式：E-mail：×××××@tom.com

注：请在邮件中注明应聘职位的名称或编号，并注明该招聘信息来源于 ChinaHR.com。

评价××商贸公司的招聘广告

比较好的方面：① 该公司选择了在网络上发布招聘广告，可以在比较大的范围内寻找人才，而且网络招聘广告的费用不是太高，并且可以细致的描述一下公司和这个岗位；

② 公司找的这家媒体——中华英才网也比较专业和权威；③ 比较清晰地对职位进行了描述，有利于应聘者选择。

不足的方面：① 公司介绍写得比较凌乱，不简洁明了，看过之后比较混乱仍然不清楚公司的主要体系工作内容等，也没有一下子就吸引人的感觉；② 工作要求方面不好，工作经验不限、学历要求不高、语言能力不限，一看上去似乎就没有要求了，这样会有大量的求职者前来求职，其中这些求职者有很多都不能胜任这个职位，给招聘工作带来了比较重的负担；③ 联系方式过于简单，招聘广告中只给出了一个电子邮箱，招聘广告中应该还要给出公司的地址和电话号码，这样会方便求职者。

招募实务——摩天公司的招聘

一、招聘背景：为什么需要招聘

摩天公司是一家建筑工程公司，从事房地产建设项目管理工作。公司最核心的一个部门是项目管理部，该部门中有 8 个项目经理，他们每个人都可以独立承接项目，而且有的项目经理还同时承接几个项目。由于公司的业务不断扩大，这些项目经理有些应接不暇了，他们不但要对每个项目的总体情况负责，还要亲自过问很多细节的事务，因为现在有的部门秘书不懂业务又缺乏经验，只能做一些打印文件的工作。尽管项目工程师可以在很多技术方面的事情上发挥作用，但他们普遍在对外沟通的技能方面不够好。因此，部门经理决定招聘一些人。该部门的人员预算确实也有空缺。

根据现在的情况，再找几个项目经理可能会缓解紧张的局面。但这些独当一面的项目经理人才在社会上非常短缺，而且身价不菲。更主要的是，多招聘几个项目经理仍然无法解决现在的问题，因为现在的问题是项目经理把过多的精力放在了琐碎的事务上，而这些琐碎的事务不是普通的秘书能够胜任的，需要有一定的专业知识和经验。部门经理与人力资源经理经过讨论找出了一个折中的方法，也就是招聘几名职位级别比项目经理低但比普通的秘书高一些的项目助理，每名项目助理可以支持一两位项目经理的日常工作，这样就可以将项目经理们从琐碎的事务中解脱出来，也是成本比较低的一种招聘方案。

二、招聘标准：招聘什么样的人

人力资源部门帮助用人部门一起对项目助理的工作进行了分析。尽管现在没有这样的职位，但将来期望项目助理能够完成的工作有：

最主要的一项工作是对各种项目文件进行管理。每个工程项目都会有大量的文件，包括招投标书、设计图纸、合同、竣工资料、工程变更的各种文件、各种审批文件等。现在该部门存在的问题就是文件的管理过于混乱，部门秘书在管，但又没有能力把文件全部管好，有相当多的文件在项目经理手中，而到实际用到该文件的时候，又常常找不到。因此希望新来的项目助理能够将各自所管辖的项目的所有资料以规范的方式管理好。这样看来，这个项目助理职位的人选要具备一定的档案管理技能。

工程项目中的付款工作也是希望这个项目助理职位能够承担的工作。项目付款的工作非常繁琐，而且这是一项要求准确性的工作。至于财务知识方面，需要有一定的财务知识，但不需要太深。

另外，工程建设中要涉及各种各样的材料，必须及时保证这些材料的供应。项目助理要具备建筑材料的一些常识，尽管决定买什么材料无须他做出决策，但一旦已经确定使用某种材料之后，与材料供应商的联络保证材料的供应就应该是他的职责了。因为他同时也负责购买这些材料的付款，所以关于材料的情况，就可以在他这里做最准确的记录，由一个人来负责，也不至于搞乱。

在对外的联络中，除了与材料供应商联系之外，项目助理人员也需要与政府打交道，因为项目中有很多文件需要到有关部门报批。另外，也需要与工程设计单位、审计单位来往。所以这个项目助理人员需要有一定的人际交往能力。

在公司内部的沟通中，由于每个项目组都是由不同部门的人员组成的，有来自技术部的，有来自预算部的，项目助理经常需要帮助项目经理做一些传递信息、收集信息、召集会议等沟通工作，因此他必须有效地处理这些事情，才能够真正为项目经理分忧解难。

项目助理职位还是一个非常有挑战性的职位，因为这个职位可以接触到项目管理过程中各方面的内容，要有专业知识，又要善于沟通和组织协调。一个优秀的项目助理经过一定的培训和锻炼一定可以胜任做项目经理的工作，因此这是成为项目经理的很好的阶梯。

于是部门经理填写了如表 4-14 所示的招聘申请表。

表 4-14 项目助理职位的招聘申请表

招聘申请表	
每个职位填写一张表格。	
职位基本信息	
职位名称 项目助理	所属部门 项目管理部
直接汇报职位 项目管理部经理	下属职位 无
主要工作职责	
1. 负责项目有关的文档管理 2. 项目付款管理 3. 项目材料管理 4. 项目所需的文件报批，与有关单位联络 5. 项目会议组织协调 6. 协助项目经理处理日常事务	
任职资格要求	
教育程度 大专以上	工作经验 两年以上
专业技能 1. 档案管理技能 2. 工程建设知识 3. 财务知识	其他要求 1. 沟通能力 2. 细致、有耐心 3. 同时处理多项事务的能力 4. 压力承受能力
☑预算内招聘　□预算外招聘 预算外招聘原因：	
上级主管审批意见： 时间：	签名：
人力资源部审核：	时间：

此外，还分析了该职位的关键胜任力，得出如图 4-1 的胜任力轮廓图。

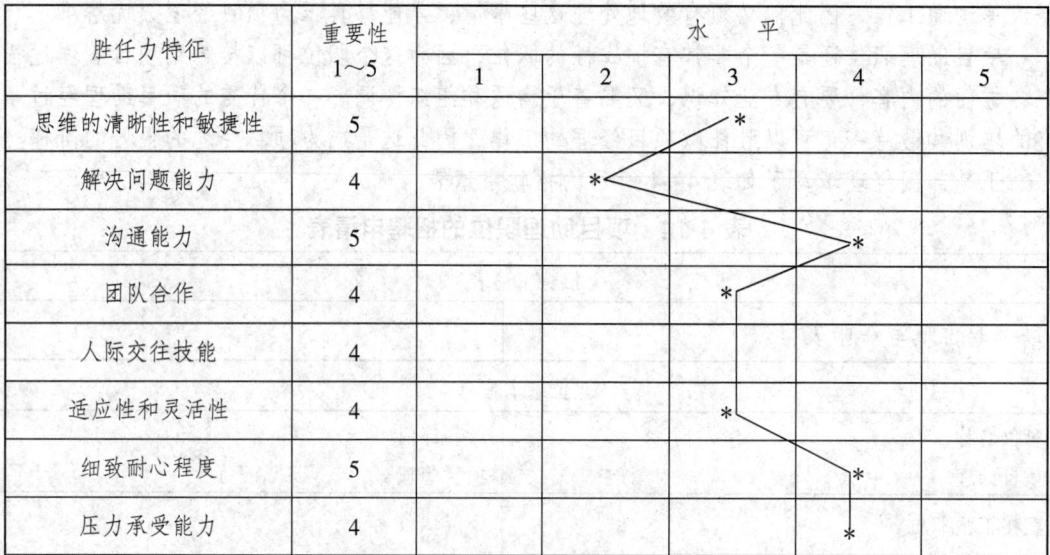

胜任力特征	重要性 1~5	水平				
		1	2	3	4	5
思维的清晰性和敏捷性	5			*		
解决问题能力	4		*			
沟通能力	5				*	
团队合作	4			*		
人际交往技能	4					
适应性和灵活性	4			*		
细致耐心程度	5				*	
压力承受能力	4				*	

图 4-1 项目助理职位的胜任力轮廓图

表 4-14 和图 4-1 就成了对候选人进行选拔的主要依据。

该职位的薪酬级别为 12 级(公司内部级别)，范围是从月薪 2500~4500 元。根据候选人的胜任力水平，可以分为 4 个档次。(见表 4-15)

表 4-15 项目助理职位的工资级别

档次	描述	月薪范围/元
A 等	在各项胜任力上均很优秀，超出职位的基本要求，没有明显的缺点	4000~4500
B 等	在大部分胜任力上超出职位的最低限制要求，有一点微小的缺点	3500~4000
C 等	在主要胜任力上能达到基本要求，有比较明显的不足，但不会对工作造成太大的影响	3000~3500
D 等	在某些胜任力上有明显不足，但可以通过未来的培训来改进，在时间紧迫无法找到其他候选人时可录用	2500~3000

三、招聘渠道：获得候选人

由于所招聘的项目助理人员需要尽快到位，因此必须选择迅速有效的招聘方式。人力资源部门采取了以下几种招聘方式：

(1) 在一个著名的招聘网站上刊登招聘广告，同时从该网站中现有的简历库中进行检索。

(2) 在公司内部网站和公告栏中登出招聘启事，鼓励内部员工应聘。

(3) 采取有奖励的方式鼓励员工推荐候选人。

再通过以上招聘渠道进行一周的招聘之后，收到应聘简历 80 余份。经过初步筛选，选出其中的 38 位候选人进入选拔评价阶段。

第五章　人员选拔与评价

本章要点 ✎

(1) 人员选拔与评价的含义与作用；
(2) 人员选拔与评价的主要内容；
(3) 人员选拔与评价的一般工具与方法。

本章导读 📖

何为最佳的选拔与测评方式

丽萨科鲁兹是巴黎酒店的人力资源总监，她在考虑酒店的下一步行动计划时，意识到应该把人员甄选作为计划中的重中之重。巴黎酒店现有人员甄选过程较不正式：当地酒店经理收取申请表，面试申请者，并核查其推荐信。但是，芝加哥酒店的服务生招募测试却得到了惊人的结果。丽萨发现，员工的测试表现和他们自身一系列能力和行为有着重要的联系，如员工为顾客入住/退房登记的速度，员工流动率，员工应答顾客时使用问候语的频率。显然，她发现员工的这些能力和行为已转化为各种更好的顾客服务，而这些顾客服务正是巴黎酒店执行其战略所需要的。因此，她得出了最佳的选拔与测评方式。

问题：
(1) 你建议她采取什么方案？
(2) 这样做的理论依据在哪里？

第一节　人员选拔与评价的含义和作用

📖 案例引入

宽敞肃静的天极网会议室里，人头攒动，《21世纪人才报》为松下举办的招聘会正在这里举行。一进大厅就可以看到醒目的条幅："松下招聘专场"，经过简单的时间安排介绍，招聘会正式开始了。主考官经过一小时的单独面谈后，大家都聚集在大会议室内。正式的现场模拟活动启动。

第一回合：简介

当记者踏进会议室时，活动已经开始。坐在会议室里应聘者大概有20个，他们正在进行着自我介绍，每个人以最简短的语言介绍自己，自我介绍结束以后，主考官提出一个问题："听完大家的介绍后，谁能记住其中三个人的名字？"这个时候，只有两个人举手，然后把三个人的名字报了出来。"谁能记住两个？"此时又有三个人举手。"谁能记住其中五个？"没有人再把手举起来。这一回合结束了。但是记者却深深地被主考官吸引住了。这似乎不像是老调重弹的面试方式，其中充满了种种的杀机，关键要看应聘者是否有这样的素质。也许自我介绍是很多场合下使用的一种方式，但是又有多少人会记住刚才那个人说了什么，只是一心想着自己如何介绍自己更出色和吸引人。却不想，主考官要的就是这些反应。

第二回合：组织团队

当记者还在感叹不已时，下个环节又开始了。这个回合是要看大家的分工合作能力。这个时候，大家被分为两组，在规定时间内，每个组要为自己的团队起一个名字，选一个队长，为自己谱一曲队歌，还要定出自己队伍的口号。看似简单的工作，却在甄别每个组合作的能力。这个游戏似乎让每个在场的人又回到了童年时代。第一小组有两个女生，第二组是清一色男生。第一组按照分工，开始行动，先是选出自己的团队的领导，然后讨论团队的名字，完全忘记了自己这个团队的人是来跟自己竞争职位的，而是融在了一起。一切定论后，开始探讨自己的队歌和口号。为了能够让自己的队歌和口号更动人，这个组的队长先让一个人负责思考队歌，口号大家一起来商谈。一切定局后，他们还扯开了嗓子练习自己的队歌。在旁边观看的记者也被这种气氛感染了。这种众心一致的场景非常动人，况且是在招聘现场，那些常规的面谈、考试程序都被抛到了九霄云外。在这里，他们好像就是同事，在做自己团队应该做的事情。但是男性组就有些令人诧异，他们两个一组，三个一伙的在探讨着各自的话题，也许是同样的话题，但是大家不是在共同讨论。记者唯一的感受是：他们在面试，但是忘记了主考官要考的是什么——分工协作，直到主考官提醒他们为止。正当第一组的人忘我地进行自己的队歌排练时，主考官拿出一张残缺的纸，问大家："你们有谁注意到我的这张纸缺了一角？""我注意到了。"有几个人回答。"我知道，因为你是在面试我的时候把纸撕掉一角的。"其中一个男士说。"那你们有没有注意到在你们面试坐的椅子的腿边有个纸团，直到面试结束，都没有人把它拣起来。"鸦雀无声。"好了，你们继续吧。"整个会场被一组的歌声给渲染了，第二组的人也开始亮开了自己的嗓门。会场的气氛欢快愉悦，谁也不会想到这是在招聘，外面的人会以为这是在开文艺座谈会。

第三个回合：建立团队

工作在主考官的带领下，紧张有序且乐趣盎然地进行着。随后的现场模拟任务是建立自己的市场部的结构。根据市场的需求，制定出所需要的职位和职位功能，以及适合这个职位的人所具有的素质。看到他们的题目，记者想起自己在企业时所做的这个训练，即使工作了那么久，也很少有人知道自己所在职位的功能和所具有的素质。但是对企业来说，每个职位都要起到一颗螺丝钉的作用，否则就是资源浪费。所以，这些工作在招聘的时候就需要人力资源部经理做好，其实也是对他们的一种考验。这个模拟需要大量的纸，这时工作人员把纸分发到两个桌上，但被主考官阻止了，说："今天的工作，都需要我来做，谁要什么东西也要跟我说，其他人不能多做。"纸被收了回来。主考官在题板上写了几个字：资源是有限的，资源是无限的。这其中的道理，但愿他们都能明白。讨论完毕，需要每个组的队长把自己的结构图画到题板上。但是他们不知道的是，只有一支笔，谁先走到题板前，谁就先得到在题板上板书自己结构图的机会。靠近题板最近的第一组却错过了机会。只好退下来。第一组的队长只好口述自己的结构图。但是第二组的人似乎并没有认真地听对手的方案，他们也许认为这是说给主考官听，跟他们没有任何关系。但是却不料，每一个细节都是主考官要考的内容，今天的场景完全打乱了他们的阵脚。其中一个面试的人对记者说，以前没有这样的场面，没有想到是一种做游戏的方式。而且，这个模拟游戏里，处处充满杀机，这些不经意的细节却关系到他们的命运。"你们对第一组的结构有何问题？"主考官终于问到了他们没有想到的问题，众人无言。

第四回合：挑选产品

主考官把三种产品给了两个团队，让他们选择自己的产品，用自己的市场眼光，挑选出一种对市场更有冲击力的产品。结果他们挑选的产品都是相同的。随之让他们制定产品方案。两个组马上进入工作状态。当他们聚精会神的做事时，主考官发布了一条新闻：翰林汇经过潜心研究，向市场推出一款软件，市场价是1000元，但是不久，清华同方推出同样功能的产品，市场价只有725元，所以，翰林汇的市场受到了重挫。为什么呢？他的话让大家停顿了一下，话音一结束，他们又回头研究起自己的方案。记者实在纳闷，为什么主考官在这个时候来打断他们的思路，而且是一个不相关的信息。为此记者问了主考官。他说："这个信息听起来是多余的，事实上，要看他们什么时候会意识到，他们的产品是相同的，现在他们两个组就犹如两个竞争对手，他们有没有注意对方在做什么？有没有观察邻桌在做什么，现在他们好像都没有这样意识到。因为你的市场方案是要根据市场的动态来做的，要时刻观察着竞争对手在做什么。"记者恍然大悟。在记者的工作生涯中，经历过两个厂商的生死搏斗，现在想来，这种保持竞争的意识要时刻存在，特别是来应聘市场的人员。记者佩服主考官的精明，但是也为这些人感到遗憾。

第五回合：市场推广

一套具体的市场推广方案，能体现一个市场人员应具备的最基本的素质，也许今天的方案并不是很优秀，但是可以从中看出这个人的市场基本功，对他们来说这是最重要的一个环节。在他们策划方案的时候，两个组谁都没有注意到对方的动态，更别说主考官的行为了。主考官在题板上写了一行字：游戏规则——制订者、执行者。而且把这行字圈了起来。但是这行字在那里默默地被挂了半个小时，无人问津，更别说看它一眼。主考官实在看不下去了，就问了他们一个问题："你们当中有谁做过公关？"这个时候就有人零星地站起来说"我做过"。"在公关当中，有没有人做过政府公关？""政府公关是我做的。"回答者似乎底气不足。然后又开始了谋划。主考官无奈地摇了摇头，自言自语地说了一声："我尽力了。"观察细节，不只是某个行业的从业人员应该具有的素质，而是在我们的生活中时刻要使用的，更何况是在应聘。难道这样轻松的环境使他们放松了警惕吗？在这个游戏开始时，规则是由主考官制定，可是却没有人理会主考官想要的是什么，他的规则是什么。做方案时依然如此，如果不知道这个市场的规则是什么，即使再漂亮的方案，不符合游戏的规则，照样行不通。主考官的意旨比起漂亮的方案，更重要的是这个方案的思路和可执行的程度。不管怎么样，直到上午的活动结束，都没有人注意到竞争对手在做什么？也没有人关心松下这个外来企业在进入中国市场时所面临的政府公关。

第六回合：等待

时间在快乐且有压力的氛围中进行了一半。12点到了，大家该午餐和休息了。主考官对他们说："12:00～13:00是午餐时间，13:00正式开始。"但是他对下面的服务人员说："13:00～14:30之间，不允许给他们水喝，谁问都说不知道。就让他们等。"游戏更好玩了。午饭回来后，看着一屋子坐着的人，一个都没有动，好像在等待着抽奖号码的公布。

第七回合：逐一面谈

14:30终于到了。等待的结果是再等待。当别的人被主考官叫去面谈时，他们剩下的还是等待。直到下午17点才结束今天的招聘。气氛仍然很热烈，一整天的面试估计是前所未有的，但是这么长的时间，却没有任何一个人感到劳累，如果有的话，应该是这个主考官。"这样的招聘会是我第一次遇到，感到在里面学到了很多东西，而且还交了这么多朋友。很幸运参加这样的招聘会。"一个即将离开现场的应聘者说。

问题：

(1) 松下公司在这次招聘活动中采用了哪些方法？各种方法有什么优点和缺点？

(2) 为什么松下公司要采取这些方法？

(3) 松下公司的人员招聘主要考察候选人哪些方面的素质？

(4) 从松下公司的招聘过程中，你有哪些启示？

一、相关的基本概念

人员选拔与评价的含义是指运用一定的工具和手段如心理学、管理学、人才学等学科理论，方法和技术，对候选人或已经招募到的求职者进行鉴别与考察区分他们的人格特点与技术水平，对其任职资格，胜任程度进行系统的客观的测评，预测他们的未来工作绩效，从而最终挑选出企业需要的恰当的职位空缺填补者。而人员选拔往往需要测评作为依据。

测评涉及两个重要概念：一是测量(Measurement)，二是评价(Evaluation)。什么是测量，史蒂芬斯说："就其广义来讲，测量是按照法则给事物指派数字。"这个定义简要地说出了测量的基本性质，即测量具有测量对象，测量法则，测量结果三个要素。测量总是有一定的对象，人员测评的对象是人的素质，主要是心理素质。心理素质是一种内在的，非常复杂的心理现象，不能直接加以测量。心理测量是通过测量行为样组，然后再推断人的心理素质。行为样组是指具有代表性的一组行为，是经过精心选择，确实反应所测心理特性的一组行为。行为样组的代表性好坏直接影响着测量的信度与效度。在具体的测量中，行为样组是通过项目或题目表现出来的。

测量与评价虽是两个不同概念，但它们有十分密切的关系。测量是评价的基础，没有测量就无法进行有效的评价。因为只有通过测量，在获取较为全面准确的资料基础上，才能做出恰当的评价。同样，如果光有测量，不做评价，测量结果就毫无用处。人员测评就是在对人的素质进行测量的基础上，做出价值判断的过程。素质测量通常用心理测验，测评中心技术等方法。评价则根据一定的标准对测量结果赋予一定的价值。测评标准往往随测评目的而变化。例如，测评目的是为了选拔销售人员，活泼外向的性格往往赋予较高的价值；但如果选拔的是图书管理员，则活泼外向的性格往往会赋予较低的价值，而细心、耐心等性格会赋予较高价值。

二、人员选拔与评价的作用

(一) 对组织的意义

人员选拔与评价对组织的意义有:

(1) 选拔人才。组织从自身发展考虑总希望选拔一些有才能、有活力、德才兼备的新人进入组织,补充新鲜血液,提高组织工作效率和竞争力。如何才能招聘到理想的人才? 采用人员测评的方法不失为一种理想的选择。人员测评有科学的理论,严格的程序,是当前人员选拔中最理想的手段。我国近年来各类组织在选拔人才中,特别是在中高级管理者和领导干部的选拔中,越来越多地采用人员测评技术,取得了良好的效果。

(2) 安置人员。"人尽其才"是用人的基本原则。人是有差异的,各工作岗位对人的要求也是不同的。只有做到人-岗匹配,才能实现"人尽其才"。要做到人-岗匹配,必须掌握两个方面的信息,一是了解人的特性,二是每一工作需要的知识、技能、能力要求和人格要求。组织对这两个方面信息掌握得越充分,在人员安置中就越有可能做到人-岗匹配。人-岗匹配使组织达到效益最大化,使个人达到自我价值的实现。组织对员工特性的了解有多种途径,日常观察、工作业绩的考核等都是有效的方法。但是上述方法都有一定的局限性,如果结合人员测评方法,其效果会更佳。

(3) 考核培训结果。当代社会进入了知识经济时代,为了适应日益快速发展的新形势,提出了学习型组织的口号,强调学习是组织创新、组织发展的源泉,是使组织永远立于不败之地的保证。除了组织中个体自主学习外,组织对员工的培训越来越重视,培训效果的好坏也自然成为组织关注的一个焦点。人员测评在培训效果的考核方面将发挥重要作用。在培训前,人员测评可为确定培训内容、目标,制订培训计划提供依据;在培训过程中,人员测评可用于检查培训的中期效果,获取反馈信息,适时修改和完善培训计划,提高培训的整体效果。在培训告一段落后,人员测评也可以为整个培训工作进行总结性评价,检查培训工作有无达到预期目标,考察每位接受培训人员的培训效果。为今后培训工作积累经验。

(二) 对个人的意义

人员选拔与评价对个人的意义有:

(1) 帮助个人更好地了解自我,以便更好地完善自我。测评像一面镜子,将个体的优缺点都展现在自己面前,这将帮助个体对自己有一个较为全面正确的自我评价,在充分认识自己的优点基础上,也能发现自己的缺点,从而做到扬长避短,不断完善自我。

(2) 帮助个人选择合适的职业或专业。人员测评是职业指导的基础,帮助个人更全面,深入地认识自我,了解自己的优势和短处,从而使他在专业或职业选择上更理智,更切合实际,更好地做到人-岗匹配,避免因选错专业或职业而影响学习与工作。

(3) 为个人生涯设计提供依据。每个人都有自己的发展规划,个人对自己终生发展规划的设计称为生涯设计。生涯设计涉及一个人的一生幸福,因此,必须非常谨慎,要全面考虑自身条件,均衡利弊,做出合理的决定。人员测评将为个人生涯设计提供许多有价值的资料,有利于个人做出更明智的选择。

三、人员选拔评价中应该注意的问题

人员选拔评价中应该注意的问题包括：

（1）不选最优秀的，而是选最合适的。很多人在选拔人才的时候一味希望选到最优秀的人，其实这种想法是一个误区。因为对于人员选拔来说，最关键的是合适，如果选拔一个过于优秀的人，这个人可能会远远超出职位的要求，那么这份工作对他来说可能不具有挑战性，他的工作稳定性就不会太高。

（2）要将候选人与评价标准进行比较，而不是在候选人之间进行比较。人员选拔一定要事先制定评价的标准，将候选人与这个标准进行比较，而事实上，有些招聘者往往是在候选人之间进行比较，在众多候选人中挑选最好的，这样做其实是一种误导，因为若干候选人中最好的不一定就能满足职位的要求。

（3）尽量不要降低标准来录用人员。当所有候选人都无法满足招聘标准时，招聘者往往不得不重新思考招聘标准，是不是标准定得太高了以至于没有人能满足？有的情况下，确实是标准定得太高了，而相当多情况下并不是这样。因此在考虑降低标准时一定要谨慎，否则会造成标准的混乱，对其他员工显得不公平。

案例引入

正　大　集　团

正大集团这家有着90年历史的泰国企业，在全球拥有400多家公司，而中国占有一半以上，自1979年正大集团在深圳建立了中国改革开放以来第一家外资企业，30余年的时间里正大集团在中国共投资200多个企业，这足以说明正大集团对中国市场的重视，也说明正大在中国惊人的发展速度。

- 取经泰国总部

正大集团董事长谢国民指出："一个集团要有生命力，必须重视人才培养，公司要把培养人才看得比赚钱还要重要"。自2005年开始，为配合正大集团全面的管理模式革新，正大人力资源管理工作也进行了升级：首先是管理模式上的转变，集团总部与地区/公司之间形成垂直式的管理模式，这就意味着总部人力资源部需要具备更高的战略眼光，能够对各地分公司的人力资源工作有专业的指导和管理能力；要制定完善的系统的人力资源制度、流程，形成统一的标准供各地分公司执行；总部还要有更前瞻的人才管理理念，带领分公司提升人力资源水平。

如何才能达到这些既定目标？正大集团总部人力资源部在充分发挥自身专业性的同时，也开始多方借鉴成功经验，而泰国总部成了非常好的学习榜样。正大集团中国区招聘总监赵鑫刚告诉我们："在考察中我们发现集团泰国总部的人力资源成熟度更高，人力资源管理体系构建的更加完善。有很多东西值得我们学习，以招聘来讲各种方法的运用、流程的梳理、制度的规范等，而且科学的人才管理技术的应用也给我们很大的启发。"

带着各种新鲜的理念，赵鑫刚总监带领团队开始重塑正大集团中国区的招聘体系，定标准、理流程、树形象……这其中科学工具的引入让这一体系更加饱满。

● 人才测评的引入

"事实上，泰国正大集团多年前就已经开始运用人才测评工具，所以我们经过多番调查、评估，选择了长松咨询这样一家更适合中国企业的测评机构，经过试点我们发现测评确实有其过人的优势，现在已经开始在全国范围内推广。"赵鑫刚总监谈到。近年来正大集团每年在全国招聘量约5000人，面对这么大批量的招聘工作，如何帮助分公司提高招聘成功率？如何在保证分公司招聘自主权的同时又能确保各地人才能达到集团的用人标准？此时人才测评技术引入成为一个很好的突破口。

正大集团是一个非常具有学习精神的企业，接触人才测评之初，北京总部招聘团队在人才测评应用上做了大量的研究工作，不仅如此还组织了各地招聘负责人进行了多次集中的学习。"目前，我们已经在全国范围内推行测评，但除了广度，我们更希望能够把测评做得更加深入，今年我们将在分地区再进行一轮针对性更强的培训，把我们在人才测评方面的一些学习经验分享给大家，让大家掌握一些测评应用的技巧。"赵鑫刚总监谈到。

王朝晖介绍："像正大这样的集团式企业在招聘过程中通常会遇到很多问题，比如说：如何让各分公司与总部拥有统一的标准、如何应对'面霸'、如何应对大量的简历筛选、如何评估员工的深层素质等等。而人才测评恰好在这些方面有很好的解决办法，以标准化的工具作为筛选、面试基础，降低了对面试官的要求、统一了标准、提升了工作效率，这也是人才测评逐渐获得企业认可的原因所在。"

● 招聘管理系统的引入

在泰国考察期间赵鑫刚总监发现有一个问题是他当前无法解决的，在泰国正大集团总部有着几十人对各地分支机构的招聘工作进行把控，但在中国区集团总部由赵鑫刚总监率领的，负责把握全国招聘工作的队伍仅有寥寥几人，如何用几人之力达到几十人的效果、如何大幅提升工作效率、时时了解分公司的招聘进展、系统地对全国的招聘情况进行汇总分析成为亟待解决的瓶颈。而恰恰此时，一种更为先进的招聘管理系统应运而生。

"我们人手少分公司多，要更好地管理全国的招聘工作，这样的管理系统必不可少，它削减了我们的工作量，也让全国的招聘工作更立体地呈现给我们，以便我们更好地进行管理。目前，我们正在对这个系统进行试点工作，未来同样会在全国范围内推广这一系统。"赵鑫刚总监说道。

王朝晖谈到："招聘管理系统是目前众多成熟企业竞相引入的一套管理系统，它最大的价值在于大幅降低工作量，让人力资源工作者跳出安排面试、整理文档、整合简历、制作表格等繁琐的事务性工作，让他们投身到更具技术含量的工作中，如面试、标准制定等等。另外，目前一些招聘管理系统还增加了网申系统，为企业提供专属的招聘页面，成为给客户的一项重要增值功能。"

● 企业人才库的构建

正大集团有一个正大班的人才培养模式，每年与部分农业类院校合作在大四期间开办为期一年的企业培训班，聘请正大集团多名精英人才为学生提供专业培训，培训内容不仅涵盖专业知识，还包括职业指导、企业现场实习等等。赵鑫刚总监介绍说："中国区从2005年开始试点正大班的人才培养模式，现在已经在很多地区推广。正大班让我们先一步锁定并影响了优秀学生，在招聘期间更具优势，招聘成功率也更高。"

正大集团所处行业比较特殊，所需人才多为专业性较强的群体，例如：家禽水产养殖、饲料生产销售、品质控制等岗位，这就使得正大集团的目标人才群体总量较小，增加了集团招聘工作的难度，怎样找到集团想要的人才？"以往我们认为比较有效的渠道就是内部推荐，因为内部员工了解正大的人才需求，对推荐人又比较认可，这样招聘成功率会大大提高。"但是，当企业处于快速发展期，对人才需求量大增的时候，此类传统的招聘模式如行业网站招聘、行业展览展会、内部推荐都显得略微单薄。

正大班是一种成功的人才吸引的探索，那么如果企业在平时就持续影响目标人才，是否也能达到正大班的效果？此时，正大集团正在构建企业人才库，从正大班毕业却没有进入正大的人才、应聘过正大集团的人才、内部引荐的人才等等通过各种渠道为正大集团所欣赏的人才都汇聚到人才库中，随着人才库的充盈，这一人才库将为正大集团提供源源不断的人才供应。

人才库是很多企业想做但却没能成功做起来的一项工作，在这一项工作中可谓困难重重，信息量大难以整理、沟通机制不健全等等都阻碍了人才库的有效性。当前部分人力资源供应商也在产品开发过程中加入了对人才库的思考，通过系统的工具对人才库进行管理，对候选人进行影响，不仅可以在这一群体当中梳理企业雇主品牌，更为招聘提供了更多的选择余地，这对于传统行业、特殊行业都将有着长远意义。

用先进的人才管理技术做武器，用前沿的人才管理理念做向导，用成功的人才管理经验做标尺，这是正大集团在管理升级过程中的重要思想，也正基于这一思想正大集团在短短几年内构建了更加系统的人力资源体系，确保了公司战略能够得到更好的执行。中国已经迈进人才管理时代，但是中国企业在人才管理理念上尚待澄清、技术上仍非常匮乏。而正大集团正在用行动向这一现状挑战。

每个公司都有自己的一套招聘体系，流程不尽相同。HR 要对招聘的流程非常清楚，同时，还要搞清楚流程中各环节设置的目的。只有了解了流程和每个环节的操作意义，HR才能把招聘工作做得更高效。

第二节　人员选拔与评价的主要内容

案例引入

南宁威宁公司不断深化人事制度改革，积极开展竞争性选拔，继 2010 年拿出 3 个所属单位的副职领导职位和 7 个所属单位中层职位在系统内外进行公开选拔后，于 2011 年又拿出安全管理部副经理和租赁物业服务有限公司副总经理等 2 个职位在系统内开展了公开推荐活动。此次公开推荐，公司以市委组织部公推市属企业领导人员活动为蓝本，大胆创新选人用人模式，从活动筹备、推荐报名、适岗评价、竞职答辩、考察公示、宣布任职等方面构建了与企业发展相适应的人才选用机制和人才考评体系，在培养人才队伍上取得了一定成效。

问题：

(1) 你认为该选拔程序有几个环节？

(2) 你认为各个环节该如何有序进行？

一、人员测评的内容

现代人员测评是以个体的稳定心理素质特征为测评主体，心理素质测评成为人员测评的重点。其中以下三个方面是现代人员测评的重中之重：

(1) 功能性因素——能力；

(2) 动力性素质——个性倾向性；

(3) 行为风格和心理特征——人格。

能力是人顺利完成某种活动必须具备的那些心理特征，强调的是只有那些直接影响活动效率的心理特征才是能力。

能力与知识、技能的关系：首先，知识、技能不同于能力，其次，能力和知识、技能密切联系。

能力的类型：一般能力与特殊能力，而胜任力也可分为显能力和潜能力。

二、人员测评的类型

人员测评的类型如表5-1所示。

表 5-1　人员测评的类型

按测评内容划分	智力测验、人格测验、职业适应性测验、工作绩效测评等
按测评范围划分	单项测评、综合测评(如人员测评为单项测验，选拔与绩效测评为综合测评)
按测评主体划分	自我测评、他人测评、个人测评、群体测评、上级测评、同级测评、下级测评
按测评客体划分	领导干部测评、管理人员测评、工人测评
按测评所用方法划分	标准化笔试测评、投射测评、行为模拟和观察类测评、模拟工作情景的综合类测评
按时间划分	日常测评、期中测评、期末测评、定期测评、不定期测评
按测评活动性质划分	动态测评、静态测评
按测评标准划分	无目标测评、常模参照性测评、效标参照性测评
按测评结果划分	分数测评、评语式测评、等级测评、符号测评
按测评目的和用途划分	选拔性测评、诊断性测评、配置性测评、鉴定式测评、开发性测评

第三节　人员选拔与评价的一般工具和方法

案例引入

20世纪六七十年代，测谎器成为美国一种很常见的选择雇员的工具，私人企业主经常使用测谎器来筛选求职者以及调查公司内的违规行为。尽管注重个人隐私非常提倡，然而测谎器却并未受到批评，且被认为是一种不同于智力测验和人格测验的客观工具。

到了 1985 年，美国有一半以上的零售业企业及 30% 以上的财富 500 强企业使用测谎器，但实际上，据调查表明，与测谎仪有关的诉讼案件远超过了与雇员有关的案件。越来越多的批评者认为，在非政府机构的掌握下，测谎器在美国正在成为一种侵犯个人隐私的工具。

国会也认为测谎器的使用会威胁到雇员隐私和工作安全性，它将一些它认为测谎器仍有可为的行业从该法案中区别出来，比如那些涉及国家安全和防卫的职业、FBI 工作、安全服务产品供应商行业以及那些可以接触到管制物资的职位。另一方面，采用多种限制条框保护所有其他个求职者不受测谎器侵扰。

不过，测谎器到底有多准确呢？美国心理学会所做出的一项调查显示，测谎器的准确率只有 61%左右，该调查报告强烈呼吁不应将测谎器的结果作为证据提交法庭。然而，鉴于美国对于技术根深蒂固的依赖，测谎器似乎还不会很快退出工作环境，而是将继续存在下去。

问题：

(1) 一项测评工具的普及需要哪些条件？

(2) 测评工具的使用应该注意哪些问题？

一、人员选拔与评价的一般方法和工具的内容

在长期的实践中，人们对于人员选拔与评价的方法与工具形成了一套比较成熟的套路，包括以下几种方式。

(一) 履历分析

个人履历档案分析是根据履历或档案中记载的事实，了解一个人的成长历程和工作业绩，从而对其人格背景有一定的了解。使用个人履历资料，既可以用于初审个人简历，迅速排除明显不合格的人员，也可以根据与工作要求相关性的高低，事先确定履历中各项内容的权重，把申请人各项得分相加得总分，根据总分确定选择决策。

研究结果表明，履历分析对申请人今后的工作表现有一定的预测效果，个体的过去总是能从某种程度上表明他的未来。这种方法用于人员测评的优点是较为客观，而且低成本，但也存在几方面的问题，比如：履历填写的真实性问题；履历分析的预测效度随着时间的推进会越来越低；履历项目分数的设计是纯实证性的，除了统计数字外，缺乏合乎逻辑的解释原理。

阅读资料

如公司的岗位招聘是这样要求的：

公司规模：100～499 人

公司性质：外商独资/外企办事处

公司行业：电子、微电子、通信(设备、运营、增值服务)，汽车、摩托车(制造、维护、

配件、销售、服务)

　　招聘岗位：外销业务员

　　职位性质：全职

　　学历要求：不限

　　招聘人数：1人

　　工作地点：昆山

　　职位要求：

(1) 有 1~2 年的外销工作经验及市场客户管理经验；

(2) 良好的语言沟通能力及应变能力，有团队合作精神；

(3) 能够经常出差并能承受一定的工作压力；

(4) 专业要求为经济管理类相关专业。

　　项目实施：

(1) 运用简单计分法给每位求职者求职竞争力评分，评分结果如表 5-2 所示。

表 5-2　对求职者用简单计分法求得求职竞争力评分

求职者	A	B	C	D	E
工作经验	0	1	1	1	1
语言沟通/团队合作	1	1	1	1	1
承受压力	1	1	1	1	1
专业对口	0	1	1	1	0
优先条件是否具备	0	1	0	1	1
综合评分	2	5	4	5	4
处理结果	筛除	进入面试	筛除	进入面试	筛除

(2) 运用加权计分给每位求职者求竞争力评分，结果如表 5-3 所示。

表 5-3　用加权计分法对求职者求竞争力评分

求职者	权重	A	B	C	D	E
工作经验	5	0	1	1	1	1
语言沟通/团队合作	4	1	1	1	1	1
承受压力	3	1	1	1	1	1
专业对口	2	0	1	1	1	0
优先条件是否具备	1	0	1	0	1	1
综合评分		7	15	14	15	13
处理结果		筛除	进入面试	进入面试	进入面试	筛除

(3) 根据各种方法评分结果确定合面试后备人选：

如果选择两位面试者：B/D；

如果选择三位面试者：B/C/D。

（二）纸笔考试

纸笔考试主要用于测量人的基本知识、专业知识、管理知识、相关知识以及综合分析能力、文字表达能力等素质及能力要素。它是一种最古老、而又最基本的人员测评方法，至今仍是企业组织经常采用的选拔人才的重要方法。

纸笔考试在测定知识面和思维分析能力方面效度较高，而且成本低，可以大规模地进行施测，成绩评定比较客观，往往作为人员选拔录用程序中的初期筛选工具。

（三）心理测量

心理测量是通过观察人的具有代表性的行为，对于贯穿在人的行为活动中的心理特征，依据确定的原则进行推论和数量化分析的一种科学手段。心理测量是对胜任职务所需要的个性特点最好地描述并测量的工具，被广泛用于人事测评工作中。

(1) 标准化测验。标准化的心理测量一般有事前确定好的测验题目和答卷、详细的答题说明、客观的计分系统、解释系统、良好的常模，以及测验的信度、效度和项目分析数据等相关的资料。通常用于人事测评的心理测验主要包括：智力测验、能力倾向测验、人格测验、其他心理素质测验，如兴趣测验、价值观测验、态度测评等。标准化的心理测验同样具有使用方便、经济、客观等特点。

(2) 投射测验。投射测验主要用于对人格、动机等内容的测量，它要求被测试者对一些模棱两可或模糊不清、结构不明确的刺激做出描述或反应，通过对这些反应的分析来推断被试者的内在心理特点。它基于这样一种假设：人们对外在事物的看法实际上反映出其内在的真实状态或特征。投射技术可以使被试者不愿表现的个性特征、内在冲突和态度更容易地表达出来，因而在对人格结构、内容的深度分析上有独特的功能。但投射测验在计分和解释上相对缺乏客观标准，对测验结果的评价带有浓重的主观色彩，对主试和评分者的要求很高，一般的人事管理人员无法直接使用。

（四）笔迹分析法

运用笔迹学知识和技术，对具体的笔迹现象进行心理学意义的测量和评估，得出有关笔迹书写者个性特征与内心世界诸方面的结论。如："临摹直觉感知分析法"。

（五）迷宫游戏法

通过迷宫游戏(e-profiling)的方式搜集测评者的信息，是评估人的表现和表现能力的新方法，它以心理诊疗、医学以及神经学的最新科学研究成果为基础，有效地克服了被测者记忆考题产生的问题，从心理学、神经学的双重角度对测评者给出客观而科学的评价。迷宫游戏法有着简捷、方便、高效度、高信度、低成本、隐蔽性强、无倾向性、趣味高等优势。欧美国家，在人才的招聘和选拔过程中已广泛使用迷宫游戏法这种人才测评方法。最早推出迷宫分析法的是德国的 e-profiling 公司和 Göttingen(哥廷根)大学，因此这种方法也简称为 e-profiling 测评法。

（六）面试

面试是通过测试者与被试者双方面对面的观察、交谈，收集有关信息，从而了解被试者的素质状况、能力特征以及动机的一种人事测量方法。可以说，面试是人事管理领域应用最普遍的一种测量形式，企业组织在招聘中几乎都会用到面试。面试按其形式的不同可以分为结构化面试和非结构化面试。

（1）结构化面试。所谓结构化面试，就是根据对职位的分析，确定面试的测评要素，在每一个测评的维度上预先编制好面试题目并制定相应的评分标准，对被试者的表现进行量化分析。不同的测试者使用相同的评价尺度，对应聘同一岗位的不同被试者使用相同的题目、提问方式、计分和评价标准，以保证评价的公平合理性。

阅读资料

以宝洁公司的结构化面试

宝洁的标准化面试分两轮。第一轮为初试，一位面试经理对一个求职者面试，一般都用中文进行。面试人通常是有一定经验并受过专门面试技能培训的公司部门高级经理。一般这个经理是被面试者所报部门的经理，面试时间大概在30～45分钟。

通过第一轮面试的学生，宝洁公司将出资请应聘学生来广州宝洁中国公司总部参加第二轮面试，也是最后一轮面试。为了表示宝洁对应聘学生的诚意，除免费往返机票外，面试全过程在广州最好的酒店或宝洁中国总部进行。第二轮面试大约需要60分钟，面试官至少是3人，为确保招聘到的人才真正是用人单位(部门)所需要和经过亲自审核的，复试都是由各部门高层经理亲自面试的。如果面试官是外方经理，宝洁还会提供翻译。

（1）宝洁的面试过程主要可以分为以下4大部分：

① 相互介绍并创造轻松交流气氛，为面试的实质阶段进行铺垫。

② 交流信息。这是面试中的核心部分。一般面试人会按照既定的8个问题提问，要求每一位应试者能够对他们所提出的问题作出一个实例的分析，而实例必须是在过去亲自经历过的。这8个问题由宝洁公司的高级人力资源专家设计，无论您如实或编造回答，都能反映出您某一方面的能力。宝洁希望得到每个问题回答的细节，高度的细节要求让个别应聘者感到不能适应，没有丰富实践经验的应聘者很难很好地回答这些问题。

③ 讨论的问题逐步减少或合适的时间一到，面试就引向结尾。这时面试官会给应聘者一些时间，应聘者可向主考人员提出几个自己关心的问题。

④ 面试评价。面试结束后，面试人立即整理记录，根据求职者回答问题的情况及总体印象作出评定。

宝洁的面试评价体系。宝洁公司在中国高校招聘采用的面试评价测试方法主要是经历背景面谈法，即根据一些既定考察方面和问题来收集应聘者所提供的事例，从而来考核该应聘者的综合素质和能力。

（2）宝洁的面试由8个核心问题组成：

① 请你举1个具体的例子，说明你是如何设定1个目标然后达到它。

② 请举例说明你在 1 项团队活动中如何采取主动性，并且起到领导者的作用，最终获得你所希望的结果。

③ 请你描述 1 种情形，在这种情形中你必须去寻找相关的信息，发现关键的问题并且自己决定依照一些步骤来获得期望的结果。

④ 请你举 1 个例子说明你是怎样通过事实来履行你对他人的承诺的。

⑤ 请你举 1 个例子，说明在完成 1 项重要任务时，你是怎样和他人进行有效合作的。

⑥ 请你举 1 个例子，说明你的 1 个有创意的建议曾经对 1 项计划的成功起到了重要的作用。

⑦ 请你举 1 个具体的例子，说明你是怎样对你所处的环境进行 1 个评估，并且能将注意力集中于最重要的事情上以便获得你所期望的结果。

⑧ 请你举 1 个具体的例子,说明你是怎样学习 1 门技术并且怎样将它用于实际工作中。

根据以上几个问题，面试时每一位面试官当场在各自的"面试评估表"上打分：打分分为 3 等：1～2(能力不足，不符合职位要求；缺乏技巧、能力及知识)，3～5(普通至超乎一般水准；符合职位要求；技巧、能力及知识水平良好)，6～8(杰出应聘者，超乎职位要求；技巧、能力及知识水平出众)。具体项目评分包括说服力/毅力评分、组织/计划能力评分、群体合作能力评分等项目评分。在"面试评估表"的最后 1 页有 1 项"是否推荐栏"，有 3 个结论供面试官选择：拒绝、待选、接纳。在宝洁公司的招聘体制下，聘用 1 个人，须经所有面试经理一致通过方可。若是几位面试经理一起面试应聘人，在集体讨论之后，最后的评估多采取 1 票否决制。任何 1 位面试官选择了"拒绝"，该学生将从面试程序中被淘汰。

(2) 非结构化面试。非结构化面试则没有固定的面谈程序，评价者提问的内容和顺序都取决于测试者的兴趣和现场被试者的回答，不同的被试者所回答的问题可能不同。该面试方法特点灵活，获得的信息丰富、完整和深入，但是同时也具有主观性强、成本高、效率低等弱点。

(七) 情景模拟

情景模拟是通过设置一种逼真的管理系统或工作场景，让被试者参与其中，按测试者提出的要求，完成一个或一系列任务，在这个过程中，测试者根据被试者的表现或通过模拟提交的报告、总结材料为其打分，以此来预测被试者在拟聘岗位上的实际工作能力和水平。情景模拟测验主要适用于管理人员和某些专业人员。常用的情景模拟测验包括：

(1) 文件筐作业。将实际工作中可能会碰到的各类信件、便笺、指令等放在一个文件筐中，要求被试者在一定时间内处理这些文件，相应地作出决定、撰写回信和报告、制订计划、组织和安排工作。考察被试者的敏感性、工作独立性、组织与规划能力、合作精神、控制能力、分析能力、判断力和决策能力等。

(2) 无领导小组讨论。安排一组互不相识的被试者(通常为 6～8 人)组成一个临时任务小组，并不指定任务负责人，请大家就给定的任务进行自由讨论，并拿出小组决策意见。测试者对每个被试者在讨论中的表现进行观察，考察其在自信心、口头表达、组织协调、洞察力、说服力、责任心、灵活性、情绪控制、处理人际关系、团队精神等方面的能力和特点。

(3) 管理游戏。以游戏或共同完成某种任务的方式，考察小组内每个被试者的管理技巧、合作能力、团队精神等方面的素质。

(4) 角色扮演。测试者设置一系列尖锐的人际矛盾和人际冲突，要求被试者扮演某一角色，模拟实际工作情境中的一些活动，去处理各种问题和矛盾。情景模拟测验能够获得关于被试者更加全面的信息，对将来的工作表现有更好的预测效果，但其缺点是对于被试者的观察和评价比较困难，且费时。

(八) 评价中心技术

评价中心技术在二战后迅速发展起来，它是现代人事测评的一种主要形式，被认为是一种针对高级管理人员的最有效的测评方法。

评价中心技术的特点可以概括为"二高四多"。二高：高效度、高成本。四多：使用多种测评方法(包括心理测验法)、多个测评师、多个对象同时被测评、多个测评指标。

一次完整的评价中心通常需要两三天的时间，对个人的评价是在团体中进行的。将被试者组成一个小组，由一组测试人员(通常测试人员与被试者的数量为1:2)对其进行包括心理测验、面试、多项情景模拟测验在内的一系列测评，测评结果是在多个测试者系统观察的基础上综合得到的。

严格来讲，评价中心是一种程序而不是一种具体的方法；是组织选拔管理人员的一项人事评价过程，不是空间场所、地点。它由多个评价人员，针对特定的目的与标准，使用多种主客观人事评价方法，对被试者的各种能力进行评价，为组织选拔、提升、鉴别、发展和训练个人服务。评价中心的最大特点是注重情景模拟，在一次评价中心中包含多个情景模拟测验，可以说评价中心既源于情景模拟，但又不同于简单情景模拟，是多种测评方法的有机结合。

评价中心具有较高的信度和效度，得出的结论质量较高，但与其他测评方法比较，评价中心需投入很大的人力、物力，且时间较长，操作难度大，对测试者的要求很高。

二、人员选拔与测评的一般方法和工具的比较

1. 各种测评方法的特点比较

各种测评方法的特点如表 5-4 所示。

表 5-4 各种测评方法的特点

测评方法	形式	有效性	成本	建议适用对象
评价中心	活动	最高	最高	中高级及以上干部
行为时间访谈法	录音谈话	很高	很高	各级干部及市场人员
结构化面试	问答	高	高	中处级干部及市场人员
能力测试	纸笔/模拟	中等	中等	普通职工、基层干部
自传履历	资料	中等	中等	新招聘人员
推荐信函	资料	低	低	各级各类人员
民主评议	纸笔评定	中等	中等	各级各类人员

2. 各类测评方法在四项指标上的评价

各类测评方法在四项指标上的评价如表 5-5 所示。

表 5-5　各类测评方法在四项指标上的评价

方　　法	效度	公平程度	可用性	成本
智力测试	中	中	高	低
能力测试	中	高	中	低
面谈	低	中	高	中
工作模拟	高	高	低	高
个人履历	高	中	高	低
自我介绍	低	高	中	低
推荐信	低	低	高	低

3. 各类测评方法预测效度比较

各类测评方法预测效度比较如表 5-6 所示。

表 5-6　各类测试方法预测效度比较

测评方法	预测效度
评价中心	0.43
智力测定	0.49
工作模拟	0.54
个人履历	0.30
能力测试	0.27
面谈	0.09
自我介绍	0.15

通过上述比较可以得知每种方法都有其合理的一面，当然也有各自的局限性，比较后可以得到以下结论：

(1) 申请表：申请表是人才素质测评中最常用的人才测评方法之一，它要求申请人如实填写，它是人才测评程序的第一步。如果申请人提供的信息真实，则根据申请表来评定申请人的基本状况便是客观的、准确的。但如果申请人提供了虚假的信息，测评结果无疑会有偏差。

(2) 履历分析：履历档案分析是根据档案的记载来了解一个人的成长历程和工作业绩，从而对其人格背景有一定的了解。总体来说，它作为素质测评的一个手段，是有效、可靠和低成本的。但是，如果档案记载不全，或填写档案者没有如实填写，则通过履历档案就不能全面了解此人的真实情况。

(3) 综合知识纸笔测验：这种人才测评方法可以有效地测量报考人的基本知识、专业知识、管理知识以及综合能力、文字表达能力等，但是不能全面考察应试者的工作态度、品德修养以及组织管理能力、口头表达能力和操作技能等。因此，纸笔测验必须要结合其他的人才测评方法以补其短。

(4) 心理测验：心理测验可以对应试人员能力特征进行评定和对其发展潜能进行预测，还可以对应试者的个性品质和职业兴趣进行测评。但是心理测试的结果往往依赖专家的解释，并且由于许多测试的题目比较明显，这很容易让求职者钻空子，他们往往可以轻易地使自己看起来非常适合某项工作。并且由于某些测评软件的原因，现实操作过程中经常会出现被测评人的测试结果几乎一模一样的情况。

(5) 面试：面试可以分为开放性面试、半结构化面试和结构化面试。面试的特点是可根据被测评人当场对所提问题的回答，考查他们分析问题的能力、实践经验、思维的敏捷性和语言表达能力等，还可以根据其行为特征观察到被测评人的外表、气质和情绪的稳定性以及应变能力等等。但是，面试的缺点是每次只能提很少的几个问题，评分难以客观、准确，并且耗时长。所以，面试一般都是放在其他测试之后进行，以节省时间和人力。

(6) 评价中心技术：评价中心技术是现代人员素质测评的一种新的人才测评方法，是近年来干部测评中被较为广泛使用的方法之一，它将被测评者置于某种模拟的情境之中，采用多种评价技术，观察和评价被测评者在这种模拟的工作情境中的心理和行为，比如无领导小组讨论就是其中的方法之一。由于评价中心是以各种方式对员工进行全面综合的考察，所以评价的结果比较可靠，其预测效度很高。但是其成本相对来说比较高，另外如果对评价中心技术没有进行充分研究就大规模地使用，评价的质量将受到很大影响。

(7) 笔迹分析技术：笔迹分析测评是近几年刚刚兴起的人才测评方法，目前在中国还存在着争议。使用它的人说它很好，不认可的说它是算命的、迷信的东西。据在广东珠三角地区进行笔迹分析推广的笔迹学者高家峰先生介绍，同上述几种人才测评方法相比，笔迹分析具有简捷、客观、方便、准确性高、个性化强等特点。但笔迹分析测评存在的问题也是很明显的，如：缺乏很规范的操作方法，往往因笔迹分析师的个人习惯而定，分析结果的准确度也与分析师的水平有关。再者，目前中国笔迹分析专家缺乏，如果有很多的人要进行笔迹分析，则难以应付。

阅读资料

中国联通：一场没有笔试的选秀

"在此之后，我再也不敢看超女、红楼选秀这样的节目，太残酷了"。魏炜的感受来自于他自己亲身参与的一场具有同样残酷性的公开招聘活动，虽然他在这次招聘中是胜利者，成功地从中国联通广东珠海公司总经理升任中国联通上海分公司副总经理，但心里却留下了对 PK 这个词的"阴影"和对自己能力的无穷信心。魏炜说："如果要让我参与央视《绝对挑战》，我想我肯定能笑到最后，我从来没有这么相信过我自己。"

而同样紧张的不只郭建利、魏炜这些考生，从公司管理层在今年 1 月底决定要公开招聘起，郭晓科——中国联通人力资源部总经理就一直没有睡过踏实觉。

"这是中国联通历史上第一次这么大规模的公开招聘"，郭晓科说，从组织安排到流程设计都压在他身上。

　　当 G 网和 C 网分开运营后，随之而来的是全国 15 省中高层职位的空缺。对实际市场掌控和操作能力考察是这次招聘的特点，由于其过程组织的严密和人才选拔的针对性，国资委有意将之树立为加快推进中央企业公开招聘中高层管理者和内部竞聘上岗工作的范例和标杆。

　　(1) 30 分钟解读 200 个数据——过程设计和控制。

　　2007 年 4 月 7 日，北京北郊的稻香湖度假酒店，郭建利、魏炜和其他 31 人静静地等在一间会议室里，会议室里有中国联通监察室的人员监督，他们已经抽完号，将根据抽到的纸片上的分组和顺序分别进入 A、B 两个考场，接受最后一轮的面试。面试的主考官是中国联通最高管理层董事会的 10 名成员。

　　典型题目是对实际案例的分析，只有 1 个小时时间，半个小时读题思考，半个小时回答。郭建利在描述拿到题后的情景："三四页纸密密麻麻的字，近 200 个数据，我需要从这些数据中分析目前公司的状态、竞争环境、需要采取的针对性措施，前 10 分钟，脑子里基本是一片空白，后来才慢慢平静下来读题，旁边还有中国联通人力资源部副总经理张鹏'残酷'地拿着一个表不停报时：10 分钟、20 分钟、时间到。""其实我也不忍"，张鹏说，"一轮一轮 PK 确实很残酷。"

　　"紧张得不行"，郭建利说。

　　为成功完成此次公开招聘工作，在今年 1 月 26 日董事会决定以公开招聘的形式为省市补充主管营销的副总经理后，中国联通专门成立了公开招聘办公室，并引入了顶尖人物国际咨询对招聘过程和评价标准进行设计。通过与咨询公司反复研讨，制定了详细的工作计划和实施方案，组建了由公司内外部专家组成的工作团队。

　　然后，各省分公司提需求，人力总部积极准备资料。2 月 5 日第二次董事会讨论公开招聘职位和公开招聘方案，从决定到具体人数的框架方案指标出来只有 10 天时间。

　　2 月 8 日中国联通向社会公开发布信息，面向全国电信运营行业公开招聘 15 个省分公司的副总经理。

　　中国联通 600 多名地市级公司总经理中超过一半人报名参与。

　　(2) "应试者在考前半小时方能知道考官组成，每半天更换一次面试试题"——招聘保护措施犹如"高考"。

　　第一轮是在 15 个省同时进行，考官是省分公司总经理，总部一个部门的总经理，其他省分公司的一个总经理，总共 3 名考官。第一轮初试面试，最终到位参加初试的有 288 人，来自公司内部的 240 人，其他运营商 46 人，政府部门的 2 人。随后，公布结果确定参加复试人员共 99 名考生。99 人中 89 人来自联通内部，10 人来自其他运营商。由董事会确定最终面试人员共 33 人。

　　参加最终面试的考官是公司最高管理层的全体成员，包括董事长常小兵、总裁尚冰，对 33 人进行最终面试，同时进行领导力风格、个性、情商的测试，最终选出 16 位比较突出的，由考官交叉面试，即 10 个考官分成 A、B 两组，在这一组通过的人员推荐到另一组再进行一次谈问，决定了最终 14 人的考察人选，对 14 人进行公示和组织考察、民主测评，要求这些人员在一定时间内到拟任职公司了解和熟悉情况。

　　为保证此次招聘工作真正做到客观、公正，招聘办公室也采取了一系列有效的措施：一是领导不干预考官的具体工作，所有程序均按既定规则执行，在每轮面试结果交党组会讨论决策前，领导不提前查看结果。二是招聘工作统一部署、统一行动，按照相同标准评判。三是对参与此项工作的所有人员提出了严格的纪律和保密要求，采用了许多严格保密措施，如：命题人、审题人、考官与工作人员严格分离；在考试结束前对命题人进行隔离；应试者在考前半小时方能知道考官组成；每半天更换一次面试试题，并对应试者进行严格封闭等。四是咨询机构测评专家与考官相互独立对应试者进行评价，相互印证。五是对面试全过程进行录像，以便复查、复审。

（3）"取消了传统招聘所采用的笔试环节，采用了世界500强企业目前普遍采用并被证实为行之有效的先进测评工具和方法进行面试打分"——专家介入考察内容和标准设计。

此次招聘最大的特点是建立了拟聘岗位的胜任能力素质模型，先定标准再招人。这也使考评内容和考评方式得到了确定，没有笔试，只有涉及对市场掌控能力和对市场问题的分析判断。

为了使本次中国联通省公司经营副总的招聘更有针对性和有效性，设计合理的招聘选拔标准是非常重要的前提。为此，专家组在招聘前进行了访谈工作，主要围绕对此次招聘经营副总的职责澄清，以及该岗位应该具备怎样的条件或者能力展开。在所有访谈结束后，专家小组对所有访谈中所获取的信息进行了总结和分析，结合对访谈结果的分析和行业标杆的研究，专家小组提出了本次省公司经营副总的招聘标准，并以此为基础设计相应的测评工具。本次招聘对应聘者的考察将从"硬件"和"软件"两个方面展开，"硬件"主要包括任职资格条件、学历、所具有的专业知识和行业经验等，"软件"主要关注候选人的能力素质方面，并且对每一项素质进行定义和能力分级。

在这种思路的引导下，取消了传统招聘所采用的笔试环节，采用了世界500强企业目前普遍采用并被证实为行之有效的先进测评工具和方法进行面试打分。各个阶段有不同的任务：在资格审查过程中，力求通过查看应试者的过往绩效和工作情况，考察和评估其过去的行为、经验和能力，从而预测应试者未来是否能够胜任拟聘岗位的工作。初试采用行为面试和开放式问题面试，重点考察应试者基本素质和专业工作经验及过往绩效这几点，在行为和情境面试中均设计了相应的行为问题和情境案例。比如：在过去的工作中你是如何面对压力和挑战的？或者给一个真实的案例，描述当地的市场亏损现况，请候选人分析及回答，从而判断其是否具备该项素质，如果具备，又是在哪个等级。

复试采用半结构化行为面试，重点测评应试者的业务组织和管理能力以及领导潜力。最终面试采用了先进的案例分析与行为面试结合的"情景面试"以及"PDP领导风格测试"、"SEI领导情商测试"等面试工具，重点测评应试者综合素质和领导能力。

为了对联通体系外部参加应聘人员的公平，在题目设计时尽量避开了以联通为案例分析主题的题目，代之以某运营商遭遇到的市场问题，无论来自固网还是移动运营商都可以回答，但不熟悉营销则肯定难以通过。这些都是真实发生过的事情，每道题中都埋藏有若干企业经营上存在的问题，应聘者从海量的经营数据中找出关键点，并提出解决办法就能得分，如果找不到问题或者解决的办法没有操作性，那就会扣分。

由于此次招聘到的人将是中国联通各省业务的具体操盘手，关系到中国联通未来业务的具体发展，也是为未来联通储蓄更高级别的管理者，55位公司中高层管理者亲自担任考官，在每一轮面试前，所有考官都参加了专业系统的招聘技能培训。公司组建了高层次、高级别的考官队伍，明确初试考官由省分公司总经理和总部部门总经理等资深专家组成；

复试主考官由集团公司分管经营工作的副总裁担任；最终面试由董事长、总裁亲自担任主考官，公司全体党组成员共同出任考官。

表 5-7 显示了考察内容的标准。

表 5-7　多项考察内容的标准说明

考察内容		标准说明
任职资格	工作经验	8 年电信行业工作经验
专业能力	市场营销能力	在电信行业具备市场营销实战经验
	财务意识	财务的计划、核算的意识与能力
	技术能力	通信行业技术能力
态度层面	敬业精神	具备责任心、拥有承受压力的能力、有韧性，有决心
执行层面	执行能力	能够关注必要的细节，坚持不懈执行，从而完成任务
	影响他人	具备优秀的沟通协调、解决问题的能力，从而去影响他人，实现双赢或多赢的目标
结果层面	结果导向	始终对结果负责，处处以结果为导向，最终总能将结果落到实处，达成目标

思考题

(1) 分析智龄、比例智商和离差智商的区别和联系。
(2) 试分析作业测验、投射测验和量表式测验的优缺点。
(3) 简述霍兰德的职业兴趣理论和量表。
(4) 简述人员选拔与评价的含义与作用。
(5) 举例说明人员选拔与评价的一般工具与方法。

案例讨论

谁是捕鼠专家

有一个农场，因捕鼠科科长离职而造成场内鼠患成灾，农场总经理命令人力资源部经理："五天之内要给我招一个捕鼠科科长回来，否则你也给我走人。"

人力资源部经理接到这个指示后，回去赶紧就写了一张小红纸条，贴在了农场的大门口，上面这样写道："本农场欲招捕鼠科科长一位，待遇优，福利好，有意者请来面试。"

第二天，农场门口来了这么七位应聘者——鸡、鸭、羊、狗、猪、猫、猫头鹰。好，现在开始筛选。

第一轮筛选是学历筛选，鸡和鸭都是北京大学的优秀毕业生，当然过关；羊和狗是大专毕业，也过关；猫和猫头鹰是高中毕业，人力资源部经理皱了皱眉头，也过关了，结果，第一关淘汰下来的只有一位，那就是只读到小学二年级的猪先生。

第二轮是笔试，这当然难不倒大学本科毕业的鸡和鸭。羊因为平时勤勉，也勉强过关了；狗呢，上学的时候不太认真，碰到这些题目有些为难，可是他在这么短短的一会儿时间内，已经给主考官鞠了六个躬，点了九次头，所以也过关了；猫头鹰本来是不会做的，可是他眼力好，偷看到了，所以也就抄过了关。只有猫因为坚持原则，不会做就是不会做，所以，这一轮被淘汰的只有猫一个人。

第三轮是答辩，总经理、农场场主和人力资源部经理三个人坐在那里，应聘者一个接一个地进来。第一个是鸡，他一进来就说："我在学校时是学捕鼠专业的，曾经就如何掌握鼠的习性与行动方式写过一篇著作。"三个人都点了点头，露出了欣赏的神情。

第二个进来的是鸭，他说："我没有发表过什么著作，但是在大学期间，我一共发表了18篇有关鼠的论文，对于鼠的各个种类，我是了若指掌。"三人相视一笑，这个也不错，也留下了。

第三个进来的是羊，他说："我没有那么高的学历，也没有发表过什么论文、著作，但是我有一颗持之以恒的心和坚硬的蹄子。你们只要帮我找到老鼠洞口，然后我就站在那里，高举着我的前蹄，看到有老鼠出来我就踩下去，十次当中应该会有两三次可以踩死，只要我坚持下去，相信有一天我会消灭老鼠的！"三个主考官被羊的这种精神感动了，于是也录取了。

第四个进来的是狗，狗一进来就点头哈腰地说："瞧三位慈眉善目的，一定都是十分优秀的成功人士……"一顿马屁狂拍，三个人被拍得晕晕乎乎的，当然这位最终也被录用了。

最后一个是猫头鹰，没有高学历，没有什么论文著作，唯一的成绩就是从事捕鼠一年多来抓了五六百只田鼠，但是不会拍马屁，又长得恶狠狠的，一点都不讨人喜欢，所以就被淘汰了。

至此，整个招聘活动结束了，大家可以看到的是，真正会捕鼠的——像猫、猫头鹰，都被淘汰了。这个招聘是结束了，但是结果呢？当然是失败的……

为什么会导致这个失败的结果呢？

我想原因每一个做 HR 都应该很清楚，就是单纯以学历、以外在的东西来招聘，而忽略了招聘的本质是什么。

综上所述，我们在招聘之前应该做得是弄明白这些事情——我们需要什么样的人，他们应该具备什么样的能力、素质，如何在面试过程中去辨别这些能力，我们应当通过什么样的渠道去搜寻这样的人才。把这些事情都做好了以后，我们才有可能把招聘成功率提升到一定的程度。

谨记：人的素质能力绝大部分是隐藏性的，也就是说，从外表可以看出来的仅仅是冰山的一角，大部分的东西在水面以下。

案例分析与点评

通用电气

《从优秀到卓越》一书在总结了从优秀到卓越的公司的经验之后得出结论："从公司之

外请来被奉若神明的名人做领导，往往对公司从优秀到卓越的跨越过程起消极作用。在 11 家实现跨越的公司中，有 10 家的首席执行官是从公司内部选拔的。"

西方有些著名企业很早就形成了内部选拔、培养与任用的用人策略与机制。例如，通用电气、摩托罗拉、宝洁、福特汽车、波音、3M 等著名公司，他们在合计高达 1700 年的岁月中，只有 4 个 CEO 是外聘的，而且只在两家公司中出现过。

美国通用电气公司的领导人选拔过程于 19 世纪早期形成，选拔继任者成为通用领导者的一种习惯与责任。杰克·韦尔奇提前 9 年开始选择接班人，他的前任琼斯就提前 7 年(自 1974 年始)开始选拔候选人。琼斯和他的高层人力资源小组密切配合，花了两年时间把 96 个可能人选减少到 6 人，其中包括韦尔奇。为了测验这 6 个人的能力，琼斯任命每个人都担任"部门经理"，直接接受 CEO 办公室的领导。随后的三年里让每个候选人经历各种严格的挑战，韦尔奇最终赢得了这场严酷的耐力竞赛。这种严格的、马拉松式的领导人选拔制度是保证通用电气常久不衰的重要法宝，也是任何外部选拔机制不可比拟的。美国的西屋电气公司，20 世纪 70 年代是与 GE 公司处在同一水平上的竞争对手，但由于接连选错了 5 个 CEO，这个曾经在美国家喻户晓的公司现在已风光不再。

解析： 企业在选择高层管理人员时，应将更多的目光投向企业内部。如果需要从外部进行选择，则需要从技能、素质、管理理念和价值观多方面仔细考察，尽量减少可能由此带来的风险。

小游戏

选拔游戏是针对岗位的不同特点，设计出类似的模拟情景，使得企业能够看到被试者的特点和特长，以便企业做出最好的选择。如游戏"抛球"：

道具：6 个小皮球；

适合人数：10 人以上；

时间：20 分钟；

地点：户外空地。

操作规则：

① 所有人围成一个大圈，间隔稍松一些。

② 教练告诉游戏规则——首先进行一个皮球的传递，皮球传递的方式是抛球，不可以太近，最好是传给对面的人，要求皮球只能传给没有接过球的人，也就是说，一个人不能同时接两次皮球。球落地或者有人接到两次，则游戏失败，重新开始。

③ 等到大家熟悉规则之后，加大游戏难度，告诉大家抛球只能抛给上一回合抛过的人，同时用 2 个球、3 个球连续地在圆圈中传递，记下时间。

④ 继续加大难度，可以再加一个球，一共 4 个球，同时，在这 4 个球中，可以将一个球按照与其他 3 个球相反的顺序递抛。记下时间。

⑤ 可以增加到 6 个球。

点评:

① 思考如何提高团队的效率。

② 一旦有人出错,我们会不会有人去责备他们? 这个游戏可以对被试者的团队合作能力和组织协调能力加以观察,从而使企业进一步了解被试者,减少错误情况的发生。

选拔游戏是人员测评最常用的方法,通过这种简单而又有趣的方法,一方面能为企业选拔出优秀的人才,另一方面,也能为企业节省花费在人才选拔上的成本。因为这种方法耗资少,见效快,所以在当代企业人力资源管理中深受喜爱。

第六章　人员选拔评价方法：心理测量

本章要点 ✍

(1) 心理测量的概念及作用；

(2) 心理测量的分类；

(3) 能力测量的含义及分类；

(4) 个性测量的概念；

(5) 使用心理测量应注意的问题。

本章导读 📖

关键特质人才的获取

　　一家医疗器械公司招收销售人员，几经周折也没有找到合适的人才。在又一次筛选出的几位候选人中，公司决定采用心理测试法，挑选出为人诚信、有事业心并具有积极人生态度的人才。

　　经过十分钟的测试，一位其貌不扬的人引起主管的注意。尽管此人没有在此行业干过，而且也没有起码的市场营销知识，但主管认为，此人虽无行业经验，但是医生出身，这就保证了专业层面的基本素质。

　　但是这样背景的人很多，为什么单单选中他呢？主要就是在心理测评中，他所表现出的人性中基本层面的东西。此人正直坦诚，对事业充满激情，属于典型的拼命三郎式的开拓性人才。这正是销售主管渴望的人才。后来事实证明，此人确实如主管所期待的，成了销售精英。

　　人性的基本层面的东西是很难改变的，几乎不可能通过短时间的培训来改变。因此，选人要注重这方面的因素。其他如学历、行业背景、客户资源等，虽然也对工作有意义，但毕竟是次要因素。现在许多企业将选人三要素浓缩为学历、经验、年龄，这就为今后的工作埋下了隐患。

　　按照"学历、经验、年龄"三要素选中的人，可能业务上手快，几乎不用培训，来了就干活，实际上，这正是许多企业选人的首要条件。但是，如果不从价值观、人性因素等"虚"的方面着眼，往往会挑上与企业价值观相左的人，或者沟通能力差，没有团队精神。这样的人虽然有行业经验，但是由于基本面不好，而且很难通过培训改变，可能会造成整个团队的质量下降，害群之马此之谓也。

所以，企业选人必须着眼于长远，不能为一时之需，降低甚至放弃对人性基本层面因素的要求。

我们常常看到许多外企以及一些大中型企业在招聘中，采用心理测试的方法来挑选应聘者。心理测试在招聘中的应用已经越来越广泛，但是对很多人力资源从业人员来说，如何编制心理测试题，以及如何在招聘中正确应用心理测试仍然是一个难题。

第一节　心理测量的含义与作用

心理测试是人才测评中最常用、最重要的手段，也是许多企业管理者和人力资源工作者最熟悉的人才测评技术。随着心理学在中国的普及，心理测量被广泛应用于心理咨询、特种行业选拔、职业指导等领域，在企业中更是因其能够对人的各种心理特质可以快速、准确、科学、客观的考察而得到广泛的应用，在对外招聘、内部人员普查、培训效果评估、人员晋升、轮岗、团队诊断等领域也发挥着重要的作用。

一、相关的基本概念

心理测量(psychological measurement)是通过科学、客观、标准的测量手段对人的特定素质进行测量、分析、评价。研究心理测量的学科叫做心理测量学。这里的所谓素质，是指那些完成特定工作或活动所需要或与之相关的感知、技能、能力、气质、性格、兴趣、动机等个人特征，他们是以一定的质量和速度完成工作或活动的必要基础。一般由测量专业人士开发，通过提供一组标准化的刺激，以所引起的反应作为个体的行为代表，从而对被试的人文特征进行评价。

就具体方法而言，心理测量是通过对特定个体的有限的具有代表性的行为进行观察，依据事先确定的原则，对贯穿在行为活动中的心理特征进行推论和数理化分析。也就是说，由外部行为推及内在特征。个体的心理活动和心理特征是很难用直接测量的手段来度量的，只有通过对心理特征的外显结果——行为进行测量，才能推至个体内部的心理活动状态和心理特征。因此，心理测量的对象实际上是行为样本，而不是心理状态。这种由行为表现到心理状态的推论并不是主观随意的，它必须在成熟的心理测量学理论的基础上，采用客观、科学的方法进行推断。

心理测试也称心理测评或心理测验，它是心理测量的一种具体方法和手段，是用人单位选拔安置人才的一个重要手段，是选拔合适人才，并做到人尽其才的重要保证。所谓心理测验，是指通过一系列的科学方法测试个体的智力水平和个性差异的一种科学方法。科学的心理测试开始于 20 世纪初，最初人们的兴趣集中在智力测量上。1905 年，法国心理学家比奈和医生西蒙，以斯皮尔曼的智力理论为依据，制定出世界上第一个智力测验。从此，心理测验运动开始蓬勃发展，各种各样的测试层出不穷，并且逐渐不再限于能力的测量，而扩展到气质、性格、兴趣、价值观、人际关系、情绪和动机等大量的心理学领域。心理测验一经产生，便被广泛应用到社会各个领域，并很快成为人才测评的主要技术和工具。

　　心理测验是通过测评人的少数行为来推断其某一领域的全部行为及其内在心理特质水平的。之所以通过部分来推论整体，主要是因为在一次实验中不可能囊括与所测心理特质相对应的全部行为领域。比如测量人的智力，人的智力这一特质包含了言语理解、推理、记忆、数字运算、知觉速度等多种因素。显然，对每种因素的测量都可能包含有无数的题目。仅以数字运算中的自然数的加法运算为例，我们可以在这一范围内编制出无数的庞大的题目群，但是，在实际测量中，这些题目不可能被一一用到。因此，一个测验只能包含严密结构化、具有代表性的题目，以此为代表总体，为进一步的推论提供依据。

1. 心理测量的起源与发展

　　心理测量起源于实验心理学中个别差异研究的需要。1879 年，德国心理学家冯特(W.M.Wundt)在德国莱比锡大学设立了第一所心理实验室，实验中发现个体的行为相互间存在个别差异。个别差异的存在引起了心理测量的需要。

　　第一次世界大战期间，美国应用智力测验挑选士兵，防止低能的和不合格的人进入部队，后又广泛应用于军队官员的选拔与安置。第二次世界大战期间，美国又编制了一般分类测验，简称 GCT，借以预测军人的能力。第二次世界大战后，美国则把测验应用于服务行业，职业测验由此兴起。

2. 心理测量的应用领域

　　心理测量在教育、咨询、临床、人才选拔和人事管理等诸多领域都起着重要的作用，下面就心理测量在各个领域的主要运用做简单的介绍：

　　(1) 教育领域：就我国现在的教育体制而言，心理测量在其中起到了举足轻重的作用。从学生的每一个学期的学习成绩考试，到中考、高考、研究生入学考试，均需要用到大量的心理测量的知识。近年来出现的一些信度成就测验，即教育合格证书考试，也是一种重要的考试类型。3~21 岁的残疾儿童及青少年要接受相应的特殊教育，而进入这种特殊教育机构必须经过心理测量并跟踪评估报告。

　　(2) 咨询方面：测验能够将一个人的行为在许多方面进行比较，从而确定其相应的优点和缺点，为决策提供信息。这种诊断可以包括教学过程中对学生的甄别，从而对学生因材施教、个别指导，也包括对出现问题的个体所存在的症结进行诊断和鉴别。前来咨询的来访者可能会遇到各种各样的问题，咨询者必须通过心理测量中所提供的测量工具对来访者进行综合的分析，不仅使咨询者了解来访者，而且使来访者了解自己，进而共同寻找解决问题的办法。因此心理测量对咨询很重要，心理咨询是在心理测量的有效应用的基础上发展和完善起来的。

　　(3) 临床方面：临床心理工作有两大部分——心理评估和心理干预。评估是干预的基础，是干预效果的检查手段。具体来说，临床评估有三方面的作用：① 作出决定，临床心理学家在确定诊断、制定治疗方案、向来访者或者患者提出忠告和建议时，都只能在有效的心理测量的基础上完成；② 形成印象，评估的第二个意义是使临床心理学家形成对来访者或者患者的印象，印象正确与否，取决于评估时所获得的信息；③ 核实假说，通过观察或者其他途径将各种渠道得到的信息综合成一个整体，形成一个初步的假说，再通过临床心理评估对假说加以核实和修正，以便形成新的假说。

　　(4) 人才甄选和人事方面：人事测量最主要的作用是为人事决策提供可靠、客观的依据，为人事决策提供参考性建议。人事测量是人事决策的基本工具，它的具体功能涉及甄选、安置、考核与培训等几个方面。

3. 心理测验的特性

心理测验的特性包括：

(1) 心理测验的间接性。物体的物理特征是看得见、摸得着的，比如人的高矮胖瘦、物的长短轻重等。因此，物理测量可以直接以某种测量工具测出人或物的物理特征水平。然而，人的心理特质却是内在的，看不见也摸不着，不可能直接进行测量。比方说我们不可能将一个人的智力拿出来用某种工具直接进行测量。因此心理测验往往是通过人们在面对问题情境时所表现出来的外显行为来推论其心理特质，比如智力高的人往往在涉及智力的任务中表现的既快又准确；气质外向的人往往表现出活泼、热情、善于社交、合作性高等行为特点。因此，心理测验可以通过人的外在行为模式推知其内在的心理特质水平，它具有间接性。

(2) 心理测量的相对性。任何测量都必须有参照点这一测量要素，即把事物及其属性数量化时，必须有一个计算的起点。现有测量中存在两种参照点，一是绝对零点，二是相对零点。在心理测验中，没有理想的绝对零点，而只有相对零点。比如智商为 0，指的是 0 岁儿童的平均智力水平；学习成绩为 0，表明在一次考试中全部没有做对，却并不表示在所测的能力上一点水平都没有。因此，一般情况下，每个人的心理测验结果都在一个连续体上占据一个位置，我们只是从人与人之间的相对位置上，对一个人的某种心理特质水平作出判断，所以说心理测验又是相对的。

(3) 心理测验的客观性。对于任何测量，客观性是最基本的要求。然而，任何测量都不可能是百分之百的客观准确，因为任何测量都有误差，心理测量更不例外。尽可能地控制和减少误差，使测量结果尽可能地客观可靠，是心理测量学家长期努力的目标。

二、心理测量的作用

对于心理测验，长期以来存在两种极端的观点：一种是测验万能论，另一种是测验无用论。前者认为心理测验可以从各个方面对个体做出迅速有效的测评，因而盲目崇拜测验，甚至以一次测验成绩定终身；后者认为心理测验误差大，根本没有科学性，结果既不可靠也不准确，因而全盘否定测验，甚至排斥测验。这两种观点显然都是片面的。心理测验自产生以来，长期而广泛地应用于社会各个领域，在其应用过程中，测验既显示了非凡的使用价值，同时也表现出一定的不足之处。

心理测验是一种定量化程度很高的测评技术。测验的编制十分严谨，经过要求严格的质量评估，并且整个实施过程、评分和分数的最终解释遵循标准化的原则，测验的结果是准确可靠、客观有效的。但同时我们也应该看到，心理测验不是万能的方法，心理测验无论在理论上还是在方法上都还有不完善的地方，尤其是测验过程中的一些无关因素的干扰很难完全排除，从而影响到测验结果的稳定性和准确性。因此，在对人员进行测评时，我们通常是将心理测验结果作为辅助决策的依据之一，在决策时还应结合其他测评技术、结合个体的其他信息进行全面的分析。

相比其他人才测评手段，心理测验有如下独到之处：

(1) 针对性发现问题。心理测试是从各个不同角度对人的心理进行考查，如果说评价中心技术是对人进行综合性考查的话，心理测验就是针对性的考查，如同医院中的 B 超、心电图、CT 等各种不同的检查，分别针对人的不同功能和部位进行针对性的检查。因此，心理测验可以较为准确的发现工作和管理中出现的涉及人的心理方面的问题，甚至是潜在的问题。比如一名工作非常出色的基层管理者，在将其晋升至中、高级管理岗位之后，有时其业绩并未达到事先的预期。很多情况下，对基层工作并不重要而对新的管理岗位却至关重要的一些心理品质的欠缺是主要原因，如良好的沟通能力、全局的思维方式等。如果在晋升之前进行心理测验，就可以事先考虑出这些潜在的问题，并采取措施，如培训等，从而避免可能出现的不良后果。

(2) 可比性强。心理测验通常可以进行团体施测，可以节约大量时间、精力，在较短时间内获得受测者的大量信息。加之心理测验量表的信度、效度远远高于普通考试，因此同一种心理测量表得出的结果具有极强的可比性，而且不受时间、地点、施测主试等的影响。这使心理测验被广泛应用于企业人力资源管理的多种领域，特别是在需要大规模考查、选拔等进行横向比较的领域，如招聘、内部选拔与晋升、职业生涯规划、团队匹配分析、组织诊断等。1985 年，美国联合航空公司进行的一项调查揭示了一个令人震惊的结果：在过去 20 年中，世界各地共发生了 50 000 多起空难事件，其中，只有 1/5 是属于机械故障。这项调查报告发表以后，立即受到各大航空公司的重视，并促使他们着手改变过去只凭技术、资历和飞行时数对驾驶员进行测评的惯例，开始引进心理测验，在甄别待录用驾驶员智力高低、能力大小的同时，鉴定驾驶员的个性类型等，以便录用的驾驶员能组成一个最佳状态的飞行组。1926 年美国飞行学校的学员中，有 87% 因飞行不佳而被淘汰，其原因是空中飞行心理适应性不佳。直到第二次世界大战期间及其后，客观的要求促使心理测验在人才测评中得到了不断的发展完善和普及，因飞行不佳而被淘汰的人数才开始下降。美国空军中被淘汰率由 70% 降至 36%，在法国，则由 61% 降至 36%。有人在计算选拔飞行学校学员的经济效益时指出，培养一名飞行员的费用不少于 70 000 美元，而淘汰成绩不佳者一般是在培训进行了 1/3 时进行的，等于浪费了 25 000 美元。实施心理测评前每培养 100 名合格的飞行员，要对 397 名学员进行培训，采用心理测验进行选拔后只要预先培训 156 名预备学员就足够了，这样培养 100 名飞行员比进行心理测验前的耗资可节省 600 万美元，大幅提高了选拔的经济效益。另有资料表明，经过心理测验选拔的货运汽车司机，在肇事和伤亡数量上，比未经过人事测评选拔的司机减少了 73%，而事故率也正是劳动效率的指标之一。

(3) 主观因素干扰少。心理测验量表是严格根据心理学理论与方法编制出来的测量工具，在实施过程中对环境以及施测主试与被试的要求较少，测量结果都是依据量表编制时确定的模型得出，往往有标准化的实施说明、计分系统和解释系统，因此最大限度的剔除了测试中主观人为因素的干扰。测量结果受测验实施者和计分者主观因素干扰少，可保证在公平的前提下进行测验，受测者通常比较容易接受和信服。当然，这并不是说明心理测验就不会受外界干扰了，比如测评结果的解释与咨询就与评价者的专业水准有较大的相关性。

(4) 便捷性。相比其他测评手段，心理测验可以在相对较短时间里迅速获得一个人的能力、技能、人格、价值观等许多企业需要了解的心理特质，许多心理特质采用其他手段往往需要长时间的准备或者付出较大的成本方可获得，如通过实习、结构化面试等。而且，心理测验的结果还可以为后续测评手段提供参考信息。心理测验的便捷性为人力资源管理工作带来很多方便，特别是对一些时效性强的工作如招聘等，更有其不可替代的优势。

(5) 对用户的技术要求相对较低。评价中心技术、胜任素质模型等人才测评手段的实施与结果的应用，往往需要用户也具备相应的知识与技能，但心理测验对用户的技术要求相对较低。心理测验通常有详细的事实说明，就单一测验而言，一位没有经过任何心理测量训练的主试，可以在很短时间内掌握测验的施测过程，即使是非专业人士也可以很好的实施心理测验。

通常心理测验的难点在于对测验结果的处理、分析与应用上，但这一过程完全可以委托专业人士或咨询机构来做，其他如准备、施测、场地安排等环节并不需要用户具备很强的心理知识或技能。而无领导小组讨论、结构化面试等测评手段往往需要用户承担面试考官或行为评价者的角色，如果不经过事先的培训是很难掌握相关技能的。

阅读资料

心理测试范例

本案心理测试题是中国现代心理研究所以著名的美国兰德公司(战略研究所)拟制的一套经典心理测试题为蓝本，根据中国人心理特点加以适当改造后形成的，目前已被一些著名大公司，如联想、长虹、海尔等公司作为对员工心理测试的重要辅助试卷，效果很好。现在已经有人建议将此套题作为对公务员的必选辅助心理测试推广使用。

1. 测试说明

每题只能选择一个答案，应为你第一印象的答案，把相应答案的分值加在一起即为你的得分。

2. 测试题目

测试题目如表 6-1 所示。

表 6-1 测 试 题 目

1. 你更喜欢吃那种水果?	A. 草莓	B. 苹果	C. 西瓜
	D. 菠萝	E. 橘子	
2. 你平时休闲经常去的地方?	A. 郊外	B. 电影院	C. 公园
	D. 商场	E. 酒吧	F. 练歌房
3. 你认为容易吸引你的人是?	A. 有才气的人	B. 依赖你的人	C. 优雅的人
	D. 善良的人	E. 性情豪放的人	
4. 如果你可以成为一种动物，你希望自己是哪种?	A. 猫	B. 马	C. 大象
	D. 猴子	E. 狗	F. 狮子
5. 天气很热，你更愿意选择什么方式解暑?	A. 游泳	B. 喝冷饮	C. 开空调
6. 如果必须与一个你讨厌的动物或昆虫在一起生活，你能容忍哪一个?	A. 蛇	B. 猪	C. 老鼠
	D. 苍蝇		

7. 你喜欢看哪类电影、电视剧？	A. 悬疑推理类 D. 伦理道德类	B. 童话神话类 E. 战争枪战类	C. 自然科学类
8. 以下哪个是你身边必带的物品？	A. 打火机 D. 纸巾	B. 口红 E. 手机	C. 记事本
9. 你出行时喜欢坐什么交通工具？	A. 火车 D. 飞机	B. 自行车 E. 步行	C. 汽车
10. 以下颜色你更喜欢哪种？	A. 紫 D. 白	B. 黑 E. 黄	C. 蓝 F. 红
11. 下列运动中挑选一个你最喜欢的(不一定擅长)？	A. 瑜伽 D. 拳击	B. 自行车 E. 足球	C. 乒乓球 F. 蹦极
12. 如果你拥有一座别墅，你认为它应当建立在哪里？	A. 湖边 D. 森林	B. 草原 E. 城中区	C. 海边
13. 你更喜欢以下哪种天气现象？	A. 雪 D. 雾	B. 风 E. 雷电	C. 雨
14. 你希望自己的窗口在一座 30 层大楼的第几层？	A. 七层 D. 十八层	B. 一层 E. 三十层	C. 二十三层
15. 你认为自己更喜欢在以下哪一个城市中生活？	A. 丽江 D. 西安	B. 拉萨 E. 杭州	C. 昆明 F. 北京

3. 评分标准表

评分标准如表6-2所示。

表6-2 评 分 标 准

题号选项	A	B	C	D	E	F
1	2	3	5	10	15	
2	2	3	5	10	15	20
3	2	3	5	10	15	
4	2	3	5	10	15	20
5	5	10	15			
6	2	5	10	15		
7	2	3	5	10	15	
8	2	2	3	5	10	
9	2	3	5	10	15	
10	2	3	5	8	12	15
11	2	3	5	8	10	15
12	2	3	5	10	15	
13	2	3	5	10	15	
14	2	3	5	10	15	
15	1	2	5	8	10	15

4. 测试结果分析

测试结果如表 6-3 所示。

表 6-3　测试结果分析

得分区间	心理素质评价
180 分以上	意志力强，头脑冷静，有较强的领导欲；事业心强，不达目的不罢休；外表和善，内心自傲；对有利于自己的人际关系比较看重，有时显得性格急躁，咄咄逼人，得理不饶人；不利于自己时顽强抗争，不轻易认输；思维理性，对爱情和婚姻的看法很现实；对金钱的欲望一般
140～179 分	聪明，性格活泼；人缘好，善于交朋友；心机较深；事业心强，渴望成功；思维较理性，崇尚爱情，但当爱情与婚姻发生冲突时会选择有利于自己的婚姻；金钱欲望强烈
100～139 分	爱幻想，思维较感性；以是否与自己投缘为标准来选择朋友，性格显得较孤傲；有时较急躁，有时优柔寡断；事业心较强，喜欢有创造性的工作，不喜欢按常规办事；性格倔强，言语犀利，不善于妥协；崇尚浪漫的爱情，但想法往往不切合实际；金钱欲望一般
70～99 分	好奇心强，喜欢冒险；人缘较好，事业心一般，对待工作，随遇而安；善于妥协，善于发现有趣的事情，但耐心较差；敢于冒险，但有时较胆小；渴望浪漫的爱情，但对婚姻的要求比较现实；不善理财
40～69 分	性情温良，重友谊；性格踏实稳重，但有时也比较狡黠；事业心一般，对本职工作能认真对待，但对自己专业以外事物没有太大兴趣，喜欢有规律的工作和生活；不喜欢冒险，家庭观念强；比较善于理财
40 分以下	散漫，爱玩，富于幻想；聪明机灵，待人热情，爱交朋友，但对朋友没有严格的选择标准；事业心较差，更善于享受生活；意志力和耐心都较差，我行我素；有较好的异性缘，但对爱情不够坚持认真，容易妥协；没有财产观念

第二节　心理测量的分类

案例引入

D 公司是一家专门提供移动通信网络整体解决方案的高科技公司，多年来，其凭借领先的科技实力，取得了良好的效益，目前已是通信产业的领航人。最近公司新招了一大批员工，为了充分发挥新入职员的作用。公司总经理把人力资源经理小王叫到办公室，让其对这些新招的人员进行合理的人岗匹配。小王在对这些新员工有一个初步的了解之后，想利用科学的方法对这些员工进行心理测验，以便更加了解他们。一天后，小王的秘书给小王找来了一大堆心理测验的方法，面对眼前的这些，小王顿时凌乱了，他不知道该选择什么方法来测验新员工。

问题：

(1) 心理测验都有哪些？

(2) 假如你是小王，你会怎么办？

一、按不同的测量对象分类

根据测验的具体对象，可以将心理测验划分为人格测验、认知测验、品德测验、气质测验、价值观测验和态度测验。

二、按刺激呈现的不同形式分类

根据刺激呈现的不同方式，可以将心理测验划分为自陈量表、情景评定和投射测验。下面我们对自陈量表和投射测验作简要介绍。

1. 自陈量表

心理量表测试只是心理测试当中的一种，在心理测试当中是最容易操作的。这些量表从测试的内容到评分和综合评价都是完全标准化的。心理量表测试的范围很广，在人力资源当中运用得比较多的是自陈量表测试，也就是我们平常接触到的那些纸质的或者在线的心理测试。

自陈量表测试的范围虽然广，但是通常量表都是专业性比较强的，专门针对某种能力或者某个方面的潜能而设计，难以进行比较全面的测试。从测试的目标来看，用于潜能测试的量表主要分成以下三个大的类别——智商/情商测试、能力倾向测试和人格测试。

1) 智商/情商测试

(1) 斯坦福-比奈量表。《斯坦福-比奈量表》的出现甚至一度左右了人们的潜能观。这个量表不但在测试内容和程序上实现了完全的标准化，而且测试评分也是采用标准分的形式，也就是说这个分数能够体现应试者的智力水平在整个群体当中的位置。正因为这是真正意义上的能够直接进行比较的分数，才有了人们对智力水平的划分。《斯坦福-比奈量表》的测试内容主要包括类比、对比、理解、词汇、异同、图画或语言填充、提出谬误、描画图样以及记忆有意义材料和数字等，测试的范围非常广泛。《斯坦福-比奈量表》还有许多的修订版本以适应不用文化背景和时代背景的需要。例如，《中国比奈量表》或《韦氏智力测验》等已经成为中国本土化的标准测验。

(2) 瑞文推理测试。智力测试中比较著名的还有瑞文推理测试，它主要是以图画推理为主，很显然它对智商的定义不如《斯坦福-比奈量表》那么全面，但是瑞文推理测试的优点就在于它的测试对象非常广，不受语言和文化背景的限制，应试者的文化程度对测试的结果也没有影响。如果运用到潜能测试当中，这个测试的突出优点就是不论任何企业、任何类别、任何级别的职位都可以采用。

2) 能力倾向测试

能力倾向测试是最符合潜能测试特点的，它往往就是针对某一项或者一类能力设计量表式的测试题目。应试者的测试分数就能够直观地显示其对应能力的水平如何。标准化的能力测试操作既简单又灵活，企业可以根据行业和职位特征制定有针对性的测试；也可以根据测试目标对不同的测试进行任意的组合，整合成一个大的测试。

能力倾向测试分为一般能力倾向测试和特殊能力倾向测试，这与潜能当中的核心能力素质和专业能力素质是对应的。一般能力测试包括创造能力测试、人际敏感性测试等，特殊能力测试包括管理能力测试、策划能力测试等。还有的测试是整合性的，可以对应试者的职业倾向做出全面的诊断，如一般能力倾向成套测试(GATB)和 BEC 职业能力测试等。下面我们将重点介绍一般能力倾向成套测试。

一般能力倾向成套测试(GATB)最初是由美国劳工部队研究制定的。这套测验主要是实现对许多职业领域中工作所必需的几种能力倾向进行测定。它由 15 种测验项目构成，其中 11 种是量表式的纸笔测试，其余 4 种是操作测验，两种测验可以测定 9 种能力倾向，这 9 种能力倾向对完成各种职业的工作都是必要的。

3) 人格测试

人格测试在心理测试当中占有很大的比重，以至于人们对心理测试的印象往往也就停留在了"人格测试"上。人格是稳定的、习惯化的思维方式和行为风格，它贯穿于人的整个心理。人格测试主要包括诸如兴趣、态度、动机、气质、性格等方面的心理特征。

人格测验主要分为两类：一类是自陈量表式的人格问卷，如"明尼苏达多相人格调查表"、"卡特尔 16PF 测验"、"艾森克人格问卷"等；另一类是投射测验，而本章节重点介绍的就是自陈量表式的人格测试。

人的潜能当中最难测试的部分就是职业人格，因为它往往要通过潜藏在行为背后的心理活动才能表现出来，就目前的测试技术来说，没有一种方法能够让施测者"看到"应试者的内心活动，不但施测者不能"看到"，甚至连应试者本人未必都能够完全了解其自身的心理活动，而这又是测试最为重要的部分。了解了应试者的兴趣、性格和气质等，企业就能够知道如何甄选合适的员工，如何激励员工并且留住员工了。如果真的能够完全解决"职业人格"的考察问题，那么管人的问题也就解决大半了。

自陈式量表的人格测试类别很多，量表的形式也各有不同，这些量表都有共同特点：有一定的心理学理论背景；根据测试结果可以将应试者划分成一定的类型；重诊断轻评分，应试者只有类型差异没有优劣之分；测试的信度不高；适合用于员工发展，而不适合作为选拔的依据。

2. 投射测验

投射测验或投射技术和心理动力学理论联系之紧密是显而易见的：① 投射测验设计特点在于允许被试者在无数的可选择反应中做出反应。② 被试者的反应几乎不需要测验指示语和刺激来指导。投射技术是一种对行为的无意识或隐藏的内容敏感的工具。它允许甚至鼓励被试者回答广泛，千差万别，能在被试者对测验目的最少觉察的情况下，引出他们非同寻常的、内容丰富的反应资料。

投射作为一种评估术语最早由主题统觉测验(TAT)的创建者默里在 1938 年使用。在此之前，罗夏墨迹测验几乎已诞生了 17 年之久。直到 1939 年富兰克才首次清楚地表述了这一技术的重要性。投射法这个名称是弗兰克(L.R.FranK，1939)首先使用的。这种方法在临床心理学中使用得非常广泛。它是根据对暧昧的刺激所作出的反应方式，去理解被试者的内心机制。

对投射技术的理解一般包括三个方面：① 刺激性质是含糊不清的，允许被试者自由发挥；② 被试者回答(反应)不受限制，不需要一致的反应；③ 反应本身多维性，解释者的分析是整体的，针对独特的个体。

与投射法相比，问卷法的缺点是，由于问卷项目意义较明确，被试者往往有意识地进行防卫。而投射法因刺激的暧昧性而使被试者不易发现其目的，故可以克服问卷法的缺点。

另外，由于投射法的反应方式是自由的，富有变化，所以也有可能对检查的结果进行多方面的解释。

投射法的缺点在于客观的记分比较困难，它的解释往往需要主观的判断。另外，由于是以个别测验为主，因此，要收集许多被试者的资料，不仅要花很多时间，而且检查者的态度对被试者的反应容易产生影响。因此，要求检查者有充分的测验训练和经验。

最具有代表性的投射测验是罗夏测验和主题统觉测验。

罗夏墨迹测验(Rorschach Inkblot Test)由瑞士精神科医生、精神病学家罗夏(H.Rorschach 1884—1922)创立。罗夏测验共有十张墨迹图片，其中，五张是浓淡不同的黑色墨迹图，两张是红与黑的墨迹图，三张是几种颜色混合的墨迹图。测验时，测验者先让被试者放松，感到舒适，只向他们提供足以完成任务的信息。然后呈现墨迹图，让被试者自由地考虑他从每张图片上看到了什么，像什么，想到了什么。他们回答中应说出图上什么位置或什么东西决定了他们的知觉，以便测验者能准确地了解每一被试者回答的根据是什么。

1935 年由美国心理学家默里建立的主题统觉测验(TAT)，是使用最广泛的投射测验。TAT 是一套图片，画有人物和情节，共有二十张，其中有一张是无图的白片。TAT 的目的主要是唤起被试者的幻想，引起他们对生活中重要事件的联想。当要求他们猜想眼前的画面代表什么可能的事情时，被试者的人格特点就会在他想象的故事中流露出来。当他们认真地去理解这个模棱两可的情节时，防御就会更少，他们的内在倾向和欲望也更易表露出来。TAT 画片分两类，一类男女皆适用，另一类仅适用于某一性别。

三、按不同的目的和用途分类

心理测试主要集中于对应聘者潜力的测试。其具体类型主要有：职业能力倾向性测试、个性测试、价值观测试和职业兴趣测试等。

1. 职业能力倾向测试

职业能力倾向测试是指测定从事某项特殊工作所应具备的某种潜在能力的一种心理测试。它能预测应聘者在某职业领域中成功和适应的可能性，或判断哪项工作适合他。

职业能力倾向测试内容一般可分为：

普通能力倾向测试——包括思维、想象、记忆、推理、分析、空间关系判断和语言等方面能力的测试；

特殊职业能力测试——是测试特殊职业需要特殊能力的一种职业能力测试，如出纳员、打字员等；

心理运动机能测试——包括心理运动能力，如选择反应时间、肢体运动速度、四肢协调、速度控制等；身体能力，如动态强度、爆发力、广度灵活性、动态灵活性和身体协调性等。这些可借助于体检、各种测试仪器或工具进行。

由于不同职业对能力的要求不同，人们设计了针对不同职业领域的能力倾向测试，用于针对性地选拔人员和进行职业设计。我国已在公务员考试中设立了行政职业能力测试，专门用来测量与行政职业有关的一系列心理潜能(如知觉速度与准确性、判断推理能力、语言理解能力、数量关系与资料分析能力)，通过这一系列的考试，即可预测考生在行政职业领域多种职位上成功的可能性。行政职业能力测试已在全国许多省市的公务员招聘中得到运用。

2．个性测试

个性是一个人施展才华，有效完成工作的基础，难怪有人说："人的性格就是人的命运、影响你的待人处事方式、交际圈大小和人际关系；一个有毅力、专一的人和一个有惰性、兴趣多变的人，即使两人能力相当，但前者可能更易取得事业的成功。"

对组织而言，通过个性测试可以筛选出那些具有优良品质、心理健康的人。国外很多的 CEO 在选择自己的继任者时无不看重候选人的个性，期望找一个既有才干，但更具个性魅力的候选人；对应聘者个人而言，通过个性测试可以发现自己具备的个性和与之相适应的工作性质。

运用个性测试方法时，要明确具有特定个性的人并不是就一定能够从事特定的工作或只能从事特定的工作；同样地，特定的工作也不是只能由特定个性的人来胜任。只不过，特定工作需要特定的员工个性，如会计和秘书均需具备心细的品格特征，市场营销员则需要有强烈创新开拓的意识。很显然，心细的人不一定就能当好秘书也决非只能当秘书；有强烈创新、开拓意识的人也不一定就能干好市场营销工作，也不是只能从事市场营销工作。

3．价值观测试

价值观测试是指通过对应聘者道德方面如诚实、质量和服务意识等价值观的测试，通过价值观测试可深入了解应聘者的价值取向，作为选拔录用的一种补充性依据。

价值观测试之所以近几年来被重视并运用于招聘中，是因为一些求职者因某些先列原因去应聘与其工作价值观完全不符的职业或职位，结果即使由于他们其他方面能力满足招聘要求被录用了，但他们对录用了的职业或职位可能并不满意，这不仅降低其工作热情与积极性，而且还会直接影响其工作绩效及组织效率(是因为一些求职者的工作价值观与其所录用的职业或职位并不相符，结果影响其工作热情、积极性的发挥)。

表 6-4 是某工作价值观测试样例。

表 6-4　价值观测试样例

评价因素	你认为的重要程度 (在数字上画圈)					评价因素	你认为的重要程度 (在数字上画圈)				
有趣的工作	5	4	3	2	1	与经理的工作关系	5	4	3	2	1
非工作时间	5	4	3	2	1	赏识	5	4	3	2	1
收入	5	4	3	2	1	建议被倾听	5	4	3	2	1
挑战	5	4	3	2	1	反馈	5	4	3	2	1
住房	5	4	3	2	1	贡献	5	4	3	2	1
福利	5	4	3	2	1	公平竞争	5	4	3	2	1
明确的责任	5	4	3	2	1	提升	5	4	3	2	1
技能应用	5	4	3	2	1	合作的同事	5	4	3	2	1
公司荣誉	5	4	3	2	1	和谐的组织气氛	5	4	3	2	1
培训机会	5	4	3	2	1	地区	5	4	3	2	1

四、按被测者人数分类

根据被测者的人数不同，可以将心理测验划分为个别测验和团体测验。

个别测验只能由同一个主试在同一时间内测试一个被测试者。个别测验的优点是测试者对被测试者的言语、情绪状态可以进行具体的仔细观察，并且有充分机会唤起被测试者予以合作，以保证测试结果充分、可靠。个别测验的缺点在于测试手续复杂，耗费时间比较长，对测试者与被测试者的合作程度要求较高。

团体测验可由一位测试者同时测试若干人。许多教育测试都属于团体测验，有些智力测验也可以采用团体测验的方式。团体测验的优点是省时，单位时间可以收到相对较多的资料，测试者不必接受严格的专业训练也能担任。缺点在于对被测试者的行为不能作翔实的记录，所得结果不及个别测试准确可靠。

五、按不同测验材料分类

根据测验材料的不同，可以将心理测验划分为文字测验和非文字测验。

文字测验，就是通过问答或笔答进行的测试。这是心理测试的主要方式，编制和实施都相对容易。有些人类的高级心智能力，只能用语言文字进行测试。这种测试方式的后期分析比较规范化，较少变量，所以团体测试多采用这种方式。但是这种方式不能应用于语言或文字识别有困难的人，而且难于比较语言文化背景不同的被测试者。

非文字类测试或操作性测试，包括各种通过画图、仪器、模型、工具、实物为测试媒介的测试，被测试者通过使用、辨认、解释或实时操作测试媒介，向测试者反映出心理显像，测试者根据一定的解释规律或模式对这些显像所反应的心理特征、心理状态做出评估。非语言文字类测试适用于有语文表达障碍的人，也适合比较语言文化背景不同的被测试者。有些特殊能力测试，比如视觉感知能力、联想能力和图形判断能力的心理测试必须借助非语文类测试媒介。

第三节　能力测量

一个人要想胜任一定的工作或在工作中取得一定的成就，就必须具备一定的能力，例如观察能力、记忆能力、理解能力、思维推理能力等。在很多职位的任职资格中都有对能力的规定，招聘者也希望能够通过一定的方法测评出候选人的能力。能力是直接影响活动效率，使活动顺利完成所必备的个性心理特征。一个人能力的大小直接影响其完成活动任务时速度的快慢和质量的高低。一般情况下，能力强的人工作效率高、质量好；能力弱的人工作效率低、质量差。心理学家认为，能力是一种内在的心理品质，是完成某种活动解决某个问题所具备的条件。能力是看不见摸不着的，必须借助外在的活动才能表现出来。了解他人能力必须"听其言，观其行"，比如，一个人具备较好的曲调感、节奏感和想象力，并且歌声优雅动听，我们才能说它具有音乐能力。

广义的能力倾向测验，包括体格及生理机能检查、运动机能和感官机能测定，以及智力测验、特殊能力测验、性格测验、兴趣测验等。因此，特殊能力测验是广义能力倾向测验的一种。一般能力测验也就是我们通常所说的智力测验。

特殊能力测验有各种各样的种类。例如，音乐、美术、运动、体操、计算、外语学习、汽车驾驶、飞机驾驶等。

能力测量是为了判定能力倾向的有无和程度，是测量潜在的成就或预测未来的业绩水平。因此，被标准化了的能力倾向测验，具有两种机能：一是判断个人具有什么样的能力，即所谓诊断机能；二是测定在所从事的活动中，成功和适应的可能性，即所谓预测机能。早在第一次世界大战以前，心理学家就开始认识到有必要用一些特殊性向(能力倾向)测验来补充笼统的智力测验。建立这些特殊性向测验，主要是为用于职业咨询以及工业和军事部门的人员选拔与分类。在心理测验领域中，性向测验，特别是多重性向成套测验的出现相对较晚。但第二次世界大战结束以来，出现大量的性向测验，主要用于教育和职业两大领域。

职业领域的性向测验又可分为特殊性向测验和一般性向测验。前者用于人事选拔，后者主要用于职业指导和咨询。与职业活动有关的能力倾向(性向)，最重要的有三个方面：① 什么样的职业适合于某个人(职业选择和指导)；② 为了就任这个工作，什么样的人最合适(人员的录用和选择配置问题)；③ 为了使这个人适合某种职业，对什么地方进行改善为好(合适职业的开发和职务再设计)。

根据这三个方面，能力倾向测验可以广泛地应用于许多领域：① 在进行职务分析时，可以选用符合条件、具有某种能力的人；② 可以配置与被录用者个性相符合的职务；③ 根据对在职人员进行测验，能诊断整个单位(部门)人员的态变、性格，从而可以运用于教育训练、能力开发和组织开发；④ 由于知道被测者的性格和能力特征，可以作为个人指导、发展方向指导、咨询指导等资料使用。

一、智力测量

1. 界定及渊源

智力测验通常是指在不同种类的活动中表现出来的共同的能力，例如观察力、注意力、想象力、思维能力、操作能力等。智力属于一般能力范畴，通常情况下对一般能力的测验，就是对智力水平的测验。对于智力的高低，常用智商(IQ)来表示，公式如下：

$$IQ = 智力年龄 / 实际年龄 \times 100$$

为了系统深入地研究智力的结构和特质，近代许多研究者们从心理测量学的角度出发，借助统计技术，采用严格的分析方法，通过智力活动的各种产品对智力结构与特质进行推断和分析，提出了许多有代表性的智力理论。包括二因素理论、等级层次理论、智力三维结构模型理论、液体智力和晶体智力理论、三元智力理论、群因素理论(多因素论)、PASS模型等。

2. 智力观的发展

传统智力观认为人类的认知是一元的，采用单一的、可量化的智能概念即可以对个体进行恰当地描述。

现代智力观主要针对传统智力观内涵的局限性发展而来，将智力作为预测人的总体发展的主要因素来分析，而不局限于学业上的成就；同时使智力水平的概念超越了传统的智力测验的范畴，不以传统智力测验的结果作为衡量智力高低的唯一依据。

3. 智力测验的手段

1) 个别智力测验

(1) 比奈量表：1905 年，比奈和助手西蒙发表了第一个心理取向的智力测验——比奈-西蒙量表，用语文、算术、常识等题目来测量判断、推理等高级心智活动。1908 年，比奈-西蒙量表作首次修订，修订后的量表运用了近代测验理论的基本思想，即测验的原理在于将个人的行为与他人比较并归类，首次采用智力年龄作为衡量儿童智力发展水平的指标。

我国心理学家陆志韦于对此量表作了第三次修订，形成《中国比奈测验》，对 1936 年版本增删了部分项目，测试对象扩大为 2～18 岁，每岁 3 个项目，共 51 个项目，见表 6-5 所示。在结果解释上，采用了将个人成绩和同年龄组平均成绩相比较的离差智商。《中国比奈测验》是一个标准化的智力测验，对主试须知、施测必备、施测方法、具体的记分方法及各年龄开始测验的项目、结束项目、IQ 表查法、年龄计算方法都作了具体的规定，在使用时，必须严格遵循。

表 6-5　中国比奈测验

WAIS-R	WISC-R	WPPSI
1. 常识(V)	1. 常识(V)	1. 常识(V)
2. 填图(P)	2. 填图(P)	2. 动物房(P)
3. 数字广度(V)	3. 类同(V)	动物房副本(P)
4. 图片排列(P)	4. 图片排列(P)	3. 词汇(V)
5. 词汇(V)	5. 算术(V)	4. 填图(P)
6. 积木图案(P)	6. 积木图案(P)	5. 算术(V)
7. 算数(V)	7. 词汇(V)	6. 迷津(P)
8. 物体拼凑(P)	8. 物体拼凑(P)	7. 几何图形(P)
9. 理解(V)	9. 理解(V)	8. 类同(V)
10. 数字符号(P)	10. 译码(P)	9. 积木图案(P)
11. 类同(V)	数字广度(V)	10. 理解(V)
	迷津(P)	句子(V)

注：P 属于操作量表；V 属于言语量表。

(2) 韦克斯勒智力量表：1939 年，测试成人的智力量表，即韦克斯勒-贝勒维智力量表(W-BI 首先编成)；1942 年，编成第二个韦克斯勒-贝勒维量表(W-B II)，也称韦氏军队量表，主要测量 10～60 岁的个体；1949 年，又编制出韦氏儿童智力量表(简称 WISC)，适用于 6～16 岁儿童；1955 年，韦氏将 W-BI 修订为韦氏成人智力量表(简称 WISC)，适用于 16～74 岁的成人，又编制了韦氏学龄前和学龄初期儿童智力量表(简称 WAIS)，适用于 4～6.5 岁的幼儿；1974 年，韦氏发表了韦氏儿童智力量表修订本(WISC-R)；1981 年，又发表了韦氏成人智力量表修订本(WPPSI)。

2) 团体智力测验

瑞文标准推理测验是英国心理学家瑞文(J.C.Raven)1938 年设计的非文字智力测验，主要测量一个人的观察能力和清晰的形象思维推理能力。其特点如下：① 适用年龄为 6 岁到 70 岁；② 适用人员为不同的职业，国家、文化背景的人，甚至聋哑人及丧失某种语言机能的病人，具有心理障碍的人；③ 非文字智力测验；④ 通过测量人在信息处理、推理思维、问题解决过程中表现出的能力来衡量其智力水平；⑤ 整个测验分为 5 个组，每组有 12 题，由易到难排列，各组题的难度递增。每个图案都缺失某一部分，要求被试从几个备选的补充图案中选出所缺部分。

3) 多水平团体智力测验

多水平团智力测验是依据不同年龄的智力水平编制的，反映这种增长的一系列测验。主要用于学校，包括初级水平、中学水平和大学水平。常见的测验有：① 欧提斯测验(Otis Tests)：常用于雇员的挑选；② 万德利克人事测验：是欧提斯测验的简编形式，用于雇员挑选非常普遍，测验时间 12 分钟，非常经济，特别适用文书类工作人员的选拔；③ 韦斯曼人员分类测验：即测验语言，也测验数字，能够提供推销员、生产监工和行政培训生的常模。此测验比较适合于较高级一类人员的挑选。

小游戏

纯智力游戏

这类游戏往往有个"死穴"，只要你够聪明就可以"一招毙敌"。

● 拣豆子：你面前一个碗里混放着红豆和绿豆，再给两个空碗，要求你在十分钟内把红豆拣到一个碗，把绿豆放进另一个碗。这个游戏的奥妙在于，考官故意多给了你一个碗，不要上当，直接挑出红豆放到一个空碗里，挑完了，原来的碗里就只有绿豆了。

● 分蛋糕给你一盒蛋糕，请你切成 8 份，分给在场的 8 个人，但蛋糕盒里还要有一份。答案是：你只要把最后一份蛋糕连盒子端给第 8 个人就可以了。

二、一般能力测量

一般能力倾向成套测验(GATB)，最初是美国劳工部花了十多年时间研究制定的。它是对许多职业群同时检查各自不适合者的一种成套测验。自 1935 年开始，美国劳工部就业服务局组织了性向测验研究。通过该项研究计划，发现了当时使用的各种性向测验的基本因素，而且找到了适合测量这些因素的测验，并于 1947 年发表了 GATB。经过不断修订和改良，现在的 GATB 由 12 项分测验构成，设计测量九种性向。将被试在各种性向上的标准分与各种职业能力模式的分数相比较，后者是对 800 多种职务的人群的 GATB 分数分析而得到的。

自 GATB 发表以后，其他国家有很多专业人员对它进行了研究和使用，到 20 世纪 80 年代，GATB 已被译成十余种语言，并在近 20 个国家中进行了验证和标准化等一系列工作。日本于 1949～1951 年对 GATB 进行了修订和标准化，并于 1952 年发表了《一般职业性向

《测验》。经数次修订，现在的测验由 15 项分测验构成，用以测定与美国 GATB 相同的九种性向。GATB 因对各国很有影响而出名。GATB 能力倾向与职业的关系如表 6-6 所示。

表 6-6　GATB 能力倾向与职业的关系

能力倾向组合	职　　业
G-V-N	人文系统的专业职业
G-V-Q	特别需要语言能力的事物职业
G-N-S	自然科学系统的专门职业
G-N-Q	需要数学能力的职业
G-Q-K	机械事物职业
G-Q-M	机械装置的操纵、运转以及警备、保安等
G-Q	需要一般性判断和注意力的职业
G-S-P	美术作业的职业
N-S-M	设计、制图职业及电气职业
Q-P-F	制版、描图职业
Q-P	检查分类作业的职业
S-P-F	造型、手指作业的职业
S-P-M	造型、手臂作业的职业
P-M	手臂作业的职业
K-P-M	看视作业、身体作业的职业

为了建构适合中国国情和文化特点，既有科学性又有实践性，且易于操作的一般能力倾向测验，方俐洛、凌文辁在国外研究的基础上，于 1989～1993 年完成了《一般能力倾向测验中国版》的研制，下面对这个测验做一简要的介绍。

日本版 GATB 与美国的相比，具有分测验多而费时少的特点，前者约 50 分钟完成，而后者耗时在两小时以上。因此，中国版一般能力倾向测验的研制选定日本劳动省 1983 年版一般能力倾向测验为框架，借鉴其非文字性的图形和器械测验，对具有文化因素的五项文字测验进行了重新编制，使之适用于中国的被试对象，以此成为预试版，以便筛选出有效的分测验来。经过数轮预试，获得了信度、效度均为理想的成套中国版 GATB。根据因素分析的结果，该套测验的 5 项分测验结构清晰，各项指标均达到了心理测量学要求，在此基础上，研究者在全国 13 个城市随机抽取初三至高三学生为测试样本，建立了 GATB 中国版常模。

1. 语言理解能力

语言理解能力是指运用语言文学进行表达、交流和思考的能力。包括理解字词、句子、段落的含义，正确运用语法等方面。语言能力强的人语言概念清晰、严谨，具有较强的阅读理解能力，能准确理解和把握语言文字材料的内涵，绝大多数人在工作中都需要不同程度地与语言文字材料打交道，需要快速准确的阅读文字材料，理解领会文件的内容，从语言文字材料中提取重要信息，并运用语言文字进行沟通交流。

测量语言理解能力的题目有些像语文考试的题目，但这些题目关注更多的是被测者潜在的能力，而不是记住的知识。下面就是一些测评语言理解能力的例题。

【例 6-1】　从所给的 4 个词语选项中选出一个填入句中空格内，从而使句子的意思表达更为准确:只要方向正确，任何一点积极性都应当得到(　　)和支持。

A．尊重　　　　　B．肯定　　　　C．表彰　　　　D．重视

解析：用"肯定"填空使句子的意思表达的最准确，故应选 B

【例 6-2】 从下面的 4 句话中选出有歧义的一句：(　　)。

A．王教授的学生发表了一篇论文

B．通知张力 3 点到火车站接人

C．这是一个工程师能够解决的问题

D．垃圾回收是多年来人们一直十分关心的问题

解析：正确答案是 C，这句话可能有两种理解，一种是"一个"工程师就能够解决这个问题，不用两个或多个工程师；另一种解释是这个问题是工程师能够解决的，而不是别的什么人能够解决的。

【例 6-3】 句子理解：我不得不对你的这种不通过正当途径解决问题的方式表示遗憾，请问"我"究竟是否赞成"你"的做法?(　　)

A．赞成　　　　　B．不赞成　　　C．不置可否　　D．不确定

解析：正确答案为 B。

【例 6-4】 钢铁被用来建造桥梁、轮船、铁路、汽车和摩天大楼等，被用来制造几乎所有的机械，还被用来制造包括农民的长柄大镰刀和妇女的缝衣针在内的成千上万的小物品。

这段话主要支持了这样一种观点，即(　　)。

A．钢铁是唯一用来建造桥梁和铁路的物质

B．钢铁是一种丰富的金属

C．钢铁具有许多不同的用途

D．钢铁是所有金属中最坚固的

解析：正确答案为 C。

2．能力倾向测验简介

GATB 用了 12 个分测验，从九个不同方面测量了个人的能力倾向。

(1) G：智能，即一般学习能力倾向，由词汇、算术推理和空间关系 3 个分测验组成。

(2) V：语言能力倾向，要求受测者从所列词汇中找出成对的同义词和反义词，测量个人有效使用言语的能力倾向。

(3) N：数字能力倾向，包括四则运算题和应用题两种测验，测量计算和算术推理的能力倾向。

(4) S：空间能力倾向，采用空间关系测验，要求判断备选三维图形中哪个是由指定平面图形折叠而成的，测量对立体图形以及平面图形和立体图形之间关系的理解能力。

(5) P：形状知觉能力，采用两个测验，一个匹配画有同样工具的图形，一个匹配同样的几何形状，测量对图形或实物细节的观察力、比较和辨别能力。

(6) Q：文书知觉能力，采用名称匹配(文字校对)测验，测量对词、数字等比较辨别、发现错误和较对的能力。

(7) K：动作协调能力，要求受测者在一系列方格中用铅笔作出特定的记号，测量正确

迅速地使用眼和手协调完成任务的能力。

(8) F：手指灵巧性，要求受测者装配和拆卸铆钉和垫圈，测量手指运动灵活性和精确性。

(9) M：手的敏捷，要求受测者在一块模板上传递和翻转木桩，测量个人快速准确移动物体的能力。

这套测量是一套较为全面、有效的能力倾向测验，它可以根据测验分数绘制个人能力剖面图，从而全面了解受测者在各种能力倾向上的水平。该测验中所测量的能力倾向与各种不同职业类型之间有密切的关系。

(1) 数量关系能力。

数量关系能力是指对事物之间的数量关系作出分析、理解和判断的能力。在很多工作中都需要与数字打交道，需要理解和把握事物之间的量化关系，特别是有些技术性工作或财务会计类的工作，更需要准确地把握数量关系。

数量关系测验的题目与数学考试有些类似。这些题目所用到的数学知识其实很简单，基本上用小学或初中所学的数学知识就可以应对，题目更多的要求是对数字的敏感性和灵活运用数量关系分析的技巧，下面就是一些数量关系能力的例题：

【例 6-5】 题中给出一个数列，但其中缺少一项，请你自己观察这个数列的各个数字之间的关系，找出其中的排列关系，然后从 4 个选项中选出最合适的一个来填补空缺项，使之符合原数列的排列规律。

(1) 1　3　7　13　21　(　)　43
A. 27　　　　　B. 29　　　　　C. 31　　　　　D. 33
(2) 15　18　14　20　13　22　12　(　)
A. 20　　　　　B. 16　　　　　C. 26　　　　　D. 24

解析：第一题的正确答案是 C。因为该数列的各数之间的差值依次是 2、6、8、10、12，以此类推，空格位置的数字与前面数字的差值为 10，与后面数字之间的差值为 12，因此是 31。第二题的正确答案是 D，因为该数列奇数个数字和偶数个数字分别形成等差数列，奇数个数字的排列规律是 15、14、13、12，偶数个数字的排列规律是 18、20、22、24，因此空格位置的数字应该是 24。

【例 6-6】 一搬家公司收费标准是出车费 150 元，每上或下一层楼加收 10 元，搬运工超过 4 人每加一人多收 20 元，一户从 4 层搬至另一楼 3 层，用了 6 个搬运工，应该收多少钱？
A. 200　　　　　B. 240　　　　　C. 260　　　　　D. 280

解析：正确答案是 B。应该注意的是从 4 层搬到另一个楼的 3 层实际是下了 3 层上了 2 层。

(2) 逻辑推理能力。

逻辑推理能力是指根据已有的信息发现和理解事物之间的关系，作出分析和判断的能力。逻辑推理能力是一个人的智力的核心部分，它的强弱代表着人对事物的本质和事物之间的关系认知能力的高低。人们在工作中常常要面对纷繁复杂的信息，而且这些信息常常是不完整的，如何能够从这些信息中发现本质的联系和解决问题的线索往往是解决问题成功的关键。

（3）综合分析能力。

综合分析能力主要是指一个人对各种形式的信息准确理解、综合分析与加工的能力。从事很多工作的人都会在工作中遇到各种文字、图表、图形等形式的信息，他们需要对这些信息进行准确的理解和加工，从这些信息中找到解决问题的关键。

（4）知觉速度与准确性。

知觉速度与准确性也是经常在能力测验中测量的，它主要是针对各种视觉符号（包括数字、特殊符号、字母、文字等）快速而准确地察觉、比较、转换、加工的能力。知觉速度与准确性反映了一个人思维和反映的敏捷程度。

知觉速度与准确性的题目通常比较简单，如果有足够的时间并且足够仔细的话，一般人都能够做对。但这些题目的数量非常大，并且时间限制很严格，在规定的时间内是不可能完成所有题目。因此，最后在规定时间内做对的题目数量判断被测评者这方面能力的高低。

【例6-7】　这是一个知觉速度与精确性的测验。测验的每个题目左边呈现一组数字或字母，右边呈现 A，B，C，D 4 组数字或字母。你的任务是尽快判断出 ABCD 哪一组与左边数字或字母完全相同。

① 85 361。

A. 63 158　　　　　B. 86 531　　　　　C. 85 631　　　　　D. 85 361

② SIEMB。

A. SMEIB　　　　　B. SIEMB　　　　　C. BSEIM　　　　　D. SEMBI

③ DJ26T

A. DJ62T　　　　　B. DT26J　　　　　C. DJ26T　　　　　D. DT62J

（5）鉴别能力倾向测试。

鉴别能力倾向测验是多重能力倾向测验的一种，目的在于得出一组不同的能力倾向分数，从而描绘出个人特有的长处和短处的能力轮廓。鉴别能力倾向测验由美国心理公司发行，经过多次修订，最终有 S 型和 T 型两个副本。该测验主要用于升学指导和就业选择，在招聘选拔中也有一定的应用。

鉴别能力倾向测验包括 8 个单独施测、单独计分的分测验，它们是：

① 语言推理，采用类比推理的测验项目、测量个人语言理解、抽象概括与做建设性思考的能力，从而预测个人是否适合从事以复杂语言关系和概念为主的职业，如科研工作。

② 数的能力，采用计算题，测量个人对数目关系的理解力和对数目概念的灵活性，预测个人是否适合于学习数理化、工程等学科，是否适合从事统计工作者等与自然科学有关的职业。

③ 抽象推理，采用非文字材料，测量个人的非语言推理能力。

④ 文书速度与准确性，要求受测者从答案纸中选出指定的符号组合，测量的只是简单知觉的速度。

⑤ 机械推理，要求受测者从多种机械装置或情景中选出正确合理的一个，测量个人对熟悉情景中机械和物理原理的理解力，预测个人是否合适于从事与机械和工程有关的职业。

⑥ 空间关系，测量个人在想象中操作图形等有形材料的能力，预测个人是否适合从事美术、建筑和服装设计等需要空间知觉能力的职业。

⑦ 语言运用(拼写)，要求受测者从一个单词表中找处有拼写错误的单词并指正，测量的是文字水平。

⑧ 语言运用(文法)，要求找出句子中有语法或修辞错误的地方，测量的是语文水平。

第 G 和 H 项测验的虽然是很基础的语言运用，但却能在一定程度上预测个人是否适合从事文秘、广告等要求具备较高语文水平的职业。

三、特殊能力测量

特殊能力测验主要有两大目的：一是测量已有工作经验或受过有关训练的人员在某些职位领域中的熟练程度或水平；二是选拔那些能够在很少或不经特殊培训的情况下就能从事某项工作的人。

1．文书能力测评

文书能力测评主要有：

(1) 一般文书能力测评；

(2) 明尼苏达办事员能力测评。

2．操作能力测评

1) 珀杜插板

珀杜插板测验主要用来测量手指的灵活性以及手指、手和手臂的大幅度动作技巧。它模仿了装配线上的工作情况。测验的内容是要求被测者尽快地把拴柱插进一系列的孔中。两只手每只手插 30 秒钟，交替进行。另外，还要求用双手把拴柱、环和垫圈装配到孔中。

2) 克劳福德灵活测验

克劳福德灵活测验是一个著名的测量眼和手的配合准确性、手指灵活性的测验，可以提供被测的灵活性指标，预测员工在诸如电子元件制造、雕版、蚀刻以及仪器、钟表、办公机械等设备的组装调试工作中能否取得成功。目前国内也有一些电子设备或通讯设备等企业利用这个测验选拔工人。这项测验的材料是一块木板，板上有三个圆槽，分别放置针、环帽及螺钉。木板上镶嵌一块金属板，金属板左边有 7 行可插针的圆孔，右边有 7 行可上螺钉的螺孔，最底下的 1 行供练习用，上边 6 行供正式测验用。在金属板的下面有左右两个盒子，分别用来接放针和螺钉。镊子和小改锥各一只。该测验分两部分。第一部分是针和环帽测验，被测者的任务是使用镊子将小针插入金属板上合适的针孔，在针的突出部分放上小环帽。第二部分是螺钉测验，要求被测者使用改锥把螺钉拧入金属板上的螺孔。尽管该测验两部分都很简单，但由于它与实际工作比较接近，因此，在选拔时具有很好的预测效度。

3．机械能力测评

1) 工具使用测验

工具测验主要包括：

(1) 贝内特手——工具灵巧测验；

(2) 克劳福小林间灵巧测验。

2）形板置放测验

形板置放测验主要包括：

(1) 明尼苏达操作速度测验；

(2) 明尼苏达空间关系测验。

3）机件配合测验

机件配合测验包括：

(1) 明尼苏达集合测验；

(2) 施坦奎斯机械性能测验。

4）机械理解测验

机械理解测验包括：

(1) 贝内特机械理解测验；

(2) 贝内特-弗拉野机械理解测验。

特殊能力测验实际上也是能力倾向测验，只不过这些能力倾向是在一些特定的职业或职业群中所需要的。比如美术能力测验就是一种特殊能力测验，它所测的并不是一个人目前是否具有的美术水平，而是测量该个体在未来有没有潜在的美术能力。

飞行能力测验是较早编制并应用于实践中的一种特殊能力测验。它所测量的并不是一个人当前的飞行能力水平，而是测量一个人是否具有潜在的飞行能力。这种特殊能力测验最早产生于第二次世界大战时的美国空军。它被用于飞行员的选拔从而使飞行员的淘汰率有了神奇的降低。值得一提的是我国特殊能力测验的应用始于空军的招飞选拔测验，该测验是由空军组织一批测量专家和飞行专家共同编制的，它在实际运用中也取得了明显的效果。

目前世界上比较著名的特殊能力测验有：飞行能力测验、音乐能力测验、美术能力测验、文书能力测验、机械能力测验、操作能力测验等。

4．学习能力与创造能力测评

学习能力与创造能力测评包括：

(1) 记忆：是人脑对过去经历过的事物的反映，经过识记、保持、再认和重现几个环节，包括记忆范围、记忆准确性。

记忆力测评：回忆法、再认法。

(2) 理解：是人认识事物的联系和关系，进而揭露其本质的规律和一种思维活动。

(3) 应用：是运用知识概念分析新情境解决新问题的活动，从理论上讲具有知觉、思维与操作三个层次。

四、其他能力测量

《特殊职业能力测验(DAT)》由美国心理公司出版(世界上应用最广的测验)，包括 8 个分测验：表达、数字能力、抽象推理、文书速度与正确性、机械推理、空间关系、拼写、言语运用。

《一般能力倾向成套测验(GATB)》由美国就业服务中心编制，包括 9 个分测验：智力、言语能力、数字能力、空间能力、形象知觉、文字、知觉、动作协调、手指灵活、手臂灵活。

《职业能力安置量表(CAPS)》，由美国教育与工业测验服务中心出版，包括 8 个分测验：机械推理、空间关系、言语推理、数学能力、言语运用、字词知识、知觉速度与准确性、手指速度和灵活性。

小游戏

能力测量之万能曲别针

在面试一开始，考官递给面试者一个普通的曲别针，然后抛出问题"发挥你的想象，告诉我曲别针一共能有多少种用途"，面试者就配合手中的曲别针，逐条阐述并演示用途。

考官意图遇到这样的面试游戏，可能会让很多人措手不及。因为问题大多数与你所应征的岗位没有任何关联，所以几乎不存在"事先准备"的可能，而且单人完成的面试游戏也不给予你依赖于团队中他人决策的被动机会。这样的题目实际上旨在考察面试者是否具备良好的"逻辑思维"能力与"发散思维"能力，并能否将这两种能力有条理地结合在一起共同决策。

应试秘籍回答这样的问题，答得快，答得多并不见得就代表敏捷优秀。那么怎样的答案才是好答案呢？其实，这道关于曲别针的考题，总共存在上万种答案，在有限的时间内根本不可能表达完整。因此，在挑选具有典型性用途作答的同时，更要特别注意答题的整体思路。

在考官看来比较优秀的答案是以"曲别针"的形状为逻辑结构而展开的联想：首先表明在维持原状的情形下，具备哪几类功能，比如"别东西"、"作拉链头"等，然后请示考官是否能够改变形状，获得许可后分别就每一步的改变分为"掰成一条直线"、"折出一个弯"、"折出两个相对的弯"、"折出两个相反的弯"……将不同形状分别阐述各自典型的用途，做到杂而有序。

第四节　个　性　测　量

案例引入

小伟同学，是一名电子系本科电子信息工程专业的大三学生。还有一年大学生活的他，即将走向社会，谋求自己的第一份工作。从大一到大三，担任班长、职业规划协会会长、党支部小组长的他，克服种种难题，较好地兼顾专业学习，学习成绩优异，每年都获得学院奖学金。大三假期，小伟把握住广州一家知名通信公司的实习机会，在实习期间工作也得到部门经理的认可。小伟想成为电子技术工程师，也想回珠海工作。与此同时，小伟的爸爸建议他去考军校，争取进部队，或者在老家政府部门工作，为家庭打通一些经商门路，声称只要小伟考试通过，凭关系可以安排好工作。对于父亲的建议，小伟考虑到家庭也觉得可行，但在政府部门工作的话，又不太喜欢官场上的做事风格，认为官场官僚主义太重。因此，这个问题一直困扰着他，不知该如何选择，如何取舍。有些时候他总在想，自己到底适合做什么？什么才是自己最想要得到的？

☞ 小测试

有一天，课间下课，天突然下起雨来，四种气质类型的人突然想起在室外晾晒的被子，就赶快往宿舍跑。跑到宿管站，值班的老人坚持原则，说什么也不开门(学校规定，上课期间，宿舍不准留人)。此时，我们看看这四种气质类型的表现：

A. 学生看到老人如此的教条主义，顿时，气不打一处来，马上火冒三丈，与老人争执起来；

B. 学生心里虽然生气，但是仍然面带微笑，尽量与老人说好话。如果还不行，就在他们争执时趁机混进去；

C. 学生则心平气和，希望再耐心说说看，也许老人会改变主意；

D. 学生看到老人的态度，就觉得没戏，说：算了，说也没有用，该我们倒霉，走吧。

问题：

(1) 为什么一起上课的同学行为方式却不一样？

(2) 根据气质类型你认为他们分别是哪种类型的学生？

一、相关的基本概念

1. 个性定义

个性，也可称为人格，心理学家还没有一个统一的定义，我们可以将其简单地理解为人们所具有的个体独特的，稳定的对待现实的态度和习惯化的行为方式，它是一个人区分于其他人的稳定的心理特征，是由先后天的交互作用而形成的，一个人的个性有两层含义：一是指外在的自我、公开的自我，即每个人在人生的舞台上所表现出来的种种行为，每个人所扮演的不同社会角色。另外一层含义是指真实的、内在的、内隐的自我，这往往是人们由于某种原因而不愿展示出来的自我，这两种自我都在影响着人们在工作和生活中的表现。

在心理测量学的意义上，个性是指不同于认知能力的人的其他心理成分通常包括情感动机态度、性格、兴趣、品德、价值观等等，心理测验可以简单地划分为两大类：一类是认知测验，包括智力、能力倾向、特殊能力、知识和技能等测验；一类是个性测验，包括除了认知测验之外的各种测验，我们有必要在这里提及一下个性或人格的一些近义词，性格一词不是一个心理学的概念，而是一个更为大众化的词汇，在日常的语言中，我们经常听人们说一个人的性格怎样，性格基本上指的是一个人的性情、脾气、禀性等，与个性有关的另一个概念是气质，气质的通俗的含义是指人的整体表现出来的心理特征，比如"某某人很有气质"、"贵族气质"、"现代气质"、"革命气质"等。在心理学中，气质则是指与人的先天神经特点有关的心理特征，是指人的神经反应速度、强弱、平衡性、灵活性等高级神经活动的特征。

在招聘工作中，个性测验是一项极为重要的工作内容，尤其是对那些经常和其他人有人际交流的候选人的选择，这种人格特性的测验尤为重要，如对将从事推销、公共事业监督和管理工作的人。把个性测验引入招聘工作中有助于在对应聘者的知识、能力和技能考查的基础上进一步考查其工作动机、工作效度、情绪的稳定性、气质、性格等心理素质，使考查更全面。

2．个性的主要特性

了解个性这种心理现象的特性，我们才能更好地了解每个人的个性特点，才能更好地将其运用到人员的招聘与选拔中，个性具有以下几种主要特性。

1) 个性具有整体性

组成一个人个性的各个要素不是孤立的、互不相关的，而是统一在一个有机的整体之中的。因此，一个人个性结构中的各方面特质应该是彼此协调一致的，而且个性的各个方面是相互联系的，比如一个人在生活中比较粗线条，不太注意细节，他在与朋友的交往当中可能也是比较粗犷，不斤斤计较。

一个人既有自己独特的个性特征，也具有其所从属的团体中一些共同的特征，例如：北方人的群体有一些共同的个性特征，南方人的群体可能具有另一些不同的个性特征。我们知道某人处于某个特定的群体，就可以推论他具有某些特定的个性特征。

2) 个性是一个人稳定的特征

一个人在不同的时间和场合常常表现出一些一致性和持久性的特征，个性的这种稳定性的特征为我们从一个人目前的行为表现推论其未来可能的行为表现提供了可能性。

3) 个性是相对稳定的，但也并不意味着个性是一成不变的

一个人在成长的过程中，受到外界环境和一些因素的影响，个性特征往往会发生一些变化，因此，在对个性进行解释的时候要格外谨慎。

3．个性测量定义

人格测验(personality test)也称个性测验。测量个体行为独特性和倾向性等特征。最常用的方法有问卷和投射技术。问卷法由许多涉及个人心理特征的问题组成，进一步分出多个维度或分量表，反映不同人格特征。

4．个性测量特点

人格测验用于人才选拔或评价，与其他方法相比较，具有以下三方面的特征：① 人格测验，不仅能够用于对在任人才进行工作绩效的考核、评价，而且因为一定的预测性，更适合对人才的选拔过程；② 心理测验用于人才选拔，不仅可以反映人才的外在行为特征，对于内在特征也可进行客观描述；③ 人格测验是以自陈式为主，打破了以往在人事资料获取方式上"他评"为主的做法。

二、个性测量的内容

(一) 气质测量

1．定义

气质是人格的情绪组成部分，奥尔波特认为气质是个人情绪本质的特有现象，包括对情绪刺激的易感性，一贯反应的强度和速度，主导心境的性质，以及心境波动的特殊表现形式和强度，这些现象度被看作是依赖于本质构造的，所以它们主要是器官的遗传特质。

气质(temperament)是人的心理和行为在动力方面典型的、稳定的和持久的特点。所谓心理和行为的动力特点是指心理活动和行为的速度、强度、易变性和稳定性。

2. 气质的学说

1) 体液学说

古希腊医生希波克拉底(公元前 460—公元前 377 年)很早就观察到人有不同的气质，他认为人体内有四种体液：血液、黏液、黄胆汁和黑胆汁。人体内的这四种体液的不同配合比例，将人的气质划分为四种不同类型：多血质、黏液质、胆汁质和抑郁质。

2) 气质的高级神经活动学说

巴甫洛夫认为有四种典型的高级神经活动类型，即活泼的、安静的、不可抑制的、弱的，分别与希波克拉底的四种气质类型相对应，四种气质类型即四种典型的高级神经活动类型的行为表现。其对应关系如表 6-7 所示。除这四种典型的类型外，还有许多中间类型。

表 6-7　气质类型与高级神经活动类型对应关系及特点

气质类型	神经系统的基本特点	高级神经活动类型
多血质	强、平衡、灵活	活泼型
胆汁质	强、不平衡	兴奋型
黏液质	强、平衡、灵活	安静型
抑郁质	弱	抑制型

其特征如下，为方便读者记忆给出代表人物，请读者根据代表人物特征记忆：

(1) 多血质灵活性高，易于适应环境变化，善于交际，在工作、学习中精力充沛而且效率高；对什么都感兴趣，但情感兴趣易于变化；有些投机取巧，易骄傲，受不了一成不变的生活。代表人物：韦小宝，孙悟空，王熙凤。

(2) 黏液质反应比较缓慢，坚持而稳健的辛勤工作；动作缓慢而沉着，能克制冲动，严格恪守既定的工作制度和生活秩序；情绪不易激动，也不易流露感情；自制力强，不爱显露自己的才能；固定性有余而灵活性不足。代表人物：鲁迅，薛宝钗。

(3) 胆汁质情绪易激动，反应迅速，行动敏捷，暴躁而有力；性急，有一种强烈而迅速燃烧的热情，不能自制；在克服困难上有坚忍不拔的劲头，但不善于考虑能否做到，工作有明显的周期性，能以极大的热情投身于事业，也准备克服且正在克服通向目标的重重困难和障碍，但当精力消耗殆尽时，便失去信心，情绪顿时转为沮丧而一事无成。代表人物：张飞、李逵、晴雯。

(4) 抑郁质有高度的情绪易感性，主观上把很弱的刺激当做强作用来感受，常为微不足道的原因而动感情，且有力持久；行动表现上迟缓，有些孤僻；遇到困难时优柔寡断，面临危险时极度恐惧。代表人物：林黛玉。

此外，不同类型气质特点在职业选择上也存在不同的情况：

(1) 胆汁质气质与职业的选择。胆汁质的基本特征是直率，热情，精力旺盛，脾气急躁，情绪兴奋性高，易冲动，反应迅速，心境变化剧烈。择业时，主动性强，具有竞争意识，通常倾向选择且适合于竞争激烈、冒险性和风险性强的职业或社会服务型的职业，如运动员、改革者、探险者等，甚至到偏远及开放地区从业。

(2) 多血质气质与职业选择。多血质的主要特征是活泼，好动，敏感，反应快，善于交际，兴趣与情绪易转换。择业时，积极主动，热情大方，善于推销自己，适应性强，很受用人单位欢迎。通常适合于出头露面，交际方面的职业，如记者、律师、公关人员、秘书、艺术工作者等。

(3) 黏液质气质与职业选择。黏液质的主要特征是安静，稳定，反应迟缓，沉默寡言，情绪不易外露，善于忍耐。择业时，沉着冷静，目标确定后，具有执着追求，坚持不懈的韧性，从而弥补了其他素质的不足。一般适合于医务、图书管理、情报翻译、教员、营业员等工作。

(4) 抑郁质气质与职业选择。抑郁质的典型特征是情绪体验深刻，孤僻，行动迟缓，感受性强，敏感，细致。择业时，思虑周密，有步骤，有计划，一般较适合从事理论研究工作等。

3) 气质体型说

德国精神病学家克瑞奇米尔根据自己对精神病人的观察和研究，提出按体型划分人气质的理论。它认为，人的身体结构与气质特点以及可能患有的精神病种类有一定的关系。而精神病人与正常人只有量的差别而无质的区别。它认为，人的体型可以分为三种类型：

(1) 肥胖型，这种人身材短胖，圆肩阔腰，易患躁狂抑郁症。它们的气质特点是：好社交，通融，健谈，活泼，好动，表情丰富，情绪不定，气质类型为躁郁性气质。

(2) 瘦长型，这种人高瘦纤弱、细长、窄小，易患精神分裂症；其特点是不善社交，内向，退缩，世事通融，害羞沉静，寡言多思，气质类型是分裂型气质。

(3) 斗士型，这种人骨肉均匀，体态与身高成比例，易患癫痫病；其特点是正义感强，注意礼仪，节俭，遵守纪律和秩序，气质类型为黏着性气质。

美国心理学家谢尔顿也是体型说的代表之一。他从胚胎学角度把人分为三类：内胚叶型(柔软、丰满)、中胚叶型(发达、健壮)和外胚叶型(高大、细瘦)。内胚叶型相当于肥胖型；中胚叶型相当于斗士型；外胚叶型相当于瘦长型。并发现气质与体型之间的相关达0.80。

4) 气质血型说

1901年，维也纳大学的卡尔·兰德斯坦纳(Karl Landsteiner)发现血液的不同类型，创立ABO系统，以解决输血过程的障碍问题。这引发了日本心理学家古川竹二的灵感。1927年古川竹二很敏感地将四种血型和四种气质类型联系在一起。他在大量的调查基础上认为，希波克拉特的四种气质类型不是由胆汁和黏液决定，而是由血型决定。他把南德斯依纳的ABO系统与四种气质类型相结合，创立了"气质的血型说"，根据血型把人的气质划分为A型、B型、O型和AB型四种：

A型人精明、理智、内向，不善交际。沉思好静，情绪稳定，忍耐力强。具有独立性，易于守规。做事细心谨慎，但不果断。责任心强，固执。感情含蓄，注重仪表，但不新奇，是处理家务的能手。

B型人聪明、活泼、敏捷、外向，善交际。兴趣广泛多变，精力分散；大事故少，小事故却不少，行动奔放，不习惯束缚；易感情冲动，热心工作，不怕劳累。缺乏细心和毅力。动作语调富于感情，易引起他人注意。爱情上，女性比男性主动。

O型人外向直爽，热情好动，富于精力，爱憎分明，见义勇为，有主见，主观自信，急躁好强，有野心；易激发感情。说话易用教训人的口气，易得罪朋友；动作粗犷，不灵活，不易做耐心的工作；爱情上多属主动，易被别人爱，也易接受别人的爱。长寿者多。

AB 血型人属于复合气质类。机智大方，办事干净利落，冷静、不浮夸。行动有计划，喜分担责任。兴趣广泛。因倾向不同，有的人有领导能力，有的人则沉默寡言、满腹心事，待人接物缺乏经验、易吃亏。

5) 气质激素说

伯曼(I·Berman)是气质的激素理论的重要代表之一。伯曼认为，人的气质特点是由内分泌活动所决定的。他根据人的某种内分泌腺特别发达而把人划分为：甲状腺型、垂体型、肾上腺型、性腺型、副甲状腺型和胸腺型。他认为，不同类型的人，有不同的气质特点。

(1) 甲状腺型。甲状腺分泌增多者精神饱满、不易疲劳、知觉敏锐、意志坚强、处事和观察迅速、容易动感情甚至感情迸发。甲状腺分泌减少者可能发生痴呆症。

(2) 脑垂体型。脑垂体分泌增多者性情强硬、脑力发达、有自制力、喜欢思考、骨骼粗大、皮肤甚厚、早熟、生殖器发达。脑垂体分泌减少者身材短小、脂肪多、肌肉萎弱、皮肤干燥、思想迟钝、行动懦弱、缺乏自制力。

(3) 肾上腺型。肾上腺分泌增多者雄伟有力、精神健旺、皮肤深黑而干燥、毛发浓密、专横、好斗。肾上腺分泌减少者体力衰弱、反应迟缓。

(4) 副甲状腺型。副甲状腺分泌增多者安定、缺乏生活兴趣、肌肉无力。副甲状腺分泌减少者注意力不易集中、妄动、容易激动。

(5) 胸腺型。胸腺位于胸腔内，幼年发育，青春期后停止生长，逐渐萎缩。如果成年胸腺不退化者，则单纯、幼稚、柔弱、不善于处理工作。

(6) 性腺型。性腺分泌增多者常感不安、好色、具有攻击性。性腺分泌减少者则性的特征不显现，易同性恋，进攻行为少。

(二) 人格测量

人格主要指人所具有的与他人相区别的独特而稳定的思维方式和行为风格。它是一个整体的精神面貌，是具有一定倾向性的和比较稳定的心理特征的总和。人格特点存在个体差异性，不同的人具有不同的人格特点。人格同能力一样，也是影响一个人的工作效率、工作业绩的重要因素，因此在企业招聘过程中，运用人格测验将具有与组织匹配人格特点的人留在组织之内，能确保组织的高效良性运转和人员的相对稳定性。虽然一个人的人格从表面上很难把握，但由于人格具有差异性、倾向性和稳定性，因此可以通过一些科学的人格测评量表将一个人的人格特征测试出来。

由于个人的行为随时间而有所改变，所以个性测验所测量的行为比能力测验的稳定性差。因此，个性测验只能作为咨询作为人事选拔参考工具加以使用。又由于个性测验工具的编制难度较大，所以目前国内很少有自己编制的个性测验工具，修订并用于国内的国外心理测试技术也不很多。在此，只介绍两个人格测试工具：卡特尔 16 种人格因素测验和菲尔人格测验。

1. 卡特尔 16 种人格因素测验

此套测验工具是由美国心理学家卡特尔(R.B.Cattell)经过近 30 年的研究，通过运用一系列严密的科学手段研制出来的量表。他认为人的个性是由许多特性所构成的，由于各种特性在一个身上的不同组合，构成了一个不同于他人的独特个性。他把人的个性分为"表面特性"和"根源特质"。所谓表面特性，是指一个人经常发生的，可以从外部观察到的行为；而根源特质则是制约着表面特性的潜在基础。他把对人类行为的 80 种描述称为人格的表面特质，并将这种描述通过因素分析的统计合并成 16 种因素(即乐群性、聪慧性、稳定性、恃强性、兴奋性、有恒性、敢为性、敏感性、怀疑性、幻想性、世故性、忧虑性、实验性、独立性、自律性、焦虑性)，称这 16 种因素为根源特质。他认为只有根源特质才是人类潜在的、稳定的人格特征，是人格测验应把握的实质。然后他又据此编制了专门的量表来测量这 16 种特质。由于卡特尔 16 种人格因素测验具有较好的信度和效度，因而在全世界应用范围很广。我国是 20 世纪 80 年代开始引进此种测验的。

(1) 测验内容：卡特尔 16 人格特质测验共由 187 个测验题目组成，包含 16 种人格特质因素。每一种人格特质因素由 10～13 个测试题予以确定。16 种因素的测题采取按序轮流排列，以便于计分，并保持被测试者作答时的兴趣。每一测题备有 3 个可能的答案。被试折中地选择。测验的指导语和题目可由被试自己看，也可由主试者念给被试者听，可以个别施测，也可团体施测。测验时，每个被试发一份答卷纸，没有时间限制，并要求被试以第一印象依题序作答，无须迟疑不决，拖延时间。

(2) 测验的计分方法：卡特尔集中人格因素测验表中的每一道题个有 ABC 三个答案，可得 0 分、1 分或者 2 分不等。但在此特别强调针对聪慧性因素，即因素 B 的测验题，答对者记 1 分，不对者记 0 分。受测者可将个人答卷纸上的答案与计分标准对照，计算出其在 16 种人格因素上所得的原始分。然后，根据受测者的年龄查常模表(经广泛抽样调查所获知大多数人在 16 种人格因素上得分的状态表)，可通过常模表将原始分转换成 0～10 的量分表。

(3) 16PF 的应用：用 16PF 既可以测出一个人的某一方面个性特征，又可以对一个人的个性进行综合分析，作出全面评价。在 16PF 的多年应用过程中，积累了大量的各种职业和患各种类型的心理疾病的人的个性资料，经过分析研究，又可以用一些特殊的公式，计算出如下几种综合性的个性因素：心理健康者个性因素；专业有成就者的个性因素；创造性强者的个性因素。

2. 菲尔人格测验简介

菲尔人格测验量表如表 6-8 所示。

表 6-8　菲尔人格测验简介

1. 你何时感觉最好？	A. 早晨　　　　　　　B. 下午及傍晚　　　　　C. 夜里
2. 你走路时是？	A. 大步地快走　　　　B. 小步地快走　　　　C. 不快，仰着头面对着世界 D. 不快，低着头　　　E. 很慢
3. 和人说话时，你？	A. 手臂交叠站着　　　B. 双手紧握　　　　　C. 一只手或两手放在臀部 D. 碰着或推着与你说话的人 E. 玩着你的耳朵、摸着你的下巴或用手整理头发
4. 坐着休息时，你的？	A. 两膝盖并拢　　　　B. 两腿交叉　　　　　C. 两腿伸直 D. 一腿蜷在身下
5. 碰到你感到发笑的事时，你的反应是？	A. 一个欣赏的大笑　　　　B. 笑着，但不大声　　　C. 轻声地咯咯地笑 D. 羞怯的微笑

6. 当你去一个派对或社交场合时，你会？	A. 很大声地入场以引起注意　　　　B. 安静地入场，找你认识的人
	C. 非常安静地入场，尽量保持不被注意
7. 当你非常专心工作时，有人打断你，你会？	A. 欢迎他　　　　B. 感到非常恼怒　　　　C. 在上述两极端之间
8. 下列颜色中，你最喜欢哪一种颜色？	A. 红或橘色　　　B. 黑色　　　　　　　C. 黄色或浅蓝色
	D. 绿色　　　　　E. 深蓝色或紫色　　　F. 白色
	G. 棕色或灰色
9. 临入睡的前几分钟，你在床上的姿势是？	A. 仰躺，伸直　　B. 俯躺，伸直　　　　C. 侧躺，微蜷
	D. 头睡在一手臂上　E. 被子盖过头
10. 你经常梦到自己在？	A. 落下　　　　　B. 打架或挣扎　　　　C. 找东西或人
	D. 飞或漂浮　　　E. 你平常不做梦　　　F. 你的梦都是愉快的

菲尔测试题得分标准：经过上述 10 项测试后，再将所有分数相加；评分标准如表 6-9 所示。

表 6-9　菲尔测试评分标准

	A	B	C	D	E	F	G
1	2	4	6				
2	6	4	7	2	1		
3	4	2	5	7	6		
4	4	6	2	1			
5	6	4	3	5			
6	6	4	2				
7	6	2	4				
8	6	7	5	4	3	2	1
9	7	6	4	2	1	1	
10	4	2	3	5	6		

结果分析：

(1) 低于 21 分：内向的悲观者。人们认为你是一个害羞的、神经质的、优柔寡断的人，需要人照顾，永远要别人为你做决定不想与任何事或任何人有关。他们认为你是一个杞人忧天者，一个永远看到不存在的问题的人。有些人认为你令人乏味，只有那些深知你的人知道你不是这样的人。

(2) 21～30 分：缺乏信心的挑剔者。你的朋友认为你勤勉刻苦、很挑剔。他们认为你是一个谨慎的、十分小心的人，一个缓慢而稳定辛勤工作的人。如果你做任何冲动的事或无准备的事，你会令他们大吃一惊。他们认为你会从各个角度仔细地检查一切之后仍经常决定不做。他们认为对你的这种反应一部分是因为你的小心的天性所引起的。

(3) 31～40 分：以牙还牙的自我保护者。别人认为你是一个明智、谨慎、注重实效的人。也认为你是一个伶俐、有天赋有才干且谦虚的人。你不会很快、很容易和人成为朋友，但是是一个对朋友非常忠诚的人，同时要求朋友对你也有忠诚的回报。那些真正有机会了解你的人会知道要动摇你对朋友的信任是很难的，但相等的，一旦这信任被破坏，会使你很难熬过。

(4) 41～50分：平衡的中道。别人认为你是一个新鲜的、有活力的、有魅力的、好玩的、讲究实际的、而永远有趣的人；一个经常是群众注意力的焦点，但是你是一个足够平衡的人，不至于因此而昏了头。他们也认为你亲切、和蔼、体贴、能谅解人；一个永远会使人高兴起来并会帮助别人的人。

(5) 51～60分：吸引人的冒险家。别人认为你是一个令人兴奋的、高度活泼的、相当易冲动的个性；你是一个天生的领袖、一个做决定会很快的人，虽然你的决定不总是对的。他们认为你是大胆的和冒险的，会愿意试做任何事至少一次；是一个愿意尝试机会而欣赏冒险的人。因为你散发的刺激，他们喜欢跟你在一起。

(6) 60分以上：傲慢的孤独者。别人认为对你必须"小心处理"。在别人的眼中，你是自负的、自我中心的、是个极端有支配欲、统治欲的。别人可能钦佩你，希望能多像你一点，但不会永远相信你，会对与你更深入的来往有所踌躇及犹豫。世界本来就是层层嵌套，周而复始；不以任何的意志而改变。

3．明尼苏达多项人格测验

《明尼苏达多项人格测验》简称 MMPI，是现今国外最流行的人格测验之一，此量表是由美国明尼苏达大学教授 S.R.Hathaway 和 J.C.Mckinley(哈瑟韦·麦金利)所合作编制。该量表的内容包括健康状态、情绪反应、社会态度、心身性症状、家庭婚姻问题等 26 类题目，可鉴别强迫症、偏执狂、精神分裂症、抑郁性精神病等。

4．MBTI 性格类型测试

MBTI 性格理论始于著名心理学家荣格的心理类型的学说，后经美国的 Katharine Cook Briggs 与 Isabel Briggs Myers(迈尔斯-布里格斯)深入研究而发展成型。目前它已被翻译成十多种文字。近年来，全世界每年有 200 多万人次接受 MBTI 测试。据统计，世界前一百强公司中有 89%的公司引入使用 MBTI 作为员工和管理层自我发展、改善沟通、提升组织绩效的重要方法。

MBTI 的维度和偏好如表 6-10 所示。按照维度的划分，可将人员分为四种类型。

表 6-10　MBTI 的难度和偏好

能量倾向：	Extraversion (E)	vs. Introversion(I)	外倾/内倾
接受信息：	Sensing(S)	vs. Intuition(N)	感觉/直觉
处理信息：	Thinking(T)	vs. Feeling(F)	思考/情感
行动方式：	Judging(J)	vs. Perceiving(P)	判断/知觉

1) SJ——现实的决策者

"忠诚的监护人"有很强的责任心与事业心，喜欢解决问题，忠诚，按时完成任务，关注细节，强调安全、礼仪、规则、结构和服从，喜欢服务于社会需要。大约有 50%左右 SJ 偏好的人为政府部门及军事部门工作，并且显现出卓越成就。在美国执政过的 41 位总统中有 20 位是 SJ。

2) SP——天才的艺术家

"适应的现实主义者"有冒险精神，反应灵敏。在任何要求技巧性强的领域中游刃有余，常常被认为是喜欢活在危险边缘寻找刺激的人。为行动、冲动和享受现在而活着。

SP 被称赞为天才的艺术家，如麦当娜、篮球魔术师约翰逊、音乐大师莫扎特等。

3) NF——理想主义者、精神领袖

"热心而有洞察力"在精神上有极强的哲理性，善于言辩、充满活力、有感染力。帮助别人成长和进步，具有煽动性，用"教导"的方式帮助他人。约有一半的人在教育界、宗教界以及心理学等行业显示着他们的非凡成就。列宁、孙中山、甘地都是这种类型的人。

4) NT——科学家、思想家的摇篮

"有逻辑性且机敏"天生有好奇心，有独创性、洞察力，有兴趣获得新知识，有极强的分析问题、解决问题的能力。NT 是思想家、科学家的摇篮。大多数人喜欢物理、管理、电脑、工程等理论性和技术性强的工作。达尔文、牛顿、爱迪生、瓦特这些发明家、科学家大多是这种特点的人。

5. DISC 性格测试

DISC 理论由美国心理学家威廉·莫尔顿·马斯顿博士(Dr.William Moulton Marston)在1921 年的著作《常人的情绪》(Emotion of Normal People)中提出。DISC 性格测试主要从指挥者(D)、社交者(I)、支持者(S)和修正者(C)四个主要维度特质对个体进行描绘，揭示个体激励因素、沟通方式、决策风格、能力特长、抗压能力等等特质。目前广泛用于企业招聘、选拔、培训、团队建设、管理沟通等和个人用于提升潜能、解决人际冲突、增强幸福感等。

DISC 理论对不同的年龄、性别、种族、国别的人们均适用，已经成为人类共同的性格语言。迄今为止，有多家公司根据 DISC 理论开发出相应的 DISC 性格测试，已经广泛应用于政府、军队和企业。

(三) 职业兴趣测量

职业兴趣测验(vocational interest tests)是心理测量的一种方法，它可以表明一个人最感兴趣的并最可能从中得到满足的工作是什么。该测试将个人兴趣与那些在某项工作中比较成功的员工的兴趣进行比较，可用于了解一个人的兴趣方向以及兴趣序列。

兴趣似乎在很长时期内是稳定的，并与某些领域的成功有关。但是，兴趣不等于才能或能力，对这些特点的测试应与兴趣测试同时进行。此外，在兴趣测试问题的回答上很容易作假，虽然在员工选择中可能用到一些兴趣测试，但是它们主要用于评议和职业的指导方面。

1. 霍兰德职业兴趣理论简介

约翰·霍兰德(John Holland)是美国约翰·霍普金斯大学心理学教授、美国著名的职业指导专家。他于 1959 年提出了具有广泛社会影响的职业兴趣理论。他认为人的人格类型、兴趣与职业密切相关，兴趣是人们活动的巨大动力，凡是职业兴趣的职业，都可以提高人们的积极性，促使人们积极、愉快地从事该职业，而且职业兴趣与人格之间存在很高的相关性。人格可分为社会型、企业型、常规型、实际型、调研型和艺术型六种类型。

1) 社会型(S)

共同特征：喜欢与人交往、不断结交新的朋友、善于言谈、愿意教导别人；关心社会问题、渴望发挥自己的社会作用；寻求广泛的人际关系，比较看重社会义务和社会道德。

典型职业：喜欢要求与人打交道的工作，能够不断结交新的朋友，愿意从事提供信息、启迪、帮助、培训、开发或治疗等工作，并具备相应的能力，如教育工作者(教师、教育行政人员)，社会工作者(咨询人员、公关人员)。

2) 企业型(E)

共同特征：追求权力、权威和物质财富，具有领导才能；喜欢竞争、敢冒风险、有野心、有抱负；为人务实，习惯以利益得失、权力、地位、金钱等来衡量做事的价值，做事有较强的目的性。

典型职业：喜欢要求具备经营、管理、劝服、监督和领导才能，实现机构、政治、社会及经济目标的工作，并具备相应的能力，如项目经理、销售人员、营销管理人员、政府官员、企业领导、法官、律师。

3) 常规型(C)

共同特征：尊重权威和规章制度，喜欢按计划办事，细心、有条理，习惯接受他人的指挥和领导，自己不谋求领导职务；喜欢关注时机和细节情况，通常较为谨慎和保守，缺乏创造性，不喜欢冒险和竞争，富有自我牺牲精神。

典型职业：喜欢要求注意细节、精确度、有系统、有条理，具有记录、归档、根据特定要求或程序组织数据和文字信息职业，并具备相应的能力，如秘书、办公室人员、记事员、会行政助理、图书馆管理员、出纳员、打字员、投资分析员。

4) 实际型(R)

共同特征：愿意使用工具从事操作性工作，动手能力强，做事手脚灵活，动作协调；偏好具体任务，不善言辞，做事保守，较为谦虚；缺乏社交能力，通常喜欢独立做事。

典型职业：喜欢使用工具、机器，需要基本操作技能的工作，对要求具备机械方面才能、体力或从事与物件、机器、工具、运动器材、植物、动物相关的职业有兴趣，并具备相应的能力，如技术性职业(计算机硬件人员、摄影师、制图员、机械装配工)，技能性职业(木匠、厨师、技工、修理工、农民、一般劳工)。

5) 调研型(I)

共同特征：思想家而非实干家，抽象思维能力强，求知欲强，肯动脑，善思考，不愿动手；喜欢独立的和富有创造性的工作；知识渊博，有学识才能，不善于领导他人；考虑问题理性，做事精确，喜欢逻辑分析和推理，不断探讨未知的领域。

典型职业：喜欢智力的、抽象的、分析的、独立的定向任务，要求具备智力或分析才能，并将用于观察、估测、衡量、形成理论、最终解决问题的工作，并具备相应的能力，如科学研究人员、教师、工程师、电脑编程人员、医生、系统分析员。

6) 艺术型(A)

共同特点：有创造力，乐于创造新颖、与众不同的成果，渴望表现自己的个性、实现自身的价值；做事理想化；追求完美，不重实际；具有一定的艺术才能和个性；善于表达，怀旧，心态较为复杂。

典型职业：喜欢的工作要求具备艺术修养、创造力、表达能力和直觉，以将其用于语言、行为、声音、颜色和形式的审美、思索和感受，并具备相应的能力，如艺术方面(演员、导演、艺术设计师、雕刻师、建筑师、摄影师、关高制作人)，音乐方面(歌唱家、作曲家、乐队指挥)，文学方面(小说家、诗人、剧作家)。

然而，大多数人都并非只有一种兴趣(比如，一个人的兴趣中很可能同时包含社会型、实际型和调研型这三种)。霍兰德认为，这些兴趣越相似，相容性越强，则一个人在选择职业时所面临的内在冲突和犹豫就会越少。为了帮助描述这种情况，霍兰德建议将这六种兴趣分别放在一个正六边形的每一角(见图6-1)。

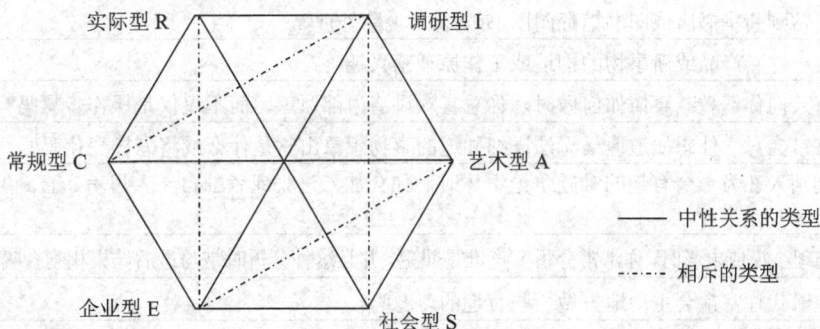

图6-1 霍兰德职业兴趣理论

员工的工作满意度与流动倾向性，取决于个体的人格特点与职业环境的匹配程度。当人格和职业相匹配时，会产生最高的满意度和最低的流动率。例如，社会型的个体应该从事社会型的工作，社会型的工作对实际性的人则可能不合适。这一模型的关键在于：个体之间在人格方面存在本质差异；个体具有不同的类型；当职业环境与人格类型协调一致时，会产生更高的工作满意度和更低的离职可能性。

如何选择一个适合自己的兴趣类型的职业呢？下面有一个职业选择测验，可能对你会有所帮助。下面这份测验分为R、I、A、S、E、C六部分，其中R代表"现实型"；I代表"研究型"；A代表"艺术型"；S代表"社会型"；E代表"企业型"；C代表"常规型"。它每一部分由8道题组成。请根据自己的实际情况做出回答。符合的，则把该问题后面的"是"圈起来；难以回答的，则把"?"圈起来；不符合的，则把"否"圈起来。霍兰德职业兴趣测试如表6-11所示。

表6-11 霍兰德职业兴趣测试题

测 验 题 目	答卷
R	
1 你曾经将钢笔全部拆散加以清洗并能独立地将它装起来吗？	是? 否
2 你会用积木搭出许多造型吗？或小时候常拼七巧板吗？	是? 否
3 你在中学里喜欢做实验吗？	是? 否
4 你对一些动手较多的技术工(如电工、修钟表、印照片、织毛衣、绣花、剪纸等)很感兴趣吗？	是? 否
5 当你家里有些东西需要小修小补时(诸如窗子关不严，凳子坏了，衣服不合身等)，常常是由你来做吗？	是? 否
6 你常常偷偷地去摸弄不让你摸弄的机器或机械(诸如打字机、摩托车、电梯、机床等)吗？	是? 否
7 你是否体会到身边有一把镊子钳或老虎钳等工具，会给你提供许多便利吗？	是? 否
8 看到老师傅在做活，你能很快地、准确地模仿吗？	是? 否

续表

I		
1	你对电视或单位里的智力竞赛很有兴趣吗?	是? 否
2	你经常到新华书店或图书馆翻阅图书(文艺小说除外)吗?	是? 否
3	你对一件新产品或新事物的构造或工作原理感兴趣吗?	是? 否
4	当有人向你请教某事情如何做时,你总喜欢讲清内部原理,而不仅仅是操作步骤吗?	是? 否
5	你常常会对一件想知道但又无法详细知道的事物想象出它是什么或将怎样变化吗?	是? 否
6	看到别人在为一个有趣的难题争论不休时,你会加入进去或者独自一人思考,直到解决为止吗?	是? 否
7	看推理小说或电影时,你常常分析究竟谁是罪犯,并且这种分析时常与最后结果相吻合吗?	是? 否
8	学生时代你常常会主动地去做一些有趣的习题吗?	是? 否
A		
1	你对戏剧、电影、文艺小说、音乐、美术等其中的一两个方面较感兴趣吗?	是? 否
2	你常常喜欢对文艺界的明星品头论足吗?	是? 否
3	你参加过文艺演出、绘画训练或经常写写诗歌、短文吗?	是? 否
4	你的朋友经常赞扬你把自己的房间布置得比较优雅并有品味吗?	是? 否
5	你对别人的服装、外貌以及家具摆设等能做出比较准确的评价吗?	是? 否
6	你认为一个人的仪表美主要是为了表现一个人对美的追求,而不是为了得到别人的赞扬或羡慕吗?	是? 否
7	你觉得工作之余坐下来听听音乐,看看画册或欣赏戏剧等,是你最大乐趣吗?	是? 否
8	遇到有美术展览会,歌星演唱会等活动,你常常去观赏吗?	是? 否
S		
1	你常常主动给朋友写信或打电话吗?	是? 否
2	你能列出五个你自认为够朋友的人吗?	是? 否
3	你很愿意参加学校、单位或社会团体组织的各种活动吗?	是? 否
4	你看到不相识的人遇到困难时,能主动去帮助他,或向他表示你同情与安慰的心情吗?	是? 否
5	你喜欢去新场所活动并结交新朋友吗?	是? 否
6	对一些令人讨厌的人,你常常会由于某种理由原谅他,同情他甚至帮助他吗?	是? 否
7	有些活动,虽然没有报酬,但你觉得这些活动对社会有好处,就积极参加吗?	是? 否
8	你很注意你的仪容风度,这主要是为了让人产生良好的印象吗?	是? 否
E		
1	当你有了钱后,你愿意用于投资吗?	是? 否
2	你常常能发现别人组织的活动的某些不足,并提出建议让他们改进吗?	是? 否
3	你相信如果让你去做一个个体户,一定会成为万元户吗?	是? 否
4	你在上学时曾经担任过某些职务(诸如班干部、课代表等)并且自认为干得不错吗?	是? 否
5	你有信心去说服别人接受你的观点吗?	是? 否
6	你对一大堆的数字感到头疼吗?	是? 否
7	做一件事情时,你常常事先仔细考虑它的利弊得失吗?	是? 否
8	在别人跟你算账或讲一套理由时,你常常能换一个角度考虑,而发现其中的漏洞吗?	是? 否

续表

C		
1	你能够用一两个小时坐下来抄写一份你不感兴趣的材料吗？	是？ 否
2	你能按领导或老师的要求尽自己的能力做好每一件事吗？	是？ 否
3	无论填报什么表格，你都非常认真吗？	是？ 否
4	在讨论会上，如果不少人已经讲的观点与你的不同，你就不发表自己的观点了吗？	是？ 否
5	你常常觉得在你周围有不少人比你更有才能吗？	是？ 否
6	你喜欢重复别人已经做过的事情而不喜欢做那些要自己动脑筋摸索着干的事吗？	是？ 否
7	你喜欢做那些已经很习惯的工作，同时最好这种工作责任小一些，工作时还能聊聊天，听听歌曲吗？	是？ 否
8	你经常将非常琐碎的事情整理好吗？	是？ 否

该套测试题的记分方法是：每圈一个"是"计1分，每圈一个"？"计0分，每圈一个"否"计−1分。将上述按顺时针排序形成一个正六边形，再选出其中得分前三位并按照顺序排列，即可得出适合你从事的职业类型。如果你在某一部分得分最高，说明你具有该种职业兴趣。

2. 斯特朗职业兴趣量表

1927年，斯特朗编制完成了第一份正式的职业兴趣量表，这是最早的职业兴趣测验。他的方法是先编制设计各种职业、学校科目、娱乐活动及人的类型的问卷，然后取两组被试者，一组代表专门从事某种工作的标准职业者，另一组代表一般人，让两组被试者接受测验，将反应不同的题目放在一起，构成职业兴趣量表。

斯特朗职业兴趣量表是国外比较流行的一种职业兴趣测验量表，它广泛地引用于人才测评，为个人职业选择提供了非常有效的讯息，为企业的选员提供了非常有益的信息。

斯特朗兴趣调查表 TM 是斯特朗编制的量表工具的最新版。该调查表包括317个题目，分为以下8个部分：

(1) 职业。135个职业名称，对其中每一个做出反应：喜欢(L)，无所谓(I)，不喜欢(D)。

(2) 学校科目。39个学校科目，对其中每一个做出反应：喜欢(L)，无所谓(I)，不喜欢(D)。

(3) 活动。46个一般职业活动，对其中每一个做出反应：喜欢(L)，无所谓(I)，不喜欢(D)。

(4) 休闲活动。29个娱乐活动或爱好，对其中每一个做出反应：喜欢(L)，无所谓(I)，不喜欢(D)。

(5) 不同类型的人。20类人，对其中每一个做出反应：喜欢(L)，无所谓(I)，不喜欢(D)。

(6) 两种活动之间的偏好。30对活动，对每对活动指出偏爱左边的活动(L)或右边的活动(R)，或没有偏好(=)。

(7) 你的个性。12种个性特点，根据其是否描述了自己，做出反应：是，不知道，否。

(8) 对工作世界的偏好。6对观念、数据和事物，在每对中指出偏爱左边的题目(L)或右边的题目(R)，或没有偏好(=)。

尽管斯特朗兴趣调查表在题目、形式和施测程序上与以前的版本并没有本质的变化，但其内容进行了扩展，包含 211 个职业量表(其中男性和女性各自独立的量表各有 102 个，另外 7 个职业量表只有一种性别的版本)。

三、个性测量的方法与技术

1. 自陈量表式测验

概念：自陈量表法就是让被试者按自己的意见，对自己的人格特质进行评价的一种方法。自陈量表通常也称为人格量表(personality inventory)。自陈量表通常由一系列问题组成，一个问题陈述一种行为，要求被试按照自己的情形来回答。

自陈式量表的题目形式

1) 是非式

我喜欢参加热闹的公共集会。　　　　　　　　是□　否□

2) 折中是非式

有时我的思想很乱。　　　　　　　　　　　是□　否□　不一定□

3) 多重选择式

我最喜欢的朋友是这样的人：

A. 诚实的人　　　　　B. 热情的人　　　　　C. 能干的人　　　　D. 幽默的人

4) 迫选式

所谓迫选式，就是必须从两个给定的选项中选出一个来。

例如：

A. 我喜欢修理一些家用电器。　　　　　　□

B. 我喜欢在业余时间里写一些抒情散文。　　□

如果两个都喜欢，那么就选出一个相对更喜欢的；如果两个都不喜欢，那么就选择一个相对不那么讨厌的。

5) 利克特式五点或七点量表式

你对自己的家庭满意吗?

非常满意□　　　比较满意□　　　无所谓□　　　不大满意□　　　极不满意□

我一个人呆坐着思考问题。54321 数字表示强度和频度。5 分表示经常，4 分表示多次，3 分表示偶尔，2 分表示很少，1 分表示从不。

自陈式量表的特点：

(1) 测量工具一般为调查表。所谓调查表就是了解被试情况的细目表，相当于一个标准化的访谈提纲。

(2) 题目的数量比较多。由于人格特质种类繁多，但大多数没有明确的定义，而人的行为又是由多种因素决定的，很容易受具体情境影响，如果题目数量太少，就不可能测出完整的人格结构和被试的典型行为。

(3) 在同一个量表中往往包含几个分量表，每个分量表测量一种人格特质。

(4) 测验通常采用纸笔形式，可以进行团体施测。

(5) 在人格测验中，被试者应按自己的实际情况答，但有人为了给别人以好印象或把自己装扮成具有某种人格特征的人，会做出不符合实际的回答。有时，被试还会表现出一些特殊的反应倾向，如猜测、折中、默认等等。

2．投射测验

所谓投射就是让人们不自觉的情况下，把自己的态度、冲突、价值观、需要、愿望、情绪等在下意识的水平的个性特征在他人或环境中其他事务中反映出来的过程，我们通过投射测验所获得的资料来揭示人格深层的无意识的内容。此类方法是向被试者提供一种未经组织的刺激情境，让被测试者在不受限制的情境下，自由表现出他的反映，通过分析反映的结果，就可以推断他的某些个性特征，在这里，刺激情境对决定被测评者的反映并不重要，他的作用只是像荧幕一样，被测评者把他的个性特点投射到这张荧幕上来，因此利用这种投射技术编制的测验叫做投射测验。

四、常用的个性测验介绍

1.《明尼苏达多项人格测验》

简称 MMPI，是现今国外最流行的人格测验之一，此量表是由美国明尼苏达大学教授 S.R.Hathaway 和 J.C. Mckinley(哈瑟韦-麦金利)所合作编制。该量表的内容包括健康状态、情绪反应、社会态度、心身性症状、家庭婚姻问题等26类题目，可鉴别强迫症、偏执狂、精神分裂症、抑郁性精神病等。

2.《卡特尔16种人格因素量表》

简称16PF，是美国伊利诺州立大学人格及能力测验研究所卡特尔教授(R. B. Cattell)经过几十年的系统观察和科学实验，以及用因素分析统计法慎重确定和编制而成的一种精确的测验。这一测验能以约四十五分钟的时间测量出十六种主要人格特征，凡具有相当于初三以上文化程度的人都可以使用。

3.《加州心理调查表》

其由美国加州大学的心理学教授高夫设计，在我国有修订版本。该量表是一个自陈式量表，适合 12～70 岁有一定文化程度的人。这是目前在招聘选拔中广泛使用的一个个性测验。

第五节　使用心理测量的注意事项

一、存在的法律问题

心理测量过程中会存在如下法律问题：① 在心理测验过程当中，不时会存在一些测验者过于主观而根据自己的好恶下结论且任意修改结论的问题，也有部分主试会将测验作为压制人的工具，作为搞不正之风的手段；② 不少人误以为任何人都可以进行心理测量，任何人都可以正确地理解和使用心理测量；③ 有些人未经测验版权拥有者的许可擅自使用测验；④ 有时会存在被测者的测验结果被散播的情况，在无关人员或者被测者不愿透漏的人员中公开。

　　但是我们可以通过以下方法加以避免：

　　(1) 测验者应遵守道德规范，对待被测者要公正，反映测验成绩要客观，不能以自己的主观好恶下结论，不能任意修改结论。任何工作都有必须遵守的道德规范，心理测验也是如此。为了保证测验的价值，防止测验失效，测验者应遵守测验的职业道德。一个主试决不能将测验作为压制人的工具，也不能将其作为搞不正之风的手段。主试应当保持公正的态度，特别要防止受"晕轮效应"、"近因效应"等知觉偏见的影响。

　　(2) 由于心理测验的编制都是依据一定的心理学原理和心理测量学方法，因此只有接受过正规培训的专业人士才有可能正确地理解和使用心理测验。很多国家都会对心理测验的专业人士进行资格认定，我国虽然没有明确的资格鉴定，但为了保证招聘选拔的有效性，也应该请专业人员实施心理测验。在进行心理测验时，应该有经过专门训练的心理学专家的指导。再者，我们在进行心理测验时，评价一定要谨慎，这样才能够全面地、合乎逻辑地、科学地来评价一个人的心理素质和他的潜在能力。从专业素质方面来看，一个合格的心理测验使用者必须经过严格的心理测量学知识的培训，通晓基础心理学的基本知识，对具体的心理测验应接受测验编制者或修订者的专门培训。心理测验和其他科学工具一样，必须加以适当的应用，才能发挥其功效，如果滥用或由不够资格的人员实施、解释，则会引起不良后果。只有具备专业资格者，才能够正确选择有效的测量工具，在记分时力求保持客观，并有效地控制测验误差，准确地解释测验结果。

　　(3) 心理测验是由专业人士开发的知识产品，因此也有知识产权的问题。有些人未经测验版权拥有者的许可擅自使用测验，这种行为是不被认可的，也是违反了法律规定的。

　　(4) 注意测验的保密。测验的保密主要有两个方面：一个方面是对测验内容的保密。心理测验的内容包括测验器材是不可以向社会泄露的，也不可以随意让不够资格的人员使用，以免使测验失去控制，造成滥用。另一方面是对测验结果的保密。测试结束后，测试的结果应该严格保密，接触测验成绩的人只能是有法律需要并允许接触成绩的人或者能够对成绩进行正确解释的人。测试成绩是具有个人档案机密的资料，是不应该随便让无关人员甚至当事人知道的。同时要对个人隐私加以保密，因为心理测验涉及个人的智力、能力等方面的隐私，这些内容严格来说应该只让受测者以及他愿意让其知道的人了解，以保护测试者的隐私。

二、可能产生的误差

　　心理测量在实施测验过程中，由于受到主观及客观因素的影响，可能会出现某种误差。在一个选拔过程中，被测评者往往要接受多项心理测验，测评的步骤会对测验结果产生影响，稍不注意就会产生很大的误差。

　　由于计算机技术的发展，心理测量学家将标准化测验与计算机结合起来、产生出计算机辅助测验，而且现在也出现了在网络上施测的测验。无疑计算机辅助测验使得心理测验的实施更加标准化，也减少了不必要的误差。但目前市场上在人员选拔中使用的计算机化测验，只是通过编制一个计算机软件，使测验题目的呈现、判分、结果的呈现等均通过计算机自动完成。计算机辅助测验就是将传统的测验搬到计算机上，将传统的纸上呈现题目的方式改由计算机呈现，并由计算机来完成一些比较机械而又繁琐的工作，然而计算机自动生成的对结果的解释往往比较粗糙。

但是我们可以通过以下方法加以避免：

(1) 为了使测验的结果准确，就必须尽量控制误差。所以，主试在测验过程中的操作应严格按照测验的规定和要求实施，掌握其他有关的注意点，并善于安定受测者的情绪，让受测者乐于将其真实的想法表达出来。

(2) 与传统的测验相比，计算机辅助测验在实践时更加标准化，计分也更加容易。此外，编制得比较好的计算机辅助测验还能做到常模的自动更新。但是，现在的计算机还难以实现智能化的功能，对结果的解释无非就是用一系列条件语句来编程，例如，如果分数在 10～20 之间，就输出什么样的描述语言，最后将这些语言堆砌到一起。因此，在对结果进行解释时，一定要借助专业人员人脑的加工。

(3) 被测评者长时间地接受测评，会造成生理上和心理上的疲劳，从而影响其作答的效果。因此，在安排测评步骤时，应在测评的过程中安排适当的休息。如果使用了时间较长的测评方法，一定要注意控制测评方法的总数量。

(4) 在能力测验中有时会出现练习效应。先进行的测验对后进行的测验起到一定的提示作用，即在先进行的测验中进行了学习和练习，使得后进行的测验的成绩明显提高。在安排测评的步骤时，也应尽量考虑到这个问题。

(5) 实施多个能力测验与多个个性测验时，一般将它们进行交替地安排。可以先实施一个个性测验，再实施一个能力测验，然后再实施一个人格测验，再接下去实施一个能力测验。

(6) 一般来说，最先呈现给被测评者的测评方法应该是较为简单的或比较容易引起其兴趣的。如果一开始就呈现给被测评者一个复杂的或枯燥的测验，那么，他在进行后续的测评时，情绪和动机就会受到影响。

(7) 当同时包含有时间限制和没有时间限制的测验时，一般来说，应先进行有时间限制的测验，因为多个被测评者的作答速度往往不一致，如果先进行没有时间限制的测验，那么先答完的被测评者就需要等候后答完的被测评者，然后才能一起开始做限时测验。

三、对于心理测量可能产生的偏见

长期以来，在心理测验的使用过程中存在着很多争论，包括对所测量因素的界定，衡量这些因素的方法以及应聘者是否能够诚实的回答问题等都存在不同的观点。除了这些测验本身的问题外，许多未受过专门训练的人滥用心理测验，也破坏了测验在社会公众中的形象，但因为目前大多数人都认为心理因素与工作绩效之间存在密切的关系，所以，只要职务分析显示完成该职位的工作具有特定的心理素质要求，就有必要实施心理测验。

另外，一些主客观因素也影响着心理测量的信度和效度，对量表分数的解释也将影响到心理测量的科学性和严肃性。因此，在进行心理测量时，还应注意以下几方面的问题：

(1) 测量环境。测量环境包括测量时的物理环境和心理环境两个方面。对测量中物理环境的控制就是要最大限度地减少环境中无关因素对测量效度的影响。对测量中心理环境的控制就是要求测验实施者与被试者之间建立起和谐的人际关系，营造出良好的心理氛围，以消除被试者对测量的非适度焦虑。

(2) 测量时间。一般来说，心理测量(尤其是智力测量)应在双方身心状态都较和谐的时候进行。这既能提高测验实施者反应(评价)的客观性，又能保证被试者反应的准确性和敏捷性，使被试者的自我认识更加客观。一般说来，能力测验和成就测验都有严格的时间限制，而人格测验和态度测验一般则无时限。

(3) 指导语。在进行心理测量前，测验实施者都要向被试说明如何完成心理测量。测试前准备工作要充分，测验一般应事先约定，施测时正确使用指导语，不可随意提示或加以暗示。

(4) 测谎分数的处理。在人格测验中，为了检查被试回答的真实性和有效性，常常会在量表或回答中穿插有测谎题。其实，测谎分数，在心理测量学上被称之为"真实性校正分数"，它只是说明被试回答是否真实，用于鉴定量表的有效性，并不代表其他含义。

(5) 受测者要正确对待测验。首先，受测者要实事求是，不要有任何顾虑。例如，"在别人不注意时，你有时做违反制度的事情"，如果你有过，就回答"是"，因为这不是道德判断的问题，而是反映一个人的性格倾向是独立型还是顺从型的。其次，对心理测验中答案的选择不要做任何是非判断，而应该反映自身的真实面貌。心理测验问卷中，应设置部分"测谎题"，以保证测验的有效、真实。某些人往往过分的掩饰自我测试的有效性、真实性，这样过分的掩饰就会被怀疑心理素质有问题。例如，"我爱发脾气"、"我很少与别人争吵"，这两个题目是矛盾的，只选其中一个是比较正常的，如果两个题目都答"是"或都答"否"，必有一个答案是谎言，或被怀疑有抑郁症，要么就是一个人格不统一的人。再次，不必反复琢磨，不要随便修改自己的答案。凭第一印象尽快选择答案，以自己的理解作答。每个题都要作出选择，不可回避不答。必须独立答题，不可议论，也不能看别人的答案；以电脑测验时，必须相互隔离，以保证不受他人暗示。心理测验结果应是保密的，由心理学专业人员做出解释和评估。

人的心理行为是很复杂的，难以直接测量而取得结果。因而心理测验就不像物理测量那样用直接测量的方式，而是采用间接方式来进行。根据受测者的职业、应聘目标、年龄以及用人单位的经费情况来决定心理测验的项目和方式。一般至少应该进行三项以上的测验，适应不同职业的需要，还可进行某些特殊能力的测验。

(6) 主试要正确对待测验。要充分发挥心理测验在员工招聘中的作用，需要尽量克服与防止可能产生的不良影响。因此，在测验中必须消除内外的无关因素，同时为了使测验客观、准确，主试必须经过专门的训练，全面熟悉测验的内容和方法，能严格按照测验的程序实施测验。即使一个非常熟练的主试，在测验时也必须注意以下几个问题：

① 慎重选择测验量表。任何测验量表，都有其应用的目的、适用的范围，都有一定的信度和效度。在选用时应当慎重考虑，认真取舍，不能"拉黄牛当马骑"。我们在员工招聘中进行心理测验时，一定要尽量运用标准化的量表、标准化的指导语、标准化的程序和标准化的环境，这样才能够得出一个比较准确的测验结果。

② 与受测者建立协调的关系。主试与受测者存在着一种特殊的关系。如果这种关系不太协调，就有可能出现两种影响测验的情况：一种是使受测者对测验产生"阻抗"，不予合作；一种是受测者出现"测验性焦虑"，使其测验分数达不到应有的水平，只有在一个良好协调的关系中，受测者才能客观地对测验做出反应。

③ 正确解释测验结果。每一个标准化的测验，常常用分数来表示其结果，而测验的分

数只是一个相对的数值。因此，一般地说，不应当把这种结果告诉受测者或其家属或单位领导，而只是告诉他们对测验结果的解释。如测得 IQ 为 100 左右，并不把 IQ 的数值告诉他们，而只是向他们说明智力是一般的，和大多数人差不多。

(7) 测评实施过程中应注意的问题包括以下几方面。

① 施测的环境应该安静，避免意外的干扰。由于心理测验需要被测评者在心平气和、情绪稳定的情况下作答，因此，在人员选拔中应该选择安静的教室或会议室进行施测。另外，在开始作答前要要求所有的人员将手机、呼机等会发出声响的东西关闭。

② 施测的环境应该比较舒适。房间要比较宽敞明亮、整洁，温度适宜，被测评人员的桌椅也要比较舒适，这样可以避免被测评者由于长期作答而产生疲劳。

③ 被测评者的座位之间要保持一定的距离。这样做一方面避免了被测评者之间的互相干扰，另一方面也可以防止被测评者作弊。

(8) 把心理测验作为补充工具。人类的行为非常复杂，到目前为止还有很多内容没有得到深入分析，所以心理测验能够正确解释的人类行为非常有限，因此不应把心理测验当成唯一的人员选拔工具，而应该将其作为其他筛选技术的补充。

(9) 对心理测验进行有效化。应该根据自己企业的具体情况，对采用的心理测验进行修订，建立对自己企业而言心理因素与工作绩效之间的有效关系。

(10) 保持准确的记录。对于录用或者不录用决定的原因都应该保持准确的记录，有利于将来进行分析研究。

(11) 在编制测题时必须经过标准化的过程。测验中的测题必须有针对性，数学测验不能用语文的题，初中测验不能用高中的题。试测对象必须能代表所要测的对象，也就是说，适合全国的测验必须是以能代表全国的样本为试测对象。试测的程序要标准化。试测对象选定之后，必须在同样的时间与情境下，使每一个被试者按同样的规定去做测验作业。建立常模，即标准化样本的平均分。有了常模，在单独测试时，就可以进行比较。

(12) 必须有较高的信度和效度。信度即它必须是可靠的，如果重复测试，所得分数应相对一致；效度即测验所得结果正是它所想要测量的心理品质，由具有专业资格的人员来进行测量。

思考题

(1) 简述心理测验的含义与作用。
(2) 招聘中常用的心理测验有哪些?
(3) 人格测验的工具主要有哪些?
(4) 在运用心理测验时应注意哪些问题?

案例引入

纽约联合印刷公司的"择人之道"

纽约联合印刷公司的销售经理皮尔森先生，此时正在审核瑞·约翰逊先生的档案资料，这位约翰逊先生申请担任地区销售代表的职务。联合印刷公司是同行业中最大的厂家，经营印刷初中教育直至大学教育的教材用书，系列、完整的商贸性出版物，以及其他非教育类的出版物。

该公司目前正考虑让约翰逊手下的销售成员同大学教授们打交道。约翰逊是由杰丽·纽尔德介绍给这家公司的，而纽菲尔德是眼下公司负责西部地区的销售商中工作非常成功的一位。虽然他们到公司仅两年，但他的工作表现已清楚地表明其前途无量。

在他到公司的短时期内，就将在自己负责区域的销售额增加了三倍，他与约翰逊从少年时代就是好朋友，而且一起就读于伊利诺伊斯州立大学。

从档案上看，这位约翰逊先生似乎是一个爱瞎折腾的人。很明显的一点是在其大学毕业的 10 年后，他没有一项固定的工作。在其工作中，持续时间最长的是在芝加哥做了八个月的招待员。他在 Riviera 待了两年，所做的一切仅够维持生活，而今他刚回来。

由于没有足够的钞票，所以不管在哪儿，他都想方设法谋生，既然他以往是这种情况，在多数情况下公司就会自动取消考虑他的资格。但皮尔森先生还是决定对约翰逊的申请给予进一步的考虑。这主要是因为公司的一个主要销售商极力推荐他，尽管这个人很清楚约翰逊的既往。

皮尔森先生在亚利桑那州的菲尼克斯花了两天时间，同纽菲尔德及其一位朋友一道会见了约翰逊先生。三人一致认为问题关键在于：约翰逊先生能否安顿下来，为生活而认真工作。

约翰逊对这个问题抱着诚恳的态度，并承认自己没有料到会有这种答复，他清楚自己以前的工作情况，可他觉得自己会得到这份预想的工作。

约翰逊先生有优越的素质来胜任这项工作，他的父母是东部一所具有相当规模的大学教授，他在学术氛围中成长起来，因而，他充分了解向教授们推销教材过程中所需解决的各种问题。他是一个有能力、知进取的人。

在会见后，皮尔森先生和顾问都认为，如果他能安顿下来投入工作，他会成为一名杰出的销售人员。但是二人也意识到还有危险存在：那就是约翰逊先生可能会再次变得不耐烦而离开这个工作而去某个更好的地方。不过，皮尔森决定暂时雇佣约翰逊。

公司挑选程序的一项是要求在对人员最后雇佣之前对每一位应聘者进行一系列心理测验。一些测量表明：约翰逊先生充满智慧且具有相当熟练的社会技能。然而，其余几项关于个性和兴趣的测验，则呈现出了令公司难以接受的一个侧面。

测验报告说：约翰逊先生具有高度的个人创造力，这将使他不能接受权威，不可能安顿下来投入一个大的部门所要求的工作中去。关于他的个性评估了许多，但是所有一切都归于一个事实：他不是公司想雇佣的那类人。依据测验结果，皮尔森先生还拿不定主意是否向总裁建议公司雇佣约翰逊先生。

案例思考题

(1) 是否可录用约翰逊先生？皮尔森先生将建议什么？

(2) 假如皮尔森雇了约翰逊先生，那么你认为约翰逊先生会不会在皮尔森公司干一段时间后再又跳槽？

第七章 人员选拔评价方法：面试与笔试

本章要点 ✍

(1) 掌握面试的相关概念和意义；

(2) 掌握面试的基本流程；

(3) 了解面试前的准备；

(4) 掌握面试的提问方式和技巧；

(5) 掌握如何提高面试技巧；

(6) 了解笔记及笔记测试。

本章导读 📖

失 败 的 面 试

求职，肯定要过面试这一关。怎样控制自己的情绪？怎样开展面试？怎样使面试者了解你，记住你？请看下面案例：

面试过程：

E＝雇主，S＝求职者。

背景：雇主办公室。

雇主看上去平易近人；求职者紧张而安静，有点不修边幅。

S：(敲门)

E：请进！

S：(没有声响地进门。向四周张望找椅子，坐下，然后低头看着地)

E：什么事？

S：哦，我找工作。

E：嗯——，你想找什么样的工作？

S：(无精打采地)我已经很久没有工作了，什么工作我都愿意试一试。

E：我们正缺货物管理人员。你有这方面的经验吗？

S：没有，但我想试试。这份工作的工资多少？

E：每月底薪800元，另有奖金和补贴。(停顿)好，如果没有其他的问题，你回去等我们的通知吧。

S：(站起，颓废地)谢谢，耽误了你的时间。

总结：

　　求职者求职心不强；他不自信；求职者没有展示自己的特长。雇主对求职者并不特别关心；雇主没有给求职者明确的答复，求职者也没有表现出要求。

　　总之，这是一次失败的面试。

　　分析：

　　假定求职者在面试前已经做了以下的事情：

　　(1) 已经学习了求职技巧，求职者已知道了什么该做，什么不该做。

　　(2) 通过电话从公司雇员那儿得到与这份工作相关的技术和背景，工资数额。

　　(3) 通过电话从办公室秘书那儿索取公司有关的材料。

　　(4) 把以前相关的工作的经历进行整理，记录。

　　您认为现在情况会怎样？

　　那么接下来就让我一起走进面试，了解面试基本流程，提前做好准备。

第一节　面　试　概　述

　　招聘面试，包括审查申请表、初选、面试和测试、进一步面试、体检等环节。在这里，我们将介绍继审查申请表后的面试。

　　由于应聘申请表与初选不能反映应聘者的全部信息(甚至申请表中的有些内容不够真实)，组织不能对应聘者作深层次的了解，个人也无法得到关于组织的更为全面的信息，因此需要通过面试使组织与个人得到各自所需的信息，以便组织做出是否录用的决策，个人做出是否加入组织的决定。因而面试时供需双方通过正式交谈，使组织能够客观了解应聘者的业务知识水平、外貌风度、工作经验、求职动机等信息，应聘者也能够更全面地了解组织信息。因而，选拔面试是组织和应聘者双向选择的一个重要手段。

一、面试分类

　　面试可以从不同角度来进行分类。

　　从面试达到的效果来看，可分为初步面试和诊断面试：初步面试相当于面谈，比较简单随意，它通常由人力资源部门中负责招聘的人员主持，初选不合格者将被筛掉；诊断面试是对初步面试合格者作实际能力与潜力测试，使招聘单位与应聘者互相补充深层次信息，它由用人部门负责，人力资源部门参与，这种面试对组织录用决策与应聘者是否加入组织决策至关重要。

　　从参与面试过程的人员来看，可分为个别面试、小组面试和成组面试：个别面试是一个面试员与一个应聘者面对面地交谈，它有利于相互间沟通，但面试结果易受个人偏见的影响；小组面试是指由用人部门和人力资源部门共同组成的面试小组对每个应聘者分别从多种角度进行的面试，因而它有利于提高面试结果的准确性，克服个人偏见；成组面试也叫集体面试，是指面试小组对若干应聘者同时作的面试，因而面试的效率比较高，但对面试主考官的要求也比较高，因而，当内部面试考官达不到要求时，要外聘专家。

　　从面试的组织形式来看，可分为：结构性面试、非结构性面试、压力面试。

二、结构性面试

1. 定义

结构性面试指在面试前，已设立面试内容的固定框架或问题清单，主考官按照这个框架或清单对每个应聘者分别作相同的提问，并控制整个面试的进行。

2. 优点与缺点

结构性面试的优点：由于对所有应聘者均按同一标准进行，因而可以提供结构与形式相同的信息，便于全面分析、比较，减少了主观性，且对考官的要求也较低。

结构性面试的缺点：过于僵化，难以随机应变，因而所收集信息的范围受到限制。

3. 实施注意点

结构性面试的实施注意点包括：

(1) 作好拟聘职位的工作技能需求分析，并确定各技能需求的重要程度；在分析工作技能时，要分两类考虑：一类是如何做好工作、达到预期工作绩效目标的技能；另一类是需要何种技能去完成此项工作。即从完成工作的质和量上加以考虑。

(2) 确定面试问题。事先确定面试问题清单是结构性面试的重要特征。确定时要围绕面试所需了解的信息，重点是对应聘者能力与潜力的了解；问题要简单扼要，且有一定的诱导性和使应聘者有更多的发挥余地。

(3) 合理引导与控制面试过程。由于这种面试有固定的问题清单，接近考试，因此主考官应注意不要使应聘者有较大精神压力，要注意引导面试氛围。

(4) 公正平等地评价面试结果。主考官对各应聘者的评价应建立在公正平等的基础之上，将应聘者的实际表现与技能需求作对比分析，然后排出各应聘者的优劣。

三、非结构性面试

1. 含义

指面试前无需作面试问题的准备，主考官只要掌握组织、职位基本情况即可，而在面试过程中主考官所提的问题可能会带有很大隐蔽性和随意性，其目的在于给应聘者充分发挥自己能力与潜力的机会；当然这种面试要求应聘者要有很好地理解能力与应变能力。

2. 优点与缺点

优点：非结构性面试由于灵活自由，问题可因人、因情境而异，可深入浅出，因而可得到较深入的信息。

缺点：由于此方法缺乏统一标准，因而易带来偏差，且对主考官要求较高，要求主考官具备丰富的经验与很高的素质。

导读资料

特 殊 的 面 试

某独资企业欲招聘若干管理人员，通知所有应聘者在某月某日某时整在位于某某大厦公司总部同一时间面试。结果等到面试那天，公司派人提前在该大厦大厅内接待前来应聘的人员，并请大家在大厅内恭候，等到所有应聘人员到齐后，接待人员告诉大家一个不幸的消息：电梯坏了，需要大家由接待人员带领，爬几十层楼梯到公司的办公室参加面试。有些人听后则立即就走了，有些人爬到一半后也放弃了，只有少数几个人坚持到最后。结果，就是这些坚持到最后的应聘者被录用了。这就是一个典型的非结构性面试的例子。事实上，读者可悟出电梯根本就没有坏，主考官就是想借此考一考应聘者的吃苦耐劳和坚忍不拔的意志。然而，许多应聘者却由于不具备"磨难精神"而失去了此次机会。

四、压力面试

压力面试是指在面试开始就给应聘者以敌意的、或是具有攻击性的意想不到的问题，以了解应聘者承受压力、调整情绪的能力，测试应聘者的应变能力和解决紧急问题的能力。这种方法较常运用于招聘销售人员、公关人员、高级管理人员。

其优点是可以较真实地测定应聘者承受压力和情绪调整的能力，为诸如销售、公关及高层管理等需要上述能力的职务的人员招聘提供了较好的招聘方式；缺点是问题较难设计，对主考官要求相对较高。

五、面试中的提问技巧

在上述各类面试中，主考官常常要向应聘者提问，若提问颇有技巧，则主考官能获取更多信息，提高面试质量。下面一些面试技巧可供面试时参考。

(1) 合理安排提问内容。提问内容应是重要的、与拟聘职务有关的、并且是应聘者书面材料之外的东西，以便于更全面、真实地了解应聘者适应拟聘职务方面的情况。

(2) 合理运用简单提问。一般在面试刚开始时，采用简单提问来缓解面试的紧张气氛，消除应聘者的心理压力，使应聘者能轻松进入角色，充分发挥自己的水平和潜力。简单提问常以问候性语言开始，如"你一路上辛苦吗？"、"你乘什么车来的？"。

(3) 合理运用递进提问。在开始简单提问后，谈话气氛趋于轻松，此时可采用递进提问将问题引向深一层次，如引导应聘者详细描述自己的工作经历、技能、成果、工作动机、个人兴趣等。递进提问常采用诱导式提问如"你为什么要离职？"、"你为什么要到本公司来工作？"、"你如何处理这件事情？"等，给应聘者更多的发挥余地，以便更深入地了解应聘者的能力与潜力；而避免使用肯定/否定提问如"你认为某事情这样处理对吗？"、"你有管理方面的经验吗？"。

(4) 合理运用比较式提问。是指主考官要求应聘者对两个或更多事物进行比较分析，以达到了解应聘者的个人品格、工作动机、工作能力与潜力的目的。如"若现在同时有一个晋升机会与培训机会，你将如何选择？"、"你在以往的工作经历中，你认为你最成功的地方是什么？"等。

(5) 合理运用举例提问。这是面试的一项核心技巧。是指主考官要求应聘者回答问题，引导应聘者回答解决某一问题或完成某项任务所采取的方法和措施，以此鉴别应聘者解决问题的实际能力，如"请你举例说明你对员工管理的成功之处"。

(6) 客观评价提问。是指主考官有意让应聘者介绍自己的情况，客观对自己的优缺点或曾发生在主考官身上的某些事情给出评价，如"世上没有十全十美的人，比如说，我在处理突发事件时就易冲动，今后有待于进一步改善。你觉得你在哪些方面需要改进？"。

六、主考官应具备的素质

主考官除具备上述面试询问技巧的业务素质外，还应具备以下素质：

(1) 能客观公正地对待所有应聘者。不应以个人主观因素评价应聘者，而应以录用标准作为依据加以衡量。

(2) 良好的语言表达能力。在提问中语言表达清楚准确，不引起歧义和应聘者的误解，并善于引导应聘者回答问题。

(3) 善于倾听应聘者的陈述。对应聘者的陈述始终集中注意力和保持极大的兴趣，能准确理解对方的陈述。

(4) 敏锐的观察力。对应聘者面试中表现出的如身体姿态、语言表达、面部表情、精神面貌等要善于观察。

(5) 善于控制面试进程，使面试始终处于一个良好、轻松愉快的气氛之中。

第二节　面试的基本流程

案例引入

张君在东部沿海的一个大城市工作，她在一家规模不大的外资企业担任人力资源经理已经快两年了。在这之前，张君在外企摸爬滚打了五六年，这使她积累了比较丰富的管理经验。因此，公司晋升她为人力资源经理助理。做助理期间，张君帮助企业其他部门招用了很多员工，部门领导普遍反映她水平高，招的人好用，张君也一直引以为豪。很快，随着人力资源经理离开公司，她直接接手了人力资源经理的工作。

张君很喜欢人力资源经理的工作，她自己也觉得在这个岗位上游刃有余。不过，最近的一件事却让她心里有些怪怪的。事情还要从一年前说起。

大约一年前，张经理一个人到古城 A 市区旅行。旅行中，她发现当地人特别纯朴善良。做了很多人事工作，张经理已经习惯人与人的复杂关系，那样的一个环境使她重新感受到人与人之间的美好。因此，尽管是一个人出远门，并且当地也没有朋友，她却一点都不觉得陌生。

回到公司以后，同事告诉她自己的助理跳槽走了。她尽管觉得有些不快，可是由于刚刚旅游回来，心情很愉快，因此也没有当成一回事，对自己说：人往高处走，再找一个合适的吧。

在招聘人力资源经理助理之前，张经理根据公司内部关于人力资源经理助理的任职要求，列出了几条要求：① 具有责任心；② 工作细致认真，并且有耐心；③ 具有较强的亲和力和沟通能力；④ 具有两年以上相关工作经验；⑤ 英语听、说、读、写能力要过硬。

面试了几个人之后，张经理没有找到合适的。正在失望的时候，有个年轻的姑娘进来面试。简单看了一下她的简历：A 市人，刚刚毕业一年，没有相关工作经验。尽管条件不符，但张经理还是让她进来了。

这个小姑娘姓王，从外貌来看，还算比较漂亮。说话还带有一点 A 市口音。张经理突然觉得小王很亲切，认为她满足第三条，即具有较强的亲和力和沟通能力。但最糟糕的是，小王没有相关工作经验，张经理想了想：这没有关系，只要认真，有责任心，经验很快就会积累起来。小王的英语也差一些，张经理用英语提问，她也几乎听不懂，更不要说用英语回答了。张经理觉得，尽管这是个外资企业，但平常听说英语的机会并不多，只要能够阅读简单的材料就可以了。因此，张经理让小王用英语写了一份材料，主要介绍自己的家乡。小王按照要求写了份英文材料，张经理看了看，认为可以就放入招聘档案了。

此时，张经理觉得自己好像有些过于宽松了，于是就对小王提出了一个问题，打算看看她的反应能力："你的穿着太普通了，甚至有些过时啊。"小王有些不好意思地说："我刚刚来到这里，经济上也不好。另外，我也不是一个很时尚的人，就算有了比较高的收入，我也跟不上时尚。"这个回答仿佛让张经理想起了以前的自己。于是点了点头，也就不再问了。

很快，小王就上班了。尽管她对业务并不熟悉，但她踏实、肯干，不懂的地方也喜欢请教。张经理很喜欢小王，只要有时间就跟她讲业务上的知识，并不厌其烦地告诉她做人力资源管理工作应有的注意事项。这在之前的助理是从来没有过的事情。小王的进步很快，很快就胜任了自己的工作。公司的其他人也说小王很聪明，张经理认为自己选对了人，发自内心地长舒了一口气。

最近，张经理学习了面试的一些理论和技巧，这不禁让她想起了对小王的招聘过程。她不禁问自己："当初自己的招聘程序是对的吗？如果不对的话，现在小王做得也很好啊。这如何解释呢？"张经理陷入了困惑。

一、面试的准备阶段

本阶段包括确定面试的目的，科学地设计面试问题，选择合适的面试方法，确定面试的时间和地点等。面试考官要事先确定需要面试的事项并写出提纲。并且在面试前要详细了解应聘者的资料，了解应聘者的社会背景、对工作的态度以及是否具有发展潜力等。

（一）制定面试指南

1. 面试团队的组建

面试能够以各种各样的方式进行：一个面试官面试一个候选人，或者几个面试官面试一个候选人；所有候选人依次被面试或者一起被面试；电脑面试或者面对面面试。

大多数面试是个人面试或一对一面试(一个面试官面试一个候选人)，即只有两个人(面试官和求职者)，一问一答。这种情况，只要一个面试官就够了。

如果是以下原因，则多名面试官比较合适：

(1) 当场决策，提高效率。面试官都是单位高管，都很忙，如分散单独面试，恐怕几个月面试流程都走不完。且多轮面试时间拖得太久，会商时有的面试官都不记得了。所以要事先约好时间一次性集中面试，当场快速决策。

(2) 呈现公开、公正。多位面试官集体面试，被面试者的表现大家有目共睹，面对的是同一情景下的客观呈现，当场交流评价有共同基础，且不便徇私情，比较客观公正。如经过了三四轮，被面试者不同轮次的表现有时会不一样，面试官最后会商讨论时会出现评价差异，谁也说服不了谁，甚至造成面试官间的矛盾。

(3) 多维度考察被面试者。有些企业采用 360 度面试，就是除了要与跟他业务相关的直接领导会见，跟与他工作上有交叉关系的、未来的下级也会参与，多维度考察这个人是不是适合这个公司和岗位。因为不同维度的人感受是不一样的。

(4) 考察大家的气场是否吻合。很多企业招聘时希望团队里很多人都能跟这个人在进公司前做一沟通交流，因为做企业更关注一个团队的气场，更关注大家在一起工作的时候能否互补和协同，大家是不是很希望这个人到公司来做事情。不然，大家气场不合，进来后会很别扭。

(5) 外聘专家面试可以更专业和中立。有些面试场合会外聘一些专家，这些专家既有人力资源方面的，也可能是技术专业领域的专家，这些专家更专业，且会从第三方中立的角度看一个人，而不带情感。

(6) 跟公司决策的流程有关。不同公司决策的特点不同，有的公司老板一人说了算，就肯定不需要太多人面试。有的公司决策，老板可能对专业了解不够，若他要去面试，就需要辅助组建一个团队。所以尽管他是决策人，但是真正影响面试结果的不只是他。

(7) 与应聘的职位有关系。基层员工一般最多两位面试官。如所聘岗位相对综合能力要求比较强，涉及面比较广，就可能需要不同维度的人参与互补。

(8) 压力测试的一种方式。招一个前台肯定不需要，但是要招一个总监职位就很有可能采用这种多考官集体面试。多考官集体面试会给被面试者很大的压力，在压力下测试被面试者对企业的理解和认知，以及能够承受压力的程度。因为一些岗位是需要经常面临外界压力的，比如：市场、公关、销售及高管岗位。

(9) 减轻应聘者的负荷。应聘者到一个企业，一般面试两到三次是他比较能够接受的，如果要频繁的面试四到五次甚至更多，对应聘者来说是不太能接受的。而集中面试，成与不成一次搞定，大家都心静。

(10) 便于发现优秀者。对于一些综合性岗位，因职位职责比较宽泛，往往需要多人从不同的角度考察候选人。面试官单独一轮一轮纵向面试，很多优秀的人可能在某一个环节就被某一个人干掉了，因为优秀的人往往个性比较鲜明。如果集中面试，会商时虽然候选人有缺点，但不影响他被录用，使公司能够找到真正符合这个岗位的人选。

2. 面试提问分工

第一个是主导考官。就是组织这次面试的人，这个人的作用就是前期组织安排、面试开场，把握面试进程、把握时间进度、面试收场、组织会商等，一般是由人力资源部负责人担当。如果招聘比较高的职位，主导面试的一般是人力资源总监。第二个是关键考官。这是一个能够决定你命运的人，一般是由公司领导担当。如果应聘的职位是总监，担当这个角色的就是总裁或老板。第三个是专业考官。做专业把关，这些人可能有好几位，从不同的专业角度把关，也包括外聘的专家。第四个是辅助考官。这就像前面提到的与招聘岗位有工作关联关系的人，他们一般只偶尔发表意见。

3. 面试的技巧和方法

面试的技巧和方法有：

(1) 坚持观察的综合性、目的性和客观性原则。考官应该从多方面去把握应聘者的内在素质，应在整体行为反应中抓住一些带有典型意义的行为反应，即关键行为，系统地测评某种素质，而不能仅凭某一个行为反应就下断言。不但要从一般的问题考察应聘者的素质，而且还应该创造条件在激发、扰动的状态下考察应聘者的素质。

(2) 避免以貌取人或者光环效应。孔子也常要"听其言而观其行"，再对前来求教的弟子进行一番取舍。例如，宰予"利口辩辞"，孔子很高兴地收下了。

(3) 注意面部信息。面试过程中，应聘者的面部表情会有许多变化，主考官必须能观察到这种表情的变化并判断其心理。例如，应聘者面部涨得通红、鼻尖出汗，目光不敢与主考官对视，便反映其自信心不足，心情紧张；应聘者的目光久久盯着地面或盯着自己的双脚，默不作声，反映其内心的矛盾或正在思考；当主考官提出某一难以回答或窘迫的问题时，应聘者可能目光黯淡，双眉紧皱，带着明显的焦急或压抑的神色。总之，主考官可以借助应聘者面部表情的观察与分析，判断应聘者的自信心、反应力、思维的敏捷性、性格特征、情绪和态度等素质特征。

(4) 注意身体语言。在面试过程中，应聘者的身体、四肢等在信息交流过程中也发挥着重要作用。比如手势，具有说明、强调、解释或指出某一问题、插入谈话等作用，是很难与口头语言分开的。而且，具有不同心理素质的人，其身体语言的表现形式也会各不相同。一个情绪低落的人可能两肩微垂，双手持续地做着某个单调的动作，身体移动的速度相对较慢。而一个性格急躁的应聘者常常会无休止地快速运动手脚，双手还可能不断颤抖。一个缺乏自信和创新精神的人会始终使他自己的双手处于与身体紧密接触的部位，头部下垂。一个人紧张或焦躁不安时，往往会出现膝盖或脚尖有节奏地抖动，手指不停地转动手里的东西，摆弄衣服，乱摸头发等。这些心理素质和非语言动作，都是面试官值得注意的。

(二) 准备面试问题

1. 确定岗位才能的构成和比重

分析该空缺岗位所需要的才能有哪些；分析专业技能与综合能力各占多少比重；分析综合能力包括哪些内容，各占多少比重；用图表的方式将面试才能项目以及相应的权重列出。

2. 提出面试问题

1) 背景性问题

背景性问题一般是在面试开始阶段作为导入性的题目对应聘者进行提问的，其主要目的一方面是营造良好的沟通氛围，缓和应聘者的紧张情绪，另一方面是帮助考官对应聘者有基本的认识和大致的了解，为双方之间的进一步交流和沟通收集有价值的话题。这类面试题目的设计相对比较容易，但题目的可替换性相对也比较小，一般只能围绕应聘者的个人背景进行。例如，谈谈你过去的工作经历，说说你的工作对你参加这次面试有什么帮助等。

2) 智能性问题

智能性问题主要是考察应聘者的综合分析能力、语言表达能力和逻辑推理能力。一般是由考官提出一些值得思考并富有争议性的现实问题和社会问题，让应聘者阐述自己的观点和看法。这类问题没有明确的标准答案，应聘者可以自由发挥，因此考官考察的重点不是应聘者的答案是否正确，而在于应聘者能否抓住看似复杂的问题的实质和症结所在，并有逻辑、深层次、有针对性地展开论述，做到论点鲜明、论据充分、论证严密，最终可以自圆其说、令人信服。例如，有人认为"企业用人应以才为先"，也有人认为"企业用人应以德为先"，你认为企业用人应先注重什么？为什么？

3) 工作知识问题

工作知识问题主要是询问应聘者对所应聘岗位的相关知识的了解和掌握情况，所以对于那些对专业要求较强的技术类工作岗位来说尤为重要。提出这类问题需要设计者与具体部门工作人员进行沟通。如果该工作对专业技术要求很高，则提问应该有一定的深度；如果工作中只需要了解基础专业知识，则设计问题时只提问该专业领域中的普遍理论即可。例如，招聘营销专员时可以询问"请谈谈营销理论中的4P理论"。

4) 情境性问题

情境性问题描述了一个针对相关工作，并与工作相关的假定情境，让应聘者"身处"这样的情境中，讲述自己将会有怎样的想法和做法，这是一个语言模拟的情境试题。这类问题可以根据所招聘岗位在工作中解决不同问题所需要的各种能力而设计不一样的情境，主要考察应聘者的组织协调能力、决策能力、随机应变能力等。例如，一个风雪交加的晚上，一家特快专递公司要送一个非常重要的包裹给客户，送包裹的员工快到客户家时才发现，这位客户住在山顶上，大雪已经封死了上山的必经之路，而约定包裹送达的最后期限马上就要到了！于是这位员工当机立断，在没有请示公司的情况下自己做主雇了一架直升机，并且用信用卡支付了所有费用，把包裹送了上去。客户感动万分，马上向当地媒体通报了这件事，于是这家公司名声大震。如果你是该公司的经理，你会如何处理此事？

5) 行为性问题

行为性问题是通过让应聘者确认在过去某种情境、任务或背景中他们实际做了什么，从而取得应聘者过去行为中与一种或数种能力要素相关的信息。该问题的目的是通过关注应聘者过去的行为预测应聘者将来的表现。在行为性问题的实际使用过程中，由于所有已经发生的时间都是由应聘者进行描述，而作为考官对应聘者过去行为的真实情况了解比较困难，应聘者就可能对以往的工作成果夸大其词。因此，在使用行为性问题进行提问时，考官一定要注意提问的技巧，遵循STAR原则，对应聘者以往的工作细节进行追问，以便了解特定情况下应聘者的行为、表现出来的能力以及所取得的成果。例如，请讲述一下你认为自己组织最成功的一次活动，并说说体会。在了解到信息的基础上，可以追问更多细节，如你是怎么组织的？他人对这项活动是如何评价的？你自己如何看待？

6) 压力性问题

压力性问题通常故意给应聘者施加一定的压力，观察其在压力情境下的反应，主要考察应聘者的应变能力、忍耐性和情绪控制能力。设计压力性问题时，还需要与面试考官进行充分沟通，在考场营造出特定的压力氛围。例如，你只是应届毕业生，没有工作经验，怎么能胜任我们的岗位？

7) 意愿性问题

意愿性问题主要考察应聘者的工作动机是否与岗位相匹配，涉及应聘者的世界观、人生观、价值取向、求职动机等与职位要求的匹配性以及生活态度等多个方面。另外，薪资、福利待遇、工作安排等问题均属此类。这类问题也不强调有标准答案，主要旨在了解应聘者过去和现在对工作的态度、更换工作与求职原因、对未来的追求与抱负。如询问应聘者离开原工作单位的原因或设计一个两难情境让应聘者选择，并询问其选择动机。考官提问这类问题时，有的是直接询问应聘者的动机和个人志趣，也有的是通过应聘者的表现来衡量其是否适合做所招聘岗位的工作，但多数考官是采用投射和迫选两项技术来实现的。这里所说的投射就是询问一些看起来不相关的问题，这类问题的提问策略也就是采用旁敲侧击的方式，让应聘者在选择时表现出自己真实的目的。迫选则是通过两项具有相等价值的问题，迫使应聘者必须从中选择其一，这样做的好处是答案限定，应聘者只能在这个范围中回答，从而避免了应聘者按照社会期望的价值取向来回答，对应聘者的评价更为真实。例如，现在办事情，要么使用手中权力，要么请客送礼。如果你办事，是首先想到送礼，还是利用权力？

(三) 评估方式的确定

1. 确定面试问题的评估方式和标准

在制定面试评分表之前，招聘者要组织召开头脑风暴会议或者小组讨论会，根据岗位通用性胜任素质列出足够多应聘者可能的回答，在制定评分标准时要注意给每一个可能的回答都设计相应的分数或者等级，并且提前设计好如果应聘者的回答是事先没有想到的，那么该怎样结合其回答给分或评测等级，尽可能杜绝因为标准不明确或者不统一而产生的评分误差。在面试时，提供给考官的不仅是面试评分表，还要配合提供岗位胜任素质、对应的行为描述以及评价等级和计分方式，这样面试评分表就有了具体的评分标准，能够在很大程度上减少考官主观印象对面试决策的影响，可以极大地提高面试的信度和效度。在面试之前一定要对考官进行培训，重点让他们熟悉具体的关键行为和评分权重，从而选拔符合职位特征、能胜任岗位的应聘者。

面试试题编制完成后，还要通过审核和实践来检验试题的信度、效度以及评分者的信度。题目设计完成后，可以请相关部门的负责人员审评并提出意见；同时也要请相关人力资源管理专家审核，并反馈意见；有条件的可以在企业中进行一次模拟招聘，通过模拟招聘的方式发现题目设计中的不足并完善题目。组织模拟招聘不仅可以通过实践检验试题的信度、效度，还可以对考官进行培训。因为，在结构化面试中考官的主观性直接决定了应聘者的得分，而每个考官的专业素养、评分标准、个人偏好等各不相同，在面试过程中容易出现晕轮效应、首因效应等心理效应，可能会对选拔优秀人才产生极大的影响。因此，通过模拟招聘可以统一考官的评分标准、清晰界定测评要素、优化问题结构及检验结构化面试的可靠性。

2. 确定面试评分表

面试问题表及个人评分表是结构化面试前必须准备的资料。范例见表 7-1 与表 7-2。

表 7-1　结构化面试问题表(事例一)

第一部分：自我介绍(时间：3～5 分钟)					
导入语：寒暄问候，双方相互作自我介绍					
第二部分：进入面试正式阶段					
考核要素	要素内容	面试问题	权重	分数	时间
仪容仪表	1. 衣着是否得体		2%	10	
	2. 精神状态是否饱满		2%		
	3. 言行举止是否大方、适度		2%		
技能水平	1. 专业知识		2%	15	
	2. 计算机水平		2%		
	3. 外语水平		2%		
	4. 有无相关证书		2%		
	5. 其他技能		1%		
计划组织能力	1. 是否明确工作任务并有较好的工作计划	(1) 请举例说明您过去曾做过的一个成功的策划案例并说明实施过程。 (2) 请举例说明一个您必须在同一时间完成很多项任务的事例	10%	25	20
	2. 是否善于利用周围的资源解决问题	请说明您将如何组织我们企业的年会	20%		
沟通协调能力	1. 处理冲突的能力	假如您手下有一名非常出色的员工，可他不服从您的领导，您打算怎么解决	8%	10	15
	2. 语言表达能力	您认为怎样的沟通才是最有效的沟通	7%		
决策领导能力	1. 办事是否果断、合理	现企业有一个大型项目，据分析，只有六成的把握，您将如何决断	10%	20	20
	2. 是否善于领导团队并能很好激励下属	假如您是市场部的经理，请您设计一个激励员工的方案	10%		
应变能力	1. 解决突发事件的能力	部门正在开会，突然，企业的一个大客户怒气冲冲地闯了进来，这时您将如何处理	10%	20	10
	2. 与客户谈判的应变能力	当企业的一个重要客户与您谈判，提出对企业很苛刻的要求时，您将如何处理	10%		
第三部分：进入面试尾声(时间：10 分钟)					
1. 请说明您最近一次离职的原因					
2. 谈谈您的职业规划					
3. 简要的评价自己					
第四部分：结束面试(时间：3 分钟左右)					
对应聘者说明企业面试的安排并对面试者表示感谢					

表7-2 结构化面试问题表(事例二)

致面试考官：

招聘是企业经营过程中重要的任务之一，关系到企业的生存发展，请各位考官务必秉着客观、公正、公平的态度为企业选拔合格的人才：

一、开场导入：以轻松愉快的话题缓解紧张的气氛

1. 您今天过来时交通还方便吧

2. 能简单介绍一下您自己吗

二、工作兴趣调查

姓名		应聘单位	

1. 您是怎样得知企业的招聘信息的

2. 您认为自己为什么能胜任这份工作

3. 您期望的月薪是多少

4. 谈谈您过去的工作经历或学习过程中最难忘的一件事情

5. 谈谈您的职业生涯规划

三、工作经历

企业名称	工作时间	所担任的职务	证明人

您现在的工作状况	( )在职　　( )待业(谈谈最近一次离职的原因)
到岗的时间	
同事对你的评价	
领导对你的评价	
在工作中，最有成就感的一件事情	

四、教育背景(从高中谈起)

毕业院校	专业	学历	证明人

1. 在校时曾担任的职务

2. 对您的大学生活做一个简要评价

五、责任心考察

1. 俗话说"人生不如意之事十之八九"，当工作中发生不愉快的事情时，您是怎样处理的

2. 当企业利益与国家利益发生冲突时，您将怎么做

续表

六、应聘者个人兴趣调查
1. 您的兴趣爱好
2. 评价自己的优缺点
3. 请用三句话简要地概括一下自己

七、面试考评表			
考核要素	得分	满分	备注
仪容仪表		5	
工作经历		20	
教育背景		15	
任职资格条件		25	
亲和力		20	
人际沟通技巧		15	

八、总体评定			
A	B	C	D
优秀	好	一般	不合格

九、主考官评语
主考官签字： 日期：

二、面试的实施阶段

1. 建立关系阶段

在这一阶段，面试考官可以从与工作无关的问题开始发问，如询问交通、天气、地理环境、语言习惯、地方风俗等，其目的是通过简单的问候寒暄，缓和应聘者的紧张情绪，创造一个宽松友好的环境。也可以让应聘者进行自由的自我介绍或者询问应聘者一些其他比较熟悉的问题，如询问应聘者学习、工作经历中的一段内容等。在该阶段常提问一些比较封闭的问题，如"今天天气很冷哦？"、"你原来从事过人力资源管理工作？"等。

2. 导入阶段

在导入阶段，面试考官会比较自然、亲切地提问一些应聘者一般有所准备的、比较熟悉的题目，如让应聘者介绍一下自己的工作经历、自己过去所从事的工作等，以进一步缓解应聘者的紧张情绪，为面试的进一步开展做准备。在本阶段，常常提问一些开放性的问题，使应聘者有较大的自由度，如"请你介绍一些你自己过去的工作。"、"你认为你个人的优点是什么？"。

3. 核心阶段

在面试的核心阶段，面试考官通常要求应聘者讲述一些关于应聘岗位胜任素质的事例，面试考官将基于这些描述作出基本的判断，对应聘者的各项核心胜任素质做出评价，为最终的录用决策提供重要的依据。通常，面试考官在本阶段提问时会按照题目难度梯度由易到难的原则进行提问，并适时进行追问。以行为性问题为例，请应聘者列举一件工作或学习中自己参与的印象最深刻的事情，具体的提问方式可以采用 STAR 模式。如果应聘者提到了某项胜任素质，就根据他的重视程度进行等级评分，没有提到的胜任素质则不计分。本阶段中，通常使用一个开放性问题的话题，然后再将话题聚焦在一个关键的行为事件上，接下来可以不断使用探索性的问题进行追问或者设置情境性问题让应聘者阐述自己的观点。如"在工作中的某件事上，当你的意见与你的直接领导的意见有分歧时，你是怎么处理的？"、"如果我们录用了你，你能为我们做什么？"。

4. 确认阶段

在这一阶段，面试考官应避免使用一些封闭性的问题来进一步核实核心阶段获得的信息，因为封闭性的问题会对应聘者的回答产生导向性，应聘者会倾向于给出面试考官希望听到的答案。所以，本阶段通常采用开放性问题，如"刚才我们已经讨论了几个具体的事例，那么现在你能不能清楚地概括一下组织招聘工作的程序是怎样的？"、"刚才你提到帮助人力资源总监制定有关的人力资源政策，能不能讲一讲你具体做了哪些工作？"。

5. 结束阶段

在面试的前四个阶段，应聘者一直处于被动地位，所以，在面试结束之前。面试考官完成所有预计的提问之后，应该给应聘者一个机会。不管录用与否，均应在友好的气氛中结束面试。如果对某一对象是否录用存在分歧意见，不必急于下结论，还可安排第二次面试。在面试结束前，考官一般提问 1～2 个可以让应聘者自由发挥的问题，其目的是查漏补缺。如"请问你还有什么需要补充的吗？"、"请问你还有什么问题吗？"。

三、面试的总结阶段

1. 综合面试结果

面试结束后，面试考官应该及时扩展面试时的简单记录，还原应聘者在面试中的回答与陈述，整理完整自己的面试笔记，然后将自己已经得到的关键信息与面试确定的评价要素进行比照，总结在面试确定的各个维度中每位应聘者的表现，客观地进行打分，为录用决策提供重要的参考。

面试结束并不意味着确定招聘应聘者与否，而是开启了新一轮的接触。对企业来说，根据诸多事实来评判应聘者合适与否很重要；同样，对应聘者来说，也需要根据诸多事实来评估不同的工作机会，看到底哪一个最适合自己。这些事实包括学习与成长的机会、薪酬、招聘经理及其团队所表现出的素质、工作匹配度、文化匹配度、工作与生活的平衡。

2. 面试结果反馈

即指将面试的评价通知给用人部门，经协商后，做出录用决策，并通知应聘者的过程。

了解双方更具体的要求，关于合同的签订，对未被录用者的信息反馈。

3. 面试结果的存档

面试结果要存档。

第三节　面试前的准备

📖 导读资料

面试是投递简历资料后的延续

小王是一个应届毕业生，专业为机械设计，在人才交流会上挤出一身汗以后，连他自己也记不得在什么公司投过几份简历了，所以当A公司电话通知他面试后，无论是对该公司的印象或者是应聘了公司的哪个职位，在他的头脑里都全无概念。无奈抱着随机应变的心态前往面试。

面对A公司副总、销售总监关于"你是怎样理解销售这个概念的？"和"你如果作为一个片区经理，应当怎样计划你的工作"等问题，由于心中全无准备，只好硬着头皮泛泛而谈一番，从A公司面试人员的表情上小王已经明显知道自己这次的面试是砸了。

回到住处，小王反思自己的这次面试过程，发现差错全在于自己那份精心制作的求职简历，由于现在大学所学的知识甚多，学生们也有针对性地选修了一些将来步入职场必备的一些知识，如计算机知识、市场营销、现代物流、企业管理等等，因此在简历上大多表现出对这些知识的掌握及应用程度，包括相应的社会实践等。而用人单位也认为大学生掌握的知识面较广，可塑性较强，因此在收到简历后便根据自己公司所空缺职位的需要来安排面试。事实上小王应聘的职位首选是该公司机械技工，其次是程序管理员，但就是由于简历中面面俱到，没有突出自己的职业首选，才导致A公司和小王在面试环节互相尴尬。

一、工作流程设计

（一）试题的编制

1. 结构化面试试题编制的程序

实施结构化面试，编制面试试题是其中很重要的一个环节。面试试题的编制程序如图7-1所示。

确定测评要素 → 选择面试题型 → 编制面试试题 → 试题试测

图 7-1　结构化面试试题编制的程序

招聘人员根据岗位分析的结果，明确该岗位需具备的能力和素质要求，有针对性地从中提出测评的几个要素，并对每个测评要素进行界定，同时根据各测评要素与拟任岗位的关联性质确定其相应的权重。

每种试题的题型都有独特的功能和特点，对不同的面试对象应采用不同的试题。在进行题型的选择时，招聘人员应结合拟招聘岗位的特点、测评要素和面试对象等多方面的因素来考虑。

前两步的工作完成后，招聘人员则可以着手进行试题的编制工作了。试题的编制要以测评要素为中心而展开，形式可以多样化。

试题编制完成后，企业应选取相关人员(如岗位任职者、专家等，应试者除外)进行测试，以便了解其可操作性和区分度，然后根据测试的结果对试题进行反复修改并完善试题的评分标准，撰写试题的参考答案等。

导读资料

1. 知名软件公司招聘总经理助理面试题及参考答案

面试题：某手机厂家由于设计失误，其手机电池寿命有可能比原来设计的寿命短一半(不是充放电时间)，解决方案是免费更换电池或给顾客该厂家新手机的50元购物折换券。请给所有已购买手机的用户写信告诉其解决方案。

参考答案：

亲爱的用户，您好！为了回报广大用户，我公司最近对N型电池进行了技术升级，凡在×年×月×日前购买N型电池的手机用户，均可到我公司销售网点进行免费更换。如果您更喜欢用原来的电池，我们将会送给您50元的新手机折换券。再次感谢您对我们工作的支持。

××手机股份有限公司

××年×月×日

专家指点：

本题主要考察应聘者的事物处理能力、沟通能力以及如何以积极的态度处理负面的事情。在答此问题时，应注意两个方面，一是不能让用户对公司失去信心，影响公司声誉，此时可以回避电池寿命一事不谈；二是要对用户负责，不能欺骗顾客。

2. 生产经理(车间主任)面试题及参考答案

面试题：一家公司的维修车间现在的情况是，好活大家抢着做，不好的活没人愿意做，请问，如何分活才能最大限度地平衡员工的不满？

参考答案：这实际上是如何做好维修车间调度的问题。个人觉得最好的办法是：使用进度看板，按次序轮流干，不管是什么活，轮到你干时必须去干，而且要干好。要做到坚持执行，铁面无私。当然，完全的公平是没有的，只要做到近似合理就行。

2. 试题编制注意事项

明确拟招聘岗位的任职资格条件。在明确岗位资格条件的基础上，从中选择测评要素并确定关键测评要素。

控制试题的难易度。题目设计应有一定的层次性，能区分出能力的差异。如题目设计太难，尽管也能招聘到所需要的人才，但对任职者以后的工作可能会有一定的影响；如太简单，则容易出现"天花板"效应，增加招聘工作的负担。

测评要素界定清晰明确。制定明确的评分标准，有助于规范考官对面试结果评定的一致性，有利于确保面试的公正性、客观性。

掌握发问技巧。当某一问题的题目较长时，考官不要一口气将其问完，这样有可能导致应聘者记不住问题的全部而影响其水平的发挥。

3.结构化面试试题样本

样本一：

请简要地介绍一下您所学的专业及毕业设计情况。

您喜爱的运动是什么？

您是否应聘过其他企业？

在工作中，如果您与上司或同事合不来，您将会怎么做？

完成这个句子：成功的经理应该……

在此工作岗位上，您希望有什么收获？

如果让您负责的话，您将怎样为自己的企业或部门制订计划？

您的价值观是怎样的？

样本二：

面试指导语：

您好，欢迎您来参加今天的面试。希望通过交谈能够增进我们彼此的了解。在接下来的一段时间里(30～45分钟)，我们会问您一些与工作相关的问题，希望您能认真、如实地回答，尽量把自己最好的一面展示出来。最后，我们会根据您的表现作出一个成绩的评定。您所回答的信息我们会为您保密。希望您能放松心情，不要感到紧张。那我们现在开始，可以吗？

问题1：请您做一个简单的自我介绍。

追问的问题：您为什么离开原来的企业？

您为什么选择应聘这个职位？

请列举自己的优缺点。

【测评要点】　主要考察应试者的语言表达能力、逻辑条理性、求职动机和自我认知能力。

问题2：假如您成功的应聘上了这个职位，现在，领导突然安排了以下三件事情。

(1) 经理正在和客户谈某一项目，现急需您马上提交一份报告，这份报告您尚未完成。

(2) 企业的一个重要客户前来投诉，需要您马上过去处理。

(3) 企业有一个会议需要您马上过去主持。

请问：您将如何处理这三件事情？

【测评要点】　主要考察应试者的计划协调能力、情绪控制能力。

问题3：假如您是企业的一名新员工。各方面都还有许多需要学习的地方，但您的领导很器重您，而这让所在部门的同事对您有些异议，您如何化解这一局面？

【测评要点】　主要考察应试者的人际沟通能力

问题4：您比较欣赏哪位历史人物？

【测评要点】　主要考察应试者的个性特征，考察应试者与职位的匹配程度。

问题5：如果现在有两家企业愿意聘用您，一家是我们，另一家是我们的竞争对手，并且他那边给您的各方面条件都要好，您怎么选择？

【测评要点】 主要考察应试者的灵活应变能力。

问题 6：您怎样理解"一屋不扫，何以扫天下"与"扫天下，何以扫一屋"这两句话?

【测评要点】 主要考察应试者的综合分析能力。

在设计面试试题的同时，应根据这些试题的测试要点，编制相应的测评表让考官们打分，如表 7-3 所示。

表 7-3 面试评定表

姓 名		应聘职位		所属部门		面试日期	
面试问题	测评要素	要素界定					分数
1	语言表达能力 逻辑条理性 求职动机 自我认知能力	好：语言表达能力强，有很强的感染力，条理清楚，具备岗位要求的基本素质且职位定位明确，自我评价客观、诚实。 一般：语言表达清晰，条理一般，具备岗位要求的基本素质，职位定位不太清晰，自我评价客观。 差：语言表达能力一般，与岗位要求有一定的差距					
2	计划协调能力 情绪控制能力	好：沉着、冷静，计划性强且能分清事情的轻重缓急，善于利用周围的资源解决目前的问题，事情处理得当，安排合理。 一般：计划性一般，能分清事情的轻重缓急，但不够镇定，能够解决面临的问题。 差：事情安排得有些欠妥，可能与职位能力要求有一定的差距					
3	人际沟通能力	好：从领导和同事两方面进行沟通，勇于表明自己的不足和自己努力工作的决心，有一定的包容心。 一般：与同事进行沟通，通过自己的努力达到改善目前处境的目的。 差：不采取任何行动					
4	个性特征	个性特征与职位匹配性的问题					
5	灵活应变能力	好：在有压力的情境下，能够灵活地思考、解决问题。 一般：作简要的回答，但没说中问题的实质。 差：面露难色，回答较为敷衍					
6	综合分析能力	好：从辩证的角度，多方面展开分析，且能抓住问题的关键点，有独到的见解，思维开阔，能够据此对当今的某些现象加以分析。 一般：从辩证的角度，多方面地展开分析，有自己的想法，思维较活跃。 差：就事论事，思维局限					

(二) 考官的准备

1. 考官必须具备的条件

面试考官必须具备的条件有：

(1) 在面试过程中，考官要尊重应聘者并作出客观、公正、公平的评价，不得带有任何主观偏见和好恶。

(2) 明确所招聘岗位的岗位要求，以便有针对性地考察应聘者。

(3) 具备或者熟悉相关岗位所需要的专业知识。

(4) 有一定的面试技巧和人员测评技术，能够把握关键信息，较为准确地对应聘者的潜能、素质、能力等各方面作出判断。

(5) 仪容仪表整洁，符合礼仪规范，体现企业员工良好的整体风貌。

2．确定考评组成员，成立面试领导小组

面试领导小组负责整个面试工作的实施和管理，一般由人力资源部经理担任小组组长，具体统筹安排面试工作。

面试考评小组成员一般是 5～7 人，设主考官 1 名，由招聘职位的部门主管，人力资源专家等组成，具体人数由企业根据自己的需要而定。

3．对考评组进行必要的培训

对考评组人员进行培训是非常必要的，因为其组成成员来自企业的各个部门，对专业技术知识掌握的水平高低不一，人员素质良莠不齐。具体培训内容包括以下方面：结构化面试的方法和技巧；面试题目设计的思想；结构化面试的优缺点及注意事项等。

二、时间与地点选择

根据招聘职位的高低、应聘者的人数等因素选择面试地点。面试地点最好与公共场所、工作区域隔开，给应聘者提供一个良好的环境。另外，根据面试的需要，还应该给应聘者提供休息室或等待区及饮用水等。

关于面试时间的选择，应考虑企业整体招聘需求情况、参与面试的人员结构及其时间安排等因素。

第四节　面　试　提　问

一、提问方式

面试提问的方式一般有以下九种：

封闭式提问又称收口式提问，即让应试者简单地回答"是"与"否"即可，涉及的范围比较小。如"您毕业于××××大学，是吗？"。

开放式的提问可以让应试者充分发挥出自己的水平。如"对这一种做法，您有什么看法？"，应试者在回答此类问题时，应开阔思路，条理清晰，具有说服力，充分展示自己各方面的能力。

假设式提问，即让应聘者置身于某一特定的环境中思考问题，主要考察应试者的应变能力、解决问题的能力和思维能力，如"假如您成功的应聘上了这个职位，您将如何开展这份工作？"。

引导式提问主要用于征询应聘者的某些意向，需要一些较为肯定的回答，如"您的期望薪酬是多少？"、"您过去所负责的部门人数有多少？"等等，应试者只需如实的回答问

题即可。

连串式提问是指就某一问题而引发的一系列问题——发问，主要考察应试者的反应能力、思维的逻辑性和条理性。例如："您在过去的工作中做得最成功的一件事情是什么？其成功的因素有哪些？现在再重新分析一下，是否还有需要改进的地方？"。

重复式提问是主考官通过检验应试者的回答来判断自己得到的信息是否准确，或者是探测确认应试者的真实意图，如"您的意思是……吗？"。

投射式提问，即让应试者在特定条件下对某种模糊的情况作出反应，其形式主要有以下两种。

① 图片式描述。向应试者展示各种图片，应试者看完图片后需说出他们各自的反应和感受。

② 句子完成式。要求应试者根据提供的句子的开头完成整句话的描述。如"困难就好比……，只要……，就能……"。

压迫式提问是面试考官故意营造一种紧张的气氛，给应试者一定的压力，观察应试者在压力情况下的反应，进而测定其反应能力、自制力、情绪稳定性等。如"您的工作阅历和专业与我们的职位有一定的差距，您录用的可能性不是很大，对此，您怎么认为？在工作中，如果你的领导在你的下属面前当众批评你，你会是什么反应？"。

案例分析式提问是考官给应试者提供案例，要求应试者对案例进行分析，主要考察应试者的分析能力、解决问题的能力。

二、提问技巧

面试是企业对应试者综合素质的测试。在面试过程中，除了应试者需要积极地发挥自己的潜力和水平外，面试考官的提问方式也会影响应试者水平的发挥，因此，考官在提问时应注意以下技巧。

1. 语气自然亲切

在面试的开场导入阶段，应试者一般都会带有或多或少的紧张情绪，因此，考官在面试开始前，应努力缓解应试者的紧张情绪，使其尽量正常发挥甚至超常发挥。如表7-4所示。

表7-4　　××公司面试开场导入案例

主考官：您好，欢迎您的到来，今天过来交通还顺利吧。
应试者：谢谢。上次在电话中贵公司的工作人员很清晰地告诉了具体的地址和乘车路线，况且，贵企业所在地处于繁华地带，所以很容易就能找到。
主考官：哦，您是如何得知我们的招聘信息的？
应试者：我看到贵公司在××网站上发布的招聘信息，与我的专业和工作经历比较相符，所以，便申请了这个职位。
主考官：好的，那我想更多地了解您工作方面的信息，请您先做一个简单的自我介绍，好吗？

2. 所提的问题要简明、有力

主考官向应试者发问时，应注意把握语速、节奏等细节，如采用连串式的提问方式，还应注意语句的停顿及确保所提问题清晰、明了。

3．提问的顺序应从易到难

一般来说，面试考官会在面试开始前准备好一部分试题，提问时，基本上应按照先易后难、先具体后抽象的顺序，因为这样有助于应试者放松紧张的情绪，以便更好地进入面试的状态。

4．声东击西

面试考官若发现应试者对某一问题欲言又止或者持不想说的态度，则可以尝试着问其他相关的问题，从而达到获取相关信息的目的。

5．适当的追问

为了更详细地了解某一信息，面试考官可以适当地对应试者进行追问。

三、面试提问时应避免的问题

考官对应试者提问时，应避免不合适的引导式的提问和终止式的提问，如表7-5所示。

表7-5　提问实例分析

错误的提问方式	正确的提问方式
您是否了解这个职位	您对这个职位了解多少
您以前的领导是严厉型的还是随和型的	您以前的领导的风格是怎样的
您觉得这种做法是对的还是错的	您对这种做法有什么看法
您曾经干过一些分外的工作，是吗	您都承担了哪些分外的工作，能详细说明一下吗

在提问过程中，应提出与工作有关的问题：一是可以获得应试者更多的与岗位有关的信息，二是有利于考官控制面试的进程，从而提高效率。

四、设计面试提问类型

笔试的重点，在于考察应聘者的知识，而面试的目的是要进一步考察报考人的能力水平、工作经验、个性品质以及其他方面的情况，以弥补笔试的不足，为选择合适人才提供充分的依据。既然面试的目的是特定的，那么，面试题目必须是面试所要考察的重点。不过，并不是任何表述科学、严密的问题(如笔试中的问题)都可以用在面试之中。用逻辑类的问题来考察应聘者的思维能力效果往往并不好，因为这类题目在面试的压力情况下，常令应聘者张口结舌，无话可说，使面试无法进行下去；而当我们请应聘者就某一社会现象自由地发表自己的看法，常能使应聘者有话可说，于自然表述中体现出其思维水平。

除了面试提问的内容，面试提问在形式设计上需要注意：

(1) 试题的大小要适度。尽量短小精炼，采取"大题化小、成套组合"的方法。否则，会使应聘者觉得题目太大，无从下手；或者太琐碎、细小，也会影响面试质量。

(2) 试题要有开放性、启发性。能触发思想火花，启发应聘者思路，并运用自己的实践经验作答。如辩论、演讲的题目，就要有争议性，利于思辨，应聘者愿谈、可谈。

(3) 试题所引用材料应聘者要熟悉。试题力求与应聘者的实际生活接近，便于其理解，并能从容自然地回答问题，使考官了解到其真实的思想情况。如果选择生僻的材料，其结果会使应聘者无以作答。例如，"根据你以往的经验，要想获得多数同事的好评，最主要的靠什么？"这道题紧贴应聘者的实际，让其凭借自身以往的经验答题，使应聘者不感费解，能够自然地表露真实的想法。

(4) 试题要清晰，即试题的表述要做到清晰易懂，使应聘者能迅速、准确地理解题意。

五、设计面试提问提纲

面试提纲是整个面试过程中的问话提纲，一般由若干面试项目组成，每一面试项目均应编制相应的提问提纲，以便面试时有针对性地提问、考察。主试人根据面试提纲，向应聘者提出问题，了解应聘者的素质和能力，控制面试进程。因此，面试提纲必须围绕面试的重点内容来编制。所提问题应具体、明确。

同时，由于应聘者有着不同的情况和经历，因此不必要求每个人都选用同一套提纲依序一问到底。因此，每一面试项目可以从不同角度出一组题目，以便于面试时选择。

面试提纲还可以分为通用提纲和重点提纲两部分。通用提纲涉及问题较多，适合于提问各类应聘者。重点提纲则是针对应聘者的特点提出的，以便对职位要求中有代表性的东西有所了解。通用提纲如表 7-6 所示。

表 7-6　面试提问通用题库

类型	序号	问　题	测 试 要 点
基本情况	1	请用最简洁的语言描述您从前的工作经历和工作成果	测试应聘者是否能够用几句话概要地介绍其主要的工作信息和重点业绩，而不是以流水账的形式重复履历表已经注明的内容。在介绍工作成果时，注意应聘者能否正确表述其在原单位所发挥的作用。尽管有关基本能力的提问大多可以通过简历或应聘表格反映出来，但通过回答可以考察应聘者的语言表达能力、仪表神态、目光注视程度、肢体语言等方面
	2	您为什么重新求职	测试应聘者的求职动机是否合理。重新求职的原因可能因为应聘者原单位的问题，但通过回答可以看出应聘者是否能客观、委婉地说明缘由
	3	什么样的单位是您求职的第一选择	测试在应聘者心目中是否对自己和单位的定位清晰明确，而不是盲目应聘
专业背景	4	您认为此工作岗位应当具备哪些素质	测试应聘者认为的岗位素质与招聘需要的岗位素质的吻合程度
	5	请谈谈您对您所从事专业的理解，在专业方面有哪些重要的成果	考察应聘者的专业功底
专业背景	6	您认为自己应聘的职位在公司理所应当承担的主要职责是什么？您个人有哪些方面的优势能够胜任这一职位？还存在哪些缺陷和不足，准备如何来弥补	考察应聘者个人对于工作的理解以及是如何考虑个人与工作之间的匹配性的
	7	您认为自己在这个岗位上的竞争优势是什么	通过回答找到此应聘者与其他应聘人员的优势、差异

续表(一)

类型	序号	问　题	测　试　要　点
工作模式	8	您平时习惯于单独工作还是团队工作	工作习惯与应聘者应聘的工作岗位有关。通常需要经常与他人合作或接触的岗位(如秘书、公关等)需要团队工作习惯，而技术、设计类型的岗位则相对独立性较强
	9	在工作中您喜欢用哪种形式沟通？您认为什么是最有效的沟通方式	通常面对面直接沟通的方式最为有效，与书面沟通相比，面对面沟通发生误解的可能性较小，除非两人一见面就剑拔弩张
	10	在过去的工作中您学习到了什么	考察应聘者是否能够从专业成就、人际关系、组织、产品、服务等多个角度来回答问题。当谈及其从前的经历时，可测试应聘者是否是个忠诚的、懂得尊重别人的员工
	11	您如何使自己了解业务上的最新动态	无论什么领域，都会有大量专业资料刊登在各类刊物上。对自己的专业研究得越深入，就越需要获得新的信息来源
	12	请介绍您原来单位的几个主要竞争对手的情况	通过回答测试应聘者的市场竞争意识。对本单位津津乐道，但对市场状况及竞争行情不甚了解的人员不是一名全面的工作人员
	13	您在工作中通常怎样分配时间	测试应聘者对时间的分配和使用习惯
	14	您未来三年内的目标是什么？如何实现	考察应聘者是否能够对自己提出明确的目标，并有切实的行动计划；而不是"继续做好现在的工作"、"加强学习"等模糊的概念
	15	您对我们公司以及您应聘的岗位有什么了解	一名态度认真的求职者往往会在面试之前通过多种渠道去了解应聘单位，如果在应聘的开始已经向应聘者进行介绍，可测量应聘者倾听的关注程度。如果事先没有向应聘者进行有关本单位的情况介绍，应聘者可以借此机会提出了解单位的情况。主试人员在介绍完毕之后，仍可通过类似问题考察应聘者
价值取向	16	您对原来的单位和上司的看法如何	大骂原来单位及同事的应聘者绝非一名有修养的员工。考察应聘者是否能够客观委婉地表达其看法，并结合自己放弃原来职位的意图
	17	业余时间您通常用来做什么	考察应聘者是否能够平衡工作与生活之间的关系
	18	描述您上一次在工作中挨批评的情景	测试应聘者在既属于个人隐私，又有很强的专业性的领域里的沟通能力如何，以及应聘者是否经得起批评，并了解他以前的工作环境和沟通状况
	19	您是否愿意接受心理测试	考察应聘者是否能够坦诚相告
	20	您觉得怎样才算是成功	考察应聘者是否能够把受到赏识与作出有意义的贡献联系在一起，而且可以正确地平衡事业与家庭之间的关系
	21	您认为做人的基本原则是什么	考察应聘者个人的行为准则和道德规范意识

续表（二）

类型	序号	问　题	测 试 要 点
资质特性	22	您如何描述自己的个性	测试应聘者的个性与招聘单位的文化、风气、行为准则、岗位特点等之间的匹配程度。例如，外向性格在公关、市场等工作岗位更具优势，内向性格在科研、档案的工作岗位更具优势
	23	请列举您的三大优点和三大缺点	应聘者是否能够坦诚相告自身的特性，并考虑其特质是否影响担此岗位的工作及团队工作
	24	您原来的同事通常是如何评价您的	考察应聘者是否了解自己在他人心中的看法，并正视面临的问题
薪资待遇	25	是否方便告诉我您目前的待遇是多少	
	26	您所期望的待遇是多少	如果应聘者要求与更高层的主管商谈待遇问题，招聘者可巧妙地变换提问方式，"我们只是希望清楚您能够接受的待遇范围，例如税后月薪 2000～2500 左右"
	27	您要求公司必需的福利有哪些？另外希望工作提供什么样的福利	涉及人力成本及相关法规的问题，同时通过应聘者谈到原单位的福利时可以看出单位实力，以及自身的承受能力
背景调查	28	您是否介意我们通过您原来的单位进行一些调查	重要的职位是必须进行调查的。通过应聘者回答问题时的态度及调查的材料可以测试其诚实程度

六、不同岗位面试试题的编制

面试试题的编制依据是拟招聘岗位的岗位说明书和应聘者的个人简历。不同岗位对工作能力、知识水平等的要求是不同的，因此，面试考察的内容也是不同的。下面是四类人员的面试试题范例，供读者参考。

1. 销售人员面试试题

销售人员需具备较强的客户服务意识、灵活的沟通技巧、较强的销售能力和工作主动性等素质。下面的试题可用于测试销售人员的这些能力，具体内容见表 7-7。

表 7-7　销售人员面试试题范例

考察内容	面 试 试 题
销售能力	1. 自我介绍
	2. 对自己最熟悉的一个商品作产品介绍
	3. 对考场范围内的任意一件物品做即兴推销
谈判、沟通能力	1. 请举一个您成功地说服他人按照您的想法去做事情的事例
	2. 请讲述您曾遇到的最困难的一次销售经历，期间，您是如何与客户进行沟通的
	3. 现场模拟：与某企业的采购经理进行业务谈判

考察内容	面 试 试 题
工作经验	1. 描述某一具体业务的销售流程
	2. 如果让您给新员工以销售为主题进行培训，您的主要培训内容将如何安排
	3. 在工作过程中，您是如何开发新客户和维持老客户的
求职动机	您为什么来应聘这个职位
道德品质	如果您的一位客户无意中落下了一个文件夹，其中有很多对您来说很重要的商务信息，您会怎么做
团队合作	您的一位同事，工作能力和业绩都不如您，可最近得到了提升，您如何看待此事
工作主动性	请举一个本属于您上级领导分内的工作而他却没有做，您主动完成的事例
情绪控制能力	当您对客户进行推销时，遭到多次拒绝，您如何调整自己的心态
应变能力	您做出了一个重大的决定，而事情的发展却事与愿违，您如何处理

2. 技术人员面试试题

针对技术人员，主要应考察其专业知识水平和工作技能等。面试试题的设计内容见表7-8。

表 7-8　技术人员面试试题范例

考察内容	面 试 试 题
技术水平	讲述一个在以前的生产过程中，您发现问题并采取了成功的防御措施的事例
学习能力	面对一个新技能，您是如何快速掌握的
人际沟通能力	当您提出一个新的建议或想法时，却遭到了其他人的反对，而您确信您的想法是正确的，您将会怎么做
进取心	在工作中，您觉得还有哪些需要改进的地方
责任心	当您发现有员工违反企业的规章制度时，您会怎么做
环境适应能力	如果您所在的工作环境并非是您喜欢的，您会怎么做
工作经验	1. 讲述您在工作中最成功的一件事情
	2. 讲述您在工作中最失败的一件事情

3. 客户服务人员面试试题

客户服务类工作需要具备良好的工作态度、心理素质、服务意识等，此类职位面试试题的设计表见表7-9。

表 7-9　客户服务人员面试试题范例

考察内容	面 试 试 题
服务理念	您如何理解"顾客就是上帝"这句话
沟通能力	1. 请举一个起初非常不满意您企业的服务而后来成为您忠实客户的事例
	2. 请举一个成功地处理客户重大投诉的事例
工作原则性	当客户提出明显不合理的要求时，你通常是怎么处理的
工作经验	1. 您认为服务型行业的服务重点在哪些方面
	2. 如何理解和运用"二八"原则
	3. 按照您的理解，您是如何对顾客进行划分的

4. 中层管理人员面试试题

对中层管理人员的考察，一般从管理能力、分析决策能力、团队领导能力、情绪控制能力等方面展开，其面试试题的内容见表 7-10。

表 7-10　中层管理人员面试试题范例

考察内容	面 试 试 题
管理意识	1. 谈谈您对管理的理解
	2. 企业文化的作用是什么
	3. 企业良好发展需要具备哪些条件
管理技巧	1. 如何处理部门之间的矛盾
	2. 如何调动员工的工作积极性
管理风格	如何对下属授权
	工作中，您是如何进行管理的
决策能力	现有一个项目急需请总经理批示，而总经理一直联系不上，您会怎么处理
监控能力	如何监控和支持下属的工作
团队管理能力	如何领导一个高效的团队
学习和知识更新的速度	管理书籍的阅读
情绪控制能力	如果我们企业决定淘汰您，您认为您在面试表现中所反映出来的不足之处在哪里

第五节　如何提高面试效果

一、影响面试效果的因素

1. 形象

面试其实就是看被试是否能符合"公司职位形象"——庄重朴素、落落大方，包括了衣着、发型、眼神、表情、举止等各方面。所以面试前，每个被试者(简称被试)都有必要在镜子面前做一次全面深刻的自我检查。

首先是衣着。"衣着显经历"，准备一套合体的套装是必要的。男性以西装为主，但应选择符合自己气质的颜色和款式。女性以套装为佳，最好选择长裤，因为大多数考生面前的桌子是没有挡板的，穿裙子很容易走光，显得不庄重。同时，面试时尽量不要佩戴饰品，如果有需要，手表是可以带的，但记得一定是"成人款"的，电子表、过于花哨的只会给被试减分。鞋子最好选择前后都包的结结实实的，一切都以稳重大方为上策。

其次是神态。保持自信的表情最好，不鼓励大家多笑。答题之前向主试问好和告别的时候适当的微笑是必要的，但在答题过程中就没有必要时刻保持微笑，皮笑肉不笑的状态只会让你和考官共同痛苦。再就是有关和主试目光交流的问题，在这项难关克服上要发挥出脸皮厚的精神来，不管主试看不看你，都要以特真诚、特沉稳的目光看着主试——记住，不要为了注视所有的主试而"东张西望"，要知道谁才是老大——大部分时间要把你的关注投给亲爱的主考官，当其他考官抬起头来看你的时候，你可以适当地与之对视。

第三是肢体动作。考试前请一个同学或者家人做考官，帮忙检查一次答题过程中你是否有多余的小动作是非常非常必要的。与很多有丰富经验的面试官接触，他们一致认为那些手势过多、有小动作(如摸头发、抖脚、咬嘴唇)的考生大部分得分都不高，原因就是不停地做小动作往往意味着这个人非常的紧张或者不自信。所以，克服一些小毛病对于成功通过面试，还是不容忽视的。大家可以通过多次参加模拟考场的方式来强行加以纠正。在模拟的时候，大家最好设计出自己的动作套路，基本要素有问好、鞠躬、坐下、起立、感谢并道别、走出考场，每一个环节都很重要，一个套路要熟悉到闭着眼睛都能作出来的程序，只有这样，你才不会因为紧张而出现不好的状况。

2．语言表达

面试就是一个你问我答的过程，如何准确定位回答的身份、态度，如何组织语言，最终又是如何回答的。

首先，在回答问题过程中，声音一定要洪亮清晰，语速不要太快或者太慢。

其次，在听题时一定要集中精力，迅速找到题眼，破题，根据平时训练好的腹稿，有条理有逻辑地说出来。

第三，一定要学会自圆其说，而不是缴械投降。这句话的意思是说，当被试不小心说错或者漏掉无关紧要的话的时候，不要发扬诚实的精神道歉："不好意思我说错了"。错了就错了，继续说你的，不要脸红不要结巴，理直气壮地说下去，就算主试注意到了你的小错误，一看你这么自信，就知道那只是口误而已。

3．摆正良好的心态

知己知彼，百战不殆。在面对面试官的时候，正确的心态是成功通过面试的第一步。对于成功通过笔试，顺利进入面试的考生，成败在此一举。要想从众多面试者中脱颖而出，首先要调整好自己的心态，这是面试成功的前提，调整心态要从以下几个角度入手：

首先，要自信，自信是成功的关键，大家应该做的是：去发现自己、他人和世界的光明面，从而使自己保持一种积极、乐观进取的精神状态。一旦拥有了这种态度，面试者不必劳神费力地去讨好主考官，压制别人，他将能坦然自若地表现自己的所有优势，他将能理性地绕过自己和主考官有意无意设下的陷阱。

其次，不做完美主义者，完美主义者最大的缺点就是自我否定，大家平时可能不是完美主义者，但是会因为对考试的过分看重，而变成一个"临时的完美主义者"。所以，会在面试的准备和面试过程中感觉自己总是达不到他为自己所定的目标，强迫自己在每一个细节上做着过分的不必要的停留。

第三，正确对待紧张情绪，在这样的重要关头，人人都会紧张，紧张主要是生理层面的内容，它要来便来，绝不会因你想摆脱它而消失。而且，你愈想摆脱它，你在它身上就加上了越多的注意力。其实也就是你越想摆脱焦虑，你就会越焦虑，而你越焦虑，你便越想摆脱它，结果便形成了一个恶性循环。所以倒不如由他去吧，紧张点也没什么的，不是自己一定要做到完美。而事实证明，当考生这样去对待紧张情绪的时候，紧张情绪反而会缓解的。

4．面试官的主观因素

首先，考官以貌取人，有媒体报道，有一女孩竟然面试失败近千次！原因就是她长得不好看，招聘单位怕影响公司形象。

其次，考官特殊经历，当面试者讲到的某些事情与面试考官不谋而合，或者面试考官有过相同经历，面试考官则偏向录取这种考生。

第三，考官情绪不佳，如果面试考官在面试过程中，坐立不安，手脚也不自在，情绪不稳定，可能会突然间打断面试者的面试。以上这些都会对面试造成影响。

5．面试官不明确面试的目的及自己所要扮演的角色

几乎没有几个面试官接受过选拔技巧的训练，有的更是临时赶场客串，因而并不是所有的面试官都清楚自己究竟该干些什么，与其他面试官该如何配合，正参加的这次面试在整个招聘活动中究竟处于一种什么样的位置等。因而他们可能会问一些重复的问题或让人摸不着头脑的问题，更有甚者会问一些侵犯个人隐私权的问题。

6．面试缺少整体结构

不少公司在招聘时未先根据工作岗位必需的才能制定出详尽的面试提纲，包括所提问题的顺序和划分等级的方式等，而是将面试者生杀予夺的大权乃至公司的命运完全交由某某部门或某某人的经验与直觉。于是乎，不少面试者就会反映面试官怎么在面试过程中总是有一搭没一搭的东拉西扯。很显然，这种没有整体结构的面试，不仅让申请者"找不着北"，使公司在申请者心目中的形象大打折扣，而且增大了公司为此投入的时间和金钱"打水漂"的几率。如果再经面试者的嘴一传十、十传百，则公司更加得不偿失，面试则也是失败的。

二、提高面试效果的对策

面试的方法与技巧，是指面试操作经验的累积。显然，每个人所掌握和积累的技巧不尽相同，但在众多的主试个体中，必然有一些共同的和基本的技巧，它们是面试中经常运用且被大家所公认的技巧与操作方式。

（一）如何"问"

1．自然、亲切、渐进、聊天式的导入

无论哪种面试，都有导入过程，在导入阶段中的提问应自然、亲切、渐进、聊天式地进行。要使面试的导入自然些、宽松些，不那么紧张，就应该根据被试刚遇到的，刚完成的事情来提问。如"什么时候到的？家离这儿远吗？是怎么来的？"。要想面试的导入亲切些，则应向被试者提最熟悉的问题，要从关心被试者角度提问；要想使面试导入渐进，则应该从提最容易回答的问题开始，然后步步加深；要使面试导入聊天式的进行，则提问方式应和蔼、随便。下面是两个案例：

实例一：

"请坐，不要紧张！"

双方坐定后，考官接着说："好啦，让我们开始面试吧，我要问的第一个问题是……"

实例二：

考官一边给考生指引座位，一边说："请坐，你是怎么来的？家远吗？"

待考生回答完毕，又问："到这里来工作有什么困难吗？"

考生表示没有，考官又接着说："那好，你能谈谈吗？"

比较上面两个案例，不难发现案例二的导入比案例一要自然、亲切得多。案例一中的考官虽说别紧张是出于好意，但实际作用却适得其反。

2．通俗、简明、有力

面试时主考官的提问与谈话，应力求使用标准性以及不会给被试者带来误解的语言，不要用生僻字，尽量少用专业性太强的词汇；提问的内容、方式与词语，要适合被试者的接受水平。

除特殊要求，例如压力面试外，一般不要提那些使考生难堪的问题，也不要就某个问题，特别是枝节性问题(如对某个概念的理解，或对某个观点、学派之争的看法)纠缠。

提问应简明扼要。据研究表明，一个问题描述的时间最好在45秒以下，半分钟左右为宜，不能超过1.5分钟，超过这个限度，不论被试，还是其他主试，都会感到不好理解。

此外，主试提问时，还应注意不要无精打采，应活泼有力，并配上得体的手势，使问题产生一定的感染力与吸引力。一般认为，说话声音有气无力的人，往往畏首畏尾，胆小怕事，缺少勇气和热情，故要予以淘汰。对被试要求如此，那么作为主试更要以身作则。

3．选择适当的提问方式

可根据不同目的选择相应适当的提问方式。

(1) 收口式。这种提问方式只要求被试作"是"、"否"，一个词或一个简单句的回答。例如"你是什么时候参加工作的？你大学学的是管理专业吗？"

(2) 开口型。开口型提问方式，是指所提出的问题被试不能只用简单的一个词或一句话来回答，而必须另加解释、论述，否则不会圆满。面试中的提问一般都应该用"开口型"问题，以启发被试的思路，激发"沉睡"潜能素质。从大量输出的信息中进行测评，真实地考查其素质水平。下面就是一个开口型问题："你在原单位的工作，经常要求与哪些部门的人打交道？有些什么体会？"

(3) 假设式。这种提问方式一般用于了解应试者的反应能力与应变能力。有时为了委婉地表达某种意思，也采用此提问方式，例如："假如我现在告诉你因为某种原因，你可能难以被录用，你如何看待呢？"

(4) 连串式。这种提问方式一般用于压力面试中。但也可以用于考查被试的注意力、瞬时记忆力、情绪稳定性、分析判断力、综合概括能力等。例如："我想问三个问题：第一、你为什么想到我们单位来？第二、到我们单位来有何打算？第三、你报到工作几天后，发现实际情况与你原来的想象不一致，你怎么办？"

(5) 压迫式。这种提问方式带有某种挑战性，其目的在于创造情景压力，以此考查被试的应变力与忍耐性。一般用于压力面试中。这种提问多是"踏被试的痛处"或从应试者的矛盾谈话中引出。例如：应试者表示如被录用愿服务一辈子，另一方面你却知道他工作5年已经换了4个单位，此时可向他提问："据说你工作不到5年已经换了4个单位，有什么可以证明你能在我们公司服务一辈子呢？"

(6) 引导式。这类提问主要用于征询应试的某些意向、需求或获得一些较为肯定的回答。如涉及薪资、福利、待遇、工作安排等问题，宜采用此类提问方式。例如："到公司两年后才能定职称，你觉得怎么样？"

4．问题安排要先易后难循序渐进

面试的问题，一般都要事先准备好一部分，尤其一些基本问题与重点问题，事先都要拟定安排好。问题的提出，要遵循先熟悉后生疏、先具体后抽象、先微观后宏观的原则，这有利于考生逐渐适应，展开思路，进入角色。特别对一开始就有些紧张、拘谨的考生，要先给其几个"暖身"问题。

5．善于恰到好处地转换、收缩、结束与扩展

所谓"转换"，是指主试在问题与问题内容方式上的衔接处理比较灵活、巧妙，不拘泥于事先所规定的问题，而是针对特定的面试目标，在面试目标范围内，根据被试者前面回答中所反映出的有追偿价值的信息、串联转换出即兴问题。成功转换的关键是要能够敏感地察觉出考生的回答中(或者离开考官原预想答案思路中的那部分回答，以及那种画蛇添足性的回答)具有深层挖掘的线索，从常规回答中发现意外的信息，同时觉得进一步的追问对了解考生有利，从而跳出常规问题进行追踪性发问。

所谓收缩与结束，指的是当被试滔滔不绝而且离题很远时制止的一种方式，直接打断当然是一种方式，然而采取下列方式进行收缩与结束，效果会更好些：

先可以假装无意之中掉下一枚硬币、钥匙、烟卷、打火机、笔记本、钢笔等东西，利用声音打断被试的思路以及话头，然后再抓住机会说："说得不错让我们谈下一个话题。"或者说："刚才说到哪里啦，我特别想听听你对某问题的看法。"或者说："我特别想知道你对……是怎么看的？"显然被试会在这种诱导下结束刚说的话题而进入另一个。还可以利用定时闹钟、电话铃响等干扰技术。

当觉察到被试对某一问题的回答只是其中一部分，还有想法出于某种原因不愿谈出来时，主试可以追问一句："还有吗？"，虽然只是 3 个字的问话，却可以对考生的心理产生足够的刺激力，由此也许能让考生马上说出一些真实的想法来。这就是所谓的扩展。

6．必要时可以声东击西

当你觉察被试不太愿意回答某个问题而你又想有所了解时，可以采取声东击西的策略。例如对于"政治问题"许多人不愿真正表达自己的观点，此时可以转问："你的伙伴们对于这个问题或这件事是怎么看的？"被试者因此会认为说的不是自己的意见，说出来不会暴露自己的观点，因而心情放松地说了很多，其实其中很多都是他自己的观点。

7．积极亲近，调和气氛

面试中如果主试与被试处于一种和谐亲切的气氛中，被试对主试有一种信任感与亲近感，那么被试往往愿意如实地回答问题，说出自己的真实想法。

观察发现，具有共同经历或彼此观点一致的人容易谈得来，面试双方会因彼此间的一致性而感到安慰或产生安全感。这种一致性能使被试与主试产生共鸣，谈到一起，这是人类的一般心态反应。因此主试在面试中要善于发现与寻求一致点，只要找到了与被试一致的谈话点，就容易打动对方的心，增加亲密感。当被试处于一种和谐、轻松的心境中，言

语自如，潜能、素质与水平就能正常发挥与展现。发现一致点与强化共同点的心理基础是主试对被试表示理解、同情与关心。理解与同情是沟通情感的基础，如果主试拥有一颗同情心并理解被试，能够变换自己与被试的位置，置身于被试的位置上来分析与考虑面试的内容与方式，那么主试就有可能获得其他人无法获得的或自己意想不到的信息。

8. 标准式与非标准式相结合，结构式与非结构式相结合

所谓标准式，是指按照预先确定的统一程序与问题逐步进行。面试过程结构严谨，层次分明。这种提问面试方式，有利于保证面试的公平性与可比性。所谓非标准式提问，是指主试所提问题是因人因事因情境与需要而决定的，没有固定的模式，气氛活泼，内容广泛。这种提问方式针对性强，灵活机动。面试中的提问应两者相互结合，在标准式中非标准化，即问题的内容可大体规定几个主要方面，包括对经历、学历、背景、适应力、应变力等的测评，但提问的方式与次序可灵活掌握，顺其自然；提问的数量与时间，留有一定的机动性与余地。

在结构性面试中，主试询问"特定"的问题，被试只能作"特定"的回答，一问一答，不问不答。非结构式面试中，主试所提问题内涵较丰富，涉及面较广泛，被试回答时可以充分发挥，尽量说出自己的感受、意见与观点，没有"特定"的回答方式。

结构式与标准式的区别是，结构式是相对问题的回答情况来说的，而标准式是相对整个面试的设计与安排来说的。当然标准式对问题的回答标准也有统一的规定。显然非标准式面试与非结构式面试也是不相同的。

9. 坚持问准问实原则

前述 8 条大多数是告诉主试如何问"好"问"巧"，要提高面试的效度与信度，还要问"准"问"实"。面试提问的目的，是通过被试对问题的回答，进一步考查其思想水平和能力素质，以实现面试的目的。因而主试通过提问要探"准"探"实"被试的素质及其优势与差异，而不是去问"难"问"倒"(压力面试除外)被试。总之提问必须有利于挖掘被试的品德与能力素质，有利于被试的经验、潜能、特长的充分展现，有利于被试真实水平的发挥。

10. 注意为被试者提供弥补缺憾的机会

由于被试在面试中处于被动地位，尤其那些初次面试的人过于紧张，开头几个问题往往发挥不出自己应有的水平。因此主试在提问过程中要注意给被试创造弥补缺憾的机会。第一，主试要善于观察，善于提问，提高消除紧张与弥补缺憾的技能；第二，对难度较大的问题，要适当启发被试或给予被试适当的思考时间；第三，面试结束前，提一两道可使被试自由发挥的问题。例如，"你认为自己的特长是什么？"。

在这里，简要介绍一下"八步问题交谈法"。该方法是美国著名工程师约卡普提出的，用于评测工程技术人才。其具体步骤如下：

第一步：询问被试是否具备某种创造才能。一般情况下，被试回答时持慎重态度，但也不能排除某些外向的，急于显露身手的人作出肯定性回答。

第二步：请被试提供有关方面的论文、著作，了解其数量和质量。如被试获得过专利，或受到某种表彰、奖励也应予以记录。

第三步：考察其思维独立性。尤其对刚参加工作的被试，可以让他回忆一下，在校读

书期间，哪些实验给他留下了深刻的印象，还可以让他谈谈当前的工作情况。通过谈话可以判断，被试是喜欢钻研难题，还是宁肯驾轻就熟。值得注意的是，一个有才干的人，比较倾向于谈论不明白的问题和棘手的事，而一味侈谈确定无疑的东西，则是才智平庸的表现。

第四步：考察其想象能力，因为它是创造活动中一项基本的因素。

第五步：摸清个性倾向。不同的职业对从业者有不同的个性要求。如具有喜好情感活动(如音乐、美术)个性倾向的人，将有益于其技术才能的发展。

第六步：深入到专业领域。在这样的交谈中，有的被试喜欢引经据典，但不大表达自己的见解与判断。这种人，智商或许比较高，但不一定能承担创造性强的工作。

第七步：给被试出一个具体的试题。可以结合其所学专业提出一个要求多思路回答的问题，有才能的人提出的解题办法多，并且不怕提出假设性的想法。

第八步：请一位有关的专家与被试交谈，然后请他发表对被试的看法。

(二) 如何"听"

1．要善于发挥目光、点头的作用

人的眼睛不仅有观察的功能，而且还有表达的功能。面试中，主试在听被试回答时，目光要恰到好处，轻松自如。俯视、斜视、直视被试回答问题，都将使被试感到紧张，从而产生一种压力，并使身心处于一种不自在、不舒服的状态中。

一般来说，在室内，两人的目光距离应该为 1～2.5 米，主试的目光大体停留在被试的嘴、头顶和脸颊两侧范围内，给对方一种你对他感兴趣、在很认真地听他回答的感觉，同时伴以和蔼的表情与柔和的目光与微笑。

听被试回答问题时，还应伴以适当的点头，因为点头是一种双方沟通的信号，点头意味着在注意听而且听懂了，或者表示与被试有同感，从而给被试造成一种心情愉快的气氛。但是要选择在无关紧要处点头，这与听演讲报告、讲课时的点头不同，否则容易泄露答案，带来麻烦。点头也可以用"嗯"等其他示意行为代替。

2．要善于把握与调节被试的情绪

在倾听被试回答问题的过程中，主试要善于把握与调节被试的情绪，使之处于良好的状态，正常发挥。

当被试在回答问题的过程中突然出现紧张、激动状态时，主试可以通过反复陈述对方的话或慢慢记录等方式，先稳定被试的情绪，待其冷静后再进入正题。

当发现被试一见面就处于紧张状态时，可以采取前面提过的"暖身"题的办法给被试一种"温暖"感，也可以采取"示弱"术、亲切称呼与"请教悦心"等技巧。所谓示弱，即在被试面前装着不懂。例如说："你是这方面的高材生(专家)，我是门外汉～不太懂。"所谓"亲切称呼"，即指称呼"小李"、"老张"之类的简称，或者直呼名不称姓。这种称呼被试听起来比正正规规的全称呼亲切多了。正常情况下心里会感到比较愉快。所谓"请教悦心"术，是指面试时，主试可以适时地以请教的口气同被试交谈，这有利于唤起被试的优势感，使其戒心松弛，既便于被试正常发挥，又便于主试了解。例如："据说你非常擅长于……能否谈谈？""我曾经遇到过这么一个问题：……，你专门学过，我想请教一下你。"

当被试情绪过于低沉时，可以采取"夸奖"、"鼓励"、"刺激"等方法。

当被试因刚回答的一个问题没答好而情绪低落时，可以采取鼓励支持技术。你可以说："我觉得你的实力可能不止于此，要争取把潜力发挥出来。"或者说："下个题对于你来说，可能难了些，但好好努力，能答好的。"如果说"别失败，要小心点"这类的话反而会适得其反。例如罚点球，很多运动员都告诫自己，不要放"高射炮"，结果反而射高了。

当被试处于高度警戒而紧张时，主试可以采用夸奖技巧。因为某方面的夸奖尤其是被试自己感到名副其实时，会产生一种兴奋感，警惕的心理随之逐渐放松下来，并与夸奖者产生一种亲和感。

3. 要注意从言辞、音色、音质、音量、音调等方面区别被试的内在素质

研究表明，一个人说话快慢、用词风格、音量大小、音色柔和与否等都充分反映了一个人的内在素质。例如，说话快且平直的人急躁、缺乏耐心，动作较为迅速。

（三）如何"观"

"问"、"听"、"观"是面试中主试的三种基本功，其中，"观"是关键。

1. 谨防以貌取人，误入歧途

容貌本来与人的内在素质没有必然的联系，但是由于日常生活中的心理定势、小说电影电视艺术造型的影响以及人们理想化观念的影响，人们面试时难免先入为主，未见面就想象该人应该如何如何，什么样的人有什么样的素质特点。因此，以貌取人的现象经常发生，古今中外都有教训。

之所以要谨防以貌取人，是因为在问、听、观三者中，由观获得的信息往往在我们的评判中先入为主。任何人见面都是先看清面目相貌才会问话，问话后才能听到声音，即使是老熟人也是这样。问与听的滞后性与面貌信息的大容量特点使主试防不胜防，往往在被试未开口前便把他(她)与心目中的"某类"人归并在一起。

2. 坚持目的性、客观性、全面性与典型性原则

所谓目的性原则，就是主试事先要明确面试的目的、面试的项目以及观察的标志与评价的标准。面试中要使自己的面试活动紧紧围绕面试目的进行，只有这样，面试中主试才能从被试诸多的行为反应中，迅速而准确得捕捉到具有揭示内在素质和评价意义的信息。

所谓客观性原则，就是主试在面试中不要带着任何主观意志，一切本着实事求是的原则，从被试实际表现出发进行测评。提高面试的客观性，要注意选择一些显著的外观标志作为评判指标。

所谓全面性原则，就是主试应该从多方面去把握被试的内在素质，应从整个的行为反应中系统地完整地测评某种素质，而不能仅凭某一行为反应就下断言。即不但要从一般的问题中考察被试的素质，而且还应该创造条件在激发、扰动的状态下考察被试的素质。

所谓典型性原则，就是要求主试抓准那些带有典型意义的行为反应。面试时，被试面对主试的提问会作出许许多多的行为反应，其中真正能够从本质上揭示素质的行为反应非常少，人们把这部分行为反应叫做典型行为反应。面试时，主试要注意捕捉这种典型行为反应。

3. 充分发挥感官的综合效应与直觉效应

笔试的判断是依靠大脑的思维分析与综合，而观察评定主要是靠视觉与大脑推断的共

同作用,面试则因为集问答、面视、耳闻与分析于一体,因此感觉有一种共鸣同感的综合效应,其中直觉效应尤为明显。这是其他测评形式所没有的。因此对于那些有丰富面试经验的主试来说,要充分发挥其直觉的作用。然而直觉不一定是绝对可靠的,因此,直觉的结果应该尽可能获得"证据"上的支持,应该通过具体的观察去验证、去说明。

主试应认真研究被试典型的体态语言。例如,面部涨得通红、鼻尖出汗、目光不敢与主试对视,一般说明被试心情紧张,自信心不足。

(四) 如何"评"

面试经过"问"、"听"、"观",最后都必须归结到"评"上来。为了提高"评"的效率与效果,可以采取以下方式。

1. 选择适当的标准

面试测评的标准是一个体系,它一般由项目、指标与标度共同构成。项目规定所测素质的性质、内容与范围;指标揭示所测素质的形式;标度规定所测素质的级别、差异与水平。

测评指标有三种形态:第一种是被试行为反应中具有典型意义与客观识别的行为。例如"出汗"、"眼睛不敢正视主试"、"回答拖泥带水"等等。第二种是从测评项目演绎出的"要素"或"着眼点",例如"态度"项目的三个"着眼点":① 回答问题是否认真;② 表情与动作是否自然;③ 是否沉着。第三种是现象表述语。这是一种主试对现实行为反应认识的主观反映的观念形态,用于衡量被试的现实行为。例如,语言表达力测评指标是:表达是否简洁,措辞是否恰当,讲话是否逻辑通顺,内容是否正确;分析能力测评指标是:对问题认识的深度,综合分析的全面性,对概念阐述是否清晰。

标度形式有五种:① 词语描述式,如分析问题能抓住实质、接触到实质、抓不住实质;② 程度级别式,如在"好"前面加"很""较""不"等;③ 符号等级式,如"甲、乙、丙、丁","A、B、C、D、E";④ 分数式;⑤ 数轴或其他图形式。

一般来说,应该以面试测评表格的形式,把项目、指标与标度集中起来,这样既简洁又方便,如表7-11所示。

表 7-11　面试测评表

(实施　年　月　日)　　　　年　月　日	被试姓名	主试姓名
(评定)　a.优秀　b.良好　c.普通　d.较差　e.差		
评定项目	着　眼　点	
协调性	合作意识怎么样? 见解、想法不固执吗? 自我本位感不强吗?	abcde

续表

积极性	有进取心吗？ 能积极陈述自己的见解、想法吗？ 有朝气、活力吗？	abcde
坚实性	诚实，责任感很强吗 没有轻率的地方，能信赖吗？ 有忍耐力，坚强吗？	abcde
表现力	能简洁明白地表达吗 对于提问的回答的正确性高吗？ 讲话逻辑通顺吗？	abcde
态度	回答问题认真吗？ 表情和动作自然吗？ 沉着吗？	abcde
判定	（与判定相关事项的备注）	abcde
（三位主试的综合判定）		A B C D E

2．分项测评与综合印象测评相结合

面试时测评的内容与感受到的信息比较多，为了提高评判的准确性，进行分项评判是必要的，但是由于对象的整体性与行为反应展示信息的辐射性，因此应该设计一个综合印象评判项目，对被试进行整体性的评判。这不但发挥了感官直觉的作用，而且也突出了多种感官综合共鸣的特点，有利于面试效果的提高。

3．横观纵察比较评判

面试中有些素质本身模糊不清，难以揭示与把握，此时应采取横观纵察比较的方式，使几个被试同时位于考场，进行集体面试，通过被试之间的比较进行评判。横观即指不同被试在同一项目上的行为反应比较；纵察即指同一被试在不同问题上行为反应的比较。

4．注意反应过程与结果的观察

面试与笔试不同在于，它既要注意行为反应的结果，又要注意反应的过程，而且更重要的在于过程。主试提问后，不要仅仅注意被试最后回答是对还是错，而要特别注意他是怎么回答的？思路是什么？回答过程表情如何？表现如何？许多有价值的信息是在回答过程本身，而不是回答的结果。

三、提高面试质量的方法

面试从设计、组织、实施到最后录用，是一个系统的工程，要提高面试的质量，应该按照一定的程序进行。面试的组织与实施可参考以下程序进行：精选面试主试；对面试主试进行培训；给每个主试提供一份好的职位说明书；告诉每个主试观察什么；告诉每个主试注意听什么；告诉每个主试如何有效地利用所"看"到与"听"到的信息，正确、客观

地解释被试的行为反应；采取评判表的形式使各个主试的评判方式趋于一致；对整个的面试操作提出统一的原则性要求。

要提高面试的质量，除了宏观上按上述步骤实施外，关键要做好以下三项工作。

1．主试的选择与培训

面试是一种对主试素质依赖性比较强的测评形式。主试素质的高低、经验丰富与否直接决定着整个面试的质量。我国古代名家曾深有体会地说："一流之人能识一流之善；二流之人能识二流之善。"

主试的素质主要由三方面构成：一是思想作风是否正派；二是对拟定岗位的工作要求是否熟悉；三是对面试的理论与实践是否有一定的掌握，富有操作经验。

主试素质除了个体要求尽可能高外，还要求整体上结构合理，各有侧重。统计结果表明，最常见的是 5～7 人，由用人单位主管、人事处(科)长、专业(职业)及面试技术专家四方面的人员构成。

主试无论有无经验，面试正式开场前，均应接受培训，时间可长可短，视需要而定。培训的目的是要统一标准尺度与操作方式。培训的内容包括方法、技能培训，标准要求操作培训。从英国与日本等国的情况来看，培训的方法是讲解、案例的观摩、操作实习与研讨四个环节。例如英国对主试的培训分为三轮进行：第一轮是讲解。用一天时间要求主试了解面试的目的、内容、程序与日程安排，发给《主试手册》。第二轮是观摩。让主试参加一次例会，为期 3 天，进一步听讲，观摩面试的程序和技法，对照面试录像，分析并熟悉操作程序及操作方法，并进行模拟面试练习。第三轮是研讨。利用 3 天时间先进行小组讨论，然后要求每个主试就面试的程序、技术写出报告，包括自己对所观摩案例中主试的评价。

2．被试的筛选

面试与其他测评形式相比，多花费时间与人力，面试一天，主试经常是疲惫不堪。因此，应根据拟聘职位要求，先进行一次筛选，以减少面试人数，从而提高面试的效率与效果。筛选的方法很多，比较可行的方法是资格审查、体检、笔试。

3．考场选择与设置

考场应尽可能选择宽敞明亮、阳光充足、安静通风的地方。考场布置应活泼一些，可以考虑放些盆景，洒点香水。安排座位时应注意，主试不要坐在背对光源处，这样会使主试形象放大，对被试产生不利影响。被试不宜坐在中央，离主试太远，这样也会使其产生一种不安的感觉。但也不宜太近，一般相互距离在 2 米左右为宜。

第六节　笔　　试

笔试是历史悠久的传统的测试方法，是招聘录用中的一项重要的技术，它通过书面问答的形式，达到测试应试者相关能力的目的。企业为了实施有效的笔试，使笔试的结果更具有参考价值，必须做好笔试机构的成立、命题、组织管理、阅卷等每个环节的工作，其中编制试题是笔试的核心环节。

一、笔试的概念与特点

笔试是由企业的主考部门根据需要测试应试者的知识和能力，事先拟定好试题，让应试者在试题上笔答试题，然后由主考部门评判应试者解答的正确程度，评定成绩的一种考试方法。

考试录用人才的做法是由我国古代先人所首创的。我国古代创立并发展成熟的科举制度，就是一个选才面广、方法完备、制度严格、标准统一的严密体系，科举制以其竞争性、广泛性、公平性为历代王朝统治者选拔优秀人才发挥了重要的作用。此后考试录用方法被广为流传。通过考试录用人才虽然也有其自身缺陷，但总体来说，考试是目前最为公平合理、行之有效的选拔人才的方法之一。笔试作为一种重要的考试方法，可以有效地测试应试者在基础知识、专业知识、管理知识、相关知识以及综合分析能力、文字表达能力等方面的差异。

笔试最明显的特点，就是以书面试卷的形式对应试者提问，要求应试者书面作答，而不是采用口头表述的方法。

笔试方法具有许多优点和长处，主要体现在以下几个方面：一是可以大规模进行，企业可以同时对大批应试者进行测试，成本相对较低，费时少，效率高；二是试题编制可经过深思熟虑，反复推敲，多方咨询，具有较高的信度和效度，科学性强；三是试卷评判比较客观，体现出公平、准确，成为评定人才素质的一个重要依据；四是应试者的心理压力较小，较易发挥正常水平；五是笔试方法能涵盖较多的考点，企业可以对应试者的知识、能力进行多方面的测试；六是笔试的试题和结果可以作为一种档案资料长期保存，以备以后参考查询。正因为笔试方法有这么多的长处，才被企业在招聘甄选人才时广泛采用。

同时笔试方法亦存在局限性，主要表现在：一是笔试无法考查应试者的思想品德修养、工作态度、政策水平、口头表达能力、灵活应变能力、组织管理能力、操作能力等等；二是可能出现"高分低能"现象，企业得不到真正需要的有能力的人才；三是应试者可能由于猜题、欺骗、舞弊而获得高分；四是对应试者表达不清的问题不能进行直接询问，以弄清其真实水平。

因此，企业采取笔试方法必须扬长避短，尽可能克服避免笔试的缺陷，在采用笔试方法的同时，还应当采用其他测试方法，以补其短，从而更加全面的测评应试者的知识和能力。

二、笔试题目的编制

（一）编制笔试题的意义

编制试题是整个笔试过程中最关键的步骤，试题的质量如何，具有多大的效度和信度，对笔试作用的发挥有着至关重要的影响和作用。

为了提高试题编制的质量水平，企业领导者必须首先明确编制试题的重大意义。

1．编制试题是笔试的关键环节

笔试是一个包括准备、组织实施、结果评定等多环节的系统性工作过程，而编制试题则是这一过程当中承上启下，将构想转化为现实的关键环节。企业关于所需招聘的人员应具备的知识、能力素质的设计，只有编制成笔试试题后，变成一种可实际操作的测试工具，才能作为衡量应试者水平的依据，企业根据编制试题的结果(试卷和评分标准)来实施具体测试和处理、使用测得数据。一份笔试试卷是否设计得合理，能否真实地反映出应试者的实际水平，关系到笔试的信度和效度，关系到能否招募到企业真正需要的人员。如果编制试题工作没做好，也不会产生好的笔试结果，也不能很好的实现笔试目标，考试录用的人员质量也很难保证。

2．试题的质量关系到笔试的有效性

笔试是一种抽样的测试，试题是为录用制造的测试手段。一般来说，一次笔试待测的内容是十分丰富的，包含着大量的具有测试价值的具体内容。但是，进行笔试的时间，一般不能很长。而在较短的时间内，又不可能回答完编出的全部问题，只能从待测的内容中选取部分内容，因此，编制试题和试卷，既是选取测试样本的过程，又是制造、选取测试工具的过程，它是确保测试质量和笔试有效性的关键。

3．笔试题可作为档案保存，有着重要的参考价值

企业内人员有一定的流动性，其人员递补是个长期、持续的过程，因而可能要经常采用笔试的方法招聘人员，笔试题并不是随着一次考试的结束，作为测试工具的作用就完全消失，而是可作为档案保存以发挥作用。一方面对企业来说，笔试结果反映了一定阶段人员的知识、能力水平，可以作为员工培训、考评等等后续工作的依据；另一方面对应试者来说，应试者们往往可以搜集以往的试题，从试题中挖掘信息，围绕考试这根"指挥棒"，进行复习。通常是笔试着重考什么，应试者就学什么；笔试怎么考，应试者就怎么学。因此企业除了提高笔试题的编制水平，还应当做好每次试题的存档工作，作为一种历史资料保存下来。

(二) 笔试试题编制原则

企业招聘人员要真正发挥笔试的作用，必须在编制试题时始终贯彻遵循四条原则。

1．难度适中

笔试试题的整体难度要适中，若题目太难，只有少数应聘者会通过，对以后的招聘工作会有不利的影响；若题目太简单，则失去了笔试筛选的意义。

2．信度高，效度大

信度是指一次笔试得出结果的可靠程度，即应试者在笔试中所获得成绩是否真实反映应试者水平，这套试题能否作为测试的依据。

试题的效度，即试题的正确性，就是企业能否通过试题测试出岗位的执行者应具有的知识、能力和技能的差异，它是笔试结果实现"因事择人"目标的程度。

信度高、效度大，这是对笔试质量的要求。

3．实用性强

通过笔试的方法筛选应聘者，必须从企业的实际出发，根据企业的实际条件和招聘工作的需要来安排笔试的人力、物力、时间及费用等事宜，以最少的人力和费用支出，达到较为满意的效果。同时，除了保证试题本身的质量外，还需确保后续工作(如阅卷工作等)

应顺利而有序的进行。

4．客观、严谨

笔试试题编制的客观、严谨，就是要保证试题题目及答案的准确性、试题结构形式设计合理性。

（三）笔试试题编制的基本要求

编制笔试题不仅要求编题人员掌握需考核的知识、能力，还要求编题人员掌握一定的编题技巧。针对不同岗位要求编制的试卷不尽相同，但总体来说，要符合下列基本要求：

试卷考查的范围要尽可能广，考点多且分布合理，考查的内容能很好地反映岗位所需知识、能力，考试的广度、难度、深度要符合考试大纲的要求。

试题要保持中立，尽量避免试题间的提示。出题用语客观、独立，不带主观感情色彩，以免应试者揣测出题者的意图，不能真正表达出个人观点。例如要求应试者回答"为什么人人都必须严格遵守规章制度？"，这道题的出题者有明显的倾向，要求应试者做肯定的回答，这样就定死了应试者回答的方向，即使有不完全同意的意见，为了能得到高分，应试者便会隐藏个人观点，而顺着出题者意愿回答。

试题语言应当规范，含义明确，切忌模棱两可，让考生无法理解，难以解答。

试题要难易比例搭配，由简到繁逐步深入，且有较明晰的区分度。

试题应当新颖，不落俗套，要综合考查应试者的记忆、表述、应用、构思水平，问题的正确答案要明确有定论，但不是生搬硬套的。试题形式要灵活多样，不能出生题、怪题。

题型由易到难排列，同类型试题之前应扼要说明该类试题的解答要求，使应试者明确答案以什么形式出现，以提高应试者的解题速度，利于发挥水平。

试题应按应试者解答费时的长短，由少到多的顺序排列。

试题中考查的项目和试题类型的比例要分布合理。

（四）笔试实施程序

1．制定测试方案

测试方案就是笔试工作实施的方案，可作为笔试工作实施的操作指导。具体应包括以下四个方面的内容：笔试的实施目的和要点；笔试实施的计划安排(包括测试的时间和地点安排、确定笔试负责机构及负责人、确定笔试规模的大小)；实施过程中可能出现的问题和应采取的措施；笔试实施的效果预测。

2．成立笔试实施小组

笔试实施小组负责整个笔试工作的开展，如试题的编制、阅卷、费用的预算等。具体可由人力资源部招聘人员、用人部门负责人等专业人员组成。

3．收集资料

收集资料是为试题的编制做准备。主要收集与实施笔试相关的岗位信息、胜任素质以及有关试题的其他内容。

4．编制笔试试题

根据笔试应考察的要素、企业招聘岗位的特点及企业需要，确定试题的类型、内容、难易度、题量的多少、试题答案等内容。

5. 试题试测

在企业条件允许的情况下，在试题编制好以后，选择一部分相关人员(如用人部门的办公人员、专家等)进行测试，然后根据试题的反馈结果对试题做出进一步的完善，以提高试题的信度和效度。

6. 实施笔试

在前期准备工作都已完备的情况下，人力资源部应组织应试者进行考试。组织工作包括人员组织、考场管理、试卷的保管等内容。

7. 评卷

根据事先安排，评卷人员应客观、公正地进行评卷工作。

8. 发布成绩

评卷结束后，人力资源部应及时通知考试应聘者进入下一轮的考核环节，对未通过考试的应聘者，人力资源部也应委婉地告知。

三、笔试的内容

用于招聘考核中的笔试，针对不同的招聘岗位有不同的侧重点，例如技术人员侧重于考察其技术水平；文秘工作者则侧重于考察其书面写作能力等，但总体来说，笔试一般包括以下五个方面的内容。

思想道德素质是对人的思想觉悟方面的基本要求，主要包括政治思想水平、品德修养和工作态度三个方面。

知识素质，主要是指一些通用的基础知识和担任某一职务所要求的专业知识。具体包括基础知识、专业知识和其他相关知识三个方面。

智力测试主要测试应聘者的分析观察能力、记忆力、思维反应能力、想象力以及对新知识的学习能力。

能力测试分为一般能力测试和特殊能力测试。一般能力测试主要包括智力测试，特殊能力测试一般指对岗位所需技能的测试。技能测试主要是针对应聘者专业技能方面的测试，以检验应聘者对专业知识的运用程度和能力水平。

个性特征测试主要是通过心理测试试题或一些开放式问题来考察应聘者的个性特征，主要包括气质测试、人格测试等内容。

四、笔试题型

常见的笔试题型一般有选择题、填空题、判断题、简答题、计算题、论述题、写作题等，按照试题的评分是否客观、答案是否唯一等因素，将这些试题分为两大类：主观题与客观题。

主观试题用来考察应聘者多方面的内容。如案例分析题，从应聘者的回答中可以更深层次地了解应聘者。但对于主观试题的答案并不是唯一的，所以其评判标准就会带有一定的主观色彩，这使得试题的信度和效度很难保证。

客观试题因有明确且固定的答案，所以评判标准也较为客观、科学，应聘者只需在已给出的选项中根据自己的判断做出选择即可。因此，在客观试题阅卷工作中，阅卷人可以借助现代化的手段和工具进行评判，既节省了时间，又提高了效率，但不足之处在于试题对应聘者的综合素质方面不易考量。

此外，针对不同岗位，企业对任职者的素质、能力要求不同，笔试试题的内容、考察的侧重点、结构等也会存在差异。

五、笔试的组织管理

（一）命题的组织管理

1．成立命题机构，专门负责命题

企业在确定要通过笔试招聘企业员工之后，招聘班子就应该组织人员成立命题小组，命题小组的成员可以从外面聘请，可以是本企业人事部门的负责人，也可以是企业需要招聘岗位的部门经理。他们都是有多年命题经验或是企业工作经验，对企业十分了解的人员。此外，命题组成员最好应当具有合理的年龄结构、知识结构、能力结构，做到知识互补，以利于命题水平的提高。另外，有亲友参加笔试招考的人员不得参加命题工作。

2．做好命题的保密工作

为了做好公平竞争，真实测试出应试者的水平，使企业招聘录用到合格的人员，应当做好命题的保密工作。

虽然企业中招聘人员的笔试不必像高考那么严格，但命题工作也应不受外界干扰，命题人员应与外界适当隔离。企业要制定必要的命题人员守则，强化命题纪律，要求每个命题人员都要遵守。要堵塞各种可能的漏洞，防止任何外界人员通过不正当的途径获悉试题内容。

（二）试卷印刷的组织管理

试卷印刷的组织管理要严格保密，防止泄密。

印刷试卷一般由专门机构或交由专门的印刷厂承担，如无专门的印刷厂，也要求选择能与外界严格隔离的印刷厂或车间，并要配备监制人员，以防泄漏试题，为确保印刷、装订的准确无误，必须严格检查、校验，由专人分工负责。试卷印刷完毕后，要做好保管工作，以使考试顺利进行。

（三）考场管理

考场的编排应以方便应试者答卷、方便监考人员检查和考试纪律维持为原则。要做到单人、单桌、单行、应试者前后左右之间保持一定的距离，各尽所能、公平竞争，如果应试者比较多，一间考场安排不下，就要在考场门口贴上起止考号，让应试者对号入座。

开考之前，可以安排有关领导作简短讲话，鼓励应试者报考本企业。然后宣布考场纪律，开始考试，维护考场肃静气氛。

考场要根据场所大小安排监考人员，一般以 2～3 人为宜，他们负责维护考场秩序、严

肃考场纪律，组织考生按时入场入座，收发试题和草稿纸等等。监考人员要有高度的责任心，不徇私情。

要注意防止考场舞弊的现象。常见的考场舞弊现象有：代考，夹带，传纸条，偷看等等，监考人员要有高度的警惕性，发现这类现象发生的，要严厉制裁。

思考题

(1) 面试的特点与程序。

(2) 面试的常用方法。

(3) 笔试的特点和程序。

(4) 编制笔试的原则。

案例讨论

假如你是一名应聘者，当面试官向你提出下列问题时，你该如何作答？

(1) 请你讲述一次在过去的工作中由你来负责管理项目的经历。当时这个项目有什么样的要求？除你之外还有哪些人参与项目？你是怎样达成目标的？

(2) 请描述一次你作为团队成员工作的经历。当时团队所要达成的目标是什么？你与团队其他成员的关系怎样？

(3) 说说你最大的缺点？

(4) 请讲一下组织中出现了职位空缺之后，你是如何填补这个空缺的？

(5) 请讲述一件事情，你录用了一个人，但经过一段时间的工作考查，发现这个人并不合适。你能否分析一下你的录用决策，看看问题出在哪里？你从这件事情中吸取了哪些教训？

(6) 在五年的时间内，你的职业规划？

(7) 举一个例子说明一下你怎样为员工解释人力资源方面的政策？

(8) 请你讲一下你是怎样实施工作分析，建立和完善工作描述信息的？

(9) 如果通过这次面试我们单位录用了你，但工作一段时间却发现你根本不适合这个职位，你怎么办？

(10) 在完成某项工作时，你认为领导要求的方式不是最好的，自己还有更好的方法，你应该怎么做？

(11) 如果你的工作出现失误，给本公司造成经济损失，你认为该怎么办？

(12) 如果你做的一项工作受到上级领导的表扬，但你主管领导却说是他做的，你该怎样？

(13) 当你的部门负责人给你关于该部门某个员工薪酬调整建议时，你会怎么做？

(14) 工作中你难以和同事、上司相处，你该怎么办？

(15) 你在学校的学习为你的工作提供了怎样的准备？

(16) 你在大学时的职业发展计划是怎样的？后来发生了什么变化吗？

(17) 你怎样对待那些你不感兴趣的课程？

(18) 请说出你选择这份工作的动机？

(19) 你最擅长的技术方向是什么？

(20) 你能为我们公司带来什么呢？

小游戏

面试操作实务

某局某科共有 5 名同志，1 名科长、1 名副科长和 3 名干部，该科因科长在国外考察学习，日常工作由副科长主持。某天上午 8 点钟，该科副科长一上班就遇到以下几件事：

(1) 科里一名干部在上班途中被摩托车撞倒后昏迷，现正在医院抢救。

(2) 办公桌上放着五份需要处理的公文，其中包括一份急件。

(3) 局办公室通知：一是接到市政府信访办电话，有十几位下岗职工正在信访办上访。因涉及你科的业务，经请示局长同意，请你们马上派一名同志去协助处理；二是军分区政治部来邀请函，上午 9 时召开庆"八一"军政座谈会，分管副局长批示你科派一名同志参加。

(4) 大学里最要好的同学发来传真，他乘坐的飞机即将于上午 10 时抵达。

(5) 局机关党委通知，上午 8 时 30 分局党组中心组学习"十七大"精神，要求各科科长参加。

假如你就是该科副科长，你将如何处理？请简要说明处理原则和方法。

第八章 人员选拔评价方法：评价中心

本章要点 ✎

(1) 掌握评价中心技术常用的技术方法；
(2) 熟练掌握并使用无领导小组讨论技术；
(3) 熟练掌握并使用文件筐测验技术；
(4) 熟练掌握并使用角色扮演模拟技术；
(5) 掌握评价中心的其他方法，并根据不同需求选择使用不同技术。

本章导读 📄

跨国企业评价

当天，一起来应聘的总共有 4 个人。前台工作人员友好地将我们带进一间办公室，稍后进来了两位主考官。经过程序式的自我介绍之后，他们先给我们发了一套题目，有图形的，也有文字的，感觉上像是心理测试之类的。

待我们都交上问卷后，企业让我们到指定的地点分别去参加一个测试，测试中需扮演企业分部的华北地区区域经理，模拟真正的区域经理一天的工作。

(1) 我拿到的是一叠资料，需要在短时间内阅读这份资料，以了解企业的基本情况并进入角色。

(2) 我了解到自己所扮演的区域经理岗外培训回来，培训期间办公桌上已经积累了一大堆文件，必须马上做出处理。

(3) 在处理文件的过程中，突然有一个客户跑过来投诉。

(4) 待处理完投诉后，好不容易把一大堆文件处理好了，接到通知说要召开一个会议，布置下半年的主要工作。

(5) 以上任务都完成后，我们 4 个人被再次召集到一起，让我们准备一个 5 分钟左右的竞职演说。

上文中，李先生所经历的选拔评估活动，其实就是一个典型的评价中心。

评价中心是一种包含多种测评方法和技术的综合测评系统，主要面向企业中高层管理人员的招聘和选拔，评价结果具有较高的可靠性和有效性。

本章将通过评价中心概述、无领导小组讨论、文件筐测验、角色扮演模拟等四个方面来讲解评价中心。

第一节　评价中心概述

一、相关的基本概念

1．历史渊源

评价中心技术(assessment center/development center)的最早起源可以追溯到 1929 年，当时德国心理学家建立了一套用于挑选军官的非常先进的多项评价过程。在第二次世界大战期间，美国的战略情报局使用小组讨论和情景模拟练习来选拔情报人员，并获得了成功。开创在工业组织中用评价中心技术先河的是美国电话电报公司，该公司的评价工作从 1956 年一直持续到 1960 年。实践证明，它是十分有效的。此后，许多大公司，如通用电气公司、IBM、福特汽车公司等都采用了这项技术，并建立了相应的评价中心机构来评价管理人员。

2．定义

评价中心是现代人员素质测评的一种重要方式，主要用于中高级管理人员的测评。它从多个角度对个体进行标准化评估，使用多种测评技术，通过多名测评者对人体在特定的测评情景表现出的行为作出标准，然后将所有评价者的意见通过讨论或统计的方法进行汇总，从而得出对个体的综合评估。它实现了招聘方对应聘者的准确了解，便于将最合适的人选放在最合适的岗位上，实现最佳工作绩效。

3．测评原理

评价中心技术应用现代心理学、管理学、计算机科学等相关学科的研究成果，通过心理测试、能力、个性和情境测验对人员进行测评，并根据工作岗位要求及企业组织特性评价，从而实现对人的个性、动机和能力等较为准确的把握，做到人职匹配，确保人员达到最佳工作绩效。严格来讲，评价中心是一种程序，而不是一种具体的方法；是组织选拔管理人员的一项人事评价过程，而不是空间场所、地点。它由多个评价人员针对特定的目的与标准，使用多种主客观式评价方法，对被试者的各种能力进行评价，为组织选拔、提升、鉴别、发展和训练个人服务。

二、评价中心的内容

评价中心最大的特点是情境模拟性，一般的测试项目都会放在具体的情境中，通过设置一定的情境和要求，让被试者做出反应，以考察被试者的综合能力和素质。在一次评价中心中一般包含多个情境模拟测验，可以说评价中心既源于情境模拟，但又不同于简单情境模拟，它是多种测评方法的有机结合。此外，评价中心还有以下几个特点。

(1) 技术运用综合性。评价中心技术运用的综合性是由其自身特点决定的，因为评价中心技术本身是一种程序而不是一种具体的方法，这就决定了要完成这个程序需要多种方法作为支撑。

(2) 评价过程动态性。与其他测评方法不同，评价中心测评技术体现了动态性，大多数测评方法都将被试者放在一个动态的互动过程当中，通过被试者与他人、被试者与被试者、被试者与具体工作、被试者与具体问题互动过程中被试者的表现和反应来进行观察和分析，而不是对其进行静态抽象的分析。这是因为人的素质十分复杂，只有在实际的行动表现中才能做出正确的判断。

(3) 测评内容的全面性。评价中心技术通过一系列的测评方法对被试者的多个侧面进行不同层面的测量，如无领导小组讨论可以测量被试者的组织能力、领导能力，演讲可以测量被试者的表达能力，案例分析可以测量被试者理论联系实际、解决问题的能力，公文筐测验可以测量其分析判断能力、权衡决策能力等。通过评价中心的一套程序，就能对被试者各方面的素质都有一个大致的了解和把握，在不同的职位要求中可以对这些技术做恰当的选择。

(4) 能全面地考察应聘者。评价中心运用多种测评技术，由多位评价人员进行评价，能从多个角度对应聘者进行考察，考核结果较公平。

(5) 预测效度高。评价中心所采用的测评手段多是对真实工作情景的模拟，因此可以很好地预测应聘者在实际工作中的表现。

(6) 成本较高。评价中心任务情境的设置和题目的编制难度较大；同时由于采用多种测评方法，因而测评时间比较长，这些都造成了测评技术成本比较高。

(7) 对考官的要求较高。情境模拟测试中需要综合考察应聘者的各种能力，而制定标准化的考评标准难度较大，考官的主观性程度较高，所以对考官的能力要求很高。

评价中心的优点主要表现在五个方面。

(1) 能全面考查、评价被试人的能力与态度。评价中心对被试人进行多方位测试，各种测试方法对个人能力的考核各有侧重，最后综合评价得出结论。对被试人各方面能力和态度的综合评价通常包括被试人的语言表达能力、领导力、说服力、敏感度、计划与组织能力、时间运用能力、创造力、容忍力、参与、冒险、诚实、自信等可以多达二三十个项目。

(2) 预测效度高。评价中心采用标准化程序和多种测试方法，对被试人进行全方位的综合考查，这些都能保证评价的结果较为可靠，预测效度较高。同时评价中心采用了多种测评方法，综合了各种测评方法的长处。从不同的角度对被试人进行观察，能对被试人的各个方面进行较为全面的评价。各种测评方法间可以相互验证，如果从各种不同的测评方法中得出了被试人在某方面较为一致的特征，就有助于做出较为明确的评价。

(3) 可以防止或减少对管理人员任用的错误。评价中心所采取的测评方法很多是对真实情境的模拟，而且很多情境是与拟任职务相关的情境。在这种情境中，被试人的表现接近于真实的情况，并且在复杂的任务下，被试也不易做出伪装，因而在情境性测验中被试的表现在实际生活中有较大的迁移性，对被评价者未来的表现有较好的预测效果。评价中心主要适用于对管理人才的选聘，可以及早从被试人中挖掘出具有管理才能的人。据国外有关方面统计，由评价中心选拔的主管，日后成绩优异者达到62.5%(传统方法仅达到35%)，而一个不称职的基层主管可平均导致损失5万美元，一个中层主管则达到25万美元。

(4) 有助于个人进行职业生涯计划。被试人通过评价中心的多次测试得到应试表现的反馈信息，对自己的知识、能力和性格等也会有全面的认识，知道自己的个性特征有哪些方面的优势，哪些方面的不足，还需在哪些方面努力等。他们就可以以此作为自己职业生涯设计的依据，规划个人发展。

(5) 应用比较广泛。评价中心不仅可以用于企业的人事选择中，还可以应用于企业的绩效评价、培训、管理以及使用人才等其他方面。

评价中心虽然有很多优点，但也存在着缺点，这些缺点主要表现在三个方面。

(1) 评价中心成本较高。评价中心相对于其他方法费时、费力、费钱。这一过程要用到多种手段，要求深入细致地进行，同时对主试人的要求也比较高，实施前要对其进行一定的培训，因而成本较高。这样就限制了这种方法的使用范围，因此，企业只有在招聘高层次的管理人员或特殊的专门人员时才使用这种方法。当然，如果评价中心能有效地为企业选拔出企业需要的关键人员，那么整个选拔产生的费用与其所产生的效益相比，也就算不了什么。齐洛克斯公司不惜花费 34 万美元，利用评价中心技术选拔了一批销售经理。由于测评效度高，使公司顺利地挑选并任用了合格人才，这批很有才干的销售主管为公司增加收益达 490 万美元，超过测评费用 10 倍之多。

(2) 使用难度大。在评价中心所采用的情境性测验中，评价的主观性程度较强，制定统一的标准化的评价标准比较困难，并且这种测验形式由于其任务的复杂程度较高，任务的设计和实施中的控制也比较困难。评价中心对评价者的要求也较高，需要对评价者进行比较系统的培训。此外，如果要实施，还要制定出一整套复杂的方案。这些都加大了评价中心使用的难度。

(3) 不易请到合适的指导专家。企业自己采用评价中心的测试方法，往往由于不规范，缺乏科学性，而导致其信度和效度降低，要想解决这一问题，就必须有专家的指导。然而聘请专家也有难度，一方面是费用高，另一方面是有时候不容易请到，这就给评价中心的推广造成一定的困难。

三、评价中心的常用技术方法

1. 心理测验

心理测验是通过观察人的具有代表性的行为，对于贯穿在人的行为活动中的心理特征，依据确定的原则进行推论和数量化分析的一种科学手段。它通过对测试者进行智力测验、人格测验、职业倾向测验的判断来对测试者的个性特点进行描述，据此预测测试者的未来工作表现。心理测验被广泛用于认识测评工作中。

通常用于人事测评的心理测试主要包括下面四类。

(1) 智力测验，主要考察应聘者的逻辑思维能力、记忆力、理解力等。

(2) 能力倾向测验，主要考察应聘者的感知能力、空间能力等。

(3) 人格测验。

(4) 其他心理素质测验，如兴趣测验、价值观测验、态度测验等。

2. 无领导小组讨论

将应聘者随机分成一个或几个小组，每组 5~7 人，所有应聘者的地位是平等的，要求在给定的时间内就某一个问题展开讨论，最后形成统一的意见并提出解决方案。

此种方法主要考察应聘者的沟通、领导、组织协调等能力。

3. 公文筐测试

公文筐测试也称公文处理练习、文件筐测试，是评价中心最常用和最核心的技术之一。通过应聘者对应聘职位实际工作过程的模拟(如在公文处理、会议安排、分配任务等一系列工作的表现)，根据其表现来给予评价。

此种方法主要考察应聘者的组织、计划、分析、判断、决策等能力。

4．情境模拟

情景模拟是将应聘者置于一个模拟的环境中对其进行考察(如假设应聘者现在是某一角色，现面临很多现实的管理问题需要他解决)。

通过观察和分析应聘者在各种模拟情境及一定的压力下的心理、行为、表现以及工作绩效，考察应聘者的管理能力和潜能。

例如，应聘者现在被任命为客服经理，正在召开会议。会议过程中发生了以下事情。

(1) 总经理来电话让他去办公室一趟，有重要事情商议。

(2) 企业一个大客户说有一笔大的业务出了问题，需要马上处理，并且客户正在会客室等候。

(3) 分企业来电话说需要经理马上过去一趟，有一个棘手的问题需要马上处理。

扮演总经理、下属和客户的人员是经过专门培训的，在应聘者扮演的客户经理与他们的沟通的过程中，他们可能会故意提出一些比较刁钻的问题。

5．管理游戏

管理游戏以游戏或共同完成某种任务进行测试的方式。小组成员各被分配一定的任务，他们必须合作才能较好地完成任务。招聘方通过应聘者在完成任务的过程中的表现来测评候选人的素质。

管理游戏是一种以完成某项实际工作任务为基础的标准化模拟活动，主要考察小组内每个应聘者的管理技巧、合作能力、团队精神等方面的素质。

6．角色扮演

考评者设置一定的环境，要求应聘者扮演某角色，模拟实际工作情境去处理各种问题和矛盾。

上述各种方法都有其特点及考察的侧重点，表 8-1 列出了各个方法适合考核的能力，企业的招聘人员可根据所招聘岗位特点及测评重点选择使用。

表 8-1　评价中心的方法及适合考核的能力

评价中心的方法	适合考核的能力
心理测验	个性特征、思维的灵活度、特殊技能等
无领导小组讨论	领导能力、组织协调能力、分析决策能力、影响力、团队合作能力、语言表达能力、情绪控制能力
公文筐	计划组织能力、逻辑思维能力、决策能力、授权
情境模拟	适应能力、灵活应变能力、沟通协调能力
管理游戏	分析能力、创新能力
角色扮演	信息获取能力、人际沟通能力、处理突发事件的能力、团队协作能力

四、评价中心的实施

1．主试人的培训

主试人素质的高低、业务水平的高低，直接影响到评价中心测试的效果。主试人在评价他人之前，必须要经过一段时间的培训，培训期的长短要根据评价中心的复杂性、评价决策的重要性和评价者训练的重要性来决定。美国电报电话公司的经理在评价被试人之前要接受 3 周的训练。

评价中心的主试人一般由两方面的人员组成，一是企业中有实际经验的管理人员，二是有关专家学者。培训要使主试人了解评价的要素、方法、程序，掌握观察、记录、汇总、分析信息的技能。主试人培训主要内容包括：① 给出某种行为的定义；② 参加一些特别设计的练习，以提高认识行为表现好坏的能力；③ 向主试人展示一个案例，说明应该怎样来记录，必须做哪些笔记；④ 在一个练习中学习如何观察行为，并如何得到观察的反馈意见；⑤ 练习交流观察到的行为信息，以及如何得到完整的信息和如何收集有意义的反馈意见；⑥ 参加一次主试模拟讨论，认识行为数据在最后讨论过程中的重要性，认识每一次评分对测试都是十分重要的。主试人训练时，最好用摄像机把训练的内容录下来，然后放给主试人看。看到录像的主试人往往会大吃一惊，因为他们在观察时可能忽略了重要行为或遗漏了大量重要信息。这样可以使主试人的观察能力有明显的提高。观察是主试人的一个重要能力，因此在培训中应该重点培训观察能力，并介绍观察的各种方法。

2．评价中心的实施方法和内容

实施评价中心的实际测评时间随测评内容的多少而变化。评价基层管理人员通常只需一天时间，对中高级管理者的评价则需要两到三天。这里的时间是不包括前提的准备工作，如培训主试人，进行工作分析以确定评价内容，设计、挑选、组合案例，选择测评方法，确定日程和考点的安排；也不包括测评结束后，主试人对被试人表现出能力素质评价、讨论，完成评价报告，确定录用人员的时间。

通常评价中心要使用 4～6 种测评方法来进行，一次测评以 6～12 名被试人，6 个主试人操作为佳。测评的方法可以包括结构化面试、心理测评，大部分时间和精力用于完成模拟的工作任务。

3．形成评价报告

评价中心的报告是实施评价中心的目的，一份详细的报告是必不可少的。报告的作者一般为参与评价中心实施的主试人，他们对被试人的行为观察得很仔细，同时在反馈时也会更有效。各种评价方法都实施完毕后，各主试人进行集中讨论分析，取得一致意见，形成评价报告。这种集体评价可以最大限度地避免由于个人主观偏见可能带来的评价误差，评价更具准确性、可靠性。对于报告的书写也无固定形式，但一般而言有以下内容：被评价者的评价中心里的总体表现的简述，某种形式的结论性评语，对每个标准的解释和评价，未来的培训和发展建议等等。以下范畴是比较常用的报告内容：① 个人基本情况：描述个体在各个标准上的表现，一般每个标准半页到一页，总体表现说明；② 个体练习表现：分析说明个体在群体练习，一对一练习，独立工作情景中是如何表现的，或与他人是怎样互动的；③ 优缺点总结，说明被评价者的强项和需要改进之处。

4．确定使用评价中心的目标

使用评价中心的目标包括：

(1) 目标职位与现任职位差别。

(2) 职务的管理成份职责较多时，在确定评价对象的层级中，要注意：① 要有足够的参与者，以使评价中心最经济；② 有足够的评价者，这些评价者至少比参加者高一级，最好高两级；③ 可提出涉及身份的一些问题。

5. 确定目标岗位的胜任特征

所谓目标岗位，是指对于将要招聘和选拔的人才，我们将安置在什么岗位上，比如是销售经理还是副总经理的岗位。

6. 设计测试方案

设计测试方案的步骤包括：

(1) 选择和完善测评工具及练习。工具选择和练习的原则：① 每个练习必须与测评的胜任力标准直接相关；② 每个练习的难度适中；③ 内容丰富，具备与岗位相关的背景；④ 测评工具和练习经过专家的精心设计，具有合理的信度和效度；⑤ 针对测评单位的组织机构特点和时间、费用要求，对测评工具进行修正。

(2) 设计胜任力评价矩阵，包含胜任力和测评工具两个部分，示例如表 8-2。

表 8-2　胜任力评价矩阵

测评方法	影响力	协调能力	授权	决策	分析判断
无领导小组	◇	◇		◇	◇
文件筐测验			◇	◇	◇
演讲	◇				
角色扮演	◇				
结构化面试		◇	◇	◇	◇

(3) 制定评价行动计划，包括确认评价目标，设计测评流程和测试的时间进度表，保证合理的测试程序。

(4) 测评师培训，培训内容：① 熟悉测评的素质维度和测试工具，了解特殊测验的一些操作实施细节；② 主持情景模拟测试的方法与技巧；③ 测试过程中行为观察、记录、归类和行为评估技巧；④ 统一评价的标准和尺度，以提高测评师评价的一致性；⑤ 测评师在培训中要将刚掌握的东西进行实际演练；⑥ 测评师每年至少应参加 1～2 次评价中心，以保持状态。

(5) 试测。

(6) 单独评价测试结果。

(7) 整合测试结果。

(8) 撰写报告。

7. 评价中心实施的步骤

1) 进行岗位分析，确定考核项目

通常，评价中心所要测评的能力素质包括人际沟通能力、计划组织能力、分析与决策能力等。

2) 设定考核维度

针对每一项指标选择和设计测评工具，要确保其与测评的能力素质维度直接相关，具有合理的信度和效度。通常使用最频繁的情境模拟包括公文筐处理、角色扮演、案例分析与演讲等。

如本章开篇提到的李先生的案例，其考核维度可以参见表8-3。

表 8-3 区域经理素质考核维度表

考核项目	公文处理	客户沟通	召开会议	竞职演说
计划与组织	AAAA	AA	AAA	AA
沟通与谈判	A	AAAAA	AA	AA
分析解决问题能力	AAA	AAA	AA	AAA
快速反应能力	AAAA	AAA	A	AAAA

注：表中的 A 代表权重，即反映该项考核项目在整个考评要素结构中的重要程度。

3) 成立评估小组并对考评人员进行培训

对考评人员进行培训内容一般包括以下方面：① 掌握评分标准，明确如何进行评分；② 如何在测评过程中对应聘者的行为进行观察，以及如何将其行为归入相应的考核项目中；③ 如何整理评估结果并撰写评估报告。

4) 实施评估

由评估小组对应聘者进行评估。

5) 评估反馈

在评价中心实施评估之后，应根据具体情况给予应聘者或需要知情的管理者以适当程度的评估结果反馈。

考核标准要根据企业的实际需要和职位的具体特征来选择。企业的发展阶段不同，同一职位对人员素质的要求也会不同。不同的职位，其工作内容、工作职责、工作环境等因素不同，对人员的要求也是不同的，因而，对人员的考核标准也是不同的。

第二节　无领导小组讨论

案例引入

某电器集团公司的华东分公司，一年前曾经面向社会招聘了一位总经理。这位总经理管理理论丰富，并有多年市场开拓经验，在面试过程中深得集团高层赞许。但一年多时间过去了，此人在工作中表现和在面试中相比判若两人，加上管理和协调能力较差，导致华东分公司人心涣散，内耗严重，销售业绩连连滑坡。眼见新一年的销售旺季到来，如果再这样下去，公司将最终失去整个华东市场。

于是，公司决定解聘此人，再度面向社会公开招聘华东分公司总经理。但令公司高层担心的是：此次招聘是否会再出现一年前的结果？再聘来一个"说"和"做"相差甚远的经理人怎么办呢？理想的甄别办法莫过于让候选人到应聘岗位上试用。比如：该电器集团公司的这次招聘，让总经理候选人来公司试用三个月。但这样做成本大，风险高。有没有一种既"短平快"、又能比较接近工作实际，可以考察应聘者真实表现、能力的人才测评方法呢？

　　因而，"无领导小组讨论"在这种需求下应运而生。面试可以"察言"，笔试可以"测知"，无领导小组讨论可以"辨行"。

一、源起与定义

1．源起

　　围桌进行的无领导小组讨论始于 1925 年德国军队，主要用于军官的选拔。20 世纪 30 年代后期德国放弃了这种做法，但进行修正后又为德国海军所用，沿用至第二次世界大战结束。海军心理学家们引入了更多有争议的课题，以便能观察和解与妥协的社会技巧。这些方法曾用于德国战时的文官设置，在以后的几年里又用于贸易、商业、教育及艺术职业等领域的才能探索，然后在英国工业、澳大利亚军队与工业，以及战后美国联邦服务机构与私人企业的评价中均扮演了主要角色。

　　据 90 年代美国的资料显示，世界 500 强的企业中有 80% 的企业在高级人才招聘或是职务竞争上会使用无领导小组讨论的方式。现在在中国，无领导小组讨论也已成为仅次于文件筐和案例分析的第三大人才选拔方式。而对于公务员考试来说，无领导小组讨论的方法仅次于结构化面试方法，并且大有超过结构化面试方法成为第一首选的面试方法的趋势。

2．定义与概述

　　无领导小组讨论是指由一组应试者组成一个临时工作小组，讨论给定的问题，并做出决策。

1) 无领导小组讨论的操作定义

　　将一定数量的被评人(5~8 人)集中起来，让他们就给定的问题进行一定时间长度的讨论。讨论中各个成员处于平等的地位，并不指定小组的领导者。评委根据被评人左右局势的能力和发言的内容，对被评人进行评价。总体上来讲，这是一种利用松散群体讨论的形式，快速诱发人们的特定行为，并通过对这些行为的定量分析与人际相互比较，来判断每个被评人能力水平和个性特征的人事评价方法。

　　无领导小组讨论由一组应试者组成一个临时工作小组，讨论给定的问题，并做出决策，由于这个小组是临时拼凑的，并不指定谁是负责人，目的就在于考察应试者的表现，尤其是看谁会从中脱颖而出，成为自发的领导者。在无领导小组讨论中，或者不给应试者指定特别的角色或者只是给每个应试者指定一个彼此平等的角色，但这两种类型都不指定谁是领导，也并不指定每个应试者应该坐在哪个位置，而是让所有受测者自行安排，自行组织，评价者只是通过安排应试者的讨论题目，观察每个应试者的表现，给应试者的各个要素评分，从而对应试者的能力、素质水平做出判断。

2) 无领导小组讨论的功能

　　检测受测者的组织协调、口头表达、洞察力、说服力、处理人际关系的技巧、非言语沟通等各个方面的能力，以及自信程度、进取心、责任心、灵活性、情绪控制等个性特点和行为风格，以评价被试之间的优劣。

　　无领导小组讨论是通过模拟团队环境，考察被评价者的管理能力、团队合作能力以及某些个性品质，诊断其是否适合胜任某一管理职位，主要具备以下三个功能：① 区分功能：在一定程度上能够区分出被评价者能力素质上的相对差异。② 评定功能：能在一定程度上评价、鉴别被评价者某些方面的能力、素质和水平是否达到了规定的某一标准。③ 预测功能：能在一定程度上预测被评价者的能力倾向和发展潜力，预测其在未来岗位上的表现，以及成功的可能性。

3) 无领导小组讨论的基本原则

按照现代人员测评理论的观点，人的行为和工作绩效都是在一定的环境中产生和形成的，对人的行为、能力、个性等素质特征的观察与评价，不能脱离一定的环境，所以要想准确地测评一个人的素质，应将其纳入一定的环境系统中，观察分析被评价者在该环境下的行为表现，从而全面考察被评价者的多种素质特征，这一测评技术正是基于这一原理的指导。该技术的具体操作要求一般是这样的：将被评价者按一定人数编组(一般5~8人)，不确定会议主持人，不指定发言的先后，也不提出诸如积极主动、观点清晰之类的具体要求，只是要求他们根据主试提出的真实或假设的背景材料，就某一指定主题进行自由讨论，要求小组能在规定的时间内形成一致意见，并以书面或口头形式向主试汇报。

4) 无领导小组讨论的测评目的

无领导小组讨论的目的主要是考察被评价者的语言表达能力、组织协调能力、决策能力、沟通能力、应变能力等能力特征，同时也可考察被评价者的自信心、宽容性、情绪稳定性、性格的内外惯向性等方面的个性特征。这一方法的主要优点是它能为被评价者提供一个充分展示其才能与人格特征的舞台，使他们能够在一种动态的情境中表现自己，同时因为有小组成员的参与，这种测评形式就势必要求被评价者要在与他人的互动过程中去展现自己。在互动的过程中，被评价者的特点会得到更加淋漓尽致的表现，同时也给评价者提供了在与其他被评价者进行对照比较的背景下，对某个被评价者进行评价的机会。

5) 无领导小组讨论特点

无领导小组讨论的突出特点是具有生动的人际互动性，能看到许多纸笔测验乃至面试看不到的现象，对预测真实团队中的行为有很高的效度。

6) 无领导小组讨论的适用对象

无领导小组讨论的适用对象为具有领导潜质的人或某些特殊类型的人群，可以从中择优选拔企业所需要的优秀人才。

7) 无领导小组讨论的测验维度

无领导小组讨论可以考察的维度比较广泛，既可以包括沟通能力、团队合作、组织协调等人际方面的维度，也可以考察思维的逻辑性、分析能力、创造性等能力方面的维度，也可以考察自信心、情绪的稳定性、工作风格等维度。无领导小组讨论为被评价者提供了充分展现其行为的舞台，能使评价者得到大量的有关被评价者能力、个性特点的信息。

二、讨论方法

在评价中心技术中，情境模拟测试有两种：

(1) 小组作业(group exercise)：参与者处于这样一种情境，任务的圆满完成需要参与者们的密切协作。

(2) 个人作业(individual exercise)：测试要求参与者独立完成任务，无领导小组讨论属于前者，是评价中心中常用的一种技术，也是一种对应试者进行集体测试的方法。

通过给一定数目的应试者一个与工作相关的问题，让他们进行一定时间长度的讨论，来检测应试者的组织协调能力、洞察力、非言语沟通能力(如面部表情等)等各个方面的能力，以及自信程度等个性特点和行为风格，以评价应试者之间的优劣。

无领导小组讨论由一组应试者组成一个临时工作小组，讨论给定的问题，并做出决策，由于这个小组是临时拼凑的，没有指定的负责人，目的就在于考察应试者的表现，尤其是看谁会从中脱颖而出，成为自发的领导者。在无领导小组讨论中，或者不给应试者指定特别的角色或者只是给每个应试者指定一个彼此平等的角色，但这两种类型都不指定谁是领导，也并不指定每个应试者应该坐在哪个位置，而是让所有受测者自行安排，自行组织，评价者只是通过安排应试者的讨论题目，观察每个应试者的表现，给应试者的各个要素评分，从而对应试者的能力、素质水平做出判断。

无领导小组论将自主形成三类角色：组织者、时间控制者以及记录者、参与融入者。

三、讨论形式

无领导小组讨论的问题一般都属于开放式、非客观性问题，往往没有标准的答案。实际上，这类问题的答案本身并不是最重要的，答案获得的过程以及各个应聘者的表现才是面试官考察的重点。但对于面试官来说，问题的选择与设计却是一项难度较大的工作。无领导小组讨论的问题设计过程中需要考虑以下几方面因素：第一，能否考察出拟招聘岗位所需的能力素质；第二，难度如何，是否能发挥应聘者的创新精神；第三，是否存在漏洞或者缺陷等。

当然，问题设计完成后，一般需要进行内部检测，只有当试题的信度与效度都符合要求，才能用于评价中心的测试。

无领导小组讨论的讨论题一般都是智能性的题目，从形式上来分，可以分为以下五种：

- 开放式：例如，您认为什么样的领导才是个好领导？
- 两难式：例如，您认为能力和合作精神哪个更重要？
- 多选并排序选择：例如，若母亲、妻子、儿子三人同时落水，该先救谁？
- 实际操作：例如，针对存在的问题设计一个实际操作方案。
- 资源争夺：例如，公司只有500万奖金，不同部门应如何分配？

(1) 开放式问题：所谓开放式问题，是指答案的范围可以很广、很宽泛的题目。

① 考察：应试者的思维能力，如思考问题时是否全面、是否有针对性，思路是否清晰，是否有新的观点和见解。

② 举例：你认为什么样的领导是好领导？

③ 回答：关于此问题，应试者可以从很多方面如领导的人格魅力、领导的才能、领导的亲和力、领导的管理取向等方面来回答，可以列出很多的优良品质，既要有一定的全面性，又要强调重点。

④ 评价：开放式问题对于评价者来说，容易出题，但是不容易对应试者进行评价，因为此类问题不太容易引起应试者之间的争辩，所考察应试者的能力范围较为有限。

⑤ 开放式问题的举例补充：a. 你认为作为一名领导者，最重要的素质有哪些(举出三项)；b. 请设想一下 30 年后，我们的生活会有什么样的改变(举出三项)；c. 假如从来没有战争，地球现在会是什么样的(试举三例)。

(2) 两难式问题：所谓两难问题，是让应试者在两种互有利弊的答案中选择其中的一种。

① 考察：考生分析能力，语言表达能力，以及说服能力。

② 举例：你认为以工作取向的领导好，还是以关系取向的领导好？

③ 回答：有说服力地证明自己的观点。

④ 评价：一方面此类问题对于应试者而言，不但通俗易懂，而且能够引起充分的辩论；另一方面对于评价者而言，不但在编制题目方面比较方便，而且在评价应试者方面也比较有效。但是，此种类型的题目需要注意的是两种备选答案一定要有同等程度的利弊，不能是其中一个答案比另一个答案有很明显的选择性优势。

两难式问题的举例补充：a. 对于企业来说，资金和技术哪一项更重要；b. 你认为工作中，是内行领导更好还是外行领导更好；c. 理想与现实，你认为哪一项更重要。

(3) 多项选择问题：此类问题是让应试者在多种备选答案中选择其中有效的几种或对备选答案的重要性进行排序。

① 考察：主要考察应试者分析问题实质，抓住问题本质方面的能力。

② 举例：某个市场研究部门收集到了 15 条关于市场动态的信息，只能向主管经理上报 5 条，请讨论出结果？

③ 回答：分析是否透彻有理(题目难出，但容易引发争论)。

④ 评价：此类问题对于评价者来说，比较难于出题目，但对于评价应试者各个方面的能力和人格特点则比较有利。

⑤ 多项选择问题的举例补充：某日，你被调到某旅游饭店当经理，上任后发现 2011 年第四季度没有完成上级下达的利润指标，其原因是该饭店存在着许多影响利润指标完成的问题，它们是：a. 食堂伙食差，员工意见大，餐饮部饮食缺乏特色，服务又不好，对外宾缺乏吸引力，造成外宾到其他饭店就餐。b. 客房、餐厅服务人员不懂外语，接待国外旅游者靠翻译。c. 服务效率低，客房挂出"尽快打扫"门牌后，仍不能及时把房间整理干净。旅游外宾意见很大，纷纷投宿于其他饭店。d. 商品进货不当，造成有的商品脱销，有的商品积压。e. 总服务台不能把市场信息、客房销售信息、财务收支信息、客人需求和意见等及时地传给总经理及客房部等有关部门。请问：上述几项因素中，哪些项是造成 2011 年第四季度利润指标不能完成的主要原因(只准列举 3 项)？请陈述你的理由。

(4) 操作性问题：给考生一些材料、工具或者道具，让他们利用这些给定的材料，设计出一个或者一些由考官指定的物体来。

① 考察：主要考察主动性、合作能力以及在实际操作任务中所充当的角色。

② 举例：如给考生一些材料，让他们相互配合，构建一座房屋的模型。

③ 回答：主要针对操作能力。

④ 评价：这类题目能够考察受测者的动手能力，但是对言语表达能力的考察比较少。

⑤ 操作性问题的举例补充：a. 设计一个用纸制作的桥梁，要求能够承受一定的重量；b. 用废旧的报纸设计一把椅子。

(5) 资源争夺问题：适用于指定角色的无领导小组讨论，让处于同等地位的考生就有限的资源进行分配。

① 考察：主要考察考生的语言表达能力，分析问题能力，概括与总结能力，发言的积极性和反应的灵敏性。

② 举例：让考生担当各个分部门的经理，并就有限的资源进行分配。

③ 回答：要想获得多的资源，必须说服别人，要有理有据。

④ 评价：这类问题会引起激烈的争论，但是出题的难度较高。

⑤ 资源争夺问题的举例补充：a. 公司准备编制一项 500 万元的临时预算，你认为应该如何在部门之同分配；b. 如果公司将要更换 10 台新电脑，你认为应该如何在部门之间分配。

四、步骤过程

无领导小组讨论整个实施过程为 30～60 分钟，大致可分为四个阶段。

1. 准备阶段

准备阶段的工作内容包括如下几项：

(1) 试题准备。招聘组织人员根据测试岗位选择无领导小组讨论题目。试题选择应满足三个条件。

① 选择的试题所测试的能力素质与拟招聘岗位所需具备的能力素质一致；② 所选试题不能是网络上已经广泛传播的，以免应聘者有所准备；③ 所选的试题必须是经过检测的，且信度与效度较高。

(2) 面试官选择与培训。无领导小组讨论过程中，需要多名面试官从旁观察、记录，一般情况下，按照每名应聘者配备 2～3 名面试官、每名面试官观察 2～3 名应聘者的标准配备面试官。而这些面试官可能来自各个部门，因而，必须提前对其适当的培训。培训项目包括：① 观察与记录的技巧；② 关键行为识别；③ 面部表情与行为的特定含义等。

(3) 场地准备。安排场地时，应考虑以下几项因索：① 安排的场地应独立于工作区域，最好能安排在较大的会议室；② 测试场地的灯光、音响设备必须保证正常；③ 为使所有的应聘者处于同等地位，应该用圆桌，而不要用方桌，使用方桌容易使相对而坐的人有对立感。

(4) 应聘者的组织。将参加面试的应聘者分成若干小组，在人员分配时需要考虑以下因素：① 竞聘同一岗位的应聘者应安排在同一小组；② 之前接受过无领导小组讨论训练的人和未接受过训练的人要分开。

2. 具体实施阶段

面试官给受测者提供必要的资料、交代问题的背景和讨论的要求后，一定不要参与提问、讨论或者回答应试者的问题，以免给应试者暗示。整个讨论过程可用摄像机监测、录像。实施阶段，也就是具体的问题讨论时间，大致可再分为四个阶段。

(1) 准备阶段：时间控制在 3～5 分钟，考生准备进入角色，考官会向考生宣读指导语和讨论试题。

指导语：大家好！欢迎大家参加面试，本次面试是采取开座谈会的办法，就一个主题展开讨论。希望大家在讨论中就自己的看法积极发言。考官将根据你们在讨论中的表现，对你们进行评价。在讨论过程中，考官只作为旁观者，不参与讨论，不发表任何意见，完全由你们自主进行。注意在讨论开始后，请不要再向考官询问任何问题。讨论时间为40分钟。

本次座谈讨论的主题：如何用人？

题目的背景材料：前进研究所的实验室，只有2名工作人员，一个是30岁的小陈，另一个是45岁的女工程师。这个岗位技术性强，工作环境幽雅。一般人认为，年轻人能到这里工作该心满意足了，但是，小陈对这里的工作兴趣不大，工作几年没什么进步。小陈精力旺盛，善交际、善言谈，好动不好静。他走进安静的实验室就坐不住。特别是在工作量不大的时候，那位女工程师利用时间看书学习，他却安不下心，有机会就出去转转。因而，他给人留下了工作散漫的印象。有一次，一种新研制出来的防腐涂料急需进行各种性能测试。因为有些设备供应不上，眼看要影响工作。这时，小陈主动提出筹办此事。他不辞辛苦，多方奔走，终于在短期内完成了任务，保证了试验工作按计划进行。这件事使人们认识到小陈是有事业心的，而且颇有"外交"才能，肯吃苦，办事效率也高。于是，后来进行机构改革时，领导把小陈调到供应科，专搞科研项目的设备材料供应工作。小陈到那里后如鱼得水，工作相当出色。

问题：

① 从个性心理特征分析小陈干不好试验工作的主要原因是什么？请简要说明。

② 小陈调到供应科后工作出色，领导在用人问题上应注意什么？

请你们首先用3～5分钟的时间，把以上两个问题的答案写在答题卡上交给考官。在考官说讨论开始之后再进行讨论，讨论时间为40分钟。

你们的任务是：① 经过讨论，小组最后必须形成一致性的意见，就第一个问题说明主要原因有哪些，最好要有先后次序，就第二个问题说明领导需要注意的是让职员最大限度地发挥其潜能，还是要设定一条界线以防止日后撬了自己；② 小组选派一名代表，在讨论结束后向考官报告讨论的情况和结果。

注意事项：

① 如果你们小组在规定时间内没有形成一致意见，那么你们各自的成绩将受到很大影响。

② 选派代表报告完之后，其他成员可以进行补充。

③ 代表和其他人员的报告时间不包括在40分钟之内。

现在请大家开始考虑，并把选择结果及简明理由，写在答题卡上，3～5分钟后上交。

(2) 自由发言阶段。时间控制在10分钟内，考生准备轮流发言，阐明各自的观点。发言的顺序可以是随机的，以保证每个人都有机会发言。评委会根据考生的发言，记录发言的观点。

(3) 讨论辩驳阶段。时间控制在30分钟，考生发言结束后，小组成员的讨论辩驳开始。这个阶段是最重要的阶段，考生必须充分展示自己的聪明和才智。表现优秀的人往往在这个阶段脱颖而出，成为小组的核心人物。同时考生的优点和缺点也一清二楚。尤其是人际沟通能力、决策能力、应变能力和组织领导能力充分展露出来。

(4) 总结阶段。时间控制在3～5分钟，讨论结束后，小组成员推荐一名小组长，对所讨论的问题进行总结性的发言。这时候考官会写一份评定报告，内容包括此次讨论的整体情况，所问的问题以及每个人的表现和录用建议等。

表 8-4 是具体实施阶段面试官和应聘者各阶段的任务清单。

表 8-4　具体实施阶段的任务清单

阶　段	面试官任务	应聘者任务
准备阶段	1. 主持人介绍整个程序。 2. 主持人宣读指导用语。 3. 主持人宣布讨论题目和注意事项。 4. 面试官就位，准备记录	1. 聆听测试细节。 2. 思考讨论题目(思考时间为 3～5 分钟)
自由发言阶段	1. 控制每个人的发言时间，提醒发言超时人员。 2. 记录应聘者的主要观点以及行为表现。 3. 观察非发言应聘者的表情以及行为	1. 应聘者轮流或随机发言，阐述自己的立场或观点(发言时间控制在 3 分钟以内)。 2. 其他应聘者注意倾听发言人的观点，并适当记录要点
讨论辩驳阶段	1. 面试官不得干涉应聘者自由讨论(整个讨论时间控制在 15 分钟到 30 分钟之间)。 2. 面试官对应聘者的各种表现进行记录，并为相关评价要素打分。 3. 面试官之间不能相互商量，以免相互影响	1. 应聘者在小组内部阐述自己的观点。 2. 对他人的发言作出适当的反应。 3. 每个小组经过讨论，最后形成一致的结论
总结阶段	1. 面试官详细记录各组的意见。 2. 面试官对记录进行整理、归类	每一小组推举一人阐述本组最终意见，并提供相关理由

3. 评价阶段

在这一阶段，面试官需要对应聘者的表现进行综合评估，并确定每一应聘者的最终得分。评估阶段的主要工作包括：① 面试官对照评分标准表，重新审视应聘者的表现，并给出一个评分；② 面试官互相对照评价分数(针对同一应聘者的分数)；③ 面试官进行讨论，以确定应聘者的最终得分；④ 如有需要，面试官还应对应聘者的整体表现作出评价。

4. 总结阶段

总结阶段的工作包括以下几项：① 面试官为每名应聘者撰写评定报告(内容包括讨论的整体情况、讨论问题的见解和创新性、个人相关表现等)；② 相关资料整理，归档，以备查阅；③ 测试现场整理等。

五、无领导小组讨论的题目类型

无领导小组讨论的题目有多种多样的类型，但无论什么样的类型，我们的目的都是让被评价者"讨论"，那么所有的题目都有一个共同的出发点，那就是要让被评价者尽可能多的发言，并且小组成员的意见要有分歧和交锋。基于这种考虑，大部分无领导小组讨论的主题都会是仁者见仁，智者见智的。

1．根据讨论的主题有无情境性，可分为无情境性讨论和情境性讨论

无情境性讨论一般针对某一个开放性的问题来进行；情境性讨论一般把应聘者放在某个假设的情境中来进行，如图 8-1 所示。

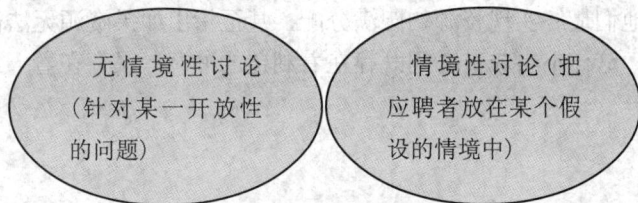

图 8-1 无情境性讨论和情境性讨论

2．根据是否给应聘者分配角色，可以分为不定角色的讨论和指定角色的讨论

不定角色的讨论是指小组中的应聘者在讨论过程中不扮演任何角色，可以自由地就所讨论的问题发表自己的见解；指定角色的小组讨论中，应聘者分别被赋予一个固定的角色，如图 8-2 所示。

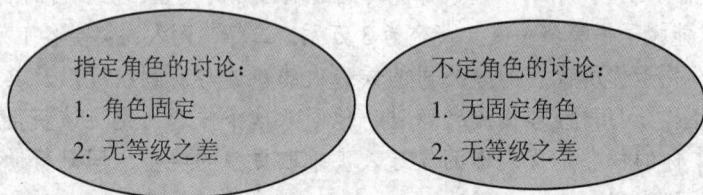

图 8-2 指定角色的讨论和不定角色的讨论

1) 指定角色的讨论

指定角色的讨论是指讨论前，由面试官为小组成员设定相关的角色，且这些角色是平等的，没有等级高低的差别。例如，小组成员如果有部门经理级的，那么，其他几位成员也应该是经理级的。然后就给出的问题进行讨论，并做出决策。指定角色的讨论的关键点在于，应聘者在发表意见时，必须符合自己的特定角色。这种讨论方法应用的频率要少于不定角色小组讨论。

2) 不定角色的讨论

不定角色的讨论是指在讨论前，面试官没有为应聘者制定角色，而完全自由发挥的一种讨论形式。对于应聘者来说，不定角色小组讨论更易于发挥自身的特长，因为，角色可以通过自己的努力获得，而且还不用考虑指定角色的给自己带来的限制。

3．根据题目来划分的类型

1) 意见求同型题目

意见求同，顾名思义，就是被评价者可能有不同意见的一个问题要求他们在规定的时间内达成一致的意见。这种题目常见的出现思路是对一个问题有若干种备选项目，让被评价者对备选项目的重要性进行排序，或者选择符合某种条件的选项。一般的实施过程是首先将题目的主题和备选项目以及对备选项目进行操作的要求提供给被评价者，被评价者先分别提出自己的见解，然后通过讨论与辩论达成一致意见。

2) 资源争夺型题目

所谓资源争夺，就是题目情境提供给被评价者的是一些有限的资源，这些资源可以是钱、空间、物品、人、机会等，每个小组成员都是代表他们各自的利益或他们各自从属的群体的利益，他们每个人都设法使自己获得更多的资源，小组成员之间的目标是相互冲突的，但评价者又往往要求他们最终实现资源的圆满分配，甚至指出如果资源无法得到分配，每个被评价者都会被扣分。这样小组成员之间既存在着利益的冲突，又存在着一致的目标。

📖 导读资料

资源争夺的问题

例题：你们是某集团公司下属的6个分公司的人力资源经理，你们同时也是集团公司报酬委员会的代表，现在集团公司决定将一笔特殊的奖金授予6个分公司中3名工作表现出色的员工。你们6个分公司各自推荐了一名候选人，你代表的是其中一个分公司。这笔奖金的数量有5万元人民币。虽然你希望所有的候选人都能得到这笔特殊的奖金，但公司的利益不允许你这样做，这笔奖金只能授予一等奖一人，奖金为3万元，二等奖两人，奖金各1万元。

你会得到一份关于你所代表的分公司的候选人的事迹与薪酬状况以及其他一些情况的材料，并且你已经和分公司经理交流过意见，他同意这个候选人是应该获得这笔奖金的。在委员会的讨论中你的任务是代表你的候选人去争取更多的奖金，同时帮助报酬委员会做出更合理的奖金分配决定。

委员会中的其他人也同样代表他们所在的分公司，会努力地为他们所代表的分公司的候选人争取尽可能多的奖金。在讨论开始之前，有5分钟的熟悉材料和准备的时间，然后有45分钟的时间用于讨论。在讨论结束的时候，必须要拿出一个一致性的建议，否则，任何人都将无法得到这笔奖金。下面为这六个候选人的资料。

候选人资料一

姓名：赵逸飞　　　职位：高级销售经理　　　单位：设备公司

赵逸飞是一个年轻的销售经理，进入我们公司工作的时间不长，但他为公司做出的贡献是有目共睹的。他非常善于与客户建立关系，他与公司两个最重要的客户的密切关系是任何人所不能比的。去年，他所完成的销售额是最多的。他给我们的公司带来了很大的利益，但最近我听说，另一家与我们竞争的公司会提供给他20000元的月薪，为了经济利益，他有可能会离开我们的公司，这样，不但会造成我们公司的利益上的损失，而且我们的竞争对手还会如虎添翼。

当与他谈话的时候，他说假如我们给予他实质性的增加薪水，他会留下来。他确实是一个难得的人才，我们应该尽量保留这样的员工。

赵逸飞在上一次提薪时是很不幸运的，因为公司只给去年3月31日之前来公司的员工提薪，而他恰好是在4月1日来的。我认为在这次特别奖金的授予中应对其给予相应的补偿。

候选人的薪金情况

目前的月薪 ··8000元

与和她同类工作的员工的工资相比 ·················中等水平

其他公司同类工作的员工的月薪范围 ·············8000～20000 元

最后一次提薪的时间和数目 ·····················没有资料

最后一次奖金和数目 ···························2000 元

在本公司服务的时间 ···························1 年 5 个月

起始薪金 ·····································8000 元

学历 ···本科

有关的工作经验 ·······························3 年

下一次正常奖金的时间 ·························半年左右以后

候选人资料二

姓名：江月　　　职位：设计师　　　单位：广告展览公司

江月具备优秀的设计能力，她在美工与平面设计方面十分擅长，由她主要设计的广告取得了较好的效果；在上一次的大型博览会上，由她主持设计的展览展示得到了公司内外的一致好评。她是一位很难得的设计师。而且她勤奋好学，为了提高自己的工作能力，她去中央美院攻读在职的硕士。在她读书期间，工作丝毫没有受到影响。6 月份返回工作的时候，我就建议为她提高薪金，但上级却一直没有批准。

我们公司一向主张员工不断进修，提高自己的工作能力，我认为我们应该用这笔奖金来奖励她的勤奋与突出成就，并且她在学术方面的发展又大大增加了她的工作能力。

候选人的薪金情况

目前的月薪 ···································6500 元

与和她同类工作的员工的工资相比 ·················多出 15%

其他公司同类工作的员工的月薪范围 ·············4000～8000 元

最后一次提薪的时间和数目 ·····················一年半以前 300 元

最后一次奖金和数目 ···························一年以前 1000 元

在本公司服务的时间 ···························4 年 7 个月

起始薪金 ·····································1500 元

学历 ···硕士

有关的工作经验 ·······························8 年

下一次正常奖金的时间 ·························半年以后

候选人资料三

姓名：张华文　　　职位：信息中心主管　　　单位：华旅公司

我们的信息中心成立的时间不算很长。张华文是这个中心成立时的缔造者之一，多年以来，他的工作默默无闻，兢兢业业。

自去年以来，由于新增加了一些设备，而且信息工作的重要性也在工作中日益显露出来。张华文作为中心主管以及技术水平最高的电脑工程师，他的任务也就更加繁重起来。尤其是今年上半年，他领导全中心的员工加班加点完成了全公司的计算机联网工作。那个时候他们经常工作到深夜甚至彻夜不眠。现在我们的计算机网络这样方便，很大程度上就要归功于他。

对于张华文的工作的繁重和他的技术水平而言，我们给他的薪水是低的。他在工作中显示出很强的能力和责任心，这是应该受到奖励的。

候选人的薪金情况

目前的月薪 ···	5800 元
与和她同类工作的员工的工资相比 ··············	非常低
其他公司同类工作的员工的月薪范围 ··············	5000～15000 元
最后一次提薪的时间和数目 ··························	一年半以前 300 元
最后一次奖金和数目 ··································	一年以前 1000 元
在本公司服务的时间 ··································	3 年 2 个月
起始薪金 ···	1800 元
学历 ··	学士
有关的工作经验 ··	10 年
下一次正常奖金的时间 ·······························	半年以后

候选人资料四

姓名：苏文辉　　　职位：高级技师　　　单位：华星公司

苏文辉是一名非常踏实肯干的员工，他在我们的公司里已经工作了 20 年，为公司的发展立下了汗马功劳，在员工当中有口皆碑。

作为他这样一个有经验的技师，他不应该只拿他现在这么少的薪水。我们的产品在市场上之所以能够站得住脚，很大程度上就是靠我们的产品过得硬。苏文辉一向致力于产品的设计和开发的工作，并且他的一项技术成果在今年初获得了全国的一等奖。

不久以前，在他的家庭中发生了一件不幸的事情，他的妻子患了不治之症，他的经济和情感上都造成了严重的打击。但他并没有因此影响了工作。目前，他在经济方面有很大困难。尽管即使授予他这笔奖金也是杯水车薪，无济于事，但我们认为还是应该授予他这笔奖金。

候选人的薪金情况

目前的月薪 ···	4500 元
与和他同类工作的员工的工资相比 ··············	没有资料
其他公司同类工作的员工的月薪范围 ··············	4000～8000 元
最后一次提薪的时间和数目 ··························	一年半以前 300 元
最后一次奖金和数目 ··································	半年以前 3000 元
在本公司服务的时间 ··································	20 年 4 个月
起始薪金 ···	400 元
学历 ··	大专
有关的工作经验 ··	20 年
下一次正常奖金的时间 ·······························	半年以后

候选人资料五

姓名：王洪波　　　职位：安保员　　　单位：电子公司

王洪波以前在公司中的表现是出了名的。他经常上班迟到，上班时间开小差，还与别人打架斗殴。

但最近一年以来，他的转变让人吃惊。他上班不再迟到，工作也非常认真。尤其是积极采取行动避免了两次重大的意外事故的发生。他还热心的帮助有困难的同事。有一次，他在社会上见义勇为，直到人家将奖状送到公司，我们才得知这件事情。最近，他还参加了业余的学习班，提高自己的知识和能力。

由于对他的过去的偏见，任何奖励似乎都与他无缘。我们建议授予他特别奖金，是因为这样做我们可以让员工知道，只要你付出了努力，做出优异的表现，不管你过去的表现如何，你都可以获得奖励。

候选人的薪金情况

目前的月薪 ·····································1500 元

与和他同类工作的员工的工资相比 ···············中等水平

其他公司同类工作的员工的月薪范围 ···············1000～2000 元

最后一次提薪的时间和数目 ·······················一年半以前 150 元

最后一次奖金和数目 ·····························无

在本公司服务的时间 ·····························5 年 8 个月

起始薪金 ···300 元

学历 ···高中

有关的工作经验 ·································6 年

下一次正常奖金的时间 ·························半年以后

候选人资料六

姓名：杨雪萍　　职位：办公室主任　　单位：商贸公司

杨雪萍的工作超乎寻常的琐碎，然而她在工作中表现得非常的耐心细致。公司能够正常的运转，她有很大的功劳。

与其他候选人相比，她可能显得比较平凡，因为她并没有突出的事迹。但就恰恰是在这平凡的工作中才表现出了她的不平凡。她的这份工作并不是任何一个人都可以把它做得这么好的。

在工作当中，她克服了许多她个人的困难。例如，她的家离工作地点很远，她每天早出晚归，而且她的上小学的孩子需要她的照顾，在这种情况下，她上班从不迟到。因此，我们认为像她这样的兢兢业业的工作者最应该得到奖励。

候选人的薪金情况

目前的月薪 ·····································3500 元

与和她同类工作的员工的工资相比 ···············略低一些

其他公司同类工作的员工的月薪范围 ···············3000～6000 元

最后一次提薪的时间和数目 ·······················一年半以前 200 元

最后一次奖金和数目 ·····························一年以前 10000 元

在本公司服务的时间 ·····························6 年 3 个月

起始薪金 ···500 元

学历 ···学士

有关的工作经验 ·································11 年

下一次正常奖金的时间 ·························半年以后

3) 团队作品型题目

所谓团队作品型题目，就是要求被评价者小组完成一定的工作成果，例如设计一个方案，给出一个问题的解决建议，动手操作得出某个成果等。

4) 两难式问题题目

两难式问题是指让被评价者在两种互有利弊的选项中作答，选项具有对等性，使得被评价者选择两种选项的概率大致相等，不要使被评价者都轻易地倾向于选其中的某一个选项。

导读资料

两 难 式 问 题

假设您是市政府信息处的工作人员。信息处的重要职责是指关于本市政治、经济、文化、生活等方面的重要信息每日摘要向市领导呈报。下面的有两条信息：

信息一：某居民小区原有一个菜市场，在前一阶段的全市拆除违章建筑大行动中被拆除了。市政府一直没有重新给菜市场安排场地。这样，该小区的居民就要到距小区很远的其他菜市场进行购菜，给居民尤其是家中仅有老人的生活带来极大的不便。居民呼吁市政府尽快解决该问题。

信息二：本市有一家中型企业，长年来一直亏损，开不出工资。本年初新厂长及领导班子上任后，通过完善内部管理，改善经营机制，半年多时间使企业扭亏为盈……

由于各种原因，上述两条信息只能报一条给领导。请问，您认为应该将哪一条信息报给市领导？理由会是什么？

大家的任务就是通过讨论得出一个统一的意见。然后，汇报你们的意见，并阐述你们做出这种选择的原因。

在讨论会之前，首先给你们 5 分钟的时间考虑，然后每人将自己的答案写在纸上。接下去，大家用 30 分钟的时间就这个问题展开讨论。如果到了规定的时间，你们还是不能得到一个统一的意见的话，那么，你们每一个人的成绩都会被扣分。

好！现在开始。

六、讨论考察的要素

考察的要素包括：

(1) 考查应试者举止仪表：应试者的体格外貌、穿着举止、精神状态。

(2) 考查应试者在团队中与他人发生联系时所表现出的能力，主要有语言和非语言的沟通能力、说服能力、影响力、人际交往的意识与技巧、团队精神等。

(3) 考察应试者在处理实际问题时的思维分析能力：主要包括理解能力、分析能力、综合能力、推理能力、想象力、创新力以及信息的检索和利用能力。

(4) 考查应试者的个性特征和行为风格：主要包括动机特征、自信心、独立性、灵活性等特点，还包括考察问题时从大处着眼还是关注细节。

(5) 动机与岗位匹配性：对职位的选择是否源于对事业的追求，是否有奋斗目标，积极努力，兢兢业业，尽职尽责。

(6) 应变能力：在实际情景中，解决突发性事件的能力，能快速妥当地解决棘手问题。

(7) 言语表达：考生言语表达的流畅性、清晰性、组织性、逻辑性和说服性。

(8) 无领导小组讨论实施过程中，面试官需要根据应聘者的表现，判断其能力与素质情况。考察应聘者表现的细节。面试官在讨论过程中，需要重点记录以下几方面内容：

① 应聘者参与有效发言次数。

② 应聘者能否消除紧张气氛，说服别人，调节争议，并创造一个利于交流沟通的氛围。

③ 应聘者能够提出具有创新性的见解或意见，并敢于发表不同意见。

④ 应聘者能否倾听他人意见，并互相尊重，在别人发言的时候不强行插嘴。

⑤ 应聘者是否具备语言表达、分析问题、记录整理、概括或归纳总结意见的能力。

⑥ 应聘者的时间观念。

⑦ 应聘者反应的灵敏性、概括的准确性、发言的主动性等。

七、技巧

1. 基本技巧

面试过程中的基本技巧有：

(1) 在面试官发布题目的时候精神一定要集中，如果担心有遗忘，那么可以边听边记。没有按照要求做的人可能会被考官认为是理解力太差。而且你做记录的行为很可能还会让面试官觉得做事认真有条理，从而大加印象分。

(2) 群面比较注重的是对比。所以你应该在面试中学会调整自己的表现，不可太沉默，也不能太张扬。如果一旦发现自己说得太多，就要懂得适时闭嘴，把发言的机会留给别人，这个时候可以加上一句："XX，对于这个问题你是怎么看的？能谈谈你的想法吗？"，这可是一个非常好的表现你的团队意识的好机会。

(3) 注重强调表现自己的过人优势。要在一些细节上突出自己的一些优秀特质，比如坚毅、认真、勤奋、细心、宽容等等，这些都是用人公司非常看重的方面。

(4) 标新立异不是吸引面试官注意力的捷径，高情商是成功的必备素质。虽然主考官在介绍群面的题目时会说观点并没有对错之分，但你不要为了标新立异而提出一些有政治倾向性或者太过心底话的内容说出来。记住，生活在这个社会里，你就必须遵守社会主流的价值观。

(5) 充分展现你的职业素养。不要做很多不自然的或者潜意识的小动作，说话要注意语气、音量，尤其是女性，要学会压低嗓音说话，否则声音很容易变得刺耳。另外要注意自己的眼神，不可东张西望，闪闪烁烁。像打呵欠、用手指指人这些毛病一定要杜绝。

(6) 充分把握独立发言的表现机会，在几分钟内让主管记住你。群面中，一般每个面试者会有几分钟的发言时间，你一定要把握好这个机会，争做发言人，这是让面试官印象深刻的关键技巧。虽然只是短短几分钟，但把握时机充分利用，可能会是你通往成功的转折点哦。所以希望每一位考生或者应聘者都要放下包袱，大胆开口，不怯场，抢先发言。对于每个小组成员来说，机会只有一次，如果胆小怯场，沉默不语，不敢放声交谈，那就等于失去了被考官考查的机会，结局自然不妙。当然，如果能在组织好表达材料的基础上，做到第一个发言，那效果就更好，给人的印象也最深。

(7) 发言的时候要注意讲话的技巧，并且言词要真诚可信。发言的时候能够设身处地地站在对方立场上考虑问题，理解对方的观点，在此基础上，找出彼此的共同点，引导对方接受自己的观点。当对方提出一种观点，而你不赞成时，可先肯定对方的说法，再转折一下，最后予以否定。肯定是手段，转折-否定是目的。先予肯定，可使对方在轻松的心理感受中，继续接受信息。尽管最终是转折了，但这样柔和地叙述反对意见，对方较易接受。这样既使自己能从难以反驳的困境中解脱出来，又使对方能在较平和的心境中接受。整个过程中态度要诚挚，以对问题更深入的分析、更充分的证据来说服对方。还有，讲话的时候一定要讲究技巧，千万别在任何场合任何时间搞"一言堂"。不可自己一个人滔滔不绝，垄断发言，这样会让整个讨论小组对自己产生极度厌恶的情绪。但同时也不能长期沉默，处处处于被动的局面。每次发言之前都要好好思考一下，尽量做到每次都必须有条理、有根据。

(8) 要有自己的观点，讨论的时候态度要端正。考生应该有自己的观点和主见，即使与别人意见一致时，也可以阐述自己的论据，补充别人发言的不足之处，而不要简单地附和说："某某已经说过了，我与他的看法基本一致。"这样会使人感到你没主见，没个性，缺乏独立精神，甚至还会怀疑你其实根本就没有自己的观点，有欺骗的可能。当别人发言时，应该用目光注视对方，认真倾听，不要有下意识的小动作，更不要因对其观点不以为然而显出轻视、不屑一顾的表情，这样不尊重对方，会被考官认为是涵养不够。对于别人的不同意见，应在其陈述之后，沉着应付，不要感情用事，怒形于色，言语措词也不要带刺，保持冷静可以使头脑清晰，思维敏捷，更利于分析对方的观点，阐明自己的见解。要以理服人，尊重对方的意见，不能压制对方的发言，不要全面否定别人的观点，应该以探讨、交流的方式在较缓和的气氛中，充分表达自己的观点和见解。

2. 通常小组面试考察的个人加分项

小组面试考察的个人加分项包括：

(1) 仔细倾听别人的想法或意见并给予反馈。在倾听别人意见的同时记录对方的要点，抬头聆听对方并适时地给以反馈，比如一个点头示意等，表明自己在倾听其他成员观点。

(2) 及时地对别人正确的想法或意见予以支持。每个人都具有标新立异的能力，但不意味着每个人都有支持别人的魄力。支持是相互的。

(3) 适时地提出自己的观点并设法得到小组成员的支持。清晰简明地提出自己的观点，并理性地证明自己的观点的优缺点，以得到别人的支持。

(4) 对别人的方案提出富有创造性的改进点。前面发言的人有很多可以说，但轮到自己时论点已所剩无几，这时可对前面论点补充，拓展问题的深度和广度，会让 HR 感觉你不止停留在表面，而是挖掘了很多深层次的元素。

(5) 在混乱中试图向正确的方向引导讨论。有时候小组讨论非常混乱，无中心、无目的、无时间概念。这时应以礼貌的方式引导大家向有序、理性的方向讨论。包括提示大家"时间"，当前最需解决的问题，以及是否应进入下一个讨论阶段等。即便引导最终没有成功，但是 HR 会欣赏你有这样的意识。

(6) 在需要妥协的时候妥协以便小组在 deadline 前达成结论。小组讨论通常都会有一个明确的目标，比如在什么场景下，遇到什么问题，运用什么资源，提出什么方案，达成什么结论，这是一个有特定任务和时间限制的团队项目。所以在任何情况下，只要有一丝可能都要尽量在 deadline 前小组成员达成一致，得到共同结论。结论没有十全十美的，这时妥协就成了达成结论的必要手段。妥协的实质是"大局观"，在紧迫的时间点上，妥协的魄力同样会被 HR 赞赏。

(7) 具有时间观念。工作中的团队对时间观念非常在意，能否在 deadline 前 deliver the project 是很重要的。能够在自己陈述观点、倾听别人观点或是讨论中表现出时间观念是有加分的。

(8) 能够对整个讨论进行领导。通常这是一把双刃剑。领导需要得到大家的支持，如果大家反对或无人配合，则自告奋勇的充当领导者角色会成为败笔。领导同样可以通过比较隐形的驾驭方式表现出来。

3. 通常小组面试考察的个人扣分项

小组面试考察的个人扣分项包括：

(1) 完全忽略别人的论述。通常表现为在别人发言时埋头写自己的演讲稿，对于别人的论述一无所知，并片面地认为只要表达自己的观点就足够了。

(2) 不友好地打断别人。当别人在论述过程中，听到了与自己相左的观点便打断别人，开始自己的长篇论述。通常正确的做法是记下这些有异议的观点，待对方发言完后或讨论过程中再适时提出。

(3) 啰唆。繁冗的陈述会令团队成员生厌，并表现出毫无时间观念。

(4) 避免绝对否定的语言表述。当不同意对方的观点时，尽量避免使用"我完全不同意××的观点"或"××的观点是完全错误的"等表达方式。

(5) 搬出教条的模型以期压服别人。在分析某些案例时，很多人喜欢说："我觉得这个问题可以用××模型来分析"，抛出所谓的"SWOT"、"4P"等等理论，以期说服别人。可是理论永远是理论，代替不了实事求是、具体问题具体分析的方法。用理论模型套活生生的案例从一开始就不会被 HR 所认可，因为这样会显得你学院派味道太浓，不懂变通，与现实隔离。如果团队成员中有人不懂或者从未听说这个理论，则提出这个方法的人肯定会被减分，因为没有考虑到团队的其他成员。可行的方法是，切忌说出这些理论的名字，而是根据具体问题，综合不同的模型，删减之后直接从浅显的地方入手，引导其他成员。

(6) 没有顾及谈话对象，使用外语和方言。外语和方言是有时候能显现出讲话者的某种能力，有时候能体现出幽默。但是假如有人听不懂，那就最好别用。不然就会使他人感到是故意卖弄学问或有意不让他听懂。与许多人一起谈话，不要突然对其中的某个人窃窃私语，凑到他耳边去说悄悄话更不允许。如果确有必要提醒他注意脸上的饭粒或松开的裤扣，那就应该请他到一边去谈。

(7) 充当领导者是把双刃剑。极力想表现自己的决策能力或者领导能力会招人反感；充当领导者的度很难把握，太强则会太有侵略性，太弱则又与领导者的应有作用不相匹配。建议没有十足的把握不要轻易尝试这个角色。

4. 关于小组面试的一些误区

关于小组面试的一些误区主要有：

(1) 小组面试绝不是你死我活，而是一个团队与协作精神的展现。团队表现得好，成员都有加分，成员有可能全部通过这一轮。小组面试混乱，没有达成结论，则很有可能全军覆没。

(2) 个人标新立异的性格特点不是小组面试考察的重点。太过独立会被认为不是一个良好的团队成员。通过小组面试后，在一对一的面试中，再表现出自己特立独行的一面也不迟。

八、优点与局限

无领导小组讨论作为一种有效的测评工具，和其他测评工具比较起来，具有以下几个方面的优点：

(1) 讨论角色的公平、平等性。没有核心人物，地位上的去中心化，讨论时参与者可以不受约束(不受考官的影响，可以充分考察出个体真实的差异)，为人们提供了一个充分展示自己的机会。由于中国人的权威和权利观念比较重，所以没有中心人物可以在一定程度上使个体更好地发挥自己。

(2) 测评方式仿真模拟性。传统的考试和面试往往是以过去预测未来，但它忽视了环境对个体行为的影响。无领导小组可以克服这种局限，讨论围绕着一个实际问题展开，在整个过程中，每个人表达自己的观点，以理服人，最后形成一个统一的意见。这种群体讨论的方式，与实际的决策情境非常相似。尽管在讨论中没有指定领导，但是个体如何表达自己的观点、如何说服别人、如何争取他人的认可、如何对待不同意见、如何巧妙地控制讨论进程等，都能反映出一个人的素质。

(3) 使评价者能够真正对被评价者的行为进行评价。无领导小组讨论非常能够反映情境性测评方法的特点，这就是对被评价者是如何做的进行评价，而不是对他们如何说的进行评价。笔试和一般的面试都无法直接考察被评价者的行为，无领导小组讨论恰恰在这方面表现出了它的优势，以及它能够直接考察被评价者的行为。由于无领导小组讨论为被评价者提供了一个具体的问题、情景，这就相当于提供给被评价者一个舞台，能使他们表现出更多的真实性的行为。被评价者的行为表现的越多越充分，就越有利于评价者对他们进行准确评价。

(4) 能够使在被评价者之间的相互作用中对其进行观察和评价。很多人员选拔评价方法例如笔试和面试都是对职位候选人进行单独考察，而无法得知一个候选人与其他人进行交往时的表现。在实际工作中，一个人与他人交往时表现出来的能力和风格恰恰是对他的成功和组织的成功至关重要的。无领导小组讨论可以造成被评价者之间的相互作用，被评价者的特点会得到更加淋漓尽致的表现，这样评价者就可以观察到被评价者在与他人交往时的能力和特点以及在团队工作的特点，这些特点都是在其他测评方法中难以考察到的。

(5) 贴近实际工作，表面效率高，被评价者易接受。无领导小组讨论中使用的情景多是与被评价者将要从事的工作相关的典型情境。这种测评方法的表面效率非常高，使被评价者感到这种方法与自己的实际工作能力密切相关，因此他们非常容易接受这种测评方法，尽量努力在测评过程中表现出自己的能力水平。而且这种接近真实的情境能够对被评价者在实际工作中的表现做出最好的预测。

(6) 能尽量减少被测评者掩饰自己特点的机会。由于被测评者处于被评价的地位，并且出于想要获得应聘职位的愿望，或多或少地会倾向于尽量表现自己的优点、掩饰自己的缺点。这对于评价者来说，则希望尽可能地获得关于被评价者真实特点的信息。在笔试和一般的面试中，被评价者更容易掩饰自己，而在无领导小组讨论中，被评价者在情境的压力之下，则会暴露自己的特点。而且，有时候无领导小组讨论的测评目标具有一定的伪装性，被评价者并不了解要评价自己的什么特质。例如，表面看上去是被评价者在讨论中为自己争夺更高的分数。其实评价者主要是想看小组内部的合作方面谁做得更好。在无领导小组讨论中，往往是在同一任务内评价被评价者的多种素质，因此即使被评价者想要掩饰，他可能只注意掩饰了其中一种素质，而在其他素质上暴露得更加明显，反而给评价者发现他的特点创造了有利条件。

(7) 能在同一时间对多名被评价者进行测评。无领导小组讨论通常是多名评价者对多名被评价者同时进行考察。这种测评方法比起其他的对被评价者单独进行评价的方法(例如面试)在时间上显得比较经济，它还能够减少招聘选拔的工作量，减轻因时间、题目、评价者等因素对被评价者评价的影响。此外，也可以在一定程度上减少题目泄露的可能性。

(8) 考察的内容比较广泛，能获得大量的信息。无领导小组讨论可以考察的维度比较广泛，既可以包括沟通能力、团队合作、组织协调等人际方面的维度，也可以考察思维的逻辑性、分析能力、创造性等能力方面的因素，也可以考察自信心、情绪的稳定性、工作风格等因素。无领导小组讨论为被评价者提供了充分展现其行为的舞台，能使评价者得到大量的有关被评价者能力、个性特点的信息。

人们对无领导小组讨论这种测评方法也存在一些批评，他们认为这种方法的缺点主要表现在：

(1) 编制题目的难度比较大，因此题目的质量会导致评价的质量受到影响。无领导小组讨论的题目需要根据招聘职位所要求的胜任特征进行编制，而且题目情境要与实际工作情境有一定的关联。这些题目必须是能够激发被评价者的行为表现并且使被评价者能够表现出个体差异的。题目应该是对被评价者具有公平性的，在指定题目的评分标准方面，对每一个要素都应该有评价的标准。因此，要想编制符合这样要求的良好的题目实在不是一件容易的事情。如果使用了一道不好的题目，评价的质量就会大打折扣。在编制命制题目时，往往需要专家充分了解评价职位的工作情境，设计出来的评价情境需要经过反复修改之后才能投入正式使用。这样难度的工作不是任何组织都有能力实施的。

(2) 对评价者的要求较高。无领导小组讨论的评价者应该接受专门的培训并具有一定的实际操作经验。评价者必须能够对被评价者的行为进行准确的观察，能够将观察到的行为归纳到各个测评维度中，并且不同的评价者对评价标准的把握应具有一致性。尽管有明确的评价标准，对被评价者的评价仍然会受到评价者主观因素的影响。

(3) 被评价者的分组以及不同的测评情境都可能会使评价结果受到影响。专家做过研究，将某个被评价者与某几个被评价者分到一组，对其进行的评价得出一个分数，再将这被评价者与另外几个被评价者分到一组，再对其同样的评价要素进行评价，得出的分数是有差异的。这说明，被评价者的评价结果对同组的其他被评价者有依赖性。例如，一个被评价者的领导能力不强，但他在一群领导能力很弱的被评价者群体中就非常好地表现出了领导行为，其他的被评价者也很愿意听从他的领导，这样评价者就倾向于在领导能力这个维度上给他较高的分数；而当这个被评价者处于另外一个小组中时，这个小组的其他成员都非常具有权力动机，被评价者就几乎很难领导他们，这样评价就倾向于给这个被评价者的领导能力维度上打出较低的分数。这个被评价者的领导能力水平是一定的，但是却得到了迥然不同的分数。被评价者在一个测评维度上的得分与测评情境也有关系。一个考生在某个测评情境中的他的能力和优势比较容易发挥出来，而在另外的一些情境中他的能力和优势就不容易发挥出来。这与被评价者对某种情境的熟悉度和敏感性等因素有关系。

(4) 被评价者的行为仍然有伪装的可能性。尽管无领导小组讨论的方法能够引发被评价者较为自然的行为表现。但由于被评价者努力猜测评价的意图，他们仍有可能做出故意迎合测评目的的行为表现。例如，某个被评价者平时在工作中不愿与别人合作，但他知道应聘的企业非常注重团队合作精神，于是他会在小组活动中表现出合作行为。被测评者参加无领导小组讨论的经验也会帮助他们做出比较好的表现，因为他们了解其操作方式和原理，或者对表现的题目比较熟悉，事先会有所准备，可能会出现没有表现出真实行为的情况。

阅读资料

MY 集团内部竞聘无领导小组讨论评价标准

一、评分标准

无领导小组讨论题目的评分标准和评分规则如下：

(一) 评分维度

1. 表达能力：语言表达准确简洁、流畅清楚，能有条理地表达地自己的意思。

典型行为："首先……其次"，"第一点：……第二点：……"，"总结一下……"。

反面行为：较多的停顿、口头语、方言，语言结构杂乱无章。

2. 综合分析能力：分析问题全面透彻、观点清晰，概括总结不同意见的能力强。能够抓住问题核心、避开纠缠不清事项。

典型行为："静一静，我们应该……"、"你的意思是不是……"、"归纳起来有……方面"。

3. 团队精神：能够尊重别人，善于倾听他人的意见，善于把众人的意见引向一致。

典型行为："我也认同 3 号观点，可是我们……"，面带微笑，眼神柔和，身体自然放松，提示跑题、时间、要求没做到位，"我们还有 3 分钟……"。

反面行为："你这样不对……"等无休止争论、经常打断他人发言，"你们讨论就行了"，"我无所谓，随便"。

4. 逻辑性与创造力：解决问题的思路清晰周密，逻辑性和时间观念强，能够积极发言，敢于发表不同意见，善于提出新的见解和方案。

典型行为："让我们换一种思路……"、"假设……那么……"、"如果……会不会更好!"(结果导向)。

反面行为："对，我也是这么认为……"、只会点头称好。

5. 举止与仪表：举止得体，仪表整洁，能够尊重他人，给予他人赞许与鼓励。

典型行为：对表现优秀者给予鼓掌、次数。

反面行为：对表现有失者给以嘲笑、取闹；带头鼓倒掌、言语不礼貌。

6. 领导能力：善于消除紧张气氛并创造一个大家都想发言的气氛，能有效说服别人，善于调解争议问题。

典型行为："大家分下工，你们三个……，你们两个……"、"让我们……"、发言次数较多、参与时表现积极。

反面行为：人云亦云、较少发表自己的意见。

(二) 评分方法

按照上表中 6 个测评要素均为 100 分，其中优秀者为 100 分，良好者为 80 分，中等者为 60 分，不合格者为 40 分，特别差者为 20 分。其中领导能力与团队精神仅在第二环节过程中记录。

二、考核中应注意以下容易出现的现象

1．小组差异化现象：甲组表现最好的在乙组可能表现上中等；

2．应聘者迷失现象：迫切想得到职位而表现失真或观察主试人员并投其所好；

3．主试者迷失现象：晕轮印象和刻板印象；

4．讨论时偏离现象：无领导小组讨论偏离了主试想要的考核项目。

三、无领导小组讨论观察记录表

无领导小组讨论观察记录如表 8-5 所示。

表 8-5 无领导小组讨论观察记录表

项目　　次数 候选人姓名	1	2	3	4	5	6
发言次数						
善于提出新的见解						
敢于发表不同的意见						
支持或肯定别人的意见						
坚持自己正确的意见						
消除紧张气氛						
说服或调解						
创造一个使不大开口的人发言的气氛						
把小组意见引向一致						
发言清楚						
有分析						
概括或总结						
作决议						
口述技巧						
非语言表情						
随机应变						
发言的主动性						
反应灵敏						
结论						

四、候选人素质评价表

候选人素质评价如表 8-6 所示。

表 8-6 候选人素质评价表

考官姓名				部门			
被评价者姓名	测 评 要 素						
	综合分析能力(A)	表达能力(B)	逻辑性与创造力(C)	领导能力(D)	团队精神(E)	举止仪表(F)	得分
综合得分计算标准换算	$(A \times 0.2 + B \times 0.2 + C \times 0.2 + D \times 0.2 + E \times 0.1 + F \times 0.1)$						

第三节 文件筐测验

一、源起与定义

我们知道，在办公室工作的人员，特别是管理人员，每天都要面对着大量的文件。他们能有效解决问题的关键信息很多来自于这些文件，他们理解组织中的关系与问题是通过这些文件，他们领会领导的意图、了解下属和同事是通过这些文件，他们也通过文件来表达自己，因此能否很好地处理这些文件是他们工作中的关键。文件筐测验设计的灵感就来自于这里。

文件筐测验是情境模拟测试的一种，它是对实际工作中管理人员掌握和分析资料、处理各种信息，以及做出决策的工作活动的一种抽象和集中。该测验在假定的情景下实施，是评价中心最常用和最核心的技术之一。

模拟一种假设环境，如单位、机关所发生的实际业务、管理环境。提供给受测者的信息如函电、报告、声明、请示及有关材料等文件，内容涉及人事、资金、财务、市场信息、政府的法令、工作程序等多种材料，这些材料放在公文筐里，测验要求受测者以管理者的身份，模拟真实生活中的情景和想法，在规定的条件下在限定时间(通常为 1～3 小时)内对各类公文进行现场处理，评委通过对受测者处理文件过程中的行为表现和书面答案，评价其计划、授权、组织、预测、决策和沟通的能力，该测验通常用于管理人员的选拔。测验一般只给日历、背景介绍、测验指示和纸笔，考生在没有旁人协助的情况下回复函电，拟写指示，作出决定，以及安排会议，评分除了看书面结果外，还要求考生对其问题处理方式做出解释，根据其思维过程予以评分。文件筐测验具有考察内容范围广、表面效度高的特点，因而非常受欢迎，使用频率居各种情境模拟测验之首。

二、文件筐测验的特点

公文筐测验把被试者置于模拟的工作情景中去完成一系列的工作，与通常的纸笔测验相比，显得生动而不呆板，能较好地反映出被试者的真实能力与水平；与结构化面试、无领导小组讨论等其他测评技术相比，它提供给被试者的背景信息和测验材料以及被试者的作答都是以书面形式完成的，一方面考虑到被试者在日常工作中接触和处理大量文件的需要，另一方面也为每一位被试者提供了工作的前提条件和机会相等的情境。公文筐测验可以同时对大批量的被试者进行测试，这也是其他情境测验所无法比拟的。

公文筐测验兼备了情境模拟技术和传统纸笔测验的优点，具体如下：

(1) 实施简便。与无领导小组讨论等其他情境模拟测验相比，公文筐提供给被试者的背景信息、测验材料和要求的作业都以书面的形式来完成和实现，比较简便，对实施者和场地的要求最低，既可以采取个别的方式进行施测，也可以采取团体的方式进行测试，只要评价者给予被试者相同的指导语就可以了。

(2) 考察内容范围十分广泛。作为纸笔形式的文件筐测验，测评受测者的依据是文件处理的方式及理由，是静态的思维结果。因此，除了必须通过实际操作的动态过程才能体现的要素外，任何背景知识、业务知识、操作经验以及能力要素都可以涵盖于文件之中，借助于受测者对文件的处理来实现对受测者素质的考察。

(3) 表面效度很高。文件筐作业所采用的文件十分类似，甚至有的直接就是应聘职位中常见的文件，因此，如果受测者能妥善处理测验公文，就能理所当然地被认为具备职位所需的素质。

(4) 应用范围大。考察内容范围的广泛使得文件筐测验具有广泛的实用性，并且表面效度高，易为人所接受，因此，文件筐测验是在众多公选考试测验中普遍使用的一种。

(5) 情景性强。文件筐测验完全模拟现实中真实发生的经营、管理情景，对实际操作有高度似真性，因而预测效度高。

(6) 综合性强。测验材料涉及日常管理、人事、财务、市场、公共关系、政策法规等行政机关的各项工作，从而能够对高层及中层管理人员进行全面的测评与评价。

(7) 普遍适应性。公文筐测验具有跨文化、跨地区、跨行业和跨企业规模的普遍适应性。据统计，欧美发达国家和日本在选拔、评价管理人员时最常用的技术就是评价中心，而评价中心中公文筐测验的使用频率高达 95%。近年来，公文筐测验在企业管理工作中的价值和作用也逐步得到我国管理理论界及企业界人士的高度重视。

(8) 信度高。从信度上看，公文筐测验采取纸笔的形式，一方面是考虑到被试者日常工作接触和处理大量文件的实际需要；另一方面也是为了统一操作和控制，给每个被试者提供相等的条件和机会，比较公平，不会因为情境的不同或者小组成员的差异等因素而影响测评结果。而且，对于被试者处理方式优劣的评价，不是个人单独作出，而是由几位评价者共同讨论作出。这有助于提高公文处理的信度。

(9) 预测性高。公文筐测验中的成绩与实际工作中的表现有很大的相关性，对被试者未来的工作绩效有很好的预测能力，即该测验具有良好的预测效度。因此，只要被试者能够妥善处理公文筐中的各类文件，评价者就有理由认为被试者在一定程度上具备了胜任新职位所需要的素质。

(10) 用途多样性。从用途上看，公文筐测验除了能够挑选出有潜力的管理人员，用于评价、选拔管理人员，还可以用于培训，训练他们的管理与合作能力，使选拔过程成为培训过程的开始，使参加测验的被试者提高其管理技巧、解决人际冲突和组织内部间的摩擦的技巧，以及为人力资源计划和组织设计提供有用的信息。

但是也存在一些问题，具体如下：

(1) 评分难度大。文件处理结果的评价受多种因素的影响，机构、氛围、管理观念不同的组织，具有不同的评价标准。在文件筐测验的评分确定过程中，专业人员和实际工作者往往存在理解上的差异。

(2) 成本很高。文件筐测验的试题设计、实施、评分都需要较长时间的研究与筛选，必须投入相当大的人力、物力和财力才能保证较高的表面效度，因此花费的精力和费用都比较高。

(3) 采用静态的形式。公文筐测验采用静态的纸笔考试，每个被试者都是自己独立完成测验，评价者与被试者之间没有互动交流，所以评价者很难对被试者实际当中与他人交往的能力和人际协调能力直接进行判断和评价。

三、文件筐测验的设计

第一，工作分析。深入分析职位工作的特点，确定胜任该职位必须具备哪些知识、经验和能力。工作分析的方法可以是面谈、现场观察或问卷。通过工作分析，要确定文件筐测验要测评什么要素，哪些要素可以得到充分测评，各个要素应占多大权重。文件筐测验一般可以考查以下要素：① 书面表达及其理解能力；② 统筹计划能力；③ 组织协调能力；④ 洞察问题和判断、决策能力；⑤ 任用授权能力；⑥ 指导控制能力；⑦ 岗位特殊素质，如法规条例知识。

第二，文件设计。包括选择什么文件种类，如信函、报表、备忘录、批示等；确定每个文件的内容，选定文件预设的情境等。文件数量较多，时间以2～3小时为宜。文件的签发方式及其行文规定可以忽略，但文件的行文方向(对上与对下，对内与对外等)应有所区别。特别要注意各个文件测评要素的设计。常常一个文件不同的处理可以体现不同的要素，设计的对文件的处理方式要有所控制，确定好计分规则或计分标准，尽量避免每个要素同时得分和无法归于某一要素的情况出现。

第三，测验评分。实施文件筐测验之后，评分一般由专家和具备该职位工作经验的人(一般是选拔职位的上级主管及人事组织部门的领导)进行，除了前面设计时要制订好评分标准外，更重要的是对评分者要进行培训，使评分者根据评分标准而不是个人的经验评分。评分的程序也要特别注意，可以考虑各自独立评分，然后交流评分结果，对评分差异各自申述理由后，再独立第二次评分。最后将评分结果进行统计平均(评分者比较多时，可以去掉最高分和最低分)，以平均分作为最后得分。有时，在考生答案不明确的情况下，需要质询应聘考生，根据其对处理方式的解释确定得分。

(1) 评委观察评价的标准：是否每份材料都看过，并且做出了答复；在实践的压力下，是否能分得清轻重缓急，有条不紊地处理这些公文；给出的批阅意见是否合理，是否符合所给定的角色；是否恰当地授权于下属；是否过分拘泥于细节；解决问题的方法是否巧妙而且有效率；做出每一项决策的理由是否充分合理。

(2) 在测验过程中表现好的被试者应该具有的特征：

① 能抓住主要矛盾和关键问题，有条不紊、合理分类，果断灵活地解决：该请示的请示、该处理的处理、该授权的授权。而不是性质不分，一概包揽或者一概授权、请示，甚至不知所措，杂乱无章地处理。

② 能很快发现问题所在，分出轻重，先重后轻；能果断地、合情合理地、恰到好处地、准确地处理，并用简洁明了的语言或者文字表达出来，以便下属执行。

③ 能进一步发现更深层次的问题，或者找出问题的内在联系，并且加以全面解决。

(3) 设计时要特别注意两点：一是测验材料难度的把握。材料过难，固然作为选拔测验有时可以选拔到很好的人才，但大材小用，很难设想这人会安心本职位工作，且导致人力资源的浪费。材料过于容易，测验会出现"天花板效应"，大家都得高分，区分不出哪些应聘考生的能力大些。二是要注意材料真实性程度的把握。完全杜撰的材料，应聘考生可以根据一般知识推理，处理的结果没有针对性，看不出应聘考生的水平差异。完全真实的材料，过于偏重经验的考查，忽视潜能的考查，最后选拔到的人无疑是完全与招聘单位文化气氛相同的人，违背了引入外来人才，给单位输入新鲜血液的本来目的。

四、文件筐测验的考查内容

文件筐测验的题目形式通常大同小异，一般是首先给被评价者呈现一段背景材料，介绍某个公司的背景信息，被评价者一般会被规定为一个新上任的管理者，他需要在非常有限的时间处理大量文件，而且没有人可以帮助他，他必须自己处理这些文件。

被评价者在作答时，有的文件筐测验要求他在每个文件上给出处理意见，有的文件筐测验会根据文件提出一些问题，由被评价者回答。文件筐测验主要考查计划能力、组织能力、沟通能力、预测能力和决策能力。

文件筐测验要求：

(1) 要求被评价者对每一份文件都要作出处理，如写出处理或解决问题的意见、批示、或直接与部门的人员联系发布指示等。

(2) 被评价者应在规定的时间内把公文处理完。

(3) 评价者待测评对象处理完后，应对其所处理的公文逐一进行检查，并根据事先拟定的标准进行评价。如看被试是否分轻重缓急、有条不紊地处理这些公文，是否恰当地授权下属，还是拘泥于细节、杂乱无章地处理。

(4) 被试处理完后，评价人员还要对被试进行采访，要求被试说明是如何处理这些公文的，以及这样处理的理由等。

　　表 8-7 列出了公文筐测验考察的主要能力的操作定义、行为样本和提问方式，对理解公文筐的操作有所帮助。

表 8-7　公文筐测验考察能力的操作定义、行为样本和提问方式

考察能力	操作定义	行为样本	提问方式(考察指标)
计划性	处理问题有条不紊、分清主次、清晰准确	根据材料的主要内容对材料进行分类，根据材料的重要性或紧迫性确定材料或事件的优先级	1．这个文件应放在哪一类(重要立即处理、次重要可稍后处理、不重要搁置处理)。2．与其他文件相比，该文件的优先级如何。3．处理文件中的某个问题，您将按照什么步骤进行，请按先后顺序排出
人际沟通	准确理解和把握他人话语背后的想法和情感，能够清晰、恰当地表达自己的观点和情绪	1．处理人际关系问题条理清晰、措辞恰当的程度(有效、清楚、正确、精确、全面、符合逻辑)。2．能够建立和保持有效的人际关系	1．处理人际关系问题的措施的恰当程度。2．文件处理和具体任务执行中涉及的有关人员的直接或间接沟通
分析能力	通过将问题分解，迅速准确地找到问题的核心或发现潜在问题	找出事件发生的可能原因或者行为的可能结果。预测困难并事先考虑应对措施。运用不同的分析方法确定不同的解决方案，并权衡各种方案的价值。考察决策背后的理性成分(是否考虑决策后果、各种备选方案的优缺点、采取各种决策的理由)	1．处理文件优先等级的依据？2．这个文件中最关键的问题是什么？3．您这样处理的理由是什么
决策能力	收集、解释并评估信息，制定合理的解决方案，促使组织目标实现	根据已有信息来确定问题所在，采取恰当行动解决问题	您将采取哪些必要行动解决这个问题(不必阐述理由)
授权	信任下属，并善于把任务和责任分配给下属	清晰地分配任务，提供有效地指导和支持以帮助他人完成任务，并使自己有精力去做更重要的工作	1．利用职权要求有关部门和人员完成某项工作。2．提供对任务完成的必要指导和资源支持

五、文件筐测验的适用范围

　　公文筐测验是评价担任特定职务的管理人员在典型职业环境中获取、研究有关资料，得体处理各类信息，准确做出管理决策，有效开展指挥、协调和控制工作能力及其现场行为表现的综合性测验。由于公文筐测验可以将管理情境中可能遇到的各种典型问题抽取出来，以书面的形式让被试者来处理，因此它可以考察被试者多方面的管理能力，特别是计划能力、分析和判断问题的能力、给下属布置工作并进行指导和监督的能力、决策能力等。

归纳起来，主要有以下两类。

1. 与事有关的能力

文件筐中的各种文件都会涉及组织中的各种事情，被评价者收集和利用信息的(洞察问题)能力首先会体现其中，另外有的事情是需要被评价者做出分析、综合、判断的，有的事情需要做出决策，有的事情需要组织、计划、协调，有时还需要分派任务(授权)，而且在纷繁复杂的事情中需要分清轻重缓急，因此这些能力都可以在文件筐测验中得到反映。

2. 与人有关的能力

在文件中会提到各种各样的人物以及他们之间的关系，这些文件来自不同的人，设计得很好，文件筐测验会把人物的特点勾勒得淋漓尽致。被评价者除了要善于处理文件中的事情之外，还要对文件有关的人非常敏感，而且很多情况下，事情处理得要能够正确理解人的意图、愿望、性格特点和人物之间的关系。因此，在文件筐测验中也能很好地测量与人打交道的能力，尽管这种能力是通过书面的形式间接的表现出来的，而不是像无领导小组讨论等方法是直接表现出来的。

六、文件筐测验实施程序

1. 准备

主要指测验材料和测试场所的准备。给每个考生的测验材料，事前要编上序号，答卷纸也要有相应序号，实施前要注意清点核对。答卷纸主要由三部分内容构成：一是考生姓名(或编号)、应聘单位和职位、文件序号等；二是处理意见(或处理措施)、签名及处理时间；三是处理的理由。文件序号只是文件的标识顺序，不代表处理的顺序，应允许考生根据轻重缓急调整顺序，但给所有考生的文件顺序必须相同，以示公正。测试的场所要求比较宽敞、安静，每个人一桌一椅，相互之间无干扰。为了保密，最好所有考生在同一时间完成。如果文件内容涉及招聘单位内部的一些情况，测试前应对所有考生提供培训，介绍相关情况，缩小内部考生和外部考生对职位熟悉程度的差别。

2. 实施

主试要对测验要求作一简单介绍，说明注意事项。然后发给考生测试指导语和答卷纸，回答考生的提问，当考生觉得没有问题后，再发测试用的文件。考生人数比较少时，也可以一次性将材料发给考生，但要求考生严格遵从主试的要求，先看指导语再看文件。测试指导语是测试情景、考生扮演的角色、考生任务和测试要求的说明，必须明确、具体，一目了然。有时在初级人员的文件筐测验中，发给考生指导语后，让考生完成一个指导语的测验，强迫考生熟悉理解指导语，这在文化水平低的群体中有时十分有用。在考生正式进入文件处理后，一般不允许考生提问，除非是测验材料本身有问题。

3. 评分

由于文件筐测验题目的开放性特点，以及测验情境复杂多变、评价标准较难掌握，文件筐测验的结果评估因而也就成为文件筐测验的难点。文件筐测验的结果评估包括打分评价和评语评价两部分。

打分评价就是在测评结束后，考官按照文件筐评分表的要求，对被测试者在每个文件下的所测素质维度进行打分。考官可以先分别独立地对被测者打分，然后进行讨论，交流评分结果，完善参考答案。在统一评价标准后，再次分头打分，以考官的第二次打分作为被测者的成绩。为了保证不同的考官的评价标准一致，最后可以由一位有经验的考官对所有考官的打分进行复核，如发现不同考官的评价标准差异较大时，还需要再进行沟通调整，直到达成统一的评价标准。

评语评价的目的是为了弥补打分评价的不足，更生动地记录被测者在测验中的表现。评语评价没有严格的内容或者形式要求。在评语评价中，考官可以对被测者的突出要素进行文字描述，也可以对被测者的整体素质进行分析归纳，还可以记录考官对被测者存在的不解之处，以及进一步考核的建议，包括考核的方法和下一步重点要考察的内容等。

导读资料

文件筐测验评分表示例

文件筐测验评分表示例如表 8-8 所示。

表 8-8　文件筐测验评分表示例

序号		姓名		性别		年龄		教育程度		应聘职位	
测评要素		观 测 要 素							满分	得分	备注
问题解决	洞察问题	洞察问题的起因，把握相关问题的联系，分析归纳，形成正确判断，对问题的可能后果作出预测							5		
	解决问题	提出解决问题的有效措施并付诸实施，即使在信息不充分的情况下，也能及时作出决策							5		
	计划统筹	确定具有前瞻性的目标和实现目标的有效措施与行动步骤，制定可行的行动时间表							5		
日常管理	任用授权	给下属指派与其职责、专长相适应的任务，为下属提供完成任务所需的人、财、物等方面的支持，给予下属适当的授权							5		
	指导控制	给下属指明行动和努力的方向，适时地发起、促进或终止有关工作，维护组织机构的正常运转，监督、控制活动经费的开支及其他资源的使用							5		
	组织协调	协调不同任务和下属的行动，使之成为有机整体，按一定的原则要求，调节不同利益相关者的矛盾冲突							5		
	团结下属	理解下属苦衷，在力所能及的范围内解决下属的困难，尊重下属，倾听下属的意见，爱护下属，帮助下属适应新的工作，重视下属的个人发展							5		
个人效能		注重效率，能够合理有效地使用、分配、控制自己的时间									
考官评语										考官签字：	

文件筐测验答卷纸示例如表 8-9 所示。

表 8-9　文件筐测验答卷纸示例

考生编号：	招聘职位：	文件序号：
处理意见： 　　　　　　　　　　　　　　　　　　　　签名： 　　　　　　　　　　　　　　　　　　　　年　　月　　日		
处理理由：		

文件筐测验指导语示例(供招聘秘书用)：

指导语：这是一些办公室工作的模拟练习。目的是了解您在办公室事务处理方面的经验与能力。以下是有关的背景情况，请您务必仔细阅读并牢记于心：您是局办公室秘书之一，大家都称您小 A。此办公室是直接协助几位局领导工作的职能部门，目前由田主任一人负责。

今天是 2010 年 5 月 24 日，星期五。局里在远郊召开一个重要会议，田主任和办公室所有其他同事都去办理会务，只有您一人留守。所有局领导都在出席重要会议。您不能找他们请示，局里其他同事也都因种种原因不能给您帮忙。最不巧的是，由于那里电信线路出现故障，您无法和在郊区开会的田主任及其他同事联系。

田主任昨晚辗转托人给您一张便条：

小 A：明天(24 日)有这么几件事情要辛苦你：

(1) 主管分房的李局长要了解职工对分房办法第五稿的意见。请你看一下职工的意见材料，代我起草一份 500 字左右的报告。

(2) 实习生郑兰说是写了一份信息，你给看一下。最近局里上报的信息比较少，被采用的更少。看这份信息能否上报或经修改后上报。

(3) 请你给杨菁去封信，告诉她我们已经录取了新秘书。

(4) 请你根据李局长给马林副局长来信的批示，把马副局长的信处理一下。以上几件事情都不能再拖了，明天上午无论如何要完成。下午 1:00 局里有车来会场，你搭车来会场，这里实在忙不过来。明天上午办公室若有什么事，你见机行事。办公室不要因为我不在就影响正常运转。谢谢！现在是早晨 8:30，您一上班就得到上述指示和有关材料，您的任务是遵照指示完成所有工作。

以下是您在完成工作中必须遵守的程序和规定：首先，请您完成《指导语自测题》，回答结果构成评分的重要内容。其次，请在《日程计划表》上拟订一份今天的日程安排，若情况变化，日程安排可以更改，但必须在《日程计划表》上予以注明。最后，一切任务请按您本人对秘书工作的理解和相应的指示独立完成，并一定要说明这么处理的理由，否则要倒扣分。

考生编号：＿＿＿＿＿＿　应聘职位：＿＿＿＿＿＿

指导语测验题：请您判断以下陈述是否正确，选择"是"或"否"。

(1) 局里只有你一人上班。　　　　A．是　　　B．否

(2) 有什么不清楚的事情，您可以打电话请示田主任。A．是　　　B．否

(3) 能处理完最好，处理不完向田主任好好解释，他会谅解的。A．是　　　B．否

(4) 变动日程安排是允许的。　　　A．是　　　B．否

(5) 一件事情怎么处理有时候凭直觉，不一定非要说出理由。A．是　　　B．否

答案：B，B，B，A，B(如自己的回答与答案不符，请对照指导语检查)

案例讨论

文件筐测验的例题

指导语：

"文件筐测验"是工作情景模拟活动的方式之一。它通过向您介绍一种模拟的工作情景，让您"扮演"一个给定的角色，在规定的时间内处理一批文件，从而了解您在模拟情景下的工作能力，根据您的这种表现来推断您在真实工作情景中的潜力和胜任能力。咨询顾问将就几个与领导力有重要关联的方面对您进行评价。所以，您在测验过程中必须态度认真，尽快进入角色，按要求对文件做出适当处理，充分展示您的才能与优势。

在文件筐测验处理过程中，您必须遵守以下规则要求：① 您必须对所有的文件给出自己的处理意见(或方案)，同时还得写明处理的依据或理由，分别写在对应的"您的处理意见"和"处理依据或理由"栏内；② 对于文件的处理意见(或方案)，要求语言表述准确、清晰，以便相关部门能按您的意图执行；③ 为了全面了解您的能力优势，请务必在对每个文件做出批示之后，完整写明您处理该文件的依据或理由，处理依据或理由主要是要求把您思考问题的过程和内容用文字表述出来；④ 凡需交下属执行的，请注明承办部门、相应的处理原则或方案，凡需答复的函电，请写明内容要点，以便秘书为您拟稿或答复，凡需召开会议或召见人员的，请将时间、主题、大致内容、参加者批告给秘书，以便秘书通知安排；⑤ 您必须在 120 分钟内完成所有文件的处理。

情景假设：思锐软件公司

思锐软件公司的主要业务是为客户提供量身定做的电脑软件，主要服务的客户在下列行业中：金融业、航空业、汽车制造业、医疗卫生行业、消费品制造、电子和政府部门。该公司提供的软件产品能够很好地与客户自身的管理信息系统整合起来。

思锐软件公司近年来发展迅速，业绩在同行业中处于领先地位，利润持续上升。公司现有 100 多名员工。现在，你的身份是主管运营的代理副总裁，你的名字叫张杰思，原来的副总裁顾问已经到国外去参加一个重要的会议了，还有一些重要的业务要洽谈，一个月

以后才能回来，在这一个月中，你要全权履行他的职责。你原来的职位是一个主要业务单元的经理。

你一直忙于处理原职位未了事宜，直到今天才能坐在副总裁的办公室里做你的新职位要求你必须做的事。今天是 7 月 28 日，星期日，现在是晚上 8 点，不巧的是由于今晚检修大楼的电路，你必须在 9 点前离开，因为 9 点以后大楼将全部停电。明天早上你还必须赶往机场，到外地出差，一直到 8 月 2 日才能回到你的新办公室。

在文件筐里有很多文件，另外还有一些电子邮件和电话语音留言(已经打印在纸上)，你要对这些文件给出自己的意见。

文件一(电子邮件)：
发件人：罗明为(CEO)
收件人：各部门经理
抄送：全体员工
主题：欢迎张洁思代理业务副总裁职务
时间：7 月 26 日
各位：

从 7 月 29 日开始，原大客户业务经理张洁思先生将代理业务副总裁职务，时间为 4 周。张先生将全面负责软件设计、开发、整合、维护、客户服务等工作，并对相关的财务和人事有管理权限。张先生还将亲自负责 3 家大型医疗服务机构合并的软件支持项目。

让我们大家共同支持张杰思先生的工作。

罗明伟

您的处理意见：

处理依据或者理由：

文件二(邀请函)：

张先生：

我真诚地邀请你于 7 月 31 日晚在"e 时代的信息技术变革"主题研讨会上发表演讲。晚餐 7 时开始，您可以 8 时正式开始演讲。演讲的题目按照我们上次商定的：软件产业的新思维。我们希望在 7 月 29 日前得到您的答复。会议将在中国大饭店举行。

徐 克
7 月 25 日

您的处理意见：

处理依据或理由：

文件三：

尊敬的张先生：

我是 FR2 项目组的组长。我犹豫了半天终于下定决心给您写这封信。我不得不很抱歉地告诉您，我们项目组可能很难在预先制定的期限之内完成该项目。在项目进行的几个星期，我们遇到了很多事先没有估计到的问题。最近项目组的一个重要成员陈立生病请假，导致一些工作的拖延。而且，我当初就一直坚持不要把赵红玲安排到我们项目组，现在我非常头疼。但无论如何，我们会尽量完成项目，哪怕加班加的再晚也在所不惜。

高俊涛
7 月 26 日

你的处理意见：

处理依据或理由：

文件四(电子邮件)：

发件人：叶培(消费品行业市场部)

收件人：张杰思

主题：无

时间：7 月 25 日

张总：

我请求将我调离 FR2 项目组。我实在无法忍受赵红玲的霸道，连高俊涛都要对他低声下气。我们累死累活加班不说，赵红玲自己不干活还对别人指手画脚。这样的工作没法做！我不怕工作的辛苦，但不愿受气。

您忠诚的员工   叶培

您的处理意见：

处理依据或理由：

文件五(电话留言)：

留言一(7 月 25 日 18:30)：张先生，您好，我是航空仪器公司的付建波，我想跟您谈一下有关质量控制系统项目的问题。在这个项目刚刚开始的时候，我就深深为你们的项目负责人王洪亮的友好和精湛的专业技能所吸引。但是后来，他似乎总是不能按照时间表完成工作。今天我想找他，打了一天电话也没找到。不知发生了什么，请给我回电话：68569922-3107。

留言二(7 月 26 日 9:43)：张总，您好，我是金融客户部的赵新新，我们给华龙基金管理公司提交的项目建议书已经通过电子邮件给您发过去了，不知您是否收到，我们已经初步定好 8 月 2 日与他们公司讨论这个项目建议书，请您提出宝贵意见。

留言三(7 月 26 日 11:01)：张总，您好，我是威鹏汽车公司的小潘，我们领导对你们帮助实施的采购管理系统非常满意，希望找个时间与您共进晚餐，一方面表示感谢，另一方面也讨论一下后续的合作问题。

您的处理意见：

处理依据或理由：

文件六(电子邮件)

发件人：牛红(客户服务部)

收件人：张杰思

主题：请求领导帮助

时间：7 月 25 日 19:00

张总：

您好！由于公司业务的飞速发展，客户服务部越来越忙。现在有几个问题亟待解决：① 客户服务热线的中断线严重不足，很多客户抱怨热线总是占线；② 我们的客服人员太辛苦了，他们已经很长时间经常加班又无法安排倒休，建议适当给他们发一些补助；③ 新来的热线话务员一直没有接受正式的培训，应该尽快安排他们培训。

还请领导提出宝贵的意见，帮助我们解决这些问题。我们觉得，客户服务质量对公司的声誉非常重要。

牛红

您的处理意见：

处理依据或理由：

第四节　角色扮演模拟

案例引入

经 营 班 子

试题正文：假如贵公司因各方面原因而进行大规模裁员，员工个个人心惶惶。您作为公司的领导，如何整合新的团队，给员工以新的信心？

评分标准：

好：能够准确迅速判断形势并进入角色情景，表现出优秀的行为风格、人际倾向、思维敏捷性、对突发事件的应变能力，能够准确、流畅、清楚、简洁地阐述裁员后建立员工的信心的方法和注意事项，能够谈到：① 企业领导者自身要乐观、有信心，对公司未来充满希望；② 向员工传递希望、信任的信息和对整个公司生存意义向员工做出解释；③ 让员工觉得公司是公平的、公正的，他们的发展是有方向的，公司对他们是关注的，他们的贡献是可以得到公司的认可和奖励；④ 改善管理，提高公司的经营水平，提高员工内心的安全感；⑤ 重点帮助有困难的员工。

中：能够判断形势并进入角色情景，表现出良好的行为风格、人际倾向、思维敏捷性、对突发事件的应变能力，言语表达一般，条理基本分明，基本能够阐述清楚裁员后建立员工的信心的方法和注意事项。

差：不能判断形势并进入角色情景，表现出较差的行为风格、人际倾向、思维敏捷性和对突发事件的应变能力，说话吞吐，言语表达不清，不能清楚阐述裁员后建立员工的信心的方法和注意事项。

评分规则：好：2分；中：1分；差：0分。

一、角色扮演模拟的基本内容

1. 定义

角色扮演在人员选拔评价过程中是一种常用的方法，对角色扮演的定义，不同学者有着不同的见解。

(1) "角色扮演是指设计一个模拟的环境，要求多个被试者共同参加一个管理性质的活动，每个人扮演一定的角色，模拟实际工作中的一切具体活动。被试者在对自己所担任的角色有充分了解的基础上，要求其根据自己的身份和技能、经验等在活动中做出一定的反应。角色扮演有时用于进行人际关系矛盾的处理，可以通过被试者的具体反应和行动对被试者进行考评。"

(2) "该方法是在一个模拟的人际关系情境中，设计出一系列尖锐的人际矛盾和人际冲突，要求被测试者扮演其中某一角色并进入情境，去处理这些矛盾和问题。通过对被测试者在不同的角色情境中表现出来的行为进行观察和记录，评价被测试者是否具备符合其身份的素质特征及个人在模拟情境中的行为表现与组织预期的行为模式、将担任职务的角色规范之间的吻合程度，即个人的个性与工作情境间的和谐统一程度。这种方法主要用于评价角色扮演者的协调人际关系技巧、情绪的稳定性和情绪的控制能力、随机应变能力、处理各种问题的方法和技巧。"

(3) "角色扮演是一种用以测评人际关系处理能力的模拟活动。在活动中招聘者设置了一系列尖锐的人际矛盾与人际冲突的情景和状况，要求应聘者扮演某一角色，来处理各种矛盾和问题。招聘者通过对被试者在不同情景中的角色表现进行观察和记录，测评其素质能力。"结合这些不同学者的见解，于是我们可以对角色扮演给出如下定义：

角色扮演是一种情景模拟测评法，通常的做法是选取和被评价者的工作相关的一个人际或工作情境，由一名角色扮演者饰演被评价者的客户、上级、同事、下属等角色。在这种活动中，评委设置了一系列尖锐的人际矛盾与人际冲突，要求被评价者扮演某一角色并进入角色情景，去处理各种问题和矛盾。评委通过对被评价者在不同人员角色的情景中表现出来的行为进行观察和记录，测评评价被试者是否具备某些素质特征以及个人在模拟的情景中的行为表现与组织预期的行为模式、与担任职位角色规范之间的吻合程度，来预测被试者的个性特征与工作情景间的和谐统一。

角色扮演是一种行为模拟技术，向被试描述一种假想的工作情境，让受测者想象它真的发生了，并按要求做出行为反应，评价者对受测者的言语和非言语行为及行为的有效性进行评定。

2. 角色扮演特点

角色扮演的特点包括：

(1) 针对性。由于模拟测试的环境是与领导职位近似的环境，测试内容又是所在职位的某项实际工作，因而具有较强的针对性。

(2) 直接性。角色扮演面试，不仅测试内容与领导所在职位的业务有直接关系，而且使考评人员能够直接观察应试者的模拟工作情况，直接了解应试者的基本素质及能力，所以更具有直接性。

(3) 可信性。由于模拟测试接近实际，考查的重点是应试者分析和解决实际工作问题的能力，加之这种方式又便于观察了解应试者是否具备担任该职位的素质，因此与笔试和其他面试形式相比较更具有可信性。

3．角色扮演的主要方法

(1) 布置工作法。要求应试者在阅读一份上级文件或会议纪要后，以特定的身份，结合部门实际，对工作进行分工布置和安排。这一项目可以通过个别测试的方式进行、考官也可以邀请有关部门的领导一起参加测试。根据需要，考官可以向应试者追问，以对其进行比较深入的整体测评。最后依据评分标准分别评分。

(2) 上下级对话法。模拟接待基层工作人员的情景，应试者扮演上级，工作人员或考官扮演下级，或由两个及两个以上的应试者分别扮演上下级，由模拟下级向模拟上级领导汇报或请示工作。如果是主考官扮演下级、可采用主考官与其对话、其余考官观察打分的方式；如果是由应试者分别扮演上下级，则采用考官集体观察打分的方式。测试前应让应试者阅读有关材料，使其了解角色的背景和要求。测试主题需有一定的难度和明晰的评分标准，时间以每场 30 分钟左右为宜。

(3) 模拟会议法。将若干应试者分为一组，就某一需要研讨的问题或需要布置的活动或需要决策的议题，由应试者自由发表议论，相互切磋探讨。应试者分别扮演不同的角色，发言和表现的角度和内容因角色而定。

(4) 现场作业法。提供给应试者一定的数据和资料，在规定的时间内，要求应试者编制计划、设计图表、起草公文、计算结果等。

4．角色扮演内容

考察内容：应聘者的工作习惯，工作条理，工作态度，应变能力，心理素质和潜在能力。

评价考官组成：一个完整的角色扮演测评应该包括主考官一名、测评员若干名、被试一名或若干名、监督员一名。

时间安排：角色扮演按照严格的程序进行，准备时间约 15～30 分钟；实施时间约 15～30 分钟。

角色扮演的测评要素：主要用来评价一个人的主动性、自信心、说服能力、人际关系技能、情绪的稳定性和情绪的控制能力、随机应变能力、技巧和方法等。

在角色扮演中，主考官对应试者的行为表现一般从以下几个方面进行评价：

(1) 角色的把握性。应试者是否能迅速地判断形势并进入角色情景，按照角色规范要求采取相应的行动。在开始之前，向受测者做介绍与简单的说明，以确保受测者了解整个活动的过程。

(2) 角色扮演的表现。为受测者分配角色，描述一种具体工作情境。包括应试者在角色扮演中所表现出来的行为风格、人际倾向、口头表达能力、思维敏捷性、对突发事件的应变能力等。

(3) 角色的衣着、仪表与言谈举止是否符合角色及当时的情景要求。

(4) 其他。包括应试者缓和气氛化解矛盾的技巧、行为策略的正确性、行为优化的程度、情绪控制能力等。

(5) 对受测者的各种行为保持足够的敏感性，进行系统的观察与评价。在整个活动的过程中，必须随时处于警觉状态，处理各种意外的情况。

角色扮演的现场示意图如图 8-3 所示，流程阶段如图 8-4 所示。

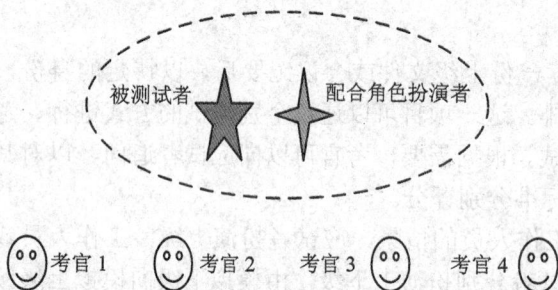

图 8-3　角色扮演现场示意图

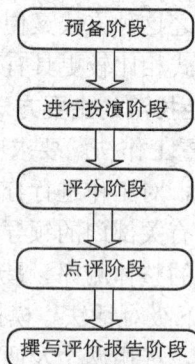

图 8-4　角色扮演流程阶段

5. 操作要点

角色扮演模拟的操作要点包括：

(1) 高度结构化的角色扮演往往需要经过精心的设计，被评价者在测评过程中的表现都会被记录下来，由评委根据评分规则对其进行客观准确的评价；

(2) 通过观察被评价者在模拟情境中的行为表现，我们可以评价其角色把握能力、人际关系的处理技巧、团队辅导能力、情绪控制能力、思维的敏捷性、应变能力、客户导向、培养下属和管理上级的能力、口头表达能力等指标；

(3) 通常一个结构化的角色扮演需要 30～40 分钟的时间。

6. 角色扮演的两大功能：测评功能和培训功能

第一，角色扮演法具有测评的功能。通过角色扮演法可以在情景模拟中，对受试者的行为进行评价，测评其心理素质以及各种潜在能力。可以测出受试者的性格、气质、兴趣爱好等心理素质，也可测出受试者的社会判断能力、决策能力、领导能力等各种潜在能力。

第二，角色扮演法具有培训的功能。在日常工作中，每个人都有其特定的工作角色，但是，从培养管理者的角度来看，需要人的角色的多样化，而又不可能满足角色实践的要求。因此，在培训条件下，进行角色实践同样可以达到较好的效果。同时，通过角色培训还可以发现行为上存在的问题，及时对行为做出有效的修正。换句话说，角色扮演法是在培训情景下给予受训者角色实践的机会，使受训者在真实的模拟情景中，体验某种行为的具体实践，帮助他们了解自己，改进提高。通常，角色扮演法适用于领导行为培训(管理行为、职位培训，工作绩效培训等)，会议成效培训(如何开会、会议讨论、会议主持等)，沟通、冲突、合作等。此外，还应用于培训某些可操作的能力素质，如推销员业务培训、谈判技巧培训。

7. 测试者必须讲明的注意点

为了弥补角色扮演的不足，测试者必须向受训者或受试者提出一些具体的角色扮演要求，即：

(1) 接受作为角色的事实。

(2) 只是扮演角色。

(3) 在角色扮演过程中，注意你态度的适宜性改变。

(4) 使你处于一种充分参与的情绪状态。

(5) 如果需要，注意收集角色扮演中的原始资料，但不要偏离案例的主题。

(6) 在角色扮演中，不要向其他人进行角色咨询。

(7) 不要有过度的表现行为，那样可能会偏离扮演的目标。

二、角色扮演法的优缺点

角色扮演法的优点包括：

(1) 角色扮演是一项参与性的活动。作为受试者，可以充分调动其参与的积极性，为了获得较高的评价，受试者一定会充分表现自我，施展自己的才华。作为受训者都知道怎样扮演指定的角色，是明确的有目的的活动。在扮演培训过程中，受训者会抱有浓厚的兴趣，并带有娱乐性功能。

(2) 角色扮演具有高度的灵活性。从测评的角度看，角色扮演的形式和内容是丰富多样的，为了达到测评的目的，主试者可以根据需要设计测试主题、场景。在主试者的要求下，受试者的表现也是灵活的，主试者不会把受试者限制在有限的空间里，否则不利于受试者真正水平的发挥。从培训的角度看，实施者可以根据培训需要改变受训者的角色，与此同时，培训内容也可以做出适于角色的调整。在培训时间上没有任何特定的限制，视要求而决定长短。有关人际关系的培训，从培训设计上就已经消除了由于人际交互作用所产生的不利影响。

(3) 角色扮演是在模拟状态下进行的，因此受试者或受训者在做出决策行为时可以尽可能的按照自己的意愿完成，也不必考虑在实际工作中决策失误会带来工作绩效的下降或失败等问题。它是一种可反馈的、反复行为。受试者或受训者只要充分地扮演好角色就行，没必要为自己的行为担心，因为这只是角色扮演行为，其产生的影响可以控制在一定的范围内，不会造成不良影响，也没必要在意他人对你的看法。

(4) 角色扮演过程中，需要角色之间的配合、交流与沟通，因此可以增加角色之间的感情交流，培养人们的沟通、自我表达、相互认知等社会交往能力。尤其是同事之间一起接受培训进行角色扮演时，能够培养员工的集体荣誉和团队精神。

(5) 角色扮演培训为受训者提供了广泛地获取多种工作生活经验、锻炼力的机会。这一角色扮演法的优点是就培训而言的，因为在培训过程中，通过角色扮演，受训者可以相互学习对方的优点，可以模拟现实的工作生活，从而获得实际工作经验，明白本身能力的不足之处，通过培训，使各方面能力得到提高。能够比其他的形式更好的再现组织中的真实情况。

角色扮演法的缺点包括：

(1) 如果没有精湛的设计能力，在设计上可能会出现简单化、表面化和虚假人工化等现象。这无疑会造成对培训效果的直接影响，使受训者得不到真正的角色锻炼能力提高的机会。同样的，在设计测评受试者角色扮演场景时，由于设计不合理，设计的场景与测评的内容不符，就会使受试者摸不着头脑，更谈不上测出受试者的能力水平来。

(2) 有时受训者由于自身的特点不乐意接受角色扮演的培训形式，而又没有明确的拒绝，其结果是在培训中不能够充分地表现出他们自己。而另一种情况是受训者的参与意识不强，角色表现漫不经心。这些都会影响培训的效果。在测评的过程中，由于受试者参与意识不强，没有完全进入角色，就不能测出受试者的真实情况。

(3) 对某些人来说，在接受角色培训时，表现出刻板的模仿行为和模式化行为，而不是反映他们自身的特征。这样，他们的角色扮演就如同演戏一样，偏离了培训的基本内涵。在测评受试者角色扮演中，如果受试者也表现得行为模式化，测评就失去其意义。

(4) 由于角色扮演时，大多数情况有第三者存在，这些人或是同时接受培训的人，或是评价者，或是参观者，自然的交互影响会产生于受训者和参观者之间，这里的影响是很微妙的，但绝不容忽视。

(5) 有些角色扮演活动是以团队合作为宗旨的，在这种情况下可能会出现过度的突出个人的情况，这也是角色扮演中很难避免的，因为，一旦某个人表现太富于个性化，这就影响团队整体合作性。

(6) 对被评价者的观察和评价是比较困难的，需要对评价者进行系统的培训。

由上所述，角色扮演法既有自己的优点，又有不足之处，是一种难度很高的培训和测评方法。要想达到理想的培训和测评效果就必须进行严格的情景模拟设计，同时，保证角色扮演全过程的有效控制，以纠正随时可能产生的问题。

三、角色扮演的衍生

在角色扮演后，要求应聘者书写工作小节和对职位的理解。也可以分析其理解能力、综合分析能力、文字处理能力等。

四、角色扮演的运用

在招聘销售人员时，这个方法被广泛的推崇。具体往往是让对方看一类产品的说明书，让应聘者向主考官销售此类产品，而主考官需要进行不断的刁难。在服务性行业，如旅馆、餐厅、商场、交易大厅中的招聘也大量运用角色扮演，来观察各种服务技巧。角色扮演通常先向考生提供一定的背景情况和角色说明，要求考生以角色身份去完成一定的活动或任务。除了考查应试者的基本领导能力外，还能在短时间内考查专业知识、业务水平和有效处理各种实际问题的能力，据此观察应试者在不同角色中的表现，测评应试者的素质及潜能，判断其是否能适应或胜任工作。角色扮演一般可分为单人、双人及多人角色扮演。

1. 单人角色扮演

单人角色扮演重在考核考生的独立思考和判断处理问题的能力及应变能力。

导入语：请快速阅读关于你所扮演角色的描述，然后认真考虑你怎样去扮演那个角色。

模拟情境：有一个税务所，由于个别税务人员的"老大"作风，与镇政府不太协调，和纳税人也时有"顶牛"现象。如果派你去担任所长，你将怎样改变这种状况？

答题思路与分析：此角色模拟的是基层税务所长，着重考查其协调处理好与当地政府和纳税人关系的组织协调能力。作为一所之长，要解决好个别税务人员的"老大"作风，正确处理好与当地党委政府和纳税人的关系，营造和谐的税收征纳环境和工作环境，应从以下几个方面予以协调：

① 开展广泛深入的调查研究，查清个别税务人员"老大"作风和"顶牛"现象形成的原因，分清责任，然后对症下药。

② 若是由于个别税务人员因工作责任心、事业心强，敢于坚持真理、伸张正义、公正执法而引起的，应对其行为充分肯定，但要对其指出，学会工作中处理关系的艺术。

③ 若是由于个别税务人员因工作作风简单、粗暴、执法水平低等原因引起的，应找其面谈，指出错误所在，进行岗位调整交换或要求在原岗位限期改正，若限期满后仍未改正，根据其表现及所长的职权范围对其处理。需要由上级处理的，提出处理意见报上级主管机关处理。

④ 主动加强与当地政府及纳税人的协调、宣传和解释工作，求得理解和支持。

2. 双人角色扮演

双人角色扮演主要通过观察应试者模拟各自角色的活动来考核其沟通、互动、应变及协调能力。

导入语：请快速阅读关于你所扮演角色的描述，然后认真考虑你怎样去扮演那个角色。你将与另一人合作，因为你们两个角色的行为是相互影响的。进入角色前，不要和另一位应试者讨论即兴表演的事情。请运用想象力使表演持续 5 分钟。

模拟情境：角色一：某省税务局副局长；角色二：某省税务局局长。

在一次重要的接待活动中，角色一发现角色二的讲话与先前的讲话精神不仅不一致，而且在某一关键的地方还出了错误。角色一和角色二就此展开对话和交锋。

答题思路与分析：角色一和角色二模拟的对象分别是某省副局长和某省局长，着重考查的是角色一与角色二之间的沟通和协调能力。作为角色一的某省税务局副局长，对角色二的讲话与先前讲话精神不仅不一致、而且在某一关键的地方还出了错误这一情形，一定要妥善地处理，即使开展对话和交锋，都要始终认识到自己是副职，是正职的助手而不是对手，要讲究对话和交锋的艺术和技巧，既不要伤害角色二的自尊心，也不能有损角色二的威信，更不能与角色二对着干，激化矛盾。角色二对角色一所提出的意见，一定不能置若罔闻，一意孤行，要善于学会倾听副职的意见，尊重副职的建议，仔细思考。确有错误或不妥之处，应充分显示出"一把手"知错就改的领导风度，适时纠正错误或不妥的说法。如自己觉得没有错，可向角色一加强解释和沟通，求得角色一的理解，达成共识。

3. 多人角色扮演

多人角色扮演是角色演练模拟中一种较为复杂的类型。通常设计三人或三人以上的角色分工，通过各自角色的扮演模拟来考核应试者的团队精神、组织协调、总结归纳能力、沟通和说服能力。

导入语：请快速阅读关于你所扮演角色的描述，然后认真考虑你怎样去扮演相应的角色。你将与其他两个人合作，因为你们三个角色的行为是相互影响的。进入角色前，不要和其他两个应试者讨论即兴表演的事情。请运用想象力，使表演持续 5 分钟。

模拟情境：

角色一：宣传工作者张某。你是某省局负责宣传工作的一位同志，口齿伶俐，下笔成文，在总局及省市级刊物上发表文章多篇，形成较大影响，但恃才傲物，眼睛向上不向下，群众基础较差。在今年局内组织的民意测评和其他评比中，你的得票率都远远低于同样出色的稽查人员李某。你怀疑稽查人员李某从中作梗，便在一次偶然事件中，借题发挥，无中生有，同稽查人员李某发生了一次冲突。

角色二：稽查人员李某。你是某省局负责稽查工作的一名同志，曾数次参与调查一些大中型企业偷逃税案件，取得不菲成绩，但性格谦和、沉稳持重。在今年局内组织的民意测评和其他评比中，你的得票率一直大大高于宣传工作者张某。为此，张某很不满意。在一次小事中，张某借题发挥，甚至无中生有，同你发生了一次冲突。

角色三：某省局局长。你是一位爱才惜才的好领导。宣传工作者张某和稽查人员李某各有所长，都是你的手下爱将。这天，张某和李某发生冲突，你碰巧遇上。

答题思路与分析：

角色一：一是主动停止冲突，避免事态的进一步扩大；二是主动向局长阐明发生冲突的原因，求得局长的理解和支持；三是主动向局长明确表态今后和角色二再不发生冲突。

角色二：一是停止冲突，避免事态的进一步扩大；二是根据角色一所陈述发生冲突的原因，向局长说明自己是被动的，但毕竟自己也参与了冲突，是不对的，希望局长予以理解和支持；三是向角色一表示歉意，希望能与角色一和谐相处，共同干好工作；四是向局长明确表态，相信自己能与角色一处理好关系，不再发生冲突。

角色三：一是主动制止角色一和角色二发生的冲突，及时平息事态；二是认真要求角色一和角色二说明发生冲突的原因；三是根据角色一和角色二的争辩，分清责任，分别予以程度不同的批评教育；四是明确要求角色一和角色二一定要和谐相处，相互学习，相互尊重，相互支持，充分发挥各自的优势和才能，扎扎实实地工作。

第五节　其他方法

评价中心是一种十分综合的测评技术，包括多种活动，除了常见的文件筐测试、无领导小组讨论、角色扮演外，还有其他的一些方法，包括管理游戏、即席演讲、案例分析、搜寻事实、模拟面谈等。Gaugler(1990)等根据运用情景的复杂程度，研究发现了评价中心各种方法的使用频率，如表8-10所示。

表8-10　各种评价中心方法使用频率

复杂程度	情景模拟形式	实际运用频率
复杂　↓　简单	管理游戏	25%
	文件筐测试	81%
	角色扮演	没有调查
	有领导小组讨论	44%
	无领导小组讨论	59%
	即席演讲	46%
	案例分析	73%
	搜寻事实	38%
	模拟面谈	47%

资料来源：童天. 评价中心技术的运用. 中国劳动, 2005(8)：62-63

评价中心的各种技术各有特点，对不同的测评项目和测评指标应使用不同的技术，不可千篇一律地加以套用。为了正确使用这些除常见的文件筐测试、无领导小组讨论、角色扮演等以外的其他技术，必须了解它们的基本功能及其特点。

一、管理游戏

1. 定义

管理游戏又称商业游戏，也是评价中心的技术之一，管理游戏是一种以完成某项"实际工作任务"为基础的标准化模拟活动，通过活动观察和测评被试的实际管理能力。因为模拟的活动大多要求被试通过游戏的形式进行，并侧重评价被试的管理潜质，管理游戏因此得名。

2. 分类

从管理游戏的目的来划分，管理游戏可分为以培训为目的的管理游戏和以测评为目的的管理游戏。以培训为目的的管理游戏具有多样性和互动性，在增添了学习乐趣的同时，提高了培训的效率。而以测评为目的的管理游戏参与性强，使测评者们能在轻松的环境下充分地表现自己，在活跃的气氛中达到测评的目的。

从管理游戏的测评要素上来划分，管理游戏可以分为以下几种：

(1) 测评应变能力的管理游戏：主要包括被试者在面对迅速变化的外界环境时作出判断的能力及其决断能力。

(2) 测评逻辑思维能力的管理游戏：主要包括被试者正确、合理思考的能力。即对事物进行观察、比较、分析、综合、抽象、概括、判断、推理的能力，采用科学的逻辑方法，准确而有条理地表达自己思维过程的能力以及思维的严密性及其连贯性。

(3) 测评协作沟通能力的管理游戏：主要包括被试者的语言表达能力、换位思考能力、团队合作能力以及冲突管理能力等。

(4) 测评创造性思维能力的管理游戏：主要包括被试者的横向思维能力、纵向思维能力、联想力以及开放性思维能力等。

(5) 测评动手能力和表现力的管理游戏：主要包括被试者的身体协调能力、实际操作能力以及自我表现能力。

(6) 测评解决问题能力的管理游戏：主要是指被试者在面临棘手问题、两难选择或者巨大压力等情况下作出正确决策的能力。

(7) 其他类。

3. 做法

在管理游戏测评中，受测被试置身于一个模拟的工作情景中，面临着一些管理中常常遇到的各种现实问题，要求想方设法加以解决。在管理游戏中，小组成员各被分配一定的任务，必须合作才能较好地解决它。有时，评价者还会引入一些竞争因素，以进一步分出优劣，如两三个小组同时进行销售和市场占领。有些管理游戏还包括劳动力组织与划分、动态环境的相互作用以及更为复杂的决策过程。管理游戏通过应聘者在完成任务过程中的行为表现来评价应聘者的素质，有时还会伴以小组讨论。

4. 适用范围

同文件筐测试类似，管理游戏中涉及的管理活动范围也相当广泛，可以是市场营销管理、财务管理，也可以是人事管理、生产管理等。主要用于考察被试的战略规划能力、团队协作能力和领导能力等。在测评过程中，主试常常会以各种角色身份参与游戏，给被试施加工作压力和难度，使矛盾激化、冲突加剧，目的是全面评价被试的应变能力、人际交往能力等素质特征。

5. 优点

管理游戏的优点有：

(1) 有浓厚的趣味性，由于它比一般的情景模拟看上去更为真实，更接近组织中"真实的生活"，富有竞争性，任务也更具有挑战性和趣味性，且它能帮助有经验的管理者学习技巧，也能使应聘者感到开心和兴奋，充分展示其管理能力，并使参与者马上获得客观的反馈信息，从而使测评结果更加真实有效；

(2) 它能够突破实际工作情景的时间和空间，将多种重要的工作集中融合到一起进行能力考察和素质测评，使测评应聘者的实际管理能力变得简便易行。许多行为在实际工作中也许要几个月甚至几年才会发生一次，在这里几小时就可以发生；

(3) 可以考察应聘者在管理游戏中与其他应聘者之间的互动交往，具有认知社会关系的功能；

(4) 效率较高，灵活性强。通常是多名被测评者参加一项管理游戏，测评者可同时观察到每名被测评者的表现，使得测评工作更有效率。而且管理游戏可根据不同的工作特性和待测素质设计题目来测试中、高层管理者的相关素质和能力。

6. 缺点

管理游戏的缺点有：

(1) 耗费大量时间。要组织好一次管理游戏，通常需要花费很长的时间做好前期准备和实际实施，这就提高了此种测评方法的时间成本，因此企业在选择使用此法时应当谨慎；

(2) 压抑了被测评者的开创性。富有开创精神的应聘者往往会因为处于应聘者地位而被压抑，因此富有开创性的被测评者在测评实施的过程中遭受经济上的惩罚或亏本；

(3) 操作不便，难于观察。在管理游戏中，应聘者因为完成任务需要来回走动，处于活动状态时，如从这个房间到那个房间或在某个房间里不停变换位置时，他们的行为常常难以观察，这就使得测评者的观察难于进行。假若测评者需要观察几个被测评者的行为，问题就更复杂了。因为很可能某个被测评者在房间的一边，而另一名被测评者却在房间的另一边；

(4) 当管理游戏用于培训目的时，被测评者专心战胜对方从而忽略对所应掌握的一些管理原理的学习，也可能会由于情境过于复杂，没有人能表现得很好，造成测评对象很难学到东西。

据调查，管理游戏只在 25% 的评价中心中使用，可能是因为它的复杂性太大，导致施测起来很困难。

7. 操作步骤

1) 实施流程图

实施流程图如图 8-5 所示。

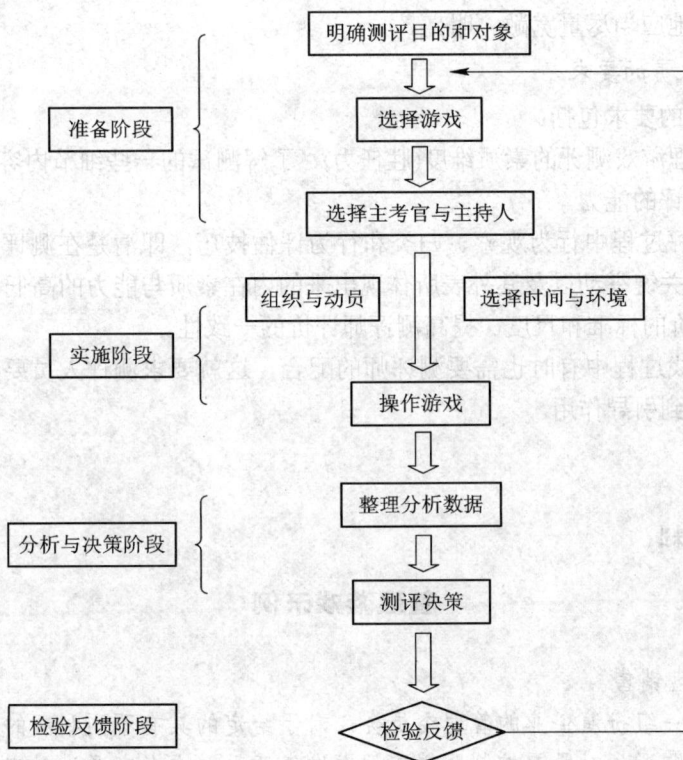

图 8-5　管理游戏的实施流程

(1) 准备阶段。在这个过程中，首先确定评价的目的和对象，即本次评价主要是测试被试者哪一个方面的能力。根据目的和对象选择适用的游戏类型，准备游戏中使用的道具、分组情况等。同时确定主考官及主持人。

(2) 实施阶段。在这个过程中，主考官或主持人宣布游戏中的规则、运用的方法、游戏的道具、参加人员以及人员的分组情况，同时还要保证每个参与者都明白。然后各个小组的成员有一段讨论时间，直到主考官或主持人宣布游戏开始。各个小组开始游戏。主考官根据该游戏的测试目标观察每个被试者的表现以及反应，做好相应的记录以及打分。为最终的选择提供依据。

(3) 分析与决策阶段。主考官根据各个被试者在游戏中的表现的记录在测评表中给出相应的分数。综合收集到的充分的数据后进行整理分析，并且作出评定，或者选出理想的员工或得出潜在素质的结论等。

(4) 检验反馈阶段。各被试者根据自己在游戏中的表现作出自我评价。主考官根据每个被试者的表现，结合本游戏考察的目标在客观的环境下，有效地观察被试者的领导特征、能力特征、智慧特征和关系特征等，并作出相应的点评。

2) 对测评环境的理解

对测评环境的要求包括：

(1) 游戏过程中所需要的各种道具要事先准备好。

(2) 测评场地应按照每个游戏的特定环境要求进行布置。

(3) 测评场地应当尽量宽敞、明亮。

3) 对测评人员的要求

对测评人员的要求包括：

(1) 熟悉管理游戏测评的素质维度(胜任力)，了解测试的一些细节内容，即了解每一个管理游戏所要测评的能力。

(2) 清楚测评过程中行为观察、归类和行为评估技巧，即清楚在测评过程中应该注意观察的被试者的关键举动以及其外表所体现出来的内在素质与能力的高低。

(3) 统一评价的标准和尺度，提高测评师评价的一致性。

(4) 管理游戏过程中有时也需要测评师的配合，这就要求测评人员要熟悉整个游戏的流程并在其中起到引导作用。

阅读资料

管理游戏示例

资料 1：键盘销售

六个应聘者一组扮演企业的管理委员会，对于给定的具有不同利润的键盘，每个小组成员均要投资、购买，对股票控制及销售问题发表意见。主考官通过对应试者行为表现的观察，关注小组成员的组织能力、思维的敏捷性、分析问题的能力以及在压力条件下的工作情况等。

资料 2：小溪任务

给一组应聘者轮滑、铁管、木板、绳索，要求他们把一根粗大的原木和一块较大的岩石移到小溪的另一边。这个任务只有通过小组成员的努力协作才能够完成。评价者可以在客观的环境下有效的观察应聘者的领导能力、分析思维能力、沟通交流能力、协作能力等。

资料 3：墙壁练习

要求被评价者共同协作，把各种物品和自己一起越过两堵墙。其中还包括看地图测验、无领导小组讨论和情景预计等。测评者在一旁紧张地询问、叫喊，以增加被测评者的压力。

作为被测评者，在管理游戏时，既不要太紧张，也不要太随意，冷静思考，沉着应对，全身心投入，恰到好处地展现自己多方面的才能。

资料 4：建筑练习

这是一项个人练习，包括一名被测评者和两个测评中心的辅助人员。这项练习要求被测评者使用木材建造一个很大的木头结构的建筑。在练习中，有两个"农场工人"甲和乙，帮助被测评者一起来建造。这两个工人甲和乙是测评中心的人员，就像许多社会心理实验中的被试者一样，他们按照预定的目的和安排行事。甲表现出被动和懒惰的特征，如果没有明确的指定命令，他就什么事也不干。乙则表现出好斗和鲁莽的特征，采用不现实的和不正确的建造方法。甲和乙以各种方式干扰、批评被试者的想法和建造方案。该练习的目的是考察个人的领导能力，更重要的是研究被测评者的情绪稳定状况。来自实践的一些研究报告表明，几乎没有一个被测评者能圆满地完成建筑任务。其中许多人变得易痛苦和心烦意乱；有些人宁愿自己单独工作也不愿使用助手；有些人则放弃了这个练习；还有一些人在这种环境下则想尽办法努力工作，把任务完成得更好。

资料 5：正方形绳子

随机安排五位面试者，分别蒙住他们的双眼。使他们在 15 分钟内共同将三条绳子先首尾相接成圆形，再各自拉住圆形的一点将绳子最终变为正方形。

考官意图这是一类时下比较流行的团队协作型的任务类游戏。在整个游戏的过程中，考官随机抽调面试者形成临时小组，并且不会在事先进行任何角色分配。在游戏进行的过程中，随着面试者自然形成的团队分工以及由此显示出的行为方式，可以帮助考官发掘出三类有价值的职业信息：首先是具备科学合理的决策、清晰的思路以及有效说服力的"领导者"；其次是能够很好化解意见分歧，促进任务圆满完成的"协调者"；最后是及时根据任务进展，挑选出合理化建议并不折不扣遵从的"执行者"。而那些蛮横固执、知错不改的发号施令者，以及毫无主见、盲目执行的机械随从，都将被直接淘汰。

应试秘籍：在参与游戏时，千万不要为了突出自己或者急于表明自己的管理天分而拼命出头争当"领导者"，更不要为了捍卫自己并不高明的决策而与同伴争得面红耳赤。

在这类游戏中，"识时务"的角色其实最讨考官的欢心。比如你一开始也是一个制定决策的"领导者"，但是当其他同伴提出比你更加明智科学的方案后，你可以随即转变为一个有效的"协调者"或者尽心的"执行者"。再比如你虽然并没有参与决策的争论与制定，但是当面临多个不同方案时，你可以很快判断出最可行的一个并且进行协调与执行。

资料 6：看情景考察

分拣跳棋子：有的外企在招聘员工时，为测试应聘者的手脚灵活程度，给每个应聘者放一堆跳棋子，要求其在 1 分钟内挑出混杂在一起的多种跳棋子，并按各色分别排列好，如在规定的时间内没有按要求完成，即被淘汰。

看图说话：外企招聘员工，需测试应聘者的反应能力，有的外企在转动的机器上装上彩色图画，画面上有动物、植物、建筑物、交通工具、家用电器，有山、有水等，在应聘者面前按一定的速度移过，要求应聘者在规定的时间内说出自己所看到的内容。

顶着烈日长跑：考察应聘者意志、吃苦耐劳精神，常是外企招聘面试要出的题。有一家外企从应届技校毕业生中招一批员工，面试时，要求应聘者顶着烈日，跑到近郊的一座山再返回。测试结果，有的应聘者投机取巧，未跑到目的地就返回；有的应聘者虽跑到目的地，但在返回途中搭乘出租车；也有的应聘者按规定跑到目的地后再跑回。外企公布录取名单时，前两种人榜上无名，后一种人被录用为员工。

雨中打伞：一家外企招聘员工时，要求应聘者冒雨到附近指定地点然后返回，但只有一半的应聘者发到伞。应聘者在这场面试中出现这样的情况：有的发到伞的应聘者主动与无伞的应聘者搭档，风雨同伞；有的无伞的应聘者则与有伞的应聘者协商合用一把伞；还有的有伞的应聘者只顾自己不顾别人，独自撑一把伞。结果，独自撑一把伞者被淘汰，而风雨同伞者被录用。

二、即席演讲

1. 定义

演讲作为评价中心的一种技术，主要是要求被评价者根据给定的材料组织自己的观点，并向主试阐述自己的观点和理由，由此来测评被评价者的分析推理能力、语言表达能力、逻辑思维等能力，并可以考察被评价者的仪表举止等。有时，演讲完后，主试还会向被评价者提出一些问题，以进一步了解被试的相应能力。很显然，演讲是一种需要口语表述的模拟活动。

2. 分类

演讲法可以分为即席演讲和有准备的演讲，也可以分为竞选演讲、辩论式演讲和陈述观点演讲。

其中即席演讲和有准备的演讲，两者的主要区别在于给被测评者准备演讲的时间不同。即席演讲要求被测评者看到演讲主题后略做准备，五到十分钟后即上台演讲；而有准备的演讲可以给被测评者一个充分的时间进行准备，通常不超过两小时。两者都规定了明确的演讲时间，大约 10 分钟，另外，还可以保留 5 分钟左右时间让在座的 6 到 8 位测评者对其演讲内容进行提问，由被测评者作答。

即席演讲属于临场发挥型，留给被测评者准备时间比较短，这样就往往能够更多的观察被测评者的潜在能力和素质；而有准备的演讲通常为被测评者提供充分的时间来调动自己的知识和经验进行思考和组织，这样能较为全面地考察被测评者现有的知识结构和能力素质。

3. 做法

在这个活动中应聘者拿到了一些凌乱、无组织的材料，他们需要根据材料来把握其中的主要问题。尽力地去了解问题进展到了什么程度。经过一段时间的准备后，他们向评价者陈述自己的想法。有准备的演讲的，准备时间通常为 30 分钟。等应聘者表达尽可能多的信息，明确提出材料中存在的问题及其解决方法之后，评价者有针对性的提一些问题，以进一步了解应聘者的看法和观点。

设计一个演讲相对容易，因为事实上可以要求被试就任何观点发表评论。以前评价中心还会提供给被试一些工具，如记号笔、幻灯片及投影仪等，评价者能够借此观察应聘者如何通过使用这些工具提升其沟通的效果。

4. 适用范围

演讲着重考察应聘者的思维敏捷性、系统性、条理性、创造性、说服能力、自信心以及压力下的坚定性等。因而特别适用于外向型职业，如选拔领导和销售、市场、培训类的工作人才。演讲一般不单独使用，而是与其他方法配合使用，如公文筐测验等，以全面考察应聘者。

5．衍生

将题目与专业挂钩，从而考察被试者的专业素养及能力。

阅读资料

即席演讲示例

指导语：你好。现在请你就给定的主题进行演讲，演讲时间为 2~3 分钟。在演讲开始前，你有 3 分钟的准备时间，内容包括：① 我最钦佩的人；② 我眼中的环保产业；③ 未来三年汽车产业的发展趋势。

三、案例分析

1．定义

案例分析是一种书面测量方法，实施案例分析时，通常让应聘者阅读一些组织中有关问题的材料，然后要求他就如何更好地进行管理提出一系列建议，汇报给更高级的管理人员。

2．做法

一般情况下，主考官会要求应聘者设想自己已经被选拔到或提升到某个职位，然后从那个角度去思考问题、提出建议。

案例分析通常是主试提供给被评价者一些实际工作中常常碰到的问题的书面材料，让被评价者阅读这些内容，并要求他们解决案例中的问题，提供书面的报告或者在小组讨论中发言。主试根据被评价者在这一过程中所表现出的分析问题、解决问题、表达观点、传递信息等各方面的能力给予相应的评价。

3．适用范围

案例分析着重考察应聘者的综合分析能力和判断决策能力，案例分析测试在设计与操作上相对简便易行，既可以考察一些一般性的技能，如数字分析能力、材料组织能力、文字表达能力，也可以考察一些综合性能力，如决策能力、问题解决能力等。

4．优点

它的优势在于非常灵活，简便易行，不但可以考察一般能力，如组织一个生产活动，而且可以用于测评应聘者某一方面的特殊技能，如可以计算投资收益，可以评价应聘者多方面甚至全方面的才能。

5．缺点

使用书面案例分析的困难在于如何设计一套客观的评分标准。

阅读资料

案例分析示例

案例1：谁先说谁先"死"

背景：王董事长和李总经理是从小一起长大的朋友，这种难得的友谊，促使他们在大学毕业后，共同创业，不分彼此，也不拘名分。他们不分大小，谁也不想去管谁，谁也不想替对方做决定。

近来，情况稍微有些变化，为了某些事情，双方的意见很难一致。以往遇到类似的事情，两人都会坦诚的表示自己的意见，就算大吵大叫，也不至于伤害感情，现在却不是这样，见面时打招呼，却很少面对面谈问题。大多数事宜，都通过秘书来联系解决。

朱秘书夹在中间实在相当为难，遇到问题请示王董事长，答案无外乎是："你应该去问总经理"。转过来请教李总经理，却又听到"你先去问问董事长"的指示。谁都不愿意先说，弄的朱秘书转来转去，很难得到具体答案。实在没有办法的时候，朱秘书只好含含糊糊的编造一套对方的说辞，结果竟然是"怎么可以这样？"因而说出刚好与对方相反的观点。朱秘书转来转去，费了好大的劲儿才能解决一个问题，觉得苦恼万分，但却很难突破。

问题：

(1) 朱秘书的沟通，面临的主要问题是什么？

(2) 你如果是秘书，如何解决？

案例2：

袁之隆先生是南机公司的总裁。这是一家生产和销售农业机械的企业。1998年产品销售额为5000万元，1999年达到6400万元，2000年预计销售可达8700万元。每当坐在办公桌前翻看那些数字、报表时袁先生都会感到踌躇满志。

这天下午又是业务会议时间，袁先生召集了公司在各地的经销负责人，分析目前和今后的销售形势。在会议上，有些经销处负责人指出农业机械产品虽有市场潜力，但消费者的需求趋向有所改变，公司应针对新的需求，增加新的产品种类，来适应这些消费者的新需求。

身为机械工程师的袁先生，对新产品的研制、开发工作非常内行。因此，他听完了各个经销负责人的意见之后，心里便很快地算了一下新产品的开发首先要增加研究与开发投资，然后需要花钱改造公司现有的自动化生产线，这两项工作耗时3到6个月。增加生产品种，同时意味着必须储备更多的备用零件并根据需要对工人进行新技术的培训，投资又进一步增加。

袁先生认为，从事经销工作的人总是喜欢以自己的业务方便来考虑，不断提出各种新产品的要求，却全然不顾品种更新必须投入成本的情况，就像以往都会一样。而事实上，公司目前的这几种产品经营效果还很不错。结果，他决定仍不考虑新品种的建议，目前的策略仍是改进现有品种，以进一步降低成本和销售价格，他相信降低产品的成本，提高产品质量并开出具吸引力的价格，将是提高公司产品竞争力的最有效法宝，因为顾客们实际考虑的，还是产品的价值，尽管他已做出了决策，他还是愿意听一听顾问专家的意见。

问题：

(1) 你认为该企业的外部环境中有哪些机会与威胁？

(2) 如果你是顾问专家，你如何评价袁先生的决策？

四、搜寻事实

1. 定义

搜寻事实又称事实判断，在搜寻事实这一形式中，应聘者被提供一些与某一问题相关的信息，这些信息的量很少或信息内容较为模糊，要求应聘者从相关人员那里获得其他信息，然后在一定的时间限定内做出决策。最后，应聘者做一个简短的汇报，由信息被收集人做一个评价。

2. 应用

搜寻事实非常适合测评从那些不愿意或不能够提供全部信息的人那里获得信息，并最后把握事实的能力。评价者通过搜寻事实的过程，可以考察应聘者的智力(包括思维的清晰、敏锐度，思维的条理性和抽象能力)，实际判断能力(修正结论的能力、企业的一般常识等)，获得信息的能力，理解、分析、判断问题的能力，社会知觉，决策能力，承受压力的能力等。搜寻事实要求评价者事先准备好充足的信息源。

阅读资料

搜寻事实示例

我头脑中有一个中国古代将领的名字，请你用十个问题将他猜出来。要求你提问之后，我只能回答"是"或"否"。下面我们开始。

问题：

他是唐朝(不包括唐朝)以前的吗？	回答：是
他是三国(不包括三国)以前的吗？	回答：否
他是晋朝(不包括晋朝)以前的吗？	回答：是
他是三国时期的吗？	回答：是
他是蜀国的吗？	回答：是
他是"五虎上将"之一吗？	回答：是
他是桃园三结义的吗？	回答：否
他的兵器是枪吗？	回答：是
他是赵云吗？	回答：正确！

五、模拟面谈

1. 定义

模拟面谈，是一种特殊的情景模拟。在这种模拟当中，需要角色扮演者的参与，应聘者扮演他应聘岗位的工作人员，角色扮演者扮演应聘者的下属、客户或者任何与他工作有关系的人，甚至是采访他的电台记者。操作时，应聘者和一位角色扮演者进行一对一的对话，根据具体情境的要求，角色扮演者可向应聘者提出问题、建议，或反驳他的意见，拒绝他的要求等。应聘者在评价者的观察下尝试解决问题，模拟面谈旨在激发应聘者表现出机智、社会技能及意志力。更具体的来说，通过应聘者在模拟面谈中的行为表现，可以评价他们的说服能力、表达能力、处理人际冲突的能力等。

模拟面谈时间一般不长，只需15~30分钟，准备时间8~10分钟，因此几个不同内容的面谈模拟可以联合进行。

2. 优点

这种技术的优势在于：

① 直接，任何书面测试、电脑测试都无法像面对面的会谈那样直截了当，应聘者的任何细微动作和本能反应都会被有经验的评价者捕捉到；

② 耗时少，需要15到30分钟准备，8到10分钟进行面谈；

③ 模拟面谈尤其适合于培训缺乏经验的督导员，因为他提供了有控制的情境，人们可以从中学习基本的沟通和问题解决技巧。模拟面试的一个缺点是与角色扮演类似，它需要一个角色扮演者，这样无疑增加了人员配备上的要求。

综上所述，我们很难说某一种技术比其他技术"更好"或"更差"。答案取决于招聘岗位的类型和特点、评价中心的目的及评价过程所能利用的资源。不同的组织在运用评价中心时需要进行适当的选择。例如，在实际工作中，一个一线主管可能花费较多的时间和下属一对一地讨论解决工作中的问题，却很少和其他主管进行非结构化的团体会议，所以采取模拟面谈会比无领导小组讨论更合适。文件筐、无领导小组讨论和管理游戏需要对评价者进行额外的训练，而且需要较长时间来准备、观察和评判。如果选择这些技术，企业必须具备充足的人力、物力、财力和时间，否则最好还是选择简单一些的技术。当然，企业也可以发展一些自己独有的模拟活动，如特定工作情景的角色扮演等。

思考题

(1) 什么是评价中心技术？其优缺点分别是什么？

(2) 简述评价中心操作和实施的程序。

(3) 简要阐述无领导小组讨论的特点。

(4) 简要分析文件筐测验的主要内容及实施过程。

(5) 简要阐述角色扮演的主要内容及优缺点。

(6) 除了公文筐和无领导小组讨论，请说出其他三种常用的评价中心测评技术及其主要内容，并加以评价。明确了解每种方法的适用范围。

案例讨论

◆ 案例1：

从"单挑"(一对一面试)发展到"论战"(无领导小组讨论)，从面对面的面试发展到

"电面"(电话面试)、"E面"(网络视频面试)……不知从何时起，这些最初只在西方企业中盛行的招聘方法开始无处不在。

密歇根大学商学院人力资源培训部主任魏尼·布洛邦克教授说，以"论战"为代表的新的招聘方式，其实是伴随着跨国企业，尤其是世界500强企业在国内的业务拓展而流行起来的。

但是现在，绝大多数国内企业，不管是大中型国有企业，还是资产不过百万元的小型民营企业，都竞相在招聘流程中引入这些元素。上海某大学的杨某日前应聘一家小型物流企业，让他大为惊讶的是，这家公司竟然也"论战"。在他的印象里"论战"一般是只有投资银行JP摩根这样的全球500强才"玩"的游戏。

招聘手法模仿"跨国公司"，用人单位自有理由。国内某投资银行人事总监屈某对于"论战"的理解，代表了金融企业的普遍看法。"一组人围绕一个指定的任务进行讨论，每个参与者的知识储备、思维水平和表达能力尽显无疑。"他承认，这样或许会错过一些语言表达上有欠缺的优秀人才。

但是，也有人认为，国内企业在招聘流程中过多地引入西方手法，只是在赶潮流而已。杭州某猎头公司的老总说，当地一家规模甚小的民营IT企业，2008年下半年在北京、上海等地数十所高校举行招聘，搜罗简历无数，从"电面"到"论战"到"单挑"玩了个遍，最后仅仅录用了10名大学生，还都是杭州本地的。

某人力资源专家指出，在招聘模式上赶潮流常常会画虎不成反类犬。流行与欧美企业的在线性格测试，现在被不少国内企业借用，上海某国有银行让应聘者在提交简历前先在网络在线做一套性格测试题。"和瑞士保险公司的测试相比，这套题太容易。"两套题都做过的上海某同学说："同样是性格测试，该银行的题考察意图太直白，我可以根据出题者的意图来做选择，伪装自己的性格，瑞士保险公司那套则一点办法都没有。"

魏尼·布洛邦克教师则认为，招聘方式多样化，一定程度上说明用人单位想使招聘过程具有更强的针对性。只要能选出自己需要的人才，每种方式都无可厚非。但过多的花样，追求表演性的效果，也可能与真正的人才失之交臂。

思考题：面对多样的招聘模式，我国企业应该如何选择？

◆ **案例2：**美国电话电报公司的一个评价中心的实施步骤

第一个运用评价中心技术的美国电话电报公司现在已经是拥有60个评价中心技术的机构，下面描述一下它其中一个评价中心的实施的步骤。

1. 确定样组(包括评价人员与被评价者)

6名被评价人员通过评价决定他们能否提升为高级管理人员，其中四名是工商管理硕士，另两名不是大学生，他们是作为非管理人员雇佣来的，但是已经从事了四年以上的基层管理工作和中层管理工作。

三名评价人员都不是被评价人的上级，其中两名是受过心理训练的贝尔人事管理的高级管理人员，一名是工业临床心理学专家。

2. 确定成功管理者的特征

评价人员选择与被评价人员今后工作环境有关的情景，根据已有的文献资料和贝尔人事管理系统确定一系列成功管理者的特征，这些特征在以后的一个阶段内是不会改变的。

这三位评价人员确定了 25 个成功管理的特征,包括管理功能(如组织、计划、决策)、人际关系(如人际交往、个人印象、敏感性)、一般能力(如智力、适应能力、感情控制能力)、价值观和态度(如工作中心、社交中心、主动积极、独立性)等。

3. 确定采用的评价中心技术

根据已经确定的 25 个管理特征,评价人员选用了多个评价技术。首先是有长达两个小时的谈话,内容包括个人背景(年龄、婚姻状况、子女受教育程度、工作经验、特殊成就等)、个人目标、社会价值观和兴趣等。此外还有文件筐测验、无领导小组讨论、罗列句子完成测验、主题统觉测验,自我描述测验,爱德华兹爱好量表、观点问卷,生活态度和个人史调查。

另外,为了考察被评价人员的用人能力与说服力,可以给他们五个中层管理人员的材料,要求他们讨论提拔其中的一位管理人员。谈话及心理测验主要是由工业临床心理学家实施的,其内容与其他的心理测量和谈话法没有什么差异。

4. 评价过程

评价花费两天的时间,评价人员要仔细观察记录与被评价人员的谈话、心理测试和模拟练习的结果,每位评价人员分别负责记录两位被评价人员的结果,尤其是记录被评价人员说的或做的特殊事情。在评价过程中要注意,每个评价人员不是仅仅负责某两位被评价人员,而是要观察每个被评价人员。

在评价进行过程中,评价人员不要对被评价人员做过多的解释性说明,而是要按标准和程序进行。每项测验完毕后,评价人员要立即按 25 个成功管理特征,独立地评价等级(共分 5 等)并评论被评价者解决问题的水平。

这五个等级是:5 = 显著地高于成功管理行为特征的标准;4 = 有些高于成功管理行为的定性和定量标准;3 = 符合成功管理行为的定性定量标准;2 = 有些低于成功管理行为的定性定量标准;1 = 显著低于成功管理行为特征的标准。

然后,评价人员逐一讨论每位被评价人员的所有测量结果,直到确定一个大家都统一的等级为止。每位评价人员首先宣读他对被评价人员的观察记录,另两位则根据此结果,确定某位被评价人员的等级。若此时有听不明白之处可以提问,但绝不允许讨论。之后,才开始讨论三位评价人员所作的评价等级。在这一讨论过程中,三位评价人员可以改变他最初的评价等级,直到取得一致同意的等级为止。最后,可以根据评价的目的,做一些额外的讨论,如决策能力、组织能力如何等,并可以指出进一步发展的建议和方法,这些具体意见在评价结束后可以告诉被评价人员。

每位评价人员宣读的结果内容包括:被评价人员在某测验练习中的地位及作用,观察到的与 25 个成功的管理特征有关的行为及初步的等级。宣读的程序是:谈话的结果、无领导小组讨论的结果、心理测量表的结果、公文筐测验的结果。

最后,评价人员形成了一个最终的全面评价等级,并写出一些进一步发展的建议,以书面形式交给贝尔电话公司的人事管理部门。评价的结果表现为建议人事管理部门应该录用哪一位被评价人员。对于暂时未被录用的被评价人员,评价人员则需做出大约再过几年就可以同样被录用的预测,供人事管理人员参考,便于有针对性地训练和培养。对难以确定的被评价人员,就暂缓作出预测,以对被评价人员负责。

资料来源:程昌连. 全国公开选拔党政领导干部考试:面试. 3 版. 北京:中国人事出版社 2001

评价中心游戏

"超人三项"

游戏是计时型的单人挑战类模式。在面试者面前的桌上放着三样东西，一份6000字的项目报告，一条细线和30粒珠子，以及一盒袖珍型的拼图积木。要求面试者在15分钟的时间内完成所有事情：阅读报告并写出500字的评述；将所有的珠子穿在细线上；按照图示完成拼图积木的摆放。

考官意图这属于比较复杂的一类面试游戏，时间短、任务多、难度高。不同的人在面对这类游戏时，通常会作出截然不同的行为反应。但无论你多么拼命，可能还是逃不出考官的精心"设计"。其实，这个游戏题目是一个"不可能完成"的任务，也就是说，除非你是超人否则绝不可能在规定的时间内做完三件事中的任何一件。因此，游戏并非是考察"办事效率"一类的敏捷测试，而是制造出空前棘手的问题借以考核面试者的评估能力与处事方式。

应试秘籍如果你能够在接到任务后保持清醒的时间判断能力，就不难分析出这些事情如果在15分钟内同时完成会极端困难，因此人们往往选择各自认为最容易的事情着手。但非常不可取的方法是不管三七二十一就开始折腾，然后没过几分钟遇到阻力或者发现效率不高，就转头换做另一件事，然后维持不了多久又再次更换目标，这只能使你在考官心中变成一个没有头脑的白痴。比较明智的做法是首先进行时间评估，如果发现难以完成全部任务就应当以"尽可能多地做完"为目标，尽量选择诸如"手脑并用"之类可以同时完成两件事情的方法。你可以先阅读项目报告，然后一边穿珠子一边打腹稿，待珠子穿到腹稿成熟，就提笔写作。那么即使你在中途被终止游戏，也已经很清楚地向考官表明了两条重要信息：一是我有良好的辨别能力与高效的处事决策，二是我实际上已经"完成"了500字的评述，只是时间不够我将它们转化为文字。如此的镇定与智慧，一定能赢得优异的高分。

评价中心游戏

"鲁滨逊漂流"

毕马威在新人培训时做过"鲁滨逊漂流"的游戏。假设你是在海上漂流的鲁滨逊，手里有这几样东西：火柴、塑料布、镜子、食物、水和指南针。"现在你带不动那么多了，你最先扔哪样？最后保留哪样？"标准答案：镜子对你最重要。按他们的理论，鲁滨逊有再多的食物也撑不到漂到陆地的那一天，保险的办法是利用镜子的反光向过往船只求救。据说，你个人得出的顺序会和标准答案差别很大，而经过小组讨论，结果可能会稍好一些。虽然是培训时玩的游戏，但去年已有一家IT公司"抄袭"了这个考题，只是把"海上漂流"改成了"荒岛余生"。

第九章　人员录用与评估

本章要点 ✍

(1) 了解人员录用的含义、原则和影响因素；

(2) 掌握录用决策的要素、程序、误区以及问题处理；

(3) 掌握人员录用的一般程序以及员工培训的流程和内容；

(4) 掌握人员招聘选拔的评估内容和方法。

本章导读 📑

录用条件，你真弄明白了吗？

某公司打出招聘广告，其中外贸业务员一职的应聘条件为：大学本科毕业，英语六级，女性，28岁以上，有三年以上工作经验，无刑事犯罪记录。发布消息后不久，相继有许多应聘者前来应聘，其中包括原在一家小企业工作的谢某。经过该公司人力资源部招聘人员的审查考核后，谢某顺利通过了公司设定的笔试和面试。谢某入职后双方签订了为期三年的劳动合同，试用期为三个月。

但是在谢某工作后，公司发现谢某的英语口语能力不足，无法流利地用英语与客户交流，导致很多客户投诉，甚至在一次与客户的洽谈中，客户强烈要求更换业务员。由此，公司认为谢某无法胜任目前的工作岗位。在试用期两个月结束后，公司以谢某不符合录用条件为由，与其解除了劳动合同。然而，谢某则认为自己符合公司招聘广告上的全部条件，公司的做法没有依据，遂申请劳动仲裁，要求恢复劳动关系。

最后，劳动仲裁委员会做出裁决：公司认为谢某不符合录用条件，但并没有证据证明谢某不符合录用条件的具体情况，相反，根据公司的招聘广告，谢某是完全符合录用条件的，遂支持了谢某的请求。公司此时也陷入了被动状态。

用人单位在试用期虽然有解雇员工的便利条件，但必须满足"证明劳动者不符合录用条件"这一前提条件。如果用人单位在试用期内无法证明劳动者不符合录用条件却随意解雇员工，一旦涉诉必定面临败诉的风险。因此，如果用人单位仅约定试用期的期限，而不事先设定合理的录用条件，那么试用期的约定就只具有形式意义，而不具有实质意义。由此可见，设计录用条件是使试用期具有实际意义的前提，对用人单位的用工管理，尤其是试用期内解雇不符合要求的员工，具有重要的作用。

资料来源：石先广. 录用条件，你真弄明白了吗？. 人力资源开发与管理，2011(6).

在进行了甄选这一重要环节之后，接下来就是招聘的最后一个环节——人员录用与评估。甄选是人员录用的前提与依据，人员录用是甄选的直接结果。招聘评估是对整个招聘做一个评价，为的是更好地控制成本，提高招聘效率。对应聘者经过几轮的选拔之后，就是最终决定录用人员的名单并分配给他们职位，书面通知所有的应聘者，对招聘的新员工进行上岗引导培训，使之完成在组织的初步社会化，这是人员录用阶段的任务。这一阶段往往包括使用合同的签订、员工的初始安排、试用、正式录用等环节。图 9-1 是人员录用的程序示意图。

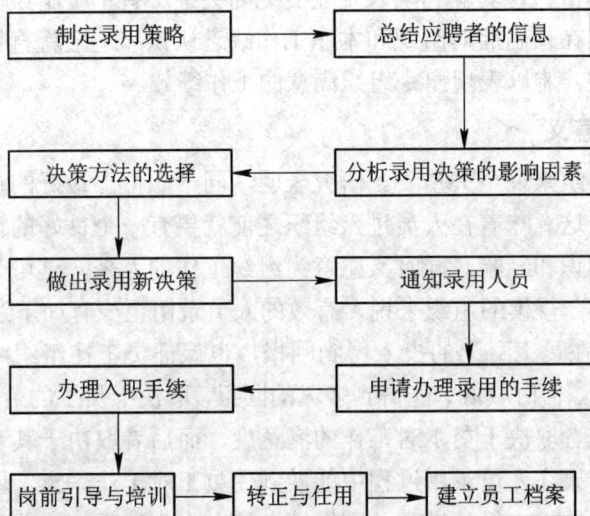

图 9-1 人员录用流程图

第一节 人员录用概述

利用各种评价方法进行测试后，我们又回到企业招聘的最初目的——为企业获取合格的人员。所以，接下来就是人员录用这一关键程序了。在人员录用这一过程中涉及劳动力买卖的问题，这时，招聘者的录用决策和待遇协商工作显得尤为重要，因为这直接关系着企业的人力资源录用成本以及今后的发展。企业与劳动者双方通过签订劳动合同来完成录用工作。

一、人员录用的含义及意义

1. 人员录用的含义

当应聘者经过了各种筛选后，最后一个步骤就是录用与就职。人员录用是指从招聘选拔阶段层层筛选出来的候选人中选择符合组织需要的人，做出最终录用决定，通知他(她)们报到并办理入职手续的过程。这项工作是招聘工作的关键环节，它将直接决定组织吸收的人力资源的素质。有不少企业由于不重视录用与就职工作，新员工在录用后对企业和本职工作连起码的认识都没有就直接走上了工作岗位，这不仅会给员工今后的工作造成一定的困难，而且会使员工产生一种人生地不熟的感觉，难以唤起新员工的工作热情，这对企业是不利的。为此，企业应该认真做好这项工作。

录用过程是招聘过程的一个总结，是给招聘工作划上的一个阶段性句号，是企业人力资源形成和配置过程的一个重要部分，它主要涉及人员选拔之后的有关录用的事宜。人员录用阶段具体包括新人上岗引导、新员工培训和访查等工作内容，目的是帮助新员工适应工作岗位，尽快熟悉和驾驭工作内容。这项工作看起来似乎琐碎和无关紧要，实际上它是唤起新员工的工作热情，使其顺利融入企业文化的关键。有不少组织由于不重视录用阶段的工作，甚至新员工在录用后对组织和本职工作缺乏认识和适应就直接上岗，导致新员工无法较快胜任本岗位，难以表现出令组织满意的工作绩效。

2. 人员录用的意义

人员录用对于组织来说至关重要。研究表明，同一职位上最好的员工比最差的员工的劳动生产率高三倍，这意味着在人员进入组织之前就要有一个良好的辨别、甄选过程，挑选出有相应技能、知识和经验，同时又愿意为组织工作的人来。这可为提高生产率、节约成本打下基础。对任一规模的组织来说，有效的人员录用至少有如下意义：

(1) 保证组织用在员工身上的投入得到回报，也保证员工在组织中得到发展。组织对员工的投入能否收回、何时收回、能得到多大的回报，取决于员工的劳动态度(劳动积极性)与其劳动生产率，前者取决于员工对工作的满意度，而后者取决于其劳动技能、掌握的知识、富有的经验。如果在人员录用过程中能做到使员工对工作满意，愿意为组织工作，而组织对员工的技能、知识、经验满意，则组织必然会收到高额、快速的回报。由于员工对组织满意、员工对工作满意，员工必然也会在组织中得到发展，其结果是组织与个人共同得到发展。

(2) 有效的人员录用可为组织节省费用，减少了雇佣不合格人员和不愿为组织工作人员的可能性，降低了员工的辞退率与辞职率，为组织节约了离职成本。另外，有效的人员录用可减少对员工的培训费用，节省培训开支。

(3) 做好人员录用工作是提高职工队伍素质的重要一环。确保合格人才进厂、进校、进院、进公司，才能在进一步培训基础上构造一流的职工队伍。

(4) 做好人员录用工作是提高职工劳动生产率的前提。每个岗位上都是合格人员，才能确保每项工作的顺利完成；每个岗位上都是第一流人员，则可使每项工作达到同行的最佳水平。相反，若存在许多不合格人员在岗，则无法保证工作任务的完成。若一岗多人，人浮于事，又会造成效率低下的后果。

(5) 做好人员录用工作，是保证公民在人才市场和劳务市场上公平竞争、合理就业的重要措施。通过一系列的面试、考试、测试，使每一个应聘者均有机会展示自己的才能，使自己更好的发展。这意味着一视同仁，意味着一把尺子，意味着靠真本事，靠真素质取得较好的职位。当然，这也意味着制止劳动人事工作关系中的"拉关系"、"走后门"、"裙带风"、贪污受贿和徇私舞弊等腐败现象发生。这项工作做好了，有利于社会的安定团结，有利于尊重知识、尊重人才的良好社会风尚的形成。

二、人员录用的原则

为实现用人所长、学用一致、有效利用人力资源的目的，人员录用必须遵循以下原则：

公开原则：指把招考单位、招考的种类和数量、招考的资格条件、考试的方法、考试的科目和时间，均面向全社会公告周知，公开进行。一是便于使考试录用工作置于社会的公开监督之下，防止不正之风；二是有利于给予社会上人才以公平竞争的机会，达到广招人才的目的。

平等原则：指对待所有报考者，应当一视同仁，不得为他人制造各种不平等的限制(如性别歧视)，努力为社会上有志之士提供平等竞争的机会，不拘一格地选拔录用各方面的优秀人才。

竞争原则：指通过考试竞争和考核鉴别，以确定成绩的优劣。径直地选拔人才，靠"伯乐相马"，靠在"马厩"里"选马"，靠首长的直觉、印象来选人，往往带有很大的主观片面性。因此，必须有严格统一的考试、考核程序，比较科学地决定录用人选。竞争原则还有一层含义即动员和吸引招考的人越多，竞争越激烈，越容易选择优秀人才。所以招聘范围应广泛些，招聘广告应做得好一些。

全面原则：指录用前的考试和考核应该兼顾德、智、体诸多方面。对知识、能力，思想、品德进行全面考核。这是因为各类劳动者、干部的素质，不仅取决于文化程度，还有智力、能力、人格、思想上的差异，而且往往非智力素质对日后的工作起决定作用。

择优原则：这是考试录用的核心。择优是广揽人才，选贤任能，为各个岗位选择第一流的工作人员。因此，录用过程应是深入了解，全面考核，认真比较，谨慎筛选的过程。做到"择优"必须对照招聘标准、严格按照科学的招聘流程来操作，用纪律约束一切人，特别是有关领导。

量才原则：招聘录用时，必须考虑有关人选的专长，量才录用，做到"人尽其才"、"用其所长"、"职得其人"。这有赖于人才市场、劳务市场的发育成熟，是原来的计划分配体制所难以做到的。

因事择人与因人任职相结合的原则：因事择人强调人员录用必须依照岗位的特性，根据工作的需要来进行。同时，还必须考虑每个人的能力特点、个性的差异来安排相应的职位。把因事择人和因人任职相结合，可以大大提高人力资源的利用率。

慎用超过任职资格条件过高者的原则：在坚持平等竞争、择优录用原则的同时，还必须谨慎录用那些过分超过任职资格条件的人。一般而言，任用一个知识、经验、技能和素质水平远高于工作要求的候选人未必是一件好事，因为录用之后他的要求(包括工作待遇、工作条件与环境等)过高，流动的可能性也增大。这里讲的慎用，并非简单不用，而是要与候选人的工作动机和素质等因素密切联系进行判断和决策。

重工作能力原则：在合格人选的基本条件差不多的时候，以往的工作经验和工作绩效应是决策时所看重的条件，也就是说，在其他条件相同或相似时，工作能力优先。

求职动机优先原则：在合格人选的工作能力基本相同时，候选人希望获得这一职位的动机强度则是决策时所注重的又一个基本点。研究表明，个体的工作绩效一般取决于个体的能力和积极性两个因素。如果两个人的能力基本相同，积极性却很不相同，那么两个人的工作绩效则差异很大。求职动机是影响新员工工作积极性的一个很重要的因素。一般而言，已经辞职应聘者的求职动机要强于应聘时有工作的求职者。再者，如果被录用，原来已经辞职的应聘者会比较珍惜这次工作机会。

补偿性原则：补偿性不仅指甄选测评时各个测评要素可以高分与低分加总与互补或根据重要性设置权重加权加总互补，也包括录用人员来源、背景、专业、性别、年龄等多方面的互补以及与组织人力资源现状和未来需要的互补。

多重淘汰式原则：求职者在测评的各个方面都必须达到某个最低的标准，如达不到就被淘汰。这一原则适合综合素质的测评项目。

混合式原则：组织录用员工时，通常是在某几个方面对员工没有最低要求，但是在其他几个方面有最低要求。这时应遵循混合式原则，即首先运用多重淘汰式原则淘汰一部分，然后运用补偿性原则对求职者进行综合评定，最后做出录用决策。

阅读资料

互补增值——联想的用人理念

联想公司在录用新人时，就有一条少用同学的原则。因此，在业内流传"联想不录用5名以上毕业于同一所大学的员工"的说法。

联想在录用同一所大学的毕业生时，有一定的考虑，但并没有明确的数量规定。它认为从一个学校培养出的人可能会带有这个学校的思维模式和做事风格，如果联想一个部门里同一所学校的毕业生多了，也会有排异现象，对别人的观点会先站在批判的角度，不能吸收其他观点。

联想不希望同一部门有过多的同一学校的毕业生。它认为，正像血缘关系越远的人后代就会越聪明一样，企业进人也应该是五湖四海。这样，不同的思想、不同的风格可以互相碰撞，撞出灵感的火花。

三、影响录用的因素

录用过程的设计与管理一方面取决于具体做出的录用决策，另一方面取决于外部环境(如劳动力市场的状况、政府的宏观管理)和企业内部环境(企业发展战略的目标)。

1. 劳动力市场

在设计和管理录用过程时，必须考虑劳动力市场的因素。例如：一家餐厅招聘一名洗碗工，这时招聘者不用担心，也没有什么决策需要制定，这个工作是没有什么吸引力的，工作时间长、工作环境不好，也没有什么晋升的机会而且报酬也不高。对于这样的工作，录用时需要注意的就是应聘者不能有传染病。

劳动力市场条件对于录用过程的影响在建立招聘资源时显得最清楚，充足的劳动力供给，意味着招聘资源会很大，因此录用决策会有比较好的基础。而稀缺的劳动力供给，意味着建立起来的劳动力资源不可能很大，在录用过程中，人力资源专家经常使用基准率来衡量求职人员的质量。

劳动力市场主要影响企业建立招聘标准。基准率——应聘者(如果被录用的话)中间能够比较满意地完成工作的人的比例。它取决于劳动力市场的供给状况、劳动力的质量以及企业所设计的吸引高素质劳动力的招聘过程。而基准率的高低会影响应聘人员的素质以及录用决策的难易程度。如果基准率为100%，说明企业的招聘筛选工作不必过于复杂，录用决策也很简单，因为每一个求职者都有完成工作的能力；如果基准率比较低，企业想要选出合适的应聘者，则需要进行大量的筛选工作，录用决策也会相对比较困难。

2. 企业的发展战略与目标

企业的发展战略与目标决定企业的发展方向、速度、规模、市场占有率等方面的水平，也因此确定了企业在不同发展阶段对于人力资源管理的具体目标，进而影响招聘与录用人员的条件与类型以及录用人员的来源。例如，生产新产品或者正在开发新市场的企业，需要录用市场开发能力或者技术开发能力比较强的人。对这些人的录用，注意力应该集中在新市场的开发和新产品的设计能力上；而那些产品和市场都已经成熟的企业，在录用过程中就应该集中注意力于那些精于操作工艺和擅长经营的人，以控制产品的质量和产品的成本。

企业的职位空缺类别也会直接影响录用过程的简繁程度和录用决策。如果招聘一名保洁工人，一般行政经理或主管就可以决定，同时面试也只需要一次，最多不超过两次；而如果招聘一名大客户经理，则要经过多轮面试，同时需要由公司的高层来决定是否录用。

3. 应聘者的信息

每一位应聘者在求职之前都做了充分的应聘准备工作，例如整理大量的学习和工作经历、获得的各项荣誉，了解所应聘单位的具体信息等。所以企业在做出录用决策前，不仅要关注应聘者在应聘过程中的现实表现信息，还应收集应聘者的全部历史信息。这就包括应聘者的个人基本信息、学习和工作经历、学习成绩、工作经历中的领导和同事评价、应聘过程中的各项测试结果和表现等。在核实应聘者的信息无误后，企业招聘者应该对应聘者的职业道德、能力、潜力等方面做出科学的分析，以选择有职业道德操守的合适录用者，进而挖掘其潜力为企业健康、快速、高效地发展做出贡献。

4. 录用决策者因素

在许多企业中，招聘录用工作一般由人力资源管理部门具体负责，它需要根据各个部门的要求进行多次考核和筛选，向部门经理提供候选人员名单及录用建议，最终由用人部门做出决策，确定录用人员。所以人力资源部门与用人部门的用人原则与标准决定着录用标准与价值观。但一些小型企业却没有设立专门的人力资源管理部门，大多直接把录用决策权交给用人部门主管，由其独立完成招聘与录用的一系列过程，这就会导致招聘者在做出决策时带有强烈的主观判断色彩，从而影响录用人员的质量。那么在企业中究竟谁对录用负最终责任？随着企业中职位越来越复杂，企业规模不断扩大，随着经理和主管受到的训练越来越多，在企业中，部门经理对录用决策所负的责任越来越大。实际上，录用最终取决于部门经理和主管。

在有些企业中，也授予员工在录用决策中一定的发言权，让整个工作团队共同筛选、集体讨论、民主评议，做出最终的录用决策，这样无疑减少了录用决策时的个人片面影响。

实际上，影响人员录用的因素来源于诸多方面，具体如表9-1所示。

表 9-1　影响录用结果的因素

编号＼因素	申请人方面	面试官方面	其 他 方 面
1	年龄、性别和种族等因素	年龄、性别和种族等因素	组织内部和社会上的政治因素、经济形势和法律条款
2	相貌、身高等身体特点	相貌、身高等身体特点	在招聘选择过程中面谈的作用
3	教育和工作背景	心理特征：态度、智力和动机等	筛选比率
4	工作兴趣和职业抱负	作为面试官对象的经验和准备	面谈环境，包括舒适度、隐私保护和面试官的数量
5	心理特征：态度、智力和动机等	实现对工作要求的理解	面谈的结构
6	作为面谈对象的经验和准备	面谈的目标	
7	对面试官、工作和公司的理解	语言和非语言行为	
8	语言和非语言行为		

资料来源：Milkovich，Boudreau. Human Resource Management. 7th ed. Irwin, Illinois:Richard Press,1994.

第二节　人员录用的程序

案例引入

普顿斯化学有限公司是一家跨国公司，以研制、生产、销售药品、农药等为主，露秋公司是普斯顿化学有限公司在中国的子公司，主要生产、销售医疗药品。随着生产业务的扩大，为了对生产部门的人力资源进行更为有效的管理、开发，他们希望在生产部门建立一个处理人事事务的职位，主要工作是负责生产部与人力资源部的协调。人力资源部经理王量对应聘者作了初步的筛选，留下了5人交由生产部经理李初再次进行筛选。李初对其进行选择，留下了两人，决定由生产部经理与人力资源部经理两人协商决定人选。这两人简历及具体情况如下：

赵安，男，32岁，有企业管理硕士学位，有8年人事管理及生产经验，在此之前的两份工作均有良好的表现。

面谈结果：可录用

钱力，男，32岁，有企业管理硕士学位，有7年的人事管理和生产经验，以前曾在两个单位工作过，第一位主管评价很好，无第二位主管的评价资料。

面谈结果：可录用

看过上述资料和进行面谈后，生产部经理李初与人力资源部经理王量商谈何人可录用。王量说："两位候选人看起来似乎都不错，你认为哪一位更合适呢？"李初说："两候选人的资格审查都合格了，唯一存在的问题是，钱力的第二位主管给的资料太少，但是虽然如此，我也看不出他有什么不好的背景，你的意见呢？"王量说："李经理，显然你我对钱力的面谈表现都有很好的印象，人吗，有点圆滑，但我想我会很容易与他共事，相信在以后的工作中不会出现大的问题。"李初说："既然他将与你共事，当然由你做决定更好，明天就可以通知他来工作。"

于是，钱力被公司录用了，进入公司 6 个月以后，他的工作不如期望做得好，指定的工作，他经常不能按时完成，有时甚至表现出不胜任工作的行为，引起了管理层的抱怨。显然，钱力不适合此职位，必须加以处理。

问题：

(1) 为什么会错选钱力？

(2) 如果你是人力资源部经理，你该如何处理这件事情？

(3) 从此案例中，你发现了什么问题？在实际工作中应如何避免？

一、录用决策

1. 定义

录用决策指对甄选评价过程中产生的信息进行综合评价与分析，确定每一候选人的素质和能力特点，并根据预先设计的人员录用标准，选出最合适人员的过程。

2. 录用决策的确定流程

选拔工作结束后，就进入录用决策阶段。前面所进行的所有工作，都是为最后这个决策过程做准备。应该说，这一决策常常是非常难做出的。尤其是当我们决定的是一个对企业发展很关键的职位的人选时，企业常常会在几个脱颖而出的候选人中难以取舍。

在录用决策过程中，难免会遇到难于决策的时候。此时，我们不妨回到最初的阶段，即回到工作分析阶段，重温工作分析，看看该职位究竟需要什么样的人，从候选人中挑选出两个或三个人。但要注意的是，工作描述不应该成为唯一的标准，灵活性是做出成功的录用决策的关键所在。工作描述虽然提供给我们一个筛选标准，但在劳动力市场上，我们常常不能寻找到完全符合工作描述的人。就算能够找到符合工作描述的人，也不一定就是最好的人。因为许多研究显示，如果一个人已经能够 100% 地完成他应聘的工作了，那么他在该职位上也不可能待得太长，因为对他来说该工作缺乏刺激。一般来说，最好是选择一个能够完成工作任务的 80% 的应聘者，这样的员工常常会在岗位上待更长的时间，也有更大的工作动机和动力。

由于企业的需要不同以及拟聘的职位不同，录用决策的程序会有很大的差别。在进行决策时有两个选择，一是在候选人之间进行选择，二是在候选人和招聘标准之间进行比较，然后再选择。有的研究者认为，在候选人和招聘标准之间进行比较不好，这会降低录用标准。有的研究者则认为，候选人之间的比较是最好的方法，因为候选人与某种标准比较可能是不切实际的。如果比较的结果是没有一个人能够符合要求，也有两种选择，一是进行重新招聘，二是在原来的应聘者中进行重新挑选。这种时候，可以说没有一个公认的更好的方法。如果必须进行选择，作为招聘者，应该有自己的原则。

AMC安盛管理顾问认为在进行录用决策的时候，应该坚持一致的原则。在将所有进行决策所需的资料信息都集中在一起之后，就应该只让有关的录用决策人员在场，而与录用决策无关的人都应该回避。在录用的时候，也应该根据具体情况对录用标准灵活掌握，有时也需要凭一点直觉。例如，有的时候，应聘者可能在能力和技能方面稍逊一筹，但是他们特别能够适应环境，能够很快与团队中的其他成员打成一片，这样的应聘者就应该被另眼相看。

3．录用决策的确定依据

在员工招聘与选拔中，虽然每个环节都很重要，但最关键的一步是对应聘者做出接受或拒绝的决定。从新员工的工资成本、试用期考虑，最后的决定当然应该尽可能正确。因此，要对应聘者有一个全面系统的了解，为了保证在评估应聘者的过程中得到有关的信息，需要使用一些总结性的表格与核对清单。

1）应聘者资料的总结

基本上，企业的兴趣在于每位应聘者现在能做些什么以及愿意做什么。在收集信息的基础上，对应聘者的评价多集中于两个因素上，如图9-2所示。"能做"的因素包括知识和技能以及获得新的知识和技能的能力；"愿做"的因素包括动机、兴趣和其他个人品质。对在工作中获取良好业绩而言，这两个因素都是必需的。一个能做但不愿做的员工并不比一个缺乏必要能力但愿意做的员工强。

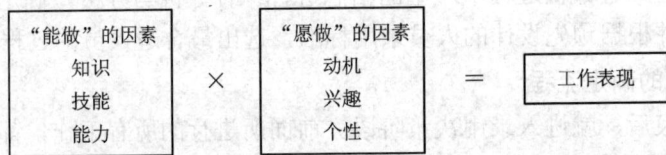

图 9-2　挑选决策中"能做"与"愿做"的因素

测定一个人能做什么较之愿做些什么要容易得多。"能做"的因素可以从测试得分和经核实的信息中轻易获得；而"愿做"些什么只能靠推测，只能根据面试的回答和申请表中对问题的回答来推断应聘者将来愿意做什么。

2）录用决定过程中需要思考的问题

在录用过程中，要考虑多个因素以决定是否录用某一应聘者。以下是决策者们必须考虑的一些问题：① 决定聘用一个人应该根据其自身的最高潜能还是根据组织的需要？② 员工开始工作时的工资和级别如何确定？③ 聘用员工是首先考虑其能完全适应工作还是考虑其在组织中的发展潜力？④ 对那些不合格但培训后可以合格的人员可放宽到什么程度？⑤ 那些超过合格标准的人员是否在考虑之中？⑥ 录用决定在满足既定行动计划和多样性上会有哪些后果？

除了这些因素外，管理者还必须考虑应该采用什么方法做出录用决定。做出录用决定一般有两种基本的方法：诊断法和统计法。

(1) 诊断法。在诊断法中，做决策的人在决定前要重温申请者所有的资料，然后根据他们对该项工作的理解以及在该项工作中取得过的成功案例做出选择决策。由于每个面试考官对应聘者的优缺点会有不同的评价，不同的人对同一应聘者可能会做出不同的决定。另外，带有个人色彩的偏见和印象常常会被所谓的理智的"接受"或"反对"所掩盖。

（2）统计法。与诊断法相反，统计法所做的决定更客观些。这种方法包括辨别最有效的预测因子，然后用统计方法对它们进行加权，如多元回归。将面试、心理测试以及其他过程所得的定量数据，如分数或名次，与它们各自的权重值结合起来，合计分最高的应聘者将被选中。

在大范围内对各种情况下的诊断法和统计法的比较表明，统计法要优越些。虽然统计法的优势已被认识了数十年，但是诊断法仍然是最普遍的使用方法。

表 9-2 是对两个高级工程师候选人的各项胜任力水平进行量化的比较。对一个高级工程师来说，技术水平、逻辑思维能力和创新能力是最重要的，因此对此三项胜任力设定的权重最高，为 5；其次是责任心和应变能力，这两项胜任力的权重设为 4；其他各项胜任力的重要性在这个职位中相对来说没有那么高，因此就设为 3 或者 2。这样所得到的两个候选人的分数就如表 9-2 所示，加权得分如表 9-3 所示。照这样的加权方法计算，就得出甲的最终分数是13.1 分，而乙的最终得分是 14.1 分，应该被录用的是乙。实践证明，录用乙是正确的。

表 9-2　两个高级工程师候选人各项胜任力的得分

胜任力	甲的得分	乙的得分
责任心	4	3
逻辑思维能力	3	4
技术水平	2	5
细致程度	5	3
沟通技能	5	3
团队合作能力	4	3
应变能力	3	3
创新能力	3	4
总平均分	3.62	3.5

表 9-3　两个高级工程师候选人各项胜任力的加权得分

胜任力	权重	甲的得分		乙的得分	
		原始分数	加权得分	原始分数	加权得分
责任心	4	4	16	3	12
逻辑思维能力	5	3	15	4	20
技术水平	5	2	10	5	25
细致程度	2	5	10	3	6
沟通技能	3	5	15	3	9
团队合作能力	3	4	12	3	9
应变能力	4	3	12	3	12
创新能力	5	3	15	4	20
加权平均分		13.1		14.1	

4. 影响录用过程的几个因素

录用过程的设计和管理一方面取决于具体做出的录用决策，另一方面取决于外部环境(如劳动力市场的状况、政府的宏观管理)和企业内部环境(企业发展战略的目标)。

1) 劳动力市场因素

在设计和管理录用过程时，必须考虑劳动力市场的条件。例如，一家餐厅招聘一名洗碗工，这时招聘者不用担心，也没有什么决策需要制定。这个工作是没有什么吸引力的，工作时间长、工作环境不好，也没什么晋升的机会而且报酬也不高。对于这样的工作，录用时需要注意的就是应聘者不能有传染病。

劳动力市场条件对于录用过程的影响在建立招聘资源时显现得最清楚。充分的劳动力供给，意味着招聘资源会很大，因此录用决策会有比较好的基础。而稀缺的劳动力供给，意味着建立起来的招聘资源不可能很大。在录用过程中，人力资源专家经常使用基准率来衡量求职人员的质量。

基准率是应聘者(如果被录用的话)中能够比较满意地完成工作的人的比例。因此基准率取决于劳动力市场的供给状况、劳动力市场上劳动力的质量以及企业所设计的吸引高素质劳动力的招聘过程。如果基准率为100%，说明不需要进行太多的筛选工作，录用决策也很简单，因为每一个求职者都有完成工作的能力。如果基准率比较低，则需要比较细致的筛选过程，录用决策也会比较困难。

2) 录用决策者因素

在许多企业中，录用是由人力资源管理部门具体负责的，他们常常为部门经理提供经过筛选的候选人名单，由部门经理进行录用决策工作。那些没有人力资源部门的小企业则把录用工作委派给部门主管经理。

那么在企业中究竟谁对录用负最终的责任？随着企业中职位越来越复杂、企业规模不断地扩大，随着经理和主管受到的训练越来越多，在企业中，部门经理对录用决策所负的责任也越来越大。实际上，录用最终取决于部门经理和主管。

许多企业在录用决策中也让员工有一定的发言权。让员工与候选人进行面谈，员工也可以表达他们愿意选择谁。

3) 企业发展状况因素

一个企业的发展状况对录用过程有比较大的影响。例如，生产新产品或者正在开发新市场的企业，需要录用市场开发能力或者技术开发能力比较强的人。对这些人的录用，注意力应该集中在新市场的开发和新产品的设计能力上。而那些产品和市场都已经比较成熟的企业，在录用过程中则应该将注意力集中于那些精于操作工艺和擅长经营的人，以控制产品的质量和产品成本。

企业发展状况不仅影响录用人员的类型，而且决定录用人员的来源。例如，新的企业或者开拓型的企业倾向于从内部录用人员。

5. 核查应聘者资料

在发出录用通知、与应聘者签订劳动合同之前，我们必须对应聘者在应聘过程中所提供的资料进行核查。尽管在选拔人员时，最关键的信息是从这些应聘者那里直接获得的信息，最重要的条件是应聘者的胜任特征，但是也不排除应聘者的其他一些背景信息的重要性。

1) 背景核查的主要内容

背景核查的主要内容包括：

(1) 学历水平。在应聘中最常见的一种作弊方式就是在受教育程度上作假。因为在很多招聘的职位中都会对学历提出要求，所以有些没有达到学历要求的应聘者有可能对此作弊。因此，在招聘中有必要对应聘者的教育背景进行调查。目前，大学的毕业证书已经逐渐进入计算机系统管理，可以在互联网中进行查询，这为招聘单位进行有关的调查提供了便利条件。

(2) 工作经历。背景调查的另一个重要方面就是对应聘者过去的工作经历进行调查。过去工作经历调查侧重了解受聘时间、职位和职责、离职原因、薪酬等问题。了解过去工作经历最好的方式就是向应聘者过去曾经工作过的企业了解，此外还可以向应聘者过去的同事、客户了解情况。

(3) 档案记录。主要是调查应聘者过去是否有违法犯罪或者违纪等不良行为。尽管我们相信一个人过去犯过错误会改过自新，但这些信息仍要引起注意。

2) 背景核查需要注意的问题

背景核查需要注意的问题包括：

(1) 不要只听信一个被调查者或者一个渠道来源的信息，应从各个不同的信息渠道验证信息。

(2) 如果一个应聘者还没有离开原有的工作单位，那么在做背景调查时应该注意技巧，不要给原企业留下该应聘者将要跳槽的印象，否则对该应聘者不利。

(3) 只花时间调查与应聘者未来工作有关的信息，不要将时间花在无用的信息上。

(4) 必要的时候，可以委托专业的调查机构进行调查，因为他们有更加广泛的信息渠道，并且在询问的技巧方面更加专业。

3) 背景核查中出现问题的解决方法

今天大多数企业，特别是那些大企业，已经制定了相关政策，要从它们那里获取有用可靠的背景资料是难上加难。在这些企业的人力资源部门里，只通过标准的工作程序列出了符合惯例的资料，如受聘用的时间和最后所处的职位等，而并没有列出招聘者所希望的有价值的资料。

尽管获取背景资料如此艰难，但背景资料的审查工作必须进行，而且要做得彻底，AMC 安盛管理顾问认为，对调查工作易出现的一些问题可以通过以下途径解决：

(1) 将核实背景资料作为聘用的前提。只要所核实的资料与所招聘的工作有关，而且没有触犯有关法律，企业将核实背景资料作为聘用员工的前提是不受法律阻止的。

(2) 从应聘人员那里获取一份弃权声明。书面的弃权声明可以使企业有权审查背景资料，这可能不足以完全保护企业免遭法律起诉，但这种要求的确为企业提供了一种防卫手段，而且可以使那些隐瞒真实动机的应聘人员自动退出。

(3) 使用关系网获得背景资料。如果你真的发现了一份回复的背景资料，一定要继续向回复人了解该组织内部的更多情况，并向你所联系的每个人同样去索取资料，这样会增加你获得更多有用信息的机会。如果你要审查一位刚毕业的应聘人员，请考虑与其以前的教授联系。不要忽略你自己的关系网——你的一位朋友、一位亲戚或企业助手都可能了解该应聘人员，并可以提供有关情况。

(4) 不要只盯着眼前的资料。搜集背景材料时，你所联系的人越多，想要隐藏重要事情的应聘人员就越不可能得逞。许多招聘领域的专家建议针对每一个应聘人员要索取 3～5 份背景资料。最好是与应聘人员前任的企业主管联系，但是其同僚与下属也不应该被忽略。这样做之所以有意义有几个原因，其中最重要的原因就是，被要求对自己以前的下属进行评论的人更可能向同僚和下属坦言相告，而对有目的的调查人员的正式询问的回答往往是谨慎而有保留的。最不可靠的资料很可能就是那种冠冕堂皇的资料。

(5) 不要由不相干的人来处理这项工作。需要遵循的一项最好的准则就是，让将来可能成为该应聘人员直接汇报对象的监管人员来处理资料的审查过程。

(6) 向忠诚于企业的人咨询相关背景资料。如果可能，应该与那些了解该应聘人员但对企业更忠诚的人联系。这些人可能是小贩，可能是目前的员工，也可能是其他的商业助手。这些背景资料可能不会对一位应聘人员的工作实践直接发表评论，但可以提供其他有价值的信息。

6．通知应聘者

通知应聘者是录用工作的一个重要部分。通知无非有两种，一种是录用通知，一种是辞谢通知。

1) 通知被录用者

员工录用是企业招聘的目标和最终环节。拟定人员录用通知要注意以下几点：

(1) 用语贴切、得体，反映企业良好形象。

(2) 明确员工报到须知的内容。

(3) 注明员工报到的时间与部门。

表 9-4 为录用通知，表 9-5 为报到通知。

表 9-4　录　用　通　知

_____先生 / 女士：

　　您好！首先感谢您对本公司的信任和大力支持。

　　我们很高兴地通知您，经过考核审查，本公司决定正式录用您为公司员工。请您按本通知要求前来报到。

　　另：接通知后，如您的住址等有变化，请直接与人力资源部联系。

联 系 人：_____

公司名称：_____

另：

1. 报到时间：_____年_____月_____日上(下)午_____时_____分

2. 报到地点：

表 9-5　报 到 通 知

_____先生 / 女士：

一、您应聘本公司_____职位，经复审，决定录用，请于_____年_____月_____日 (星期____)_____时，携带下列资料，到本公司人力资源部报到。

1. 居民身份证。

2. 个人资料卡。

3. 体检表。

4. 保证书。

5. 两寸免冠照片_____张。

二、按本公司规定，新进员工必须先行试用_____个月，试用期间暂付月薪_____ _____。

三、报到后，本公司将在很愉快的气氛中，为您做职前介绍，包括让您知道本公司一切人力资源制度、福利、服务守则及其他注意事项。如果您有疑虑或困难，请与本部联系。

此致

　　　敬礼！

　　　　　　　　　　　　　　　　　　　　　　　　××公司人力资源部启

　　　　　　　　　　　　　　　　　　　　　　　　_____年____月____日

2) 通知未被录用者

很多招聘者往往注意在那些将要被录用的候选人身上做工作，而忽视了对那些未被录用的应聘者的回复。我们应该用同样的方式通知所有未录用的应聘者。如果用电话通知一个应聘者他没有被录用，那么所有的应聘者都应该用电话通知。每一个参加了面谈的人都应该得到一个及时的回答。对未被录用的应聘者进行答复时应注意以下两点：① 尽量用书面的方式通知，并有统一的表达方式；② 注意辞谢信的内容和措辞。

一般来说，由企业人力资源部经理签名的辞谢信，比单纯加盖一个公章的辞谢信要让人好受一些。表 9-6 为一则辞谢信。

表 9-6　辞 谢 信

尊敬的_____先生 / 女士：

非常感谢您对我公司职位的兴趣，您的应聘材料给我们留下了深刻的印象。

但是，我们很遗憾地告诉您，我公司目前尚没有适合您的职位。不过，您的个人信息已经进入我们的人才档案，并且会在其中保留一年。在此段时间，一旦公司中有了适合您的职位，我们会及时与您联系。

再次感谢您对我们公司的关注与支持，并祝您在今后的职业生涯中有好的运气。

此致

　　　敬礼！

　　　　　　　　　　　　　　　　　　　　　　　　××公司人力资源部

　　　　　　　　　　　　　　　　　　　　　　　　____年___月___日

二、录用后的商谈

新员工录用面谈是指在签订劳动合同之前与新员工的更深层次的交谈，使双方彼此更加了解。

新录用员工分为两部分：一部分是外部招聘所获新员工；一部分是内部竞争上岗录用到新岗位的老员工。与新录用员工进行录用面谈非常必要：

(1) 录用面谈可以加强企业对新员工的进一步了解。招聘面试过程中，企业对许多信息的了解可能并不全面，甚至并没有涉及，比如求职者的家庭背景、婚姻状况、兴趣爱好、思想上有无负担、生活上有无困难等，通过录用面谈，企业就可以对这些情况进行较为深入的了解。

(2) 录用面谈可以加强新员工对企业的了解。通过录用面谈，面谈者可以向新员工介绍企业的基本情况，如企业繁荣发展历史、企业目前的经营状况、企业的各项规章制度、企业的薪酬福利待遇情况、员工即将担任的工作岗位的有关情况(包括有无升迁的可能性)，以及企业文化、企业主要管理者的领导风格等。这样，通过面试，可以使新员工对自己即将工作的单位以及自己能否适应这样的环境事先有一个心理准备，便于新员工在走上工作岗位后能迅速适应企业环境和自身的工作岗位。

(3) 录用面谈可以为新升迁的老员工排除由于岗位变动带来的新矛盾。老员工的工作迁升对于其本人来说意味着对其原来工作能力和业绩的一种认可，但工作的迁升和变动依然会带来一系列新的问题。如由于新岗位的工作职责和工作内容的变动，特别是一些原来从事专业技术工作的员工，被提拔到管理岗位，可能担心对新的岗位不能适应，还有对新的部门的同事、上下级关系的担心等，录用面谈可以帮助这部分员工找出解决这些问题的方法或帮助消除一些不必要的顾虑，使新迁升员工轻松愉快地投入到新的工作中去。

录用面谈由谁来执行呢? 这要根据录用岗位的权级高低来决定。通常录用经营管理层的高级管理人员，由董事长、总经理或人力资源专家顾问来执行；如果是中层管理人员，由分管的公司领导(副职)来执行；如果是基层管理人员，由部门主管或分管领导来执行；普通员工的录用面谈则由人力资源部主管来执行。

录用面谈的场所可以多种多样，一般在执行面谈者的办公室进行，也可以根据录用者的层次在其他合适的地点进行。无论是面谈场所的选择还是面谈内容、面谈方式的选取，都应该遵循一个原则，就是尽力营造一个轻松愉快的氛围，有利于双方的了解，以便为今后在工作中的愉快合作打下基础。

三、签订劳动合同

1. 劳动合同的含义

劳动合同是确立劳动关系的法律文书，也是劳动者与用人单位之间形成劳动关系的基本形式。劳动合同的双方当事人依法签订劳动合同是促进劳动关系良好运行以及预防、妥善处理劳动争议的前提条件，而且劳动合同应以书面的形式订立。

2. 劳动合同的内容

在劳动合同中需要明确规定当事人双方的权利、义务及合同必须明确的其他问题，这就是劳动合同的内容。劳动合同的内容主要包括三个方面：

(1) 劳动关系主体，即订立劳动合同的双方当事人的情况。

(2) 劳动合同客体，指劳动合同所标的对象(即订立劳动合同双方当事人的权利义务指向的对象，是当事人订立劳动合同的直接体现，也是产生当事人权利义务的直接依据)。

(3) 劳动合同的权利和义务，指劳动合同当事人享有的劳动权利和承担的劳动义务。

劳动合同的内容可以分为法定的条款和协定的条款两部分。法定条款是指由法律、法规直接规定的劳动合同必须具备的内容；协定条款是指不由法律、法规直接规定，而是由双方当事人自愿协商确定的内容。

《中华人民共和国劳动法》(以下简称《劳动法》)规定，劳动合同应当具备以下条款：① 劳动合同期限；② 工作内容；③ 劳动保护和劳动条件；④ 劳动报酬；⑤ 劳动纪律；⑥ 劳动合同终止的条件；⑦ 违反劳动合同的责任。

除上述 7 项必备条款外，《劳动法》还规定双方可以协定约定其他内容，即劳动合同的协定条款。协定条款可以分为必要条件和补充条件两种情况。

① 必要条件是指法律、法规虽然没有作出具体规定，但劳动合同中必须具备这些条件，缺少它劳动合同就不能成立，或者难以履行，比如劳动者的工作地点、工作性质、用人单位为劳动者提供的工作条件等；

② 补充条件是指劳动合同成立非必要的条件，有没有都不影响劳动合同的成立。但当事人一方提出，双方一致同意作为劳动合同条款的，合同内容要加以确定。

劳动合同的协定条款，无论是必备条件还是补充条件，都必须符合国家法律、法规和政策。

3．劳动合同期限的确定

法律明确规定劳动合同中有关期限的问题分为 3 种：① 有固定期限的劳动合同；② 无固定期限的劳动合同；③ 以完成一定工作为期限的劳动合同。

3 种劳动合同各有特点，应相互补充，区别对待。一般来说，企业中签有固定期限的劳动合同和无固定期限的劳动合同应该各占一半，一个企业应该有一半劳动力是固定的，这样才能保证生产经营的正常进行。总体来说，订立劳动合同时要注意合理地拉开期限档次，既要保证员工队伍的相对稳定，又要保证劳动力的合理流动。

4．劳动合同订立应遵循的原则

劳动合同订立的原则，是指用人单位与劳动者在订立劳动合同的整个过程中必须遵循的基本法律准则。《劳动法》规定的劳动合同的订立原则主要有以下 3 条：① 平等自愿的原则；② 协商一致的原则；③ 不得违反法律、行政法规的原则。

5．劳动合同的解除

劳动合同的解除，是指在劳动合同期限届满之前终止劳动合同关系的法律行为。它既可以是当事人单方面的合法行为，也可以是当事人双方的合法行为。

为了使劳动者在暂时中断劳动的过程的一定时间内能够维持生活，《劳动法》第二十八条规定：“用人单位依据本法第二十四条、第二十六条、第二十七条的规定解除劳动合同的，应当依照国家有关规定给予经济补偿。”国家现行规定的用人单位在解除劳动合同时，按照劳动者在本单位工作的年限，每满一年发给相当于本人 1 个月标准工资的生活补助费，但最多不超过 12 个月的标准工资；对患病或非因公负伤的劳动者，用人单位还应当发给相当于本人 3 个月到 6 个月标准工资的医疗补助费；有些劳动者在解除劳动合同后，需返回原录用地点或原居住地，用人单位应支付路费。

第三节　人员招聘选拔评估概述

招聘评估主要指对招聘的结果、招聘的成本和招聘的方法等方面进行评估。一般在一次招聘工作结束之后，要对整个过程评估，进行总结和评价，目的是进一步提高下次招聘工作的效率。

案例引入

招聘评估报告

A 公司因生产和业务的需要，计划招聘中级技术和管理人员 50 人，其中包括班组长 10 人、机械维修技工 20 人、储备干部 10 人。人力资源部在当地的主流报纸上登载了招聘广告，一个星期后收到了 45 份求职申请。由于公司正赶上生产旺季，董事会和总经理都要求人力资源部在规定的时间内完成招聘任务。人力资源部急忙组织面试，最后的招聘结果是：招聘了 7 名班组长、18 名技工，20 名储备干部。面试结束的第二天，人力资源部到当地的人才市场招到 3 名班组长和 2 名技工。新员工入职两周后就有 5 名技工离职、3 名班组长离职和 9 名储备干部离职。

1．请你评估这次招聘活动。

2．如果你是该公司人力资源部经理，你应该如何组织这次招聘活动。

答 1：

(1) 数量评估。本次招聘没有完成任务，是一次糟糕的招聘。根据题意得：

录用比 = 录用人数/应聘人数 = 45/45 = 100%。

招聘完成率 = 录用人数/计划招聘人数 = 45/50 = 90%。

应聘比 = 应聘人数/计划招聘人数 = 45/50 = 90%。

从上述评估数据可以对这次招聘作出如下分析和评估：

① 本次招聘的应聘比为 90%，表示应聘人数不足计划招聘人数，说明招聘方法和渠道单一，不足以吸引超过计划招聘人数的应聘者。一开始，就阻碍了招聘任务的完成和达成招聘质量。

② 本次招聘的完成率为 90%，表示任务没有完成。

③ 本次招聘的录用比为 100%，表示在上级和生产任务的压力下，人力资源部来者不拒，全部录用。这种招聘根本无法保证招聘质量，新聘人员的知识、技能、素质无法满足岗位的需要，无法实现人力资源的最优配置，也为新聘人员离职埋下了伏笔。

(2) 质量评估。本次招聘的录用比和应聘比也证明了本次招聘人员的素质和技能知识无法达到岗位的需要；新聘人员离职原因之一，有可能就是技能素质无法适应岗位需要，无法担当工作职责。

(3) 信度与效度的评估。虽然，本案未提及选择方法，但是我们仍可以从 100%的录用比推测到本次招聘所采取的选择方法的信度和效度是非常差的。

(4) 成本-效益评估，本案未涉及。

答 2:

为了确保招聘的有效性和准确性，以按质按量完成招聘任务，实现人力资源的最佳配置，从而实现组织的目标，人力资源应当采取下列措施。

(1) 做好招聘准备工作，即通过岗位分析，制定完整的岗位说明书和职务规范，确定各岗位的职责、权限、性质及所需的经验、知识、技能、学历、个性特征等素质。解决要招聘什么样的人才符合空缺岗位的需要，做到有的放矢。

(2) 制定完整系统的招聘计划，方方面面考虑周到，避免发生上述案例中出现的失误。其中最关键也是最主要的行动和措施是:

① 正确预测组织人力资源需求，不能多也不能少。

② 选择确定合适的招聘方法和渠道。就本案来说，招聘人员较多，最好采用媒体广告和人才市场相结合的方法。吸引更多的应聘者前来应聘，扩大选择范围。

③ 根据不同的岗位类别和层次选择不同的招聘选择方法。就本案来说，招聘的是中级技术和管理人才，所以可采用笔试和面试相结合的方法。

④ 就本案来说，面试应尽量采用行为描述法，主要考察应聘者的行为和操作能力，而非应聘者的知识和理论的掌握程度。

⑤ 对参与招聘的内部考官应当进行培训，统一方法，统一录用标准，避免犯一些常见的错误，克服偏见。如首因效应、对比效应、晕轮效应和录取压力。

(3) 制定明确的录用标准，按照岗位说明书的规定，以宁缺毋滥的原则招聘合适的人员，保证招聘质量。

(4) 新员工必须参加入职培训，方可上岗。就本案而言，培训可以使员工更快掌握所需的技能和公司制度，熟悉公司文化及环境，使其更快进入角色。减低新员工的流失。

(5) 实施招聘评估制度，制定改进措施，完善招聘程序、方法。保持组织人力资源供给和需求平衡，实现人力资源的合理配置。

一、招聘评估的含义和作用

招聘过程结束以后，应该对招聘活动进行评估，这是被许多企业忽视的一个环节。评估招聘工作的成绩可以采用多种方法，但是归根结底，所有的评估方法都要落实到在招聘的资源的限定下，为工作岗位招到的申请人的适用性上来。这种适用性可以用全部申请人合格的数量所占的比重、合格申请人的数量与工作空缺的比率、实际录用到的数量与计划招聘数量的比率、录用后的新员工的绩效水平、新员工总体的辞职率及从各种招聘来源得到的新员工的辞职率等指标来衡量。当然，不管使用什么方法，都需要考虑招聘的成本，其中包括整个招聘工作的成本和所使用的各种招聘方式的成本;不仅要计算各种招聘方式的总成本，也要计算各种招聘方式招聘到的每位新员工的平均成本。

招聘评估的作用，有如下几方面。

1．有利于组织节省开支

招聘评估包括招聘结果的成效评估(具体包括招聘成本与效益评估、录用员工数量与质量评估)和招聘方法的成效评估(具体包括招聘的信度与效度评估)，因而通过招聘评价中的成本与效益核算，就能够使招聘人员清楚费用支出情况，对于其中非应立的项目，在今后招聘中加以去除，从而有利于节约将来的招聘支出。

2．检验招聘工作的有效性

通过招聘评估中录用员工数量评估，可以分析招聘数量是否满足原定的招聘要求，及时总结经验(当能满足时)和找出原因(当不能满足时)，从而有利于改进今后的招聘工作和为人力资源规划修订提供依据。

3．检验招聘工作成果与方法的有效性程度

通过对录用员工质量评估，可以了解员工的工作绩效、行为、实际能力、工作潜力与招聘岗位要求的符合程度，从而为改进招聘方法、实施员工培训和为绩效评估提供必要的、有用的信息。

4．有利于提高招聘工作质量

通过招聘评估中招聘信度和效度的评估，可以了解招聘过程中所使用的方法的正确性与有效性，从而不断积累招聘工作的经验与修正不足，提高招聘工作质量。

二、结果评估

招聘结果的成效评估又包括招聘成本效益评估、录用人员的数量和质量评估。

(一) 招聘成本效益评估

1．评估指标

评估指标主要有招聘成本、成本效用、招聘收益—成本比。

2．各指标评估方法

1) 招聘成本

招聘成本包括招聘总成本与招聘单位成本。

招聘总成本是人力资源的获取成本，它等于直接加间接费用。其中，直接成本包括：招募费用、选拔费用、录用员工的家庭安置费用和工作安置费用，以及招聘人员差旅费、应聘人员招待费等在内的其他费用；间接费用包括：内部提升费用、工作流动费用。

招聘单位成本是招聘总成本与录用人数之比。

显然，上述两指标越小越好。

2) 招聘成本效用评估

招聘成本效用评估是指对招聘成本所产生的效果进行分析。主要包括招聘总成本效用分析、招募成本效用分析、人员选拔成本效用分析、人员录用成本效用分析。

具体计算方法如下：

$$总成本效用 = \frac{录用人数}{招聘总成本}$$

$$招募成本效用 = \frac{应聘人数}{招募期间费用}$$

$$选拔成本效用 = \frac{被选中人数}{选拔期间费用}$$

$$人员录用效用 = \frac{正式录用人数}{录用期间费用}$$

显然，这些指标越大越好。

(二) 录用人员数量评估

录用人员数量的评估指标主要有录用比、招聘完成比和应聘比。

三指标评估方法如下：

$$录用比 = \frac{录用人数}{应聘人数}$$

$$招聘完成比 = \frac{录用人数}{拟招聘人数}$$

$$应聘比 = \frac{应聘人数}{拟招聘人数}$$

录用比越小，则说明录用者的素质可能越高(当应聘人数多且总体素质都较高时，就有"百好之中挑一"之效)；当招聘完成比大于 100% 时，则说明在数量上全面完成招聘任务；应聘比则说明招募的效果，该比例越大，则说明招聘信息发布的效果越好。

(三) 录用人员质量评估

录用人员质量评估实质是对录用人员在其能力、潜力、素质等方面继选拔过程所作考核后的延续，因而其方法与招聘中的相应测试相似。

三、招聘方法的成效评估

成效评估是指在测量过程中由那些与测量目的无关的变化因素所产生的一种不准确的测量效应。误差有两种：一是系统误差，是由与测量目的无关的变因引起的一种恒定而又规律的效应，它影响结果的准确性，不影响稳定性；另一是随机误差，是由与测量目的无关的偶然因素引起的不易控制的效应，即影响稳定性又影响准确性。

抽样误差，由于抽样造成的误差，又称为标准误，是样本均数估计总体均数的一个参数。样本例数大时可以忽略不计。标准误的计算公式为

$$Sx = \frac{S}{\sqrt{n}}$$

其中，Sx 为标准误，S 为标准差，n 为样本含量。

测量误差来源于：测量工具、被测对象、施测过程。

(1) 测验工具引起的测量误差：测验题目抽样误差、测验题目的形式、测验题目的难度过高或过低、测验时限过短。

(2) 测验实施过程引起的测量误差：物理环境、意外干扰、主试方面。

被测对象引起的测量误差：动机的影响、测验的焦虑、生理因素、测验经验。

四、技术方法的评估

招聘方法的成效评估指标有招聘的信度和招聘的效度，相应地招聘方法的成效评估有以下两种。

(一) 招聘的信度评估

1. 招聘信度的含义

招聘信度是指招聘的可靠性程度，具体指通过某项测试所得的结果的稳定性和一致性。通常这一指标又具体体现为：稳定系数、等值系数、内在一致性系数。

2. 三种指标系数的测定

三种指标系数的测定如下：

(1) 稳定系数：是指用同一种测试方法对一组应聘者在两个不同时间进行测试的结果的一致性，一致性可用两次结果之间的相关系数来测定。此法不适用于受熟练程度影响较大的测试，因为被测试者在第一次测试中可能记住了某些测试题的答案，从而提高了第二次测试的成绩。

(2) 等值系数：是指对同一应聘者使用两种对等的、内容相当的测试的结果之间的一致性。如对同一应聘者使用两张内容相当的个性测试量表时，两次测试结果应当大致相同。等值系数可用两次结果之间的相关程度(即相关系数)来表示。

(3) 内在一致性系数：是指把同组应聘者进行的同一测试分为若干部分加以考察，各部分所得结果之间的一致性。这可用各部分结果之间的相关系数来判别。

(二) 招聘的效度评估

1. 招聘效度的含义

招聘效度是指招聘的有效性，具体指用人单位对应聘者真正测到的品质、特点与其想要测的品质、特点的符合程度。因为一个测试必须能测出它想要测定的功能才算有效。效度主要有预测效度、内容效度、同测效度。

2. 预测效度

预测效度反映了测试用来预测将来行为的有效性。通过对应聘者在选拔中所得分数与其被录用后的绩效分数相比较来了解预测效度，若两者相关性越大，则说明所选的测试方法、选拔方法越有效，进而可用此法来进一步评估、预测应聘者的潜力。

3. 内容效度

内容效度即某测试的各个部分对于测量某种特性或作出某种估计有多大效用。在测内容效度时，主要考虑所用方法是否与想测试的特性有关，如招聘打字员，测试其打字速度和准确性、手眼协调性和手指灵活度的操作测试的内容效度是较高的，因为准确性、灵活性是打字员应具备的职业特性，是特别需要测定的。内容效度多用于知识测试与实际操作测试。

4. 同测效度

同测效度是指对现有员工实施某种测试，然后将测试结果与员工实际工作绩效考核得分作比较，若两者相关性很大，则说明此测试效度高。这种方法不适用于选拔员工时的测试，因为这种效度是根据现有员工测试而得出的，而现有员工所具备的经验、对组织的了解等，是应聘者所缺乏的，因此，应聘者可能因缺乏经验而得不到测试的高分，从而错误地被认为其是无潜力的或无能力的，而事实可能并非如此。

第四节　正确对待未被录用的应聘者

对未被聘用的应聘者，应尽快通知他们，尤其是最后候选人名单上的应聘者。他们想知道未被聘用的原因，一些有益的反馈会对他们将来找工作有所帮助。但在对待未能成功应聘的人员时，也有一些事项需要注意：商业环境变幻莫测，昨日被拒绝的应聘者可能是明天不可多得的人才；被拒绝的应聘者可能适合公司内部其他岗位；如欲将被拒绝的应聘者的材料转交给其他部门，需要事先通知应聘者本人；即使对被拒绝的应聘者，其个人信息也要严加保密；每个人都会受到拒绝，但仍然应对应聘者充满和气和肯定。

一、书面回应未被录用者

为礼貌起见，要给每个未被聘用的应聘者写封回绝信。要委婉、简练地感谢他们对工作的兴趣，并向他们解释未被录用的原因。招聘进行到一阶段，应聘者已为数不多，所以应尽量给每个人分别回信。此外还需注意，不应给未被录取的应聘者尽快寄回绝信，此种做法会让人感觉到你的公司没有礼貌，管理混乱。

阅读资料

亲爱的达特福德小姐：

感谢你1月18日来参加面试，竞争TRC公司海外销售经理一职。（感谢应聘者前来参加面试。）

很遗憾不能够提供给你这份工作，广告登出之后，我们收到了许多像你一样优秀的应聘者的来信，我们对你的语言表达能力非常欣赏，但感到你在工程技术方面有所欠缺。（回绝应聘者时，措辞直截了当；表明回绝的原因。）

如你同意，我们将把你的资料存档，以备来日之需。（询问应聘者是否同意将其资料存档。）

真诚的朋友

岛瑞斯·费歇尔

人力资源经理

二、保存应聘者材料

获得认可之后，将所有合适的应聘者的材料存入档案。如已存有这些应聘者的信息，再根据几次面试的情况将原有信息更新。如果没有不妥之处，可以让你的同事知道你存有未被录用的优秀应聘者的资料，以备将来有类似空缺岗位出现之用，这是非常经济的招聘方式，因为不用再刊登广告。

三、回答应聘者的疑问

回绝应聘者应礼貌而富于建设性，且应说上一两句鼓励应聘者的话。但在他们未被录用的理由上，不要含糊其辞。如有未被录用的应聘者打电话询问被拒绝的原因，一定要给他们一个理由。不要回避，也不要说以后再给他们回电。最好能够坦诚相对，你以他们面试表现情况的说明和建议会有助于他们将来的面试。如你对某应聘者的第一印象是衣冠不整，一定要把这一信息让他或她知道，但需要用委婉的口吻，如"再注意些，你的形象会更好"比"你看上去蓬头垢面"要委婉多了。

一般的常见回答有"我们认为你德语不流利是个缺陷，因为德国是我们公司的主要市场"、"你在许多方面都有优秀，希望与你保持联系，将来有合适的机会，再通知你"、"该工作需要丰富的生产线管理经验，你在这方面还有所欠缺"、"我们已将工作提供给一个技能非常优秀的应聘者，你是第二人选"。

然而，由于国家文化差异的存在，不同国家在拒绝应聘者时往往存在很大差异。如在北美洲拒绝应聘者常采用直截了当的方式，因为失败被认为是成功的必经之路。但是在日本，回绝信措辞就需要委婉，以免冒犯失意的应聘者。

思考题

(1) 人员录用的含义、原则分别是什么？
(2) 影响企业人员录用的因素有哪些？
(3) 人员录用程序是什么？有什么需要注意的问题？
(4) 人员招聘选拔评估的含义及具体内容。
(5) 人员招聘选拔有效性评估的方法。
(6) 招聘评估有何作用？都有什么评估指标？如何进行招聘管理？
(7) 如何改正任命错误？

阅读资料

致新员工的一封信

现在，很多企业会致信给新入职的员工，一方面表示对新员工的欢迎，另一方面告知一些须知条款。下面是某公司的致新员工的一封信，仅供参考。

您好！首先祝贺您通过了公司严格的初试、复试考核，从众多应聘者中脱颖而出，成为公司的一员。为了让您更快地了解这的工作和生活，请仔细阅读以下的内容。

一、公司简介(略)

二、到人力资源部门报道

请您于早晨9:00到人力资源部办理报到手续，填写员工入职登记表，提交相关证件(身份证、学历证书)和两张一寸照片，由此开始您在企业的第一天。

接下来人力资源部(或培训中心)会组织一个为期三天的系统的"新员工入职培训"，请您对公司、部门和将要从事的工作有一个初步的了解，并由人力资源部人员与您进行简单的沟通。

现将公司人事行政系统员工介绍给您：人力资源总监：＿＿＿＿＿＿，办公室主任：＿＿＿＿＿＿，行政专员：＿＿＿＿＿＿，前台文秘：＿＿＿＿＿＿。

三、新员工使用流程须知

1．实习期

自到公司报到日起计算，前三天为实习期，即彼此相互了解、考核、选择的一个过程。在此期间无薪金待遇，午餐自理，上、下班您无需打卡，只需在前台登记即可。除第一天到人力资源部报道外，其余两天部门经理和您的培训指导员将帮助您适应新的岗位，为您提供工作上的指导。

在这三天之内，如果您未通过部门的实习期考核，人力资源部会及时通知您；另外如果您觉得自己不适应公司的工作，也请您礼貌地告知人力资源部，双方不需办理任何离职手续和财务结算，只需您本着负责的态度，按规定将您的工作与部门经理交接并由部门核准即可。

2．试用期

(1) 如果您通过了三天的实习期考核，部门会按程序将申请提交到人力资源部，经考核无问题后，为您办理转试用的相关手续，签订试用期聘用合同。您的实习期将会计入试用期，同时办公室人员会给您办理就餐、门禁卡等事宜(就餐前需要您提供肝功能化验证明，费用自理)。在试用期间，办公室、人力资源部会同部门共同对您的工作及综合素质进行考核和抽查，对您的试用期留用和薪金进行综合评定。试用期间，如果您提出离职，请提前2～3天通知部门经理和人力资源部。

(2) 如果您的工作绩效未达到岗位标准或出现严重违规现象，公司将根据情况扣除您相应的薪金并予以解雇。如果您被解聘或离职时未满一个月，公司只负担除实习期三天以外的工资，核准工作绩效后按实际完成的工作量和实际出勤天数发放薪金。试用薪金自入职的第二天算起，不满一个月的，累积到下个月，随公司月末发薪时一并发放。

3．试用合同签订与考核

试用期两个月，试用合同一般在入职后五个工作日左右与您签订。如果五个工作日内您的合同还未签订，您可以向部门经理或人力资源部询问，我们会将具体原因告诉您，给您一个满意的答复。期间，公司会对您的工作和综合素质两个方面进行全方位考核，尤其是您要注意自身行为规范。如果这两项中有一项未通过，都会耽误您提前转正。如果您这两个方面都很优秀，您会在较短的时间内提前转正或当月内转正。部门经理会让您提交工作总结，为您申请转正的提薪。

　　试用期间，无论您是早签还是晚签合同，希望您从进入公司工作的第一天开始就融入到团队中来，严格遵守公司的规章制度，注意自身综合素质和形象，在部门经理和指导员的指导下完成绩效考核工作，严格执行刷卡考勤制度。

　　这期间，您将接受人力资源部有关公司文化、礼仪、客户服务、销售等各个方面的交叉互动式的培训。

　　4．保险待遇及其他事项：请详细阅读《员工手册》第15页的相关规定。

　　四、您将去的部门

　　接下来，我们会带您到相应部门，由部门经理对您的工作做具体安排并介绍同事与您认识。如您有办公用品的需求，可以直接告诉部门经理或部门文员。

　　五、其他事项

　　1．作息时间安排

　　(1) 上午：8:30—12:00。

　　(2) 中午 12:00—13:00。

　　(3) 下午 13:00—17:30。

　　2．分机使用方法

　　外线先按0，转电话R键再拨分机号。

　　3．总机

　　(1) 前台分机：×××

　　(2) 办公室分机：×××

　　(3) 人力资源部：×××

　　我们希望以上这些内容能给您的工作带来方便，使您尽快融入到这个集体。在此衷心希望每一名新员工不断进取，开创自己更加美好的明天！

××公司人力资源部

_____年___月___日

第十章 招聘与选拔全过程案例

本章要点 ✍

(1) 全面了解招聘与选拔全过程；
(2) 能够融会贯通的使用。

本章导读 📄

远翔机械有限公司的两难困境

远翔机械有限公司最近几年在物色中层管理干部上遇到了一些两难的困境。该公司是制造销售高精度自动机床的，目前重组成六个半自动制造部门。高层管理层相信这些部门经理有必要了解生产线和生产过程，因为许多管理决策需要在此基础上做出。传统上，公司一直严格的从内部提升中层干部。但后来发现这些提拔到中层管理职位的从基层来的员工缺乏相应的适应他们新职责的知识和技能。

这样，公司决定从外部招募，尤其是那些工商管理专业的优等生，通过一个职业招募机构，公司得到了许多有良好的工商管理专业训练的毕业生作为候选人。从中录用了一些，先放在基层管理职位，以备经过一个阶段锻炼后提升为中层管理人员，但是两年之中，所有的这些人都离开了该公司。

公司又只好回到了从前的政策，从内部提拔，但又碰到了过去同样素质欠佳的老问题。不久就有几个重要的中层管理人员将退休，亟待有称职的后继者来填补这些空缺。面对这一问题，公司想请咨询专家来出些主意。

讨论题：从公司内部提升基层干部和从外界招聘专业对口的应届毕业生,各有何利弊？造成该"困境"的原因是什么？假如你是咨询专家,你会给公司提出什么建议？

为表现招聘与选拔的全景，本章特选取盛湘集团案例来进行分析解释。

盛湘粮食购销集团有限公司(盛湘集团)是一家由 8 家国有粮食购销企业组建而成的集团公司，是国家级农业产业化龙头企业，于 2004 年 5 月成功改制。改制前，盛湘集团的新成员都由政府人事部门分配，这样导致很多员工都不能很好地适应工作，从而造成工作效率低。随着改制的成功推进、员工身份的置换以及员工的分流，盛湘集团为进一步适应市场需要，决定将部分管理岗位面现社会公开招聘。

盛湘集团领导层深刻认识到由于受国有企业体制的影响，即使集团公司已经完成了股份制改造，但并不代表集团公司就能够很好地适应市场的发展变化了。因为现在在岗的员工基本上还是原来的员工，员工的意识还不能更好的跟市场接轨，也就是说，改制后唯一的变化就是公司性质的变化。为了进一步跟市场接轨，提高公司业绩，盛湘集团领导层决定加大营销队伍的力量,积极从外部引进人才。

作为购销企业,销售人才对企业尤其重要。盛湘集团营销中心下设两个部:市场营销部和渠道销售部。此次公开招聘的管理岗位就是两部部长及经理。为了搞好此次招聘工作,盛湘集团人力资源部做了大量的准备工作。需要声明一点的是,盛湘集团在改制期间,AMC安盛管理顾问公司曾为其提供过人力资源管理咨询服务。因此,盛湘集团的人力资源管理体系是比较健全的。

第一节 招聘阶段

一、确定招聘标准

在明确了招聘需求后,盛湘集团的人力资源部与营销中心总监就各岗位的招聘标准进行了充分的沟通,并最终确定以各岗位的工作说明书为基础来进行招聘(由于涉及的岗位比较多,在此仅以渠道销售部部长的招聘为例。渠道销售部长的工作说明书如表 10-1 所示)。

表 10-1 渠道销售部部长工作说明书

职位名称	渠道销售部部长	职位代码	AY-01	所属部门	营销中心
职　　系	营销管理	职级	部长级	所属上级	营销中心总监
直接下级	渠道销售一部、二部、三部经理				
基本工资		绩效工资		核准人	
职位概要	在营销中心总监的直接领导下开展工作,负责完成米及副产品的渠道销售与网络建设,不断提高市场份额,确保完成销售指标				
主要工作	1. 制定周工作计划,并呈报营销总监;定期向采购总监汇报工作,每周做出书面工作总结。 2. 负责进行经销商的选择与考察,确定产品区域市场总代理,并签订相关合同。 3. 协调下属各销售分部的工作,督导业务人员做好销售工作。 4. 制定渠道销售政策及管理办法,建立客户档案,做好跟踪服务。 5. 为经销商提供必要的支持,及时处理经销商投诉,与经销商保持紧密联系,共同做好产品的渠道销售工作。 6. 做好应收账款的管理,确保销售收入及时回笼。 7. 做好本部门人员的管理、培养和使用,组织好本部门员工的培训工作。 8. 做好日常的绩效考核记录,定期对直接下属进行考核,并做好绩效面谈与反馈。 9. 预算本部门的费用,合理控制、使用好各项费用。 10. 完成上级交办的临时性工作				
任职资格	1. 教育背景:市场营销及相关专业,本科以上学历。 2. 经验:5 年以上产品销售工作经验,2 年以上销售管理经验。 3. 精通经销商管理;具备丰富的渠道销售经验;具备优秀的谈判能力与良好的沟通技巧;口头表达能力强。 4. 态度:追求卓越,超越自我;饱满的热情,充沛的精力,高度的责任心;敢于面对挑战,承受压力				
工作条件	1. 工作场所:办公室。 2. 环境状况:舒适,无明显的节假日,不定期出差。 3. 危险应性:基本无危险,无职业病危险				

于是，由营销中心总监填写了招聘申请表(见表 10-2)，同时人力资源部还分析了各岗位的关键胜任力。渠道销售部部长的关键胜任力如表 10-3 所示。这个招聘申请表和胜任力特征描述就是对候选人进行选拔的主要依据。

表 10-2　招 聘 申 请 表

注：每个岗位填写一张表格

一、职位基本信息

职位名称：渠道销售部部长　　　所属部门：营销中心

直接汇报职位：营销中心总监　　下属职位：渠道销售部经理

二、主要工作职责

1. 定期做出本部门工作计划与工作总结

2. 应收账款管理

3. 负责经销商的选择与考察并与其签订合同

4. 协调各销售分部工作

5. 负责本部门人员的培训与考核

三、任职资格要求

1. 教育程度：本科以上

2. 工作经验：5 年以上产品销售工作经验

3. 专业技能：渠道管理技巧；沟通技巧；渠道销售技巧；谈判技巧

四、其他

1. 预算内招聘还是预算外招聘：_____

2. 预算外招聘原因：_____

3. 上级主管审批意见：_____

_____。签名：_____。时间：_____

4. 人力资源部审核：_____

_____。时间：_____

表 10-3　销售渠道部部长胜任力特征描述

胜任力特征	重要性	水　平				
		1	2	3	4	5
思维的清晰和敏捷性	5					
解决问题的能力	5					
沟通能力	5					
谈判能力	5					
管理能力	5					
人际交往能力	5					
压力承受能力	5					

二、确定招聘渠道

在上级领导批准了该招聘申请后，盛湘集团人力资源部便开始进行此次招聘的前期准备。首先确定的便是招聘的渠道。由于所招聘的人员需要尽快到位，因此必须选择迅速有效的招聘方式。盛湘集团人力资源部决定采取以下几种招聘方式：

(1) 在湖南人才网上刊登招聘广告，同时从该网站现有的简历库中进行检索。

(2) 在公司内部网站上和公告栏内登出招聘启事，鼓励内部员工应聘。

(3) 在《潇湘晨报》上刊登招聘广告。

三、确定招聘人员

确定了招聘渠道后，便开始确定招聘人员。由于此次招聘工作是盛湘集团自改制以来的第一次对外公开招聘，因此集团公司相当重视，招聘小组由人力资源部部长及成员、营销中心总监、集团公司总经理组成，由人力资源部进行初步的筛选，营销中心总监进行第二轮筛选，最终的录用决策由总经理和营销中心总监共同做出。

四、制订招聘计划

人员招聘选拔计划是企业人事管理的重要组成部分，其主要功能是为人员招聘工作提供客观的依据、科学的规范和有效的方法。简单地说。招聘选拔计划的工作就是把对工作空缺的描述变成一系列目标，并把这些目标和相关的求职者的数量和类型具体化。

在明确了招聘标准、招聘渠道和招聘人员后，盛湘集团人力资源部制定了招聘计划(见表 10-4)。

表 10-4　盛湘集团招聘计划

一、招聘目标(人员需求)		
职务名称	人员数量	其他要求
市场营销部部长	1	本科以上学历，45 岁以下
渠道销售部部长	1	本科以上学历，45 岁以下
市场销售部经理	3	大专以上学历，相关工作经验 3 年以上
渠道销售部经理	3	大专以上学历，相关工作经验 3 年以上
二、信息发布时间和渠道		
1.《潇湘晨报》	5 月 18 日	
2. 湖南人才网	5 月 18 日	
3. 公司网站及公布栏	5 月 18 日	
三、招聘小组成员名单		
1. 组长：王燕(人力资源部部长)，对招聘活动全面负责		
2. 成员：刘文(人力资源部薪酬专员)，具体负责应聘人员接待、应聘资料整理；谢彬(人力资源部招聘专员)，具体负责招聘信息发布，面试、笔试安排		

续表

四、选拔方案及时间安排			
招聘岗位	具体工作	负责人	时间安排
市场销售部部长	资料筛选	营销总监	截至 5 月 25 日
	初试(面试)	营销总监	5 月 27 日
	心理测评(笔试)	人力资源部	5 月 28 日
	复试(面试)	总经理	5 月 29 日
渠道销售部部长	资料筛选	营销总监	截至 5 月 25 日
	初试(面试)	营销总监	5 月 27 日
	心理测评(笔试)	人力资源部	5 月 28 日
	复试(面试)	总经理	5 月 29 日
市场销售部经理	资料筛选	营销总监	截至 5 月 25 日
	初试(面试)	人力资源部部长	5 月 27 日
	心理测评(笔试)	人力资源部	5 月 28 日
	复试(面试)	营销总监	5 月 29 日
渠道销售部经理	资料筛选	营销总监	截至 5 月 25 日
	初试(面试)	人力资源部部长	5 月 27 日
	心理测评(笔试)	人力资源部	5 月 28 日
	复试(面试)	营销总监	5 月 29 日
五、新员工的上岗时间			
预计在 6 月 1 日左右			
六、费用招聘预算			
1.《潇湘晨报》广告刊登费：4000 元 2. 湖南人才网信息刊登费：800 元 合计：4800 元			
七、招聘工作时间表			

5 月 11 日：起草广告招聘

5 月 12 日至 5 月 13 日：进行招聘广告版面设计

5 月 14 日：与报社、网站进行联系

5 月 18 日：报社、网站刊登广告

5 月 19 日至 5 月 25 日：接待应聘者、整理应聘资料、对资料进行筛选

5 月 26 日：通知应聘者面试

5 月 27 日：进行面试

5 月 28 日：进行笔试(心理测评)

5 月 29 日：进行复试

5 月 30 日：向通过复试的人员通知录用

6 月 1 日：新员工上班

人力资源部
2004 年 5 月 5 日

五、编制招聘广告

招聘广告是应聘者对企业的第一印象，招聘广告的好与坏，直接影响企业能否吸引到优秀的人才。为此，盛湘集团人力资源部准备了投放在各个招聘渠道的招聘广告，其中准备投放在网站上的招聘广告如表 10-5 所示。

表 10-5　盛湘集团网上招聘广告

湖南盛湘粮食购销集团有限公司 诚　聘
公司简介 　　湖南盛湘粮食购销集团有限公司是由长沙地区主要粮食购销企业组建的集团公司，是国家级农业产业化龙头企业。集团由长沙盛湘米业实业有限公司、长沙盛湘粮油贸易有限公司、长沙盛湘大厦有限公司等三家子公司，长沙金井粮食购销有限公司、望城光阳粮食购销有限公司、浏阳淮川粮食购销有限公司、浏阳永安大米厂、宁乡宁珠粮食购销有限公司等五家成员企业，黑龙江 852 农场、沅江南湾湖军垦农场两家联营企业组成。 　　集团集粮食收购、储备、加工、技术开发和贸易于一体，以粮食收购储备为依托，米业加工为龙头，优质稻业为重点，综合经营为补充。集团现有职工 448 人，年经营量 14 万吨，储备仓容 8 万吨，原粮基地 10 万亩，年销售收入达 1.3 亿。公司在长沙市区内设有配送中心、4 家形象总店、20 家连锁店。并配有一套电子营销网络，同时在广州、厦门、贵州、浙江和东北地区设立了 5 个经营分公司。 　　公司本着"以人为本，用人唯贤"的原则，将为加入本公司的优秀员工提供广阔的发展舞台。 　　盛湘集团诚邀您的加盟！ **招聘职位内容** 　1. 市场销售部部长。男女不限，45 岁以下，市场营销及相关专业，本科以上学历，5 年以上产品销售工作经验，2 年以上销售管理经验，有大型粮食企业销售管理经验者优先。 　2. 渠道销售部部长。男女不限，45 岁以下，市场营销及相关专业，本科以上学历，5 年以上产品销售工作经验，2 年以上销售管理经验，有大型粮食企业销售管理经验者优先。 　3. 渠道销售部经理。男女不限，40 岁以下，市场营销及相关专业，大专以上学历，3 年以上产品销售工作经验，有渠道管理经验者优先。 …… **备注** 　　有意向者请将个人简历、身份证及学历证明等复印件寄至公司或以电子邮件形式发至人力资源部。 **应聘联系方法** 通信地址：湖南省长沙市潮宗街 106 号盛湘大厦三楼人力资源部 邮政编码：410008 联系电话：0731-5223023 电子邮件：hrdpt@shengxiang.com.cn(电子邮件应聘者请在邮件主题中注明"应聘职位") 有效期至 2014 年 5 月 25 日。

通过投放一周的招聘广告之后，盛湘集团收到应聘简历180余份。经过初步筛选，其中38位候选人进入选拔评价阶段。

第二节 选拔阶段

盛湘集团此次招聘活动采用结构化面试与心理测评的方法来对候选人进行选拔。通过行为性问题和心理素质测评，对候选人的关键胜任力进行综合的评价，从而做出最终的录用决策。

一、结构化面试

结构化面试也称标准化面试，是测评人员根据所制定的评价指标，运用特定的问题、评价方法和评价标准，严格遵循特定程序，通过与面试对象面对面的言语交流，对面试对象进行评价的标准化过程。由于吸收了标准化测验的优点，也融合了传统的经验型面试的优点，结构化面试的测验结果比较准确和可靠。

结构化面试的题目一般采用行为性题目，即考察面试对象在过去的经历中是否表现出目标岗位所必须具备的素质。设计行为性面试题目通常采用"STAR"技术，即通过文字面试对象在何种情境下(situation)执行过何种任务(task)，自己在任务中都采用了何种措施(action)，最后取得了怎么样的结果(result)，来判断他是否具有某一方面的能力和素质。以下便是盛湘集团人力资源部设计的渠道销售部部长的部分面试问题。

(1) 你以前在从事产品销售过程中，出现过顾客投诉吗？请举一个你遇到过的顾客投诉的例子，并告诉我你当时是怎样处理的。

(2) 请举一个你印象最深合同签订过程的例子。是否出现有争议的条款？请讲述一下你们最终是怎样达成协议的。

(3) 请说说你以前是怎样给你的下属安排工作并进行考核的。有没有因为考核不公而出现下属投诉？请举例说明。

二、素质测评

素质评测是一种综合利用心理学、行为学、管理学、统计学、计算机技术等多种学科和技术，通过建立科学的常模和评价系统，通过心理测评、面试、情景模拟等技术手段对被测者进行客观的测试，对被测者的智力水平、能力结构、个性特点、职业倾向、发展潜能、素质状况等进行综合测评，为企事业单位招聘、选拔、培训提供科学的参考依据，同时也为被测者个人的人生发展提供很好的建议和咨询。

为了更进一步考察候选人的综合素质及关键胜任能力，盛湘集团人力资源部对各候选人组织了心理素质测评。以下列举了盛湘集团对候选人管理能力及气质类型(通过测试气质类型来分析指也适应能力)的测试题目。

(1) 请分别就下面的每一叙述答复"同意"或者"不同意"：

① 为纠正员工的错处，管理者应先指出员工的长处，然后再讨论其错处。

② 管理者没有必要与下属讨论组织的远程目标。只要下属能了解组织当前的目标，他们即能有效的履行任务。

③ 最佳的谴责方式为当众斥责。

④ 冤情或是士气问题一般应由员工的直属上司处理，而不宜诉诸特别的专人处理。

⑤ 为下属制定工作目标时，应该让工作量超过他们所能负荷的限度。

⑥ 管理者的首要任务在于执行规章制度。

⑦ 同僚之间人缘最佳者照理应成为合适的管理者。

⑧ 管理者如在下属面前认错，则将丧失下属对他的尊敬。

⑨ 管理者如以"我不知道，但是我将探寻答案，然后再答复您"作为问题的答复，则该管理者必将有资格教导他人该如何做这项工作。

⑩ 管理人员担任管理者比其他人员更佳。

⑪ 管理者是天生的，而非后天培养的。

⑫ 管理者值得花大量时间来让新员工接受良好的训练。

⑬ 讽刺是对付多嘴的员工的妙方。

⑭ 让规章被彻底执行的最好方法，便是制定多重违规惩戒措施。

⑮ 管理者应询问下属有关他们对工作方法的意见。

⑯ 良好的管理者应尽量授权下属，以履行他职务范围内的工作。

⑰ 为了绝对公平起见，管理者应不理会员工之间的个别差异，而应对他们一视同仁。

⑱ 管理者不应不断的提醒员工有关过去所犯的错误，一旦员工错误已被改正，则不应被提及。

⑲ 偶尔对员工责骂将有助于让员工循规蹈矩。

⑳ 惩罚员工之时，管理者应避免说出或做出任何足以让员工憎恨的事。

㉑ 在要求严格的管理者之下，员工的工作会做得更好。

㉒ 倘若新员工没有掌握好履行分内工作的方法，则应视为他们未曾接受良好的教导。

㉓ 管理者对自身工作感兴趣与否，要比他是否能够有效地履行工作更为重要。

㉔ 如果管理者对员工详细的说明工作的细节，则员工将能以最有效率的方式履行工作。

㉕ 管理者若想有效的做好工作，则他对下属的感受、态度与观念必须能够经常了解。

(2) 请你实事求是的回答以下问题，怎么想就怎么答。看清题目后请赋分，认为最符合自己情况的记 2 分；比较符合的记 1 分；介于符合与不符合之间的记 0 分，比较不符合的记 –1 分；完全不符合的记 –2 分。

① 力求稳妥，不做无把握的事。

② 遇到可气的事就怒不可遏，想把心里话说出来才痛快。

③ 宁可一个人干事，不愿很多人在一起。

④ 到一个新环境很快就能适应。

⑤ 厌恶那些强烈的刺激，如尖叫、噪声、危险镜头等。

⑥ 和人争吵时，总是先发制人，喜欢挑衅。

⑦ 喜欢安静的环境。

⑧ 喜欢和人交往。

⑨ 羡慕那些善于克服自己感情的人。

⑩ 生活有规律，很少违反作息时间。

⑪ 在多数情况下情绪是乐观的。

⑫ 碰到陌生人觉得很拘束。

⑬ 遇到令人气愤的事能很好的自我克制。

⑭ 做事总是有旺盛的精力。

⑮ 遇到问题常常举棋不定，优柔寡断。

⑯ 在人群中从不觉得过分约束。

⑰ 情绪高昂时，觉得干什么都有趣；情绪低落时，觉得干什么都没意思。

⑱ 当注意力集中于某一事物时，别的事物很难使我分心。

⑲ 理解问题总是比别人快。

⑳ 遇到不顺心的事从不向他人说。

㉑ 记忆能力强。

㉒ 能够长时间做枯燥、单调的事。

㉓ 符合兴趣的事，干起来劲头十足，否则就不想干。

㉔ 一点小事就能引起情绪的波动。

㉕ 讨厌做那些需要耐心、细致的工作。

㉖ 与人交往不卑不亢。

㉗ 喜欢参加热烈的活动。

㉘ 爱看感情细腻、描写人物内心活动的文学作品。

㉙ 工作学习时间长了，常感到厌倦。

㉚ 不喜欢长时间谈论一个话题，愿意实际动手干。

㉛ 宁愿侃侃而谈，不愿意窃窃私语。

㉜ 别人说我总是闷闷不乐。

㉝ 理解问题常比别人慢些。

㉞ 疲倦时只要短暂的休息就能精神抖擞，重新投入工作。

㉟ 心里有事，宁愿自己想，也不愿说出来。

㊱ 认准一个目标就希望尽快的实现，不达目的，誓不罢休。

㊲ 同样和别人学习、工作一段时间后，常比别人更疲倦。

㊳ 做事有些鲁莽，常常不考虑后果。

㊴ 别人讲授新知识、新技术时，总是希望他讲的慢些、多重复。

㊵ 能够很快忘记那些不愉快的事情。

㊶ 做作业或完成一件工作时总比别人花费的时间多。

㊷ 喜欢运动量大的剧烈活动或参加各种竞赛活动。

㊸ 不能很快的把注意力从一件事转移到另一件事上去。

㊹ 接受一个任务后，就希望把它迅速解决。

㊺ 认为墨守成规要比冒风险强些。

㊻ 能够同时注意几件事物。

㊼ 当我烦闷的时候，别人很难使我高兴。

㊽ 爱看情节跌宕起伏、激动人心的小说。

㊾ 对工作抱认真谨慎、始终如一的态度。

㊿ 和周围人们的关系总是相处不好。

○51 喜欢复习学过的知识，重复总已经掌握的工作。

○52 喜欢做变化大、花样多的工作。

○53 小时候会背的诗歌，我似乎比别人记得清楚。

○54 别人说我语出伤人，可我并不觉得这样。

○55 在学习生活中，常因反应慢而落后。

○56 反应敏捷，大脑机智。

○57 喜欢很有条理而不甚麻烦的工作。

○58 兴奋的事情长使我失眠。

○59 别人讲新概念，我常听不懂，但是弄懂以后就很难忘记。

○60 假如工作枯燥无味，马上就会情绪低落。

第三节　员工录用

一、做出录用决策

　　尽管通过结构化面试与心理素质测评，招聘人员对候选人的关键胜任力及各项综合素质有了全面的了解，但最后还是要综合各面是考官的评价来做出录用决策。表 10-6 是一位渠道销售部部长候选人的评价报告。

表 10-6　招聘选拔评价报告

说明：为每位候选人提供一份报告					
基 本 信 息					
姓　名	雄路	应聘职位	渠道销售部部长	部门	营销中心
工作地点	长沙	直属主管	营销中心总监	评价时间	2004.5.29
综 合 评 价					
1．基本能力： ·具有良好的分析能力，善于把握事物之间的关系并能迅速作出反应。 ·语言表达能力好。 ·对数字较敏感，能正确把握数量关系。 ·具有较强的计划组织能力。 2．工作风格： ·思路清晰，有良好的条理性和逻辑性。 ·面对困难和挫折时不回避，能在压力下工作。 3．人际交往风格： ·平和、友好，能够与他人很好的合作，并具备较强的团队领导能力。 ·具有较强的自我控制能力，情绪稳定。					

续表

胜任力评价						
胜任力特征	重要性	水　平				
		1	2	3	4	5
思维的清晰和敏捷性	5					
解决问题的能力	5					
沟通能力	5					
谈判能力	5					
管理能力	5					
人际交往能力	5					
压力承受能力	5					

总结

1. 优点：
   • 善于沟通。
   • 能很好地与他人合作，并能领导他人。
   • 踏实稳定，并能较好的在压力下工作。
2. 不足：
   • 解决问题的灵活性需要提高。

推 荐 建 议

录用(　)　　保留性录用(　)　　　拒绝(　)

评价者

对候选人的评价不仅仅对做出招聘录用决策有作用，而且在员工被录用之后对其管理和培训也会有所帮助。

二、背景调查

背景调查是做出录用决策的最后一道程序。通过背景调查，可以了解候选人过去有无不良记录，其教育背景、工作背景是否属实，这样可以避免录用风险。

三、通知应聘者

完成背景调查后就可以做出录用决策了，同时通知应聘者。当然录用通知不仅要发给已经录用的候选人，同时还应通知没有被录用的候选人。盛湘集团发给应聘者的录用通知见表 10-7，辞谢信见表 10-8。

表 10-7　录　用　通　知

_____先生/女士：

　　您好！首先感谢您对本公司的信任和大力支持。

　　很高兴通知您，经过考察审核，本公司决定正式录用您为公司员工。请您按本通知要求前来报到。

另：接通知后，如您的住址等有变化，请直接与人力资源部联系。

联系人：_____

公司名称：_____

另：

1. 报到时间：_____年_____月_____日上(下)午_____时_____分
2. 报到地点：_____

表 10-8　辞　谢　信

尊敬的_____先生/女士：

　　十分感谢您对我们企业的_____职位的兴趣。您对我们企业的支持，我们不胜感激。您在应聘职位时的良好表现，我们印象深刻。但是由于我们名额有限，这次只能割爱。我们已经将您的有关资料备案，并会保留半年，如果有新的空缺，我们会优先考虑您。

　　感谢您能够理解我们的决定。祝您早日寻找到理想的职位。

　　对您热忱应聘我们的企业，再次表示感谢！

此致

　　敬礼！

_____公司人力资源部

_____年_____月____日

参 考 文 献

[1] 吴志明. 员工招聘与选拔实务手册. 北京：机械工业出版社，2002.

[2] [美]黛安娜·阿瑟. 员工招募、面试、甄选和岗前引导. 北京：中国人民大学出版社，2003.

[3] 廖泉文. 招聘与录用. 北京：中国人民大学出版社，2002.

[4] 杨杰. 有效的招聘. 北京：中国纺织出版社，2003.

[5] [美]加里·德斯勒. 人力资源管理. 6版. 刘昕，译. 北京：中国人民大学出版社，1997.

[6] 西蒙·多伦. 人力资源管理：加拿大发展的动力源. 北京：中国劳动社会保障出版社，2000.

[7] 波特·马金. 组织和心理契约：对工作人员的管理. 王新超，等译. 北京：北京大学出版社，2000.

[8] [美]彼得·道林，丹尼斯·韦尔奇. 跨国公司人力资源管理. 北京：中国人民大学出版社，2001.

[9] [美]斯蒂芬·P·罗宾斯. 组织行为学. 7版. 北京：中国人民大学出版社，1997.

[10] 郭毅，等. 组织行为学. 北京：高等教育出版社，上海社会科学院出版社，2000.

[11] 董克用，等. 人力资源管理概论. 北京：中国人民大学出版社，2003.

[12] ZHRI. 人力资源经理素质模型. 北京：机械工业出版社，2005.

[13] 何志工，李辉. 基于胜任素质的招聘与甄选. 北京：中国劳动与社会保障出版社，2006.

[14] 彭剑锋. 人力资源管理概论，上海：复旦大学出版社，2003.

[15] 唐志红，等. 人力资源招聘、培训、考核. 北京：首都经济贸易大学出版社，2003.

[16] 杨倩. 员工招聘. 西安：西安交通大学出版社，2006.

[17] 罗伯特·H·沃特曼，等. 寻找与留住优秀人才：哈佛商业评论. 北京：中国人民大学出版社，2003.

[18] [英]内维尔·贝恩，比尔·梅佩. 人的优势：通过更好的遴选与业绩改善经营成果.北京：经济管理
       出版社，2001.

[19] [英]戴维·沃克. 招聘艺术. 北京：国社会科学出版社，2001.

[20] 谌新民，熊烨. 员工招聘方略. 广东：广东经济出版社，2002.

[21] 武建学. 七步打造完备的招聘管理体系. 哈尔滨：哈尔滨出版社，2006.

[22] 欧阳洁，霍燕滨，陈竞晓. 有效招聘. 北京：清华大学出版社，2004.

[23] 孙卫敏. 招聘与选拔. 山东：山东人民出版社，2004.

[24] 赵永乐，等. 招聘与面试. 上海：上海交通大学出版社，2006.

[25] 赫尔雷戈尔，斯洛科姆，五德曼. 组织行为学. 9版. 俞文钊，丁彪，等译. 上海：华东师范大学出版
       社，2001.

[26] 俞文钊. 现代人事测评原理与操作实践. 上海：上海教育出版社，2005.

[27] 安妮·安纳斯塔西，苏珊娜·厄比娜. 心理测验. 缪小春，等译. 浙江：浙江教育出版社，2001.

[28] 俞文钊. 人力资源管理心理学. 上海：上海教育出版社，2005.

[29] 顾海根. 人员测评. 北京：中国科学技术出版社，2005.

[30] [美]雷蒙德·诺伊，等. 人力资源管理：赢得竞争优势. 北京：中国人民大学出版社，2001.

后　记

在我国经济快速持续发展令世界瞩目的同时，原有的员工-组织关系也受到了前所未有的挑战，员工从"干一行爱一行"逐渐转变为"爱一行干一行"，其与组织的关系也从被动接受组织安排变为主动对组织提出要求，这就使招聘与选拔工作变得更加复杂。此外，新《劳动合同法》的颁布与实施也加剧了员工-组织关系模式的转变，使得员工-组织关系向多元化与复杂化态势发展，这就需要组织不断调整员工-组织关系模式下的人力资源管理以及招聘理念与流程，以适应人才对企业的要求。然而一些中小型公司频频效仿成功公司的招聘与测评试题，这方面的努力换来的却是高流动的人才趋势和低靡的员工氛围，而一些采取灵活招聘、测评与选拔政策的公司却有着和谐的组织与员工关系和积极的员工产出。

既然人力资源是企业管理的核心，如何吸引、留住、开发人力资源，并使企业的员工能够不断发展，实现"企业与员工共同发展"的战略目标，就成为企业一项非常重要的战略性任务。人力资源的开发与管理包括获取、整合、开发、报偿与激励、调控等基本功能。其中，人力资源的取得是解决企业人力资源的来源问题，该项工作的效率与效果会直接影响到企业人力资源的素质，并决定他们未来对企业的贡献以及他们自身的职业生涯。因此，招聘、测评与选拔就成为人力资源开发与管理的重中之重。

本书《招聘与人员测评》作为《人力资源管理系列丛书》中的一本，主要探讨企业如何获取自己所需要的合适的人力资源以及应聘者如何面对招聘。全书共分十章，阐述了招聘与选拔的基础以及在人力资源管理系统中的地位与作用，招聘的策略与工作流程，招聘的主要工作——招募、选拔、录用与评估，核心人员选拔评价方法——心理测量、面试与笔试技术、评价中心技术，最后从招聘与选拔全过程案例入手使读者对招聘选拔工作有一个全面认识。

在本书完稿之时，要特别感谢汇思达公司、天驹航旅、紫薇地产等企业，正是因为参与并组织了企业的大量招聘工作，作者对这项工作才有了很多切身的体会，也积累了丰富的经验，其中有些内容已纳入本书与广大读者分享。还要感谢西安电子科技大学经济与管理学院人力资源管理专业的本科生和研究生，他们为本书的写作提供了很多建议和意见。在书稿修改和完善过程中，美国华盛顿大学福克斯商学院的诸多访问学者进行了通读，并为本书提出了建设性的修改意见，在此致以诚挚的谢意。此外，在本书的写作过程中参阅了大量的书籍、文献与资料，但由于篇幅所限，参考文献未能一一列明，在此谨向这些作者表示深深的谢意。

作　者
2016 年 2 月